THE BIG PIVOT

ビッグ・ピボット

RADICALLY PRACTICAL STRATEGIES FOR A HOTTER, SCARCER, AND MORE OPEN WORLD

英治出版

なぜ巨大グローバル企業が〈大転換〉するのか

ANDREW S. WINSTON

アンドリュー・S・ウィンストン◉著　藤美保代◉訳　名和高司◉日本語版序文

ビッグ・ピボット

——なぜ巨大グローバル企業が〈大転換〉するのか

THE BIG PIVOT
Radically Practical Strategies for a Hotter, Scarcer, and More Open World
by
Andrew S. Winston

Published by arrangement
with Harvard Business Review Press, Watertown, Massachusetts
through Tuttle-Mori Agency, Inc., Tokyo

日本語版　序文

「ＶＵＣＡワールド」という言葉が、経営者の間でまことしやかにささやかれている。ＶＵＣＡとはVolatility（変動性）、Uncertainty（不確実性）、Complexity（複雑性）、Ambiguity（曖昧性）の略で、もとは軍事用語だ。先が見えない経営環境のもとでの意思決定の難しさを如実にあらわした言葉である。

しかし、ＶＵＣＡの先にある、より本質的な潮流を読み取ることができれば、正しい方向に経営の舵を切りなおすことができるはずだ。本書はそれを、「ビッグ・ピボット」と呼ぶ。ピボットとは、バスケットボールのプレイでみられるように、軸足を中心とした回転運動のことだ。本質的な潮流を見極めて、自社の志（大義）を軸足としつつ、正しい方向に大きく踏み出すことが必要だと本書は説く。

ではその本質的な潮流とは何か？　本書は、それを「より暑く（Hotter）」「より稀少に（Scarcer）」「よりオープンに（Opener）」という三つのキーワードで表現している。

第一に環境問題。経済活動によって排出されるCO_2は、さまざまな気候変動と環境破壊をもたらしている。この流れに歯止めをかけるためには、再生エネルギーなどの「クリーン経済」の成長に拍車をかけなければならない。

第二に資源問題。新興国の爆発的な成長とともに、資源の枯渇が地球規模の課題として迫ってくる。

特に、食糧・エネルギー・水という三つの資源が、相互にからみあって猛スピードで消費されている。持続的な成長を担保するためには、「異次元のイノベーション」が必要となる。

第三に不正問題。あらゆる情報が収集され、開示されるビッグデータとソーシャルネットワーク時代を迎えて、企業活動は、衆人の目にさらされるようになる。社会に対していかに透明性を担保するかが、経営にとって不可避の課題となる。

この三つは古くて新しい問題だ。最初の二つは、半世紀近く前にローマクラブが発表したレポート「成長の限界」などで、警鐘がならされ続けてきた。また第一の環境問題に関しては、昨年末、COP21のパリ宣言で、温暖化対策に向けた世界合意が改めて確認されたことは記憶に新しい。

また三つ目の企業の不正問題は、古くはエンロン事件、最近ではフォルクスワーゲンの排気ガス偽装問題やパナマ文書問題など、枚挙にいとまがない。日本でも、オリンパス、東芝、三菱自動車事件など、いつまでも後を絶たない。

最近、資本市場では、このような問題意識に立って、「ESG投資」が台頭してきた。財務的な数字だけでなく、環境（Environment）、社会（Social）、統治（Governance）の三側面を考慮した投資手法だ。本書が説く三つの潮流は、このESGとも軌を一にしたものといえよう。

日本でも昨今、ESG投資が注目され始めている。世界最大の年金基金である日本の年金積立金管理運用独立行政法人（GPIF）も、昨年、ESGを投資方針に加えることを発表して話題となった。また最近導入された「日本版スチュワードシップ・コード」や「コーポレートガバナンス・コード」は、ともにESG投資の概念を推進する内容となっている。

このように、本書が唱える三つのメガ・チャレンジは、いまや世界でも日本でも、企業経営を舵取りするうえでの基本潮流となっている。「なぜ今ビッグ・ピボットが必要なのか？（Why）」という問いに対して、まずは三つの潮流を再確認しておくことが大前提となる。本書の第1部「3つの脅威とチャンス」は、Whyを理解するためのロジックと数字、そしてエピソードを、ふんだんに提供してくれる。

しかし本書の真骨頂は、第2部「ビッグ・ピボット　10の戦略」にあるといっていいだろう。ESGの必要性は理解されたとしても、その実践は実は決して容易ではない。なぜなら、企業として経済価値を追求することと、ESGが求める社会価値を向上することが、二律背反（トレードオフ）と捉えられがちだからだ。

代替エネルギーや異次元のイノベーションには、大きな投資を伴い、そのリターンは短期的には担保されず、かつきわめて不確かだ。またガバナンスは、意思決定のスピードをそぎかねず、かつ、株主へのリターンを確保することが優先され、長期的なリスクテークには踏み込みにくくなる。

本書の第2部では、これらのトレードオフを「トレードオン」（両立）に昇華させるための具体的な戦略が示されている。ビジョン、価値観という社内の仕組みに関してそれぞれ三つ、対外的なパートナリングに関して三つ、そして、それらの真ん中にある企業進化に関するものというトータル一〇の戦略で構成される。詳細は本文に譲るが、包括的で、かつそれぞれ示唆に富んだ内容が盛り込まれている。しかも、「何をすべきか（What）」だけでなく、「いかに実践するか（How）」にまで踏み込んでおり、企業経営の現場でも大変役に立つ提言になっている。

著者のアンドリュー・S・ウィンストンは、ボストン・コンサルティング・グループ（BCG）でコンサルタントとして活躍した経歴を持っている。マッキンゼーで二〇年コンサルティングに従事し、今はBCGのシニア・アドバイザーを兼務している筆者からみても、企業コンサルタント出身者ならではの経営の実践書として、きわめて有益な一冊だと共感させられる。

「経済価値と社会価値を両立させる」という課題は、いまや、CSV（Creating Shared Value：共通価値の創造）というコンセプトで経営の最先端のテーマとなっている。本書でも紹介されているとおり、CSVは戦略論の大家であるハーバード・ビジネス・スクールのマイケル・ポーター教授が二〇一一年に提唱して、世界の注目を一斉に集めた。本書でも頻繁に紹介されているネスレやウォルマート、ユニリーバやジョンソン・エンド・ジョンソンなどの欧米の優良企業は、CSVを中枢に据えて経営を進化させている。なおCSVにご関心の高い読者は、ぜひ拙著『CSV経営戦略』（東洋経済新報社、二〇一五年）をご参照願いたい。

ポーター教授はCSVを次世代の戦略論として示しているが、その実践の方法論については多くを語っていない。それに対して本書は、ポーター教授のCSV論にも言及しつつ、さらに踏み込んで、具体的な道筋を示している点でも秀逸である。

中でも注目に値するのが、付録Aに収録されている表A-1の「環境・社会的成果による価値創造」だ。社会価値を経済価値にいかに結び付けるかが、CSV実践に向けて残された大きな課題である。筆者はここで、短期的な売り上げとコスト、長期的なブランドとリスク、そして、それらすべてに及ぶビジネス価値増殖効果という五つの軸に沿って、この両者を結び付けるロジックを示している。ネスレやノボ・ノルディスクなど、ヨーロッパのCSV先進企業は、同じような手法に基づいて、社会価値を経済価値に転換するロジックを展開している。

昨今、従来の財務報告書だけではなく、ESG的な取り組みを盛り込んだ統合報告書を発行する取り組みが大きなトレンドとなっている。日本でも先進的な企業が、率先して統合報告書を発行し始めている。しかし、そのほとんどが、財務報告書とサステイナビリティ報告書を単に張り合わせたような体裁を超えていない。ましてや、非財務的な取り組みがいかに財務的な結果に結びつくかを、明確に示したものは皆無である。このミッシングリンクをつなぐうえで、付録A「サステイナビリティ中級編」は、大いに参考になるはずだ。

日本では、江戸の近江商人の時代から「三方よし」が経営の基軸とされてきた。また明治時代には、日本資本主義の父・渋沢栄一翁が「論語と算盤」を経営の両輪として唱えてきた。いずれも、経済価値と社会価値の両立を目指したもので、その意味では、日本企業はCSVの先駆的存在であったともいえるはずだ。

資源問題は日本の近代化の根底課題であり、環境問題には半世紀にわたって取り組んできた。ガバナンスについても、最近急速に仕組みを整備しつつある。その意味では、本書が唱えるビッグ・ピボットは、日本企業にとっては、いまさら目新しいものではないのだろうか？

答えはイエスであり、ノーである。

日本企業は確かに、特にアメリカ企業に比べると、短期的な業績に翻弄されることなく、社会価値の追求と持続可能な成長を目指してきた。その意味では、本書が掲げる問題意識（Why）は、多くの日本企業が共有しているはずだ。しかし、昨今のガバナンス強化の反作用として、株主価値を重視するあまり、たとえばROE八パーセントなど、短期的な財務数値の達成に軸足を移しがちである。世界が短期的な財務至上主義（short-termism）からESGを基軸とする持続可能社会実現に向けた経営へと大きく舵を切っている中で、先を走っていたはずの日本企業の多くが、アメリカ型資本主義の弊害を受け入れ、周回遅れの経営に後戻りしているのは、なんとも皮肉な話である。

もちろん、だからといって、財務を犠牲にしていいということにはならない。日本企業はこれまでもCSVを実践してきたとうそぶくが、その割には、あまりにも低い利益率に甘んじている。ポーター教授に言わせれば、それでは資本主義の劣等生であり、日本企業はCSVの実践者とはとうてい呼べない。世の中に役に立っているのであれば、顧客が喜んで価値に対して対価を支払い、潤沢な利益を享受できるはずだ。利益がでないのは、社会価値がきちんと評価されていないからで、自己満足にすぎないと、ポーター教授は手厳しい。

日本企業が真の意味でCSVを実践するためには、大きく二つの点を磨き上げなければならない。

一つ目は、事業モデルの変革だ。収益を高めるには、収入を上げ、コストを下げることをひたすら突き詰める必要がある。日本企業はこれまでも、個社別に営業活動の強化とコスト削減に血道をあげてきた。しかし、個社でできることには限界がある。いかに顧客や競合他社、そしてサプライヤーや異業種、従業員、政府やコミュニティなど、多くのステークホルダーを巻き込んで、トータルの価値を高め、コスト負担を分散させるかが勝負となる。

また、時間軸を柔軟にとることによって、ある閾値を超えると幾何級数的に収益が拡大するネットワーク経済（＝収益逓増）型の収益モデルを確立する必要がある。言い換えれば、個社ごとに単に限界利益を微分するような局所・局時最適化を狙うモデルから、より大きなエコシステムの中で長期の利益を積分するような時空間最適化を図るモデルへのシフトが求められているのである。

もう一つは、コーポレートコミュニケーションの強化だ。近江商人の家訓の一つに「隠徳善行」という美学があった。自己顕示を控え、見返りを期待するな、というのだが、それでは、価値が広く伝わらず、多くのステークホルダーを巻き込むこともできない。本書が指摘するオープン化の潮流の中で、社会価値と経済価値を高めていくためには、いかに自社の志や取り組みを幅広く伝え、共感の輪を広げていくかがカギとなる。

日本企業は「村社会」に代表される閉鎖的な共感経済の上で、成り立ってきた。いかに外の異質なステークホルダーに対してオープンな関係性を築くかが、日本企業がグローバル成長を実現するうえで、もう一つの大きなチャレンジだ。

本書の第2部で提唱されている一〇の戦略（What と How）は、日本企業が直面するこの二つの課題解決の糸口となるはずだ。多くの日本の読者が、本書をヒントに、持続可能な成長実現に向けて、大きく一歩踏み出される（ビッグ・ピボット）ことを、期待してやまない。

二〇一六年六月

一橋大学大学院 国際企業戦略研究科
特任教授　名和 高司

ビッグ・ピボット——目次

パートナー・ピボット

第12章 ライバルをパートナーに　327
なぜコカ・コーラとペプシコは協力したのか

第13章 消費者に「気付き」を仕掛ける　349
印刷量を減らして利益を生むゼロックス

Signals from a New World

はじめに
あたらしい世界から送られてくるメッセージ

ニューヨーク州　ニューヨーク市

二〇一二年一〇月二九日、午後九時。マンハッタンのロウワー・イースト・サイドを、大きな爆発が揺るがした。ニューヨークの電力会社である、コンソリデーテッド・エジソン（コン・エド）の変電所の建物が、ハリケーン・サンディによる高波で浸水し、発火したのだ。これにより、世界で最も有名な摩天楼の大部分が、四日間に渡って真っ暗闇に陥った。そのなかにはコン・エドの本社も含まれていた。そして数週間のうちに、コン・エドの株式時価総額は二〇億ドルも下落することになる。これは、コン・エドの企業価値の、実に八分の一に当たった。(1)

その後コン・エドは、ハリケーンの事後処理に五億五〇〇〇万ドルもの金額を要すると見積もったが、それは、他の企業が受けた損害と合わせて少なくとも六〇億ドルに上るとみられた被害総額の、ほんの一部にすぎなかった。ニューヨーク州は、被害を受けた家屋、インフラ、交通機関の補修のために、四二〇億ドルもの支援を要請しなければならなかったし(2)、人的損失にいたっては正確に把握することすら難しかった。この超大型ハリケーンのために、アメリカとカリブ海周辺国で二〇〇人近くが亡くなり、何万人という人々が家を失ったのだ。

もちろん、ある特定の気象災害を、気候変動のせいであると決め付けることはできない。しかし、地球の気温が上がれば、より過酷な熱波、より猛烈なハリケーン、より大規模な洪水などが増えることは明らかであり、それらによる経済的損失は、大きくなる一方なのである(3)。

あなたの会社は、迫りくる巨大な嵐に立ち向かう準備ができているだろうか？

テキサス州　プレーンビュー市

二〇一三年二月、テキサス州プレーンビュー市で何十年も操業をつづけてきた牛肉処理工場が閉鎖になり、市の人口の一〇パーセントにも及ぶ二三〇〇人の失業者を出した。彼らが受け取っていた給料の総額は、五五〇〇万ドルに上った。この工場を閉鎖に追い込んだのは、終わりの見えない干ばつの余波である。ニューヨーク・タイムズ紙によれば、「干ばつは牧草地をからからにし、干草や飼料の値段を釣り上げた。コスト削減のために、牛を売らざるをえない農家も出てきた(4)」。この土地には、畜産を支えるだけの水が、もはや存在しなかったのだ。

テキサスを苦しめている干ばつによる経済的損失は何十億ドルにものぼり、産業界にとって水の確保は喫緊の課題になっている。テキサス企業連合の会長は、こう語る。「水の調達がきちんとできないと、今までのようにテキサスに雇用を呼び込むことができなくなってしまうし、すでにそうなりつつある。もし水の問題を解決できなかったら、それはつまり、『テキサスには進出するな』というメッセージを世間に送ることになってしまう[5]」

もちろんこれはテキサスに限ったことではない。水、綿、小麦、鉄鋼、石油など、ほとんどの資源がどんどん入手困難になって、価格が高騰しているため、どこで操業していても、ビジネスコストは上がってしまうのである。

あなたの会社は、迫りくる資源不足のピンチに立ち向かう準備ができているだろうか?

バングラデシュ　ダッカ市

二〇一三年四月二三日、バングラデシュの首都ダッカにあるアパレル工場が崩壊し、一一〇〇人もの従業員が犠牲になった。そこから程近いタズリーン・ファッションズ社の工場で起きた大規模な火災が一〇〇人以上の死者を出して、わずか半年後のことだった[6]。これらの犠牲は計り知れないが、もし我々がこの悲劇から何も学ばなかったとしたら、亡くなった方々は浮かばれない。

製造業にまつわる安全対策のあらゆる教訓のほかに、企業がここから学ばなければならないことがもう一つある。それは、どんな工程であっても、それがどんな辺鄙《へんぴ》なところであっても、サプライ・

チェーンの全過程において企業は責任を問われる、ということだ。ダッカにある縫製工場は世界的に有名なブランドの服も縫製していた。そして、それらの有名ブランドの名前は**瞬く間に**世界中のトップニュースとして流れた。あらゆるものがつながり、透明性を増した今日の世界では、完全に「ここだけの話」ということはもはやありえないのだ。

これらの悲劇に対してすばやい対応をした企業もあった。たとえば、H&M、ザラ、プライマーク、テスコ、アバクロンビー&フィッチなどは、バングラデシュの工場における安全性向上のために資金を提供する、という計画に署名した。ウォルト・ディズニー・カンパニーは、タズリーン・ファッションズでの事故を受けて、バングラデシュでのアパレル生産を停止した。(7) ウォルマートは、タズリーンが彼らのサプライヤーの孫請けであったということを事故が起こった**あとに**知り、すべてのパートナーに対してその請負元の情報を開示するよう要請した。自社に製品を供給している企業についての精度の高いデータがあれば、安全と環境に対するより高い基準を、ずっと簡単にサプライ・チェーン全体に広めることができる。透明でオープンな世界は、あたらしい「当たり前」なのである。

あなたの会社は、サプライ・チェーンで起こるすべてのことに、責任を取る準備はできているだろうか?

心臓医である旧友の話に、考えさせられた。これだけ心臓の健康についての知識が豊富になっている現代でさえ、はじめて心臓発作を起こす人の少なくとも四〇パーセントが死にいたるというのである。

冠番組も持っている著名な心臓外科医のメフメット・オズによれば、最初の心臓発作で亡くなる人は、「自分のリスク要因を知らなかった、もしくは体が発しているサインに気付いていなかった」のだという。(8) つまり、まったく予兆のない発作というものがありうるにしても、ほとんどの場合は、遺伝、あるいは喫煙や肥満といった生活習慣など、何らかの手がかりがあったはずだということだ。

この酔いも覚めるような数字が頭にあったので、『メンズ・ヘルス』というフィットネス雑誌を読んでいたら、「おなかをひっこめる」という連載に目が行った。この心温まる連載は、一〇〇ポンド（約四五キロ）規模の大幅なダイエットに成功した男性の話が中心だ。彼らの話は、子供と一緒に走り回ることができなかった、医者に若死にするだろうと言われたといった、人生における恐怖のターニングポイント、すなわち「覚醒の瞬間」から始まる。彼らは、私が呼ぶところの「**ビッグ・ピボット**（大転換）」の瞬間を経験したのだ。こうした人生の岐路でのお告げは、明らかに人を変える。その瞬間彼らは、タバコをやめる、ダイエットする、運動量を増やすといった形で、生活を大幅に変えるほかないことをまざまざと自覚する。死ぬか生きるかの瀬戸際なのだ。

すべてのリスクを回避できる人などいないが、前兆に対してなるべく早く動くに越したことはない。心臓発作が起こる**まで**生活習慣を変えるのを待つのでは、あまりにリスクが高すぎる。死んでしまったら、元も子もないのだから。

ピボットの声を聞くのは恐ろしくもあるが、それは同時に大きなチャンスでもある。食生活を改善したり、運動したり、瞑想したり、といった健康になるための選択は、短期的にも、長期的にも、あなたの生活をよりよい、楽しいものにしてくれるからだ。

ビジネス、ひいては経済や社会全体、生き物としての種全体にも同じことが当てはまる。「ビッグ・ピボット」のときが、やってきたのだ。オペレーションを改善し、利益を上げて、長く持続できる企業になれ、という多くの「目を覚ませコール」を、我々はすでに受け取りはじめている。それらのメッセージは、いまや疑いようもないくらいはっきりと我々に迫ってくるばかりでなく、どんどん頻繁になってきている。

あなたには、その声が聞こえるだろうか?

リスクとビジネスチャンスが入り混じり、激しく変化する世界

我々は激動の世界に生きている。一〇億もの人々が新たに中間層となってあらゆるモノやサービスを求めるにつれ、自然資源には未曽有のプレッシャーがかかっている。劇的な透明性は、企業のオペレーションやサプライ・チェーンを衆目にさらすようになった。そして何よりも肌で感じられるのは、異常気象が世界中でワースト記録を更新しており、何百万人もの人の生活に影響を与え、民間企業に大きな経済的打撃を与えるようになってきた、ということだ。

二〇一一年、タイは歴史的な洪水に見舞われ、自動車・HDDなどのサプライ・チェーンが大混乱に陥った。二〇一三年一月には、オーストラリアで異常な高温状態がつづいたため、気象学者たちは天気

図が華氏一二九度（五四℃）まで表示できるよう、あたらしい色を追加しなければならなかった。[9] 風速二〇〇マイル／時（約三二二キロ／時）超えという史上最大の台風三〇号「ハイヤン」がフィリピンを襲い、甚大な被害をもたらしたのを受けて、二〇一三年一一月に、気候学者のグループが、台風の最大規模を表す「カテゴリー6」を追加するべきではないかと提言した。[10] このような異常気象は、頻度を増している。ニューヨーク州知事のアンドリュー・クオモは、ハリケーン・サンディを受けてこう発言した。「一〇〇年に一度の洪水が二年おきに起きている気がする」[11]

多くの人々が異常気象を日常生活のなかで実感するようになり、世界は大きく変わりつつあるのだということを認識しはじめている。昨年のことだが、当時ゼネラルモーターズ（GM）のCEOであったダン・アカーソンは、それまでの「温暖化否定派」というスタンスについて、こう発言した。「温暖化に反論するのは難しくなってきているようだ……地球に何かが起こっているということは、信じざるをえない」[12]。アカーソンはこの確信に基づいて、オートデスク、イーベイ、インテル、リーバイ・ストラウス、ネスレ、ナイキ、スターバックス、スイス・リー、ティンバーランド、ユニリーバなど、温暖化対策に積極的な企業の仲間入りをし、温暖化政策を求めるアドボカシー（提言）に署名した。

変化を実感していない人は、財布への影響で考えてみるといいだろう。マクロ経済のレベルでは、自然災害は二〇一二年一年間だけでも、アメリカに一〇〇〇億ドル以上の被害をもたらしている。[13] 最近のCNNのレポートによれば、「世界のほぼ三分の一の経済生産が、これからの一二年に気候変動の影響から受けるリスクが**高い**か**非常に高い**国で生み出されることになるだろう」。これは二〇二五年までに、世界で四四兆ドルもの規模の経済が、リスクにさらされることを意味する。[14]

これらのマクロレベルでの数字は客観的で人ごとのようなかんじがするが、このどんどん暑くなる世界で、不足して価格の高騰した資源からの経済的なプレッシャーを実際に受けているのは、我々個人であり、企業なのだ。綿花の価格は、ここ一八カ月で三〇〇パーセント上昇した。[15] 食糧の値段も世界各地で高騰し、新たな食糧危機を生み出し、経済、企業のボトムラインに打撃を与えている。

コカ・コーラは、トウモロコシ（コーンシロップは水の次に主要な炭酸飲料の原料である）の価格上昇により、利益に八億ドルの打撃を受けた。投資信託評価会社のモーニングスターは、アメリカの大手食肉会社タイソン・フーズは、養鶏の飼料コストとして年間七億ドルを上乗せしなければならないだろうと分析している。この金額は、タイソン・フーズの年間の純利益にほぼ相当する。[16] 利益と損失の差額がまるまる追加コストになるのだから、瑣末《さまつ》な問題などではまったくない。

このあたらしい現実――異常気象と資源価格の高騰――を無視できる国、自治体や企業は、一つとしてない。積極的な対策を取らない政治家やＣＥＯたちは、これからは醜態をさらす一方になるだろう。しかもそれは、彼らが自分たちの市民や株主のために最善の策を取っていないことをも意味する。

根本的に変わってしまった世界をとりまく課題は巨大であるが、それは我々が今直面しなければならない三つのメガ・チャレンジに分けられる。（１）気候変動、（２）資源の逼迫とコモディティ価格の上昇、そして（３）テクノロジーの進化に後押しされたさらなる透明性への要求、である。これら三つの巨大勢力を、私は「暑い・足りない・隠せない」と名づけた。最初の二つは、交渉の余地のないシステム条件であると考えてみていただきたい。我々は、まさに我々自身の生き残りと繁栄のために、それをきちんとコントロールしなければならないのだ。三つめは、今までにないレベルのオープンさという企業へのプレッシャー（外圧）であり、強制力あるいは拡大鏡のような役目を果たす。企業や国が、最初の二つのメガ・チャレンジにいかに取り組んでいるかについて、いまやすべての人が確認し、判断することができるツールを手にしたのである。

互いに影響しあっているこれら三つのメガ・チャレンジは、「現行のビジネス《ビジネス・アズ・ユージュアル》を基準にした見通し」ばかりでなく、我々が「これからもつづくであろう当たり前の生活《ライフ・アズ・ユージュアル》」と考えていたものの姿までをも、大きく変えつつある。これらの勢力は日に日に大きくなっているのだから、経営陣はこれらのプレッシャーをいかに乗り越えて舵取りをしていくか、早急に決めなければならない。

我々を直撃している根本的な生物理学的、技術的、そして経済的な現実は、すべての組織にとって深く危険な落とし穴であるが、同時に状況をよく理解してこの大変化をうまく乗り切る組織にとっては、大きなチャンスとなる。すなわち、それぞれのメガ・チャレンジは、それを補完するメガ・チャンスを内包しているのだ。（1）気候変動との戦いは、クリーン経済（現在世界レベルで年間約二五〇〇億ドルの投資額）を牽引する、（2）資源の逼迫は、よりよい暮らし、より多くのモノ、サービスを求めるあたらしい中間層の市場での台頭を意味する、（3）つながることや透明性は、オープンなイノベーション、あたらしいアイデアや創造性を喚起するのに有効なツールとなる。[17]

残念ながら、現在の組織は、これほどまでに巨大な変化にうまく対処し、そこから利益を生み出していけるような体制にはなっていない。自然災害による被害を別にしても、ビジネスの世界は、絶え間ない破壊的な変化についていくのに四苦八苦している。ビジネス・スクールが教えてくれる「ビジネスにおける脅威」は、今でも根強く存在するのだ。たとえば破壊的なビジネスモデルを持った新規企業の参入、複雑化する一方のサプライ・チェーン、移り気な消費者から寄せられる、高くなる一方の要求、そして意味のある仕事をしたいというミレニアル世代の新たな欲求など。ハーバード・ビジネス・スクールの著名な教授であるジョン・コッターは、こう語る。「今の変化のスピードについていけていないのに、我々にそれを先取りすることなどできるわけがない。経済的、社会的、環境的、政治的な賭け金は上がる一方だ。企業を経営し、成長させるために我々がこれまで何十年も使ってきた階層的な組織や組織のプロセスは、これだけのスピードで変わりつづける世界で勝ち抜くという仕事を成しとげるには、時代遅れになってしまったのだ[18]」

これらのメガ・チャレンジを、単純に金銭的な話として捉えるにせよ、ヒューマンな観点から見るにせよ、はっきりしていることが一つある。我々は、経済的なティッピング・ポイント〔ある一定の閾値を越すと、堤防が決壊するかのごとく、一気に変化が起こること〕を越えてしまったということだ。安定した気候、きれいな空気や水、健全な生物多様性、豊かな資源、といった地球が持っていたさまざまなインフラはどんどん脆弱になっており、それがビジネスに現実的なコストとしてのしかかってきている。これはもはや、議論の余地のある将来のシナリオやモデル予測の結果の話ではない。我々が今直面している現実であり、それがグローバル経済の維持拡大にとっての脅威になっているのだ。

現在直面するチャレンジに備え、それを回避し、うまく管理し、さらにそこから利益を出していくには、あたらしいアプローチが必要である。我々は、既存の経済システムに必要な変化を、経済システムの中からもたらすことができるような組織をつくらなければならない。これらの変化に成功する企業は、よりレジリエントで力強く、速いスピードで変化する時代に大きな花を咲かせることができるだろう。また、「不確実性」を専門とする著述家ナシム・ニコラス・タレブが呼ぶところの「抗脆弱」な企業であるともいえるだろう。[19] しかしそのレベルにたどり着くには、ものの考え方を根底から変えることから始めて、企業経営そのものを根本的に変化させる必要がある。

ビッグ・ピボット

メガ・チャレンジは、見方によっては存在すると言えるが、別の見方をすれば存在しないともいえる、などというのは詭弁である。もちろん、メガ・チャレンジが具体的にどのような形をとって現れてくるのか、細かい部分が曖昧なのは事実だ。しかし、それらは今現実に起こっているのである。異論の余地はないのだ。もしそれでもあなたが、気候変動や資源の逼迫が深刻な問題であるということを信じないのなら、もしくは、少なくともその可能性を考えてみることさえ拒否するのなら、この本はあなたに向いていないかもしれない……今のところは。より豊かに、自由になり、そしてすべてに「もっと」を求める未来の九〇億人の人々の暮らしをどうやって支えるのか模索していく過程で、これらのチャレンジが壮大なビジネスチャンスにつながっていくと思えないならば、あなたは今の時点ではビッグ・ピボットという考え方を受け入れる準備ができていないのかもしれない。

この本は、我々が直面するメガ・チャレンジからのプレッシャーがいかに大きく、いかに複雑に絡みあっているかということを理解し、同時に、我々に残された時間は少なく、問題に可及的速やかに取り組むことだけが、人類、そしてすべての政府、コミュニティ、企業、人々にとって唯一のロジカルな道である、ということをも理解している、あるいは理解しはじめている人のための本である。

端的に言って、もしあなたがこれらのプレッシャーが現実の脅威であると信じるなら、これまでエコビジネスとかサステイナビリティと呼ばれていた分野を、脇役の部署や、商売上のニッチな会話にとどめつづけることはできない。そのかわりに、我々は**ピボット**しなければならないのだ。――ときには痛みをともなうかもしれないが、常に目的意識を持って。世界が直面する最も大きなチャレンジを、利益を出しつつ解決することが、ビジネスの中核のミッションとなるように。

我々は今まさに、経済と社会を支えている自然システムの限界をテストしているようなものである。それならば、そのなかで企業をどう運営していくかについても、あたらしいパラダイムをつくらなければならない。この本は、「暑い・足りない・隠せない、予測不能な世界が我々のあたらしい日常となるのならば、企業は、自分たちを含むすべての人々に豊かな未来を約束するために、どのように行動しなければならないのだろうか？」という根本的な問いに答えようとする試みである。

メガ・チャレンジに取り組むことでビジネスに何のメリットがあるのか、という問いには、もはや意味がない。そうではなく、「これらのチャレンジに照らして、我々はどう効果的に企業経営をするべきか」というような、あたらしいタイプの根本的な問いに向き合う必要がある。そうしてはじめて、この道程からいかにして大きな利益を引き出していくか、という命題を考えることができる。利益はこれからも企業の行動のほとんどを決定するだろう。利益の出ないモデルが生き残ることはできない。しかし究極的には、我々全員が生き残れるかどうかという問題を犠牲にして**短期的な**利益を優先することは、狂気の沙汰である。

「利益を出しながらこれらのチャレンジに取り組むことは可能である」。これが、これからの考え方にならなければならない。変化を唱える人々の行く手に待っているのは、こういった問題にありがちな「社会貢献か利益か」といった間違った二者択一ではなくて、「社会貢献も利益も」という世界なのだ。エネルギー、気候、水、世界中で行われている開発、貧困といった巨大な問題について、ハードル・レート〔あらかじめ任意に決められた最低限の利回り〕を超えたプロジェクトだけを選んで取り組むというような選り好みをしている余裕は、もはや企業には与えられていないのだ。むしろ、その優先順位をひっくり返す必要がある。

それがビッグ・ピボットなのだ……交渉の余地などない。

ビッグ・ピボットの戦略は、民間セクターの意識を大きく変えるものではあるが、決して急進主義ではない。むしろ、自分の利益のためという意味合いを多く含む点においては保守的とすら言えるかもしれない。我々が、我々を支えている地球のキャパシティを維持しなければならないのは、自分たちの利益を守るためなのだ。

二つめの核となる、次の問いについて考えてみよう。――我々が、自身の生き残りを賭けてこれらの巨大な問題を解決しなければならないという仮定をスタート地点にするとしたら、そしてその仮定から逆算して利益を出せるモデルを探すとしたら、企業はどんなものになるだろうか？（ここが、利益を最大にすることをスタート地点として、「財政的な余裕がある」と思うときだけ環境・社会問題に取り組むという今の事業のやり方と、決定的に違うところである。）

これからの企業は、あたらしい現実のもとで成功裏に営業し、利益を出していくために、多くのことを今とは違うやり方でやっているはずだ。成功を収めているリーダーたちは、以下に述べるようなあたらしいアジェンダと原理原則を、すでに追求しはじめている。

◆価値創造というビジネスの本筋を見失わせる原因「短期的成果至上主義」に異議を唱える

リーダーたちには、単に**利益**を求めることを超えた、ビジネスの本質を体現するコンセプトが必要だ（利益は、ビジネスの成功を、一つの歪んだ狭窄的な視野で捉えるものである）。これからの経営陣は、投資アナリストよりも、顧客とコミュニティのことをよほど気にかけることになるだろう。たとえばユニリーバは、ウォール街に対する四半期ごとの説明会を中止した。おかげで株へのプラス要因を必死にプレゼンすることにとられる時間を大幅に減らすことができ、経営陣はその時間を製品と顧客に集中することができるようになった。

◆企業の目標を、科学的根拠と地球全体で達成しなければならない目標に基づいて設定する

企業は、科学の声をきちんと聞いて、炭素の排出を世界規模で劇的に減らす（おそらくは再生可能エネルギーのみをエネルギー源として）とか、地域の水の利用可能量が許容する範囲で操業するといった、大きな目標を設定しなければならない。単純に一つ一つのプロジェクトの規模を積み上げることで、組織全体としてどれくらい**できそう**かを決めるというやり方は、もはや通用しない。フォードは製品開発の目標を気候変動の科学に基づいて決定している企業の好例である。

◆異次元の問いかけを組織的・体系的に行う

重役であれ、どのレベルの社員であれ、業務のプロセス、イノベーションのやり方（しかも、社外秘で情報を囲い込むのではなく、外部も巻き込むオープンなもの）、ビジネスモデルから、資本主義のあり方そのものまで、すべてに異議を唱えてみるべきである。イギリスのホームセンター大手、キングフィッシャーのような企業のリーダーたちは、事業を通して環境問題を改善し、負荷ゼロという目標を超えるだけでなく、さらにはビジネス全体を再生産的《リジェネレーティブ》にする道を模索している。

◆政府が政策を策定し、推進することを支援する

将来を見据え、効果的に設計された規制は、企業のメガ・チャレンジ対策を推し進め、公平な競争環境を整備してくれるはずである。頭ごなしに規制に反対するかわりに、ナイキやスターバックスのような企業は、積極的な目標値の炭素規制を成立させるよう、政府に呼びかけている。

◆ありえないパートナーと協働する

社員、顧客、あるいは積年のライバルといったさまざまなステークホルダーが、パートナーや共創者としてビジネスの成功を助けてくれる可能性について、企業はもっと戦略的な見方をするべきだ。宿敵コカ・コーラとペプシコが、低排出の新規冷却技術について協働できたのだから、どんな企業同士だって協力し合えるはずなのだ。

◆価値を計測しにくいものごとを数値化するためのあたらしいツールを利用する

見えないもの――価値を創造しているにもかかわらずうまく計測できないようなもの――を数値化することは、企業がより賢い投資を決定するのに有効に働く。ジョンソン・エンド・ジョンソン、イケア、ディバーシー、3Mなどは、エネルギー効率化と再生可能エネルギーへの投資を促進できるよう、自社のROI（投資利益率）の計算方式を修正する方法を模索している。また、プーマやダウが試みているが、自然がビジネスに提供している価値を見積もることは、たとえばきれいな水を使うことや、大気を炭素のゴミ捨て場として使うことに、企業としてどれくらい依存しているのかを理解する手助けとなる。これらの試算をしておけば、いわゆる「外部性《エクスターナリティ》」があれよあれよという間に事業内部のコスト（もしくは利益）になっても、企業として備えができていることになる。

◆（利益を出すだけでなく）レジリエントで再生産的なビジネスを構築する

レジリエントな組織とは、根本的な変化に対処できる組織だ。そして、ビジネスの価値を資源の量から切り離す（つまり、依存しない）ことにより、地球の物理的キャパシティの制限を受けずに成長できる組織のことでもある。ネスレ、ユニリーバをはじめとする企業は、環境負荷を増やすことなく成長をとげる方法を模索し、成功しつつある。

ピボットのマインドセットの中心は、環境・社会の問題とチャンスを優先的に扱い、ビジネスの成功や失敗の鍵と捉えることだ。環境・社会問題に対応することは、慈善事業でもなければ、ニッチなアジェンダでもない。そしてそれはとりもなおさず、環境・社会問題のプロジェクトに対する投資や支援が、文字通り優先的に扱われなければならないことを意味する。

この考え方はまた、バリュー・チェーンだけではなく、システム全体を理解し、自然を、成功したビジネスや企業経営のモデル（循環型であり、その循環のループのなかでは資源は高い価値を維持しつづけるので、ゴミが発生しない）として捉えることも意味する。たとえば食品企業は、開発途上の各地域において、最近よく聞かれるようになったいわゆる「食糧・エネルギー・水のネクサス（つながり）」と安全保障とがどのように影響を及ぼしあうのか、そしてその関係性がビジネスにどういう意味を持つのか、といったことをきちんと考えなければならないだろう。

これらの原理やアプローチは、すべてが簡単に実行できる性格のものではないが、それぞれが成功に必要な要素なので、何もしない場合と比べ、はるかに大きな利益につながる。もちろんマクロな実利面から言えば、許容できる以上のストレスを受けている星の上で、利益を出せるビジネスは一つとしてない、という事実もある。あるテクノロジー企業の役員がいみじくも言ったように、「食べるものもないのに、コンピュータのOSのことを気にする人なんていないだろう」。

大きな環境・社会問題への取り組みに関する議論のなかでよく勘違いされてしまう重要なポイントだが、ビッグ・ピボットの中核となる戦略や原理原則のなかには、「地球を守ろう」という類のものは一つとしてない。地球自体は、人間がいてもいなくても、どちらでも構わないのだ。コメディアンのジョージ・カーリンが言ったように、「地球がどこかに消えてなくなるわけじゃない。**我々人間**がいなくなるのだ！……地球は人類を、しつこくとりついたノミみたいにふるい落とすだけだ」[20]。

もうおわかりだろう。これは地球ではなく、人間の話なのだ。現在地球上にいる七〇億人と、きたるべき世代とが、生き残り、繁栄できる可能性の話なのである。

我々にとってのビッグ・ピボット

もちろん、生き残れるだけでもすばらしい見返りだ。しかしもっと突っ込んで、もし我々が、「暑い・足りない・隠せない世界」におけるよいマネジメントと戦略とはどのようなものなのかを再定義できれば、ビジネスや社会に対する大規模なリスク（"Scientific American"は、二〇五〇年までに、洪水だけでも世界の都市に年間一兆ドルの被害をもたらすと報じている）のいくつかは、確実に減らすことができるはずだ[21]。

それ以外にも大きな利点がある。これらの巨大な問題に真っ向から立ち向かうことには、実務的で数字に裏打ちされた、ビジネス上のメリットがひそんでいるのだ。これは絵に描いた餅でも、無邪気な幻想でもない。最も現実的な解決法なのである。

より健全で、クリーンで、安定し、公平で公正な世界――しかもビジネスが豊かなリソースとスキルを使って変化を牽引している世界――をつくりあげることが、世界経済を前へと推し進めていくはずである。実際、世界の大企業の勇敢なリーダーたちのなかには、すでにその方向に向かって先陣を切っている人たちもいる。この本では、そのような多くのリーダーたちを紹介していく。彼らは、この道を追求する過程で、建物、輸送、エネルギー、その他いろいろなサービスのあり方そのものや、それらを設計し、つくり、提供する方法を考え直すことが、何兆ドルものビジネスチャンスに結びつくことを理解しはじめているのである。

億万長者の起業家であるリチャード・ブランソン卿の言葉を借りれば、気候変動に取り組むことは「我々の世代にとって千載一遇のビジネスチャンスの一つである」[22]。なぜそんなことが言えるのだろうか？　我々が直面している問題は、それがどんなに大きかろうが、システムへの制約に過ぎないということを思い出すことが重要だ。制約はイノベーションやあたらしい考え方、あたらしいビジネスモデルなどを加速させる。当然、先手を打ったものには大きなビジネスチャンスが転がり込んでくる。

つまり、この本の目標は、数え切れないほどのあたらしいチャレンジや制約に直面した世界において、単に生き残るだけではなくて繁栄を期すために企業がなすべきことを体系づける、ということになるだろう。一つの社会として、劇的に少ない資源を使い、炭素を排出せず、すべての人が利用できるように水資源を保全し、ゴミや有害物質が出ないようにしながら、同時にすべての人の仕事に対して公正な対価を払えるようなシステムを、どうやったら九〇億人の人々のためにつくることができるのだろうか？

民間セクターは、この問いに多くの答えを提供することができるし、これから実際そうなっていくはずだ。ビッグ・ピボットを起こしてトップに躍り出てくる企業（あるいはコミュニティ、自治体、国）は、より柔軟でレジリエントで、経済や地球環境が我々に投げつけてくるどんな厳しい嵐も、他よりもずっとうまく乗り切る力があるだろう。

この本の構成

最初に断っておくが、この本は、すべてを網羅することよりも、簡潔さに重きを置いた。私がこの本のなかで取り上げている一〇の戦略の一つ一つが、一冊の本を書けるくらいの内容を持っていることは百も承知だ。しかし、今我々が直面している課題が喫緊のものであることに鑑みて、私がこの本を通じて試みたのは、経営陣が、これまでとは根本的に違う世界のなかで戦略を練り、企業を経営していけるようなゲームの戦い方、優先順位のつけ方を提示することである。

第1部は四つの章からなっており、メガ・チャレンジ（暑い・足りない・隠せない）の全体像を描き出しつつ、ビッグ・ピボットに対する時代の要請を明らかにする。そして、我々の前に立ちはだかる障害と、それを克服するために必要なあたらしいマインドセットを紹介する。つまり、我々が直面している問題をあぶり出し、それに対応してビジネスをどう運営するべきか、という問いに対する導入部分になる。

第2部では、一〇のきわめて実用的な戦略を論じる。一〇の戦略は三つのピボットのカテゴリーに分類され、ビッグ・ピボット（図1-1）を形成する。

最初は**ビジョン・ピボット**である。ここでは、三つの重要な戦略を通して企業の中核となる経営の原則を打ち立てることで、企業がより長期的で幅広い視野を持てるようにする。三つの戦略の一つめは、第5章「短期的成果至上主義と戦う」で、ウォール街やその他の投資家たちから絶え間なく突きつけられる「今すぐ結果を出せ」というプレッシャーと戦うための方法を提示する。二つめの戦略、第6章「科学的根拠のある大きな目標を立てる」では、史上最大級のチャレンジを解決するために、現実を受け入れた目標を立てることの必要性と重要性を説く。メガ・チャレンジの緊急性を考えれば、解決しなければならない問題という大枠ありきで、それに沿って何をどれくらいやらなければならないかを決めるしかないからだ。「これなら簡単にできる」というプロジェクトをちまちま積み上げて解決するのではまったく間に合わない、

図1-1　ビッグ・ピボットの戦略

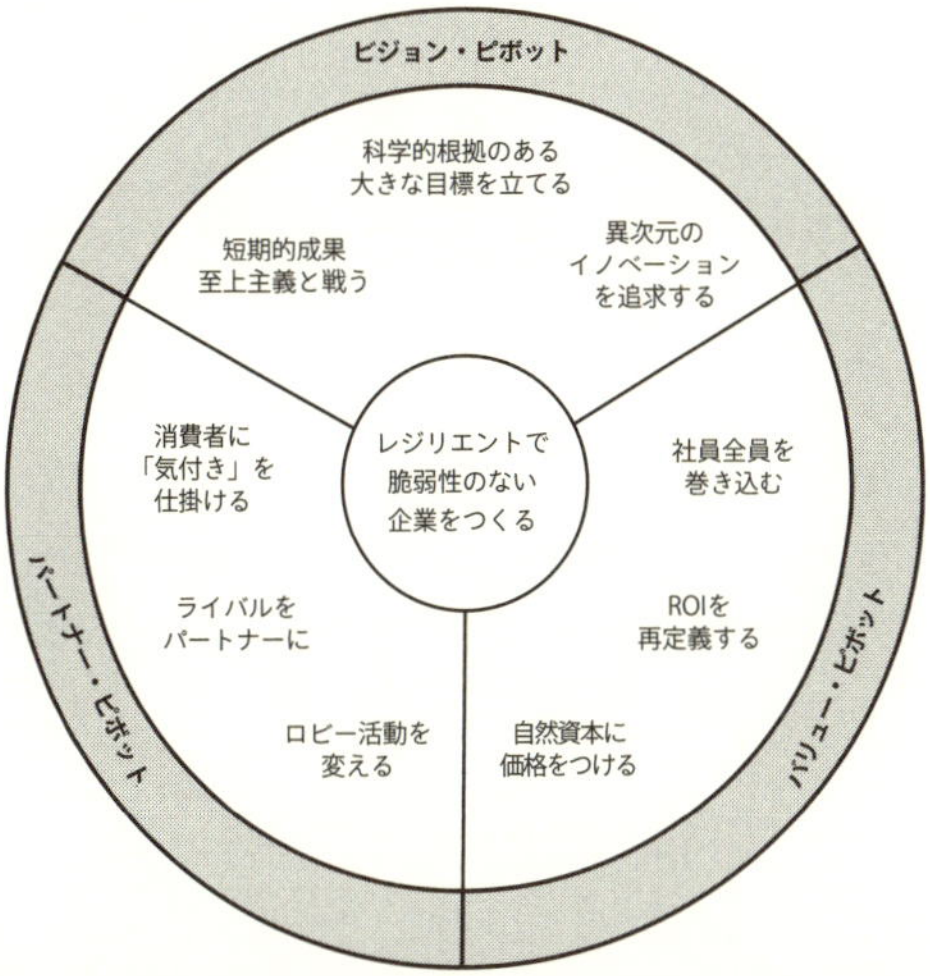

という現実を認識していく。三つめの戦略を紹介する第7章「異次元のイノベーションを追求する」では、従来のやり方を前提にした漸進的な変化を乗り越えて、システムの変化をもたらすためには、どのような問いかけが必要なのかを探る。

その後につづく、**バリュー・ピボット**の三つの章は、より戦術的、具体的に、我々がビジネスで価値をつけているものを見直してみる。第8章「社員全員を巻き込む」では、企業カルチャー、あるいは社員や経営陣にモチベーションを与えるためのあたらしい方法を見てみよう。第9章「ROI（投下資本利益率）を再定義する」では、我々のマネジメント・ツールの中核であるROIがいかに破綻していて、不公平に適用されているかを検証する。「スーパーボウルの広告のROIはどうなっているのか?」という問いから始めてみよう。第10章「自然資本に価格をつける」では、自然資源が企業に提供している価値を測る方法を探る。

その後につづくのが**パートナー・ピボット**。三つの大きな外部のステークホルダーとの企業の関わり方を変えていく方法に焦点を当てる。第11章「ロビー活動を変える」では、まず、政府のゲームのルールを変えることなしにメガ・チャレンジを解決することは不可能であることを確認する。そのうえで、企業は政府の規制を阻止しようとしたり、高みの見物を決め込むのはやめにするべきではないかと問いかける。第12章「ライバルをパートナーに」では、企業がバリュー・チェーン上のすべての人々といかに協働できるか、ときには最も激しくやりあっているライバルといかに協働しているか、を紹介する。第13章「消費者に『気付き』を仕掛ける」では、ひたすら売り上げを伸ばすというビジネスの聖域ともいえるセオリーを、逆に顧客に買う量を減らすことを求めることで利益をあげる方法を探ることで、注意深く崩していく。

最後の二つの章は、**ビッグ・ピボット**のまとめになる。第14章「レジリエントで脆弱性のない企業をつくる」では、一〇個目の包括的な戦略を検証するが、他の九つの戦略の結果でもあるこの戦略は、それ自体一連の行動を必要とする。さらにこの章では、最新のレジリエンスの科学からいくつかの鍵となる原理を紹介し、倒されたあとにより強くなって戻ってくることのできるシステムについて詳しく述べている。結論となる「ビッグ・ピボット世界の予想図」では、ビッグ・ピボット後の企業や世界の予想図を鮮やかに描き出す。

我々には、ぐずぐずしている時間は本当にない。さっそく本題に入ることにしよう。

第1部
3つの脅威とチャンス

THE
BIG
PIVOT

こんなシナリオを想像してみてほしい。あなたが乗っていた船がなにか大きな物にぶつかって、緊急事態が発生した。水がどんどん浸水してくるので、それを汲み出さなければならない。船長や機関士は、船を沈没から救うことはできるという。ただし、そのためには船上の全員が死に物狂いで水の汲み出しに参加しなければならない。そうとわかれば、すべての乗客は、ただちに今やっていることをやめ、水の汲み出しに加わるのではないだろうか？　つまり、行動に**ピボット**を起こすのだ。

しかし、もっと早い時点でピボットを起こし、船（つまり組織）、あるいは少なくともリーダーたち（経営陣）の優先順位を変えて、事前に障害物を発見したり、問題を根本的に回避できればなおよかった。またはさらに遡って、船の底を二重にするとか、高性能のレーダーを装備することもできたはずだ。そうでなければ、この旅そのものを考え直し、飛行機で行くとか、移動をやめて電話会議で済ませればよかったのかもしれない。

一九八〇年代中盤、インテルは同じような究極の決断を迫られた。ビジネスが沈没寸前だったのだ。大きな市場の変化の前触れを探知する早期注意報は、すでに鳴っていた。インテルは日本企業に押され、業績が急激に悪化していた。経営陣が直面した問題はこうである。「これまで大成功を収めてきたメモリビジネスを死守するべきか、それとも半導体へと舵を切るべきか」

当時のCEOアンディ・グローブと創始者のゴードン・ムーアにとっての「覚醒の瞬間」であった。「もしあたらしいCEOが来たなら何をするであろうか」と自問した末、今こそがピボットのときなのだ、と気がついたのだ。インテルにとって生きるか死ぬかの瀬戸際だという認識のもと、彼らは大舵を切ってビジネスモデルを大胆に変えた。(1) 人員整理があり、当面の財政的損失があった。それでもインテルは、まず厳しい現実を認識することで、マイクロプロセッサビジネスへの非凡な一歩を踏み出したのだ。

八〇年代のインテルがやったように、我々は地球上で人類が行ってきた壮大な実験についての厳しい現実に、きちんと向きあわなければならない。いまや我々は、十分すぎるほどの「目を覚ませコール」、そしてその真実に対処するための情報を受け取っている。ビッグ・ピボットは必要だ。そして、それは我々を健全に、より豊かにするはずだ。最も大きな三つの「目を覚ませコール」に耳を傾けることから、始めてみよう。

Hotter (and Cleaner)

第1章
どんどん暑くなるから、クリーンなビジネスが勝つ

　ハリケーン・サンディがアメリカ東海岸を襲ったとき、その台風の目はニュージャージー付近にあった。しかし九〇〇マイル（約一四四八キロメートル）という未曽有の規模だったため、サンディはウェストバージニア州からメイン州までの広い範囲に損害を与える結果になった。ニューヨーク市では海面が上昇し、ダウンタウンが水浸しに。ジャージー海岸の多くの地域では、人が住めなくなった。

　被害規模が明らかになるにつれ、別の現実もはっきりしてきた。クルマや庭や家のほかに、サンディは、気候変動という現実を認めることへの世間の抵抗感の一部も洗い流してしまったのである。ビジネス・ウィークは一面にでかでかと書きたてた。「だから温暖化だって言ってたじゃないか！」。タイム誌のジャーナリストのマイケル・グルンワルドは、「気候変動は長いこと環境派の人だけが騒ぎ立ててい

る副次的でニッチな話として取り扱われてきた」と指摘しつつ、それがいかに馬鹿げたことであったかをすっきりとまとめている。「サンディは、気候変動の影響を受ける対象（People）を表す専門用語は、**自分たち（People）**なのだ、ということを、容赦なく我々に思い出させることになった。気候変動は環境問題であり、安全保障の問題であるが、それと同時に、そう、経済的問題でもあったのだ[1]」

サンディ発生から一週間もしないうちに、ニューヨーク市長のブルームバーグ、ニューヨーク州知事のクオモ、他にも多くのリーダーたちが、気候変動と異常気象の関連性は明らかになりつつある、と表明した。彼らは口を揃えて、そんな現実はまだまだ先のことであってほしいと誰もが願っていた「気候変動」という名の不可解な現実に備えるためには、社会のあり方を変えなければならない、と警告した。

地球温暖化、地球異常化、気候変動、気候破壊、気候危機——何と呼ぼうが、同じことである。地球をほどよい暖かさで包み込みつつ、人間が進化し、社会を発展させるのに十分な暖かさを提供してくれていた温室効果ガス（GHG）は、いまや危険レベルの高濃度に達しつつある。この温暖化の圧倒的な原因は、人類が化石燃料を燃やし、大気をそこから出てくる炭素を捨てる場所として使ったことだ。懐疑派は、地球は以前にも温暖化したことがあると指摘するが、気候の専門家であるケン・カルデイラがサイエンティフィック・アメリカン誌で言っているように、「人類は、過去に自然現象によって起きた温暖化のうちで、最もスピードが速かったケースの五〇〇〇倍の速さで気候をつくり変えつつある[2]」。

気候帯（平均気温によって地域を区分したもの）は、一日に二〇メートルの速度で移動している。今世紀の後半には、イリノイ州の気候は、今のテキサス州のように、夏の気温がだいたい三二℃から三七℃になるだろう。[3] この変化のスピードは大問題である。カルディラは冷酷に言い放つ。「リスはこの速さについていけるかもしれないが、オーク（コナラ属の落葉広葉樹）やミミズはそんなにすばやくは適応できないだろう」[4]。さらに、人間をこの現実に当てはめてみるなら、家族は先立つものさえあれば引っ越しできるだろうし、企業も移転できるかもしれない。しかし、街や、そこに広がる豊かな田畑の畝々《うねうね》は、そうやすやすと移動させることはできないのだ。

警告のサイレンが頭の上で鳴っていても、我々はこういった問題に対して反応するのがうまくない。単に温暖化を認めたくないからだろうと結論づけるのは簡単だが、現実にはそれほど単純な問題ではない。我々がこの問題を避けて通ろうとしてしまうのには、根深い心理的な理由があるのだ。

気候変動の心理学

もし我々が、超のつく難問への人類の対処力をテストしたいのなら、気候変動はほぼ完璧な設問だ。気候変動はゆっくりにしか進まないし（といっても最近までの話だが）、複雑だし、距離的にも時間的にもずいぶん遠くにあるように感じられる。しかも、気候変動への対処は能動的なアクションを必要とする し（私たちは受け身のほうがずっと上手だ）、大気や水汚染のような問題と違って目に見えるわけでもない。

そして、なんといっても一番難しいのは、責任の所在も、その影響も、地球上に住む七〇億人のあいだに分散されてしまっているため、何か行動を起こすとなると、あたかも自分たちだけが犠牲を払っているように感じてしまうことだ。そして正直に言うなら、我々は誰しも自分だけが犠牲になるのは勘弁してほしいと思っている。

そんなわけで、気候変動は我々の精神的な強さや弱さを試す試金石となる。強さであれ弱さであれ、それは社会の発展の最初の一万年のあいだはそこそこうまく回っていたが、ここにきて雲行きが怪しくなりはじめている。イェール・プロジェクト・オン・クライメート・チェンジ・コミュニケーションのディレクターであるアンソニー・レイセロウィッツがうまくまとめている。「潜在的な心理にまったくそぐわないような問題について人は、そもそも問いを立てることもできないのだ[5]」

気候問題をなかったことにしても構わないように感じられるもう一つの理由は、温暖化の警告の数字が、そんなに恐怖心をあおらないことだ。何℃か気温が上がるくらいなら、むしろ快適になるのでは、とさえ感じられるのではないだろうか。しかし気候変動は、ある心地よい春の日の気温が二四℃から二五℃に上がる、というレベルの話ではない。多くの人が指摘しているように、適切な例えは熱だ。体温が一℃上がったら、少し調子が悪くなる。五℃上がったらふらふらになる。一〇℃上がったら、ご臨終である。

熱が上がるときに、医者がどんな反応を示すか思い出してほしい。熱がどんどん上がっていくと、ある時点から、とにかくいかに体温を下げるかだけが問題になってくる。同じように、社会やビジネスにとっても、気候変動対策を取ることは、急速に「何があっても」やらなければならない問題になりつつある。他の問題は後回しだ。この現実を知ることが、ビッグ・ピボットの肝である。

気候変動を、人類につきつけられた最終試験と考えてみたらどうだろう。すべての点数につながる質問のテーマはこうだ。「その問題を解決するためには努力やある程度の投資が必要で、しかもビジネスの伝統的なやり方を、あちこちで破壊することになるかもしれない。そんな心理的な障壁にいくつもぶち当たるような問題を、我々は一つになって解決することができるだろうか？」

もしこの試験をパスできる望みが少しでもあるなら、科学者のコミュニティが、問題がどれくらい大きく、どれくらい急いで解決しなければならないのか知らせようとしているときには、それにきちんと耳を傾けなければならない。もちろん、科学だって間違うことがある。そして残念ながら、気候の科学についても、何度も何度も間違いが犯されて**きた**。……しかしそれはほとんど常に、保守的に見積もりすぎた、という間違いだった。「北極の氷は、専門家が予測したよりもずっと速いスピードで溶けている」というようなヘッドラインを、何度見たことだろう。

専門家たちは、状況がより深刻になるにつれ、大胆に、単刀直入になってきている。何百人ものトップクラスの科学者たちが、我々の存在の存続そのものが脅かされている、とする共同声明に署名した。「人類の生命維持装置を二一世紀に存続させるために」という題名が付いたこの簡潔な声明は、人類が自然システムに対して行っていることのせいで、「人類の繁栄と存続になくてはならない地球の生命維持システムが、元に戻せないような状態にまで破壊されてしまう可能性が非常に高い」と端的に述べている。そして、「具体的で速やかな行動」を求めている。(6)

このような見解は、にわかには受け入れがたい。あまりに極端だし、恐ろしい結末を予感させる。合理的な解決策が、今の生き方やビジネスのやり方を根本的に変えることだとなれば、なおさらである。今を生きる企業は、何をやるにしても明確に利益に結びついた動機を必要とする。金がかかる上に、やる義務があるなどと言われることは、経営陣のお気に召さない。しかし、ビッグ・ピボットの重要なポイントの一つは、「金がかかる」とはどういう意味なのかをもう一度考え直すことであり、この本が提示する戦略から創造しうる、すべての短期的、長期的な価値をきちんと検討することなのである。もちろん、ビジネスが長旅に耐えられるような、レジリエントな組織をつくるための投資には、トレードオフがつきまとうだろう。しかし、我々がするべきことの多くは、実は短期的にも利益を生むのである（たとえば省エネなど）。

これから価値を創造する戦略の話に入っていくわけだが、その前に、我々が直面している課題の大きさ、あるいは、「気候変動の数字と物理的現実」とでも呼ぶべきものを理解しなければならない。

気候変動の数字と物理的現実

先述のように人類は直感的な生き物で、心理的にある種の事実を受け入れられない場合もあるが、その一方で、はっきりした数字をありがたがる面もある。特にビジネスにおいては。そして気候変動に関する数字は、日増しにはっきりしてきている。気候変動の活動家ビル・マッキベンは、ローリング・ストーン誌に寄稿した記事（いい加減なところもあるが、人気の記事だ）で、カーボン・トラッカーというNG

Oが行った重要な分析のいくつかを活用して、我々全員が心に留めておくべき、気候にかかわる三つの基本的な数字を挙げている。

1 世界の科学者たちによると、もし気候変動の最悪の結果を逃れたいなら、地球の気温は、有史以前の水準に比べて二℃以上、上がってはならない。

2 温暖化を二℃にとどめるためには、世界が排出できるCO_2の量は、あと五六五ギガトン（五六五〇億トン）しかない。

3 残念なお知らせだが、化石燃料業界が握っている化石燃料の埋蔵量には、すでに二七九五ギガトンもの炭素が含まれている。これは、排出しても「大丈夫」と考えられている炭素量の五倍にあたる。(7)

最初の二つの数字は、国や企業が長期的な目標を立てたり、規制をつくったりするときの道標になるだろう（たとえば、すべての大国を含む一四一の国が、気温の上昇を二℃以内に抑えよう、という法的拘束力のない署名をしたコペンハーゲン合意）。しかし、これらの数字は現実には何を意味するのだろうか？　我々はどれくらいのスピードで変化をおこさなければならないのだろうか？　これらの難問に答えるには、世界最強の数字の鬼、マッキンゼーとプライスウォーターハウスクーパース（ＰｗＣ）に聞くのがよいだろう。

マッキンゼーのグローバル・インスティチュートは、彼らが呼ぶところの世界の二つの目標、すなわち「大気中の温室効果ガス（ＧＨＧ）濃度を安定化させること」と「経済発展を維持すること」のあいだで折り合いをつけることは可能なのかを分析している。彼らはまず、中国、インド、アフリカその他の地域における高い経済成長を仮定し、そのうえで、世界経済を立ち行かせるためにどれくらいの炭素が排出されなければならないのかを計算した。電気をつけるために石炭や天然ガスなどを燃やしたり、移動するために石油を燃やしたりしてCO_2を排出するたびに経済的価値が生まれるわけだが、今の世界経済下では、CO_2一トンの排出につき七四〇ドルのＧＤＰが創出されている、とマッキンゼーは計算している。

二℃以内、という厳然たる温暖化防止の目標をクリアするためには、マッキンゼーによれば、**炭素当たり生産性**《カーボン・プロダクティビティ》とでも呼ぶべきCO_2排出一トン当たりのＧＤＰを、さらに上げなければならない。しかもこの値を二〇五〇年までに一〇倍という驚くべき速度で上げる必要があるのだ。これは、今までに我々の経済がどんな投入資源に対して見せた生産性の向上よりも速い[8]。この悲痛なお知らせに輪をかけて、ＰｗＣのレポートは、時間が我々の敵となっている、と付け加えている。気温上昇を二℃以内にとどめるという目標は、しだいに達成不可能の様相を呈してきているというのだ。レポートのなかでＰｗＣは、変化のスピードを猛烈に速めることを勧告している[9]。さらに詳しい数字については、コラム「世界で最も重要な数字？」（六二ページ）を参照されたい。

もちろんすべての数字は、査読（ピアレビュー）済みの専門誌に公表された何千もの研究からの圧倒的な証拠に基づいている。そして九八パーセントの気候学者たちが、主要な所見のすべてにおいて意見を同じくしている。気候変動のデータは世界中の科学者たちから集められ、気候変動に関する政府間パネル（IPCC）によって要約される。二〇一三年と二〇一四年に分けて公表された最新レポートで、IPCCは、現在起こっている前例のない速いペースの気候変動は、人類の活動が原因である「可能性がきわめて高い」とはっきり述べている。(10)「可能性がきわめて高い」というのは、「我々はそれを確信している」の科学者的な言い回しである。

もちろん、だからといってすべての詳細が明らかになったというわけではない。IPCCがはじき出した数字は、恐ろしく入り組んだ地球の気候システム全体をカバーする、複雑なモデルに拠っているのだ。科学者たちは、現在の危険な気候の変化の裏には人間の仕業があることには完全に確信を持っている。しかし、気候変動がどういう結果を引き起こすのかについては、不確定要素が残っているのだ。たとえば、今後さらに温室効果ガスが排出されるたびにどのくらいの気温の変化が起こるのか、その正確なインパクトは曖昧だ。干ばつ、洪水、ハリケーンといった特定の気象現象に、温室効果ガス排出と気温の変化がどのような影響を与えるのかについても、はっきりとはわかっていない。

先に述べたビル・マッキベンの記事にある世界の炭素予算のように、確定的に思える数字でさえ多少変動している（彼が記事を書いたのが二〇一二年であり、私がこれを書いている時点で、IPCCが二〇一四年版のレポートでいくつかのあたらしい数字を公表している）。大枠では、「気温の上昇を二℃以内にとどめよ」という警告を守れる確率を少なくとも三分の二以上とするには（個人的にはもっと確率を上げたいが、三分の二はIPCCが提案している確率帯なのでそれを使っている）、二〇五〇年までに我々が大気中に排出できる炭素の予算は最大五六五ギガトンとされているが、実際には、それよりも低いのかもしれない。こういった類の予測数字の最新情報のほとんどが、この問題に対処するために我々に残された時間はどんどん短くなっている、と警告している。私がこの本で引用しているPwCの数字は、最新の目減りした予算だ。(11)

世界で最も重要な数字？

PwCは、温暖化を二℃以内にとどめるためには、我々は、至極単純な一つの目標――グローバルの炭素強度《カーボン・インテンシティ》（GDP一ドルあたりの炭素排出量）を、毎年六パーセントずつ二一〇〇年まで減らしつづける――を追求する必要がある、としている。これは、現在の削減ペースの九倍の速度を意味する。この年間六パーセントという目標が、人類の健康と幸せにとって、最も重要な数字かもしれない。

ギガトンのようなわかりにくい計算よりもイメージしやすいであろう簡潔な数字は、IPCCが数年前から声高に提唱している。あたらしい数字が出てきても変わらない質のものである。端的に言って、我々は二〇五〇年までに炭素の排出量を少なくとも八〇パーセントは減らさなければならない。ビジネスから見ても、五六五ギガトンと言われてもどうしようもないけれど、八〇パーセントの削減をめざす、というのであれば理解できる。

ここでちょっとマッキベンの三つめの数字、世界の化石燃料の埋蔵量の見積もりが何ギガトンのCO_2に相当するか見てみよう。

国際エネルギー機関（ＩＥＡ）は、毎年刊行している『世界エネルギーアウトルック』の二〇一二年度版のなかで、化石燃料の埋蔵量の問題について、同じような結論にたどりついている。「我々が温暖化を二℃以内にとどめることを目指すのであれば、二〇五〇年までに燃やせる化石燃料の量は、炭素回収貯蔵（ＣＣＳ）の技術が汎用化されない限りは、現在確認されている埋蔵量の三分の一以下であろう」[12] この「されない限りは」は、重い「されない限りは」である。というのも、ＣＣＳは今のところほとんどまだ青写真の段階だからだ。

マッキベンの五対一にしろ、ＩＥＡの三対一にしろ、エネルギー業界と、国家の埋蔵量をコントロールしている産油国の独裁者たちは、文明を脅かすのに十分すぎる炭素を握っている、ということになる。化石燃料の埋蔵量は、すでに巨大石油企業の帳簿に載っており、株式時価総額《マーケット・キャップ》に組み込まれてしまっているのだから、我々は深刻な政治的、経済的課題を抱えているのだ。これらの石油企業と、世界中に存在する石油立脚型の独裁制は、今後数十年間で何兆ドルもの利益を生み出すと考えられている（キャピタル・インスティチュートのジョン・フラートンは、「燃やしちゃならない」埋蔵量の価値は、少なくとも二〇兆ドルに上ると見積もっている）[13]。もし我々がこの燃料を燃やさないとすれば、主要な石油企業の企業価値の六〇パーセントが消えてなくなる、とＨＳＢＣ銀行は試算している。あなたなら、これだけ巨額の資産や利益を死守するために、どれだけの金を使うだろうか？

これらの心が折れそうになるような数字や、化石燃料業界にはアクションを起こすメリットがなさすぎるという事実を差し引いても、エネルギー業界の外では炭素対策が起こるだろうと楽観的になれる、三つの大きな理由がある。一つめは、科学的根拠に基づいた削減目標を追求することが、信じられないほど利益につながることだ。世界自然保護基金（WWF）とCDP（旧組織名カーボン・ディスクロージャー・プロジェクト）が、主にマッキンゼーのデータを基にして行ったリサーチによれば、我々が減らさなければならない炭素量を毎年削減しつづければ、一〇年後にはアメリカ企業に七八〇〇億ドルの正味現在価値（NPV）がもたらされる。[14] これは、もし我々が必要なだけのすばやい措置を**とらなければ**、逃してしまう金の卵である。

二つめに、多くの大企業が必要な削減量に基づいた目標を設定しており、なかにはすでにその大目標を達成したところがあるということだ。たとえば、年商一七〇億ドルのアルコール飲料大手ディアジオの北米支部は、五年間で八〇パーセントもの炭素削減を達成した（ディアジオについてはあとの章で詳しく述べる）。

三つめに、多くの企業が、気候変動はビジネスにとっての深刻な懸念であると認識しはじめており、この最も重要な課題に応じたビッグ・ピボットを起こしはじめている。CDPの年次調査に回答している企業（世界の大企業のほとんどが含まれている）のうち、四分の三以上の企業がビジネス戦略に気候変動を組み入れていると答えた（二〇一〇年に行った同じ調査への回答では一〇パーセントであった）。八〇パーセントの企業が、気候変動による物理的なリスクを認識しており、三七パーセントが、そうしたリスクは差し迫ったものであると考えている[15]。

さらに明るいニュースは、炭素削減が利益につながることを、企業が理解しつつあるということである。CDPの二〇一三年の調査は、これをはっきり指摘している。CDPの調査に回答したアメリカ企業のうちの七九パーセントが、炭素削減への投資は通常のビジネス投資よりも高いROIを記録したと答えた[16]。

気候変動はもはや隠れた問題ではない。これだけの規模の変化は、大きなビジネスチャンスにつながると、ビジネス界は急速に気がつきはじめているのだ。

クリーン経済の成長

HSBC銀行によれば、**クリーン経済**――効率を上げ、再生エネルギーを生み出し、気候変動に立ち向かう術を与えてくれるような技術やサービス――は、二〇二〇年までに年間二兆二〇〇〇億ドルに上ると予測される。そしてこれはおそらく、低く見積もっての値である。我々は、運輸、エネルギー、建設や施設管理、それから、ある意味で水といった、数十兆ドル規模の巨大な業界のあり方自体を根底から変える話をしているのだ。

このクリーンな経済は、多くの雇用を創出するだろう。国際労働機関（ILO）が行った研究によれば、すでに五〇〇〇万の人が再生エネルギー関連に従事しており、次世代にかけて、クリーン経済は正味で数千万人単位の新たな雇用を創出すると見積もられている。多くの国がこの壮大な雇用創出のチャンスを積極的に追求しており、新たな効率化の技術や、水のインフラ、スマート・グリッド、再生可能エネルギー、高速鉄道、その他多くの事業に多額の資金をつぎ込んでいる。

これだけのスケールの本質的な変化を、すばやく把握するのは難しい。しかし、変化の兆候を垣間見ることはできる。どれくらいの金額が投資されたかについて、いくつかのポイントとなるデータを挙げておこう。

◆クリーンテクノロジーへの投資は世界全体で年間二五〇〇億ドルを超えている。これは、一九九〇年から二〇〇〇年代に起こった、携帯通信技術の黎明期《れいめいき》への投資に匹敵する。

◆世界の石油埋蔵量の一九パーセントを持つサウジアラビアは、太陽光発電に一〇九〇億ドルの投資をしている。

◆韓国は、GDPの約二パーセントに当たる約三五〇億ドルを、環境関連および再生可能エネルギー関連産業への投資に充てることを明言した。

◆中国は三七二〇億ドルをエネルギー節減と汚染対策に投資している。

◆日本は六〇〇〇億ドル超のクリーンエネルギー市場をつくりあげることを、国の成長戦略の中心的な目標としている。(17)

また、下記に、そういった投資による成果のあった例もいくつか挙げておこう。

◆二〇一二年五月のある晴れた日、ドイツは国内すべての電力需要の半分以上を太陽光発電だけでまかなった。

◆二〇一三年のある冬の夜、デンマークの海上風力発電は、その夜の国全体の需要を上回る電力を発電した。

◆アメリカにおいて、二〇一二年に新規設置された発電施設の発電容量のうち、半分は再生可能エネルギーによるものだった（EUでは七〇パーセント以上だった）。

◆中国において、風力発電は原子力を抜いて三番目の電力源になった。(18)

もともとのベースが小さいという事実はあるとしても、再生可能エネルギーは非常に速いスピードで成長しており（太陽光発電は二〇〇七年から二〇一二年までに九〇〇パーセント成長した）、国家レベルの規模になりつつある。(19) さまざまな国が、再生可能エネルギーの拡大のために幅広い政策を試している。太陽がさんさんと降り注いでいるわけでもないドイツを世界一の太陽光電力の購買者にしたフィード・イン・タリフ（固定価格買取制度とも呼ばれる助成制度。エネルギーの買取価格（タリフ）を法律により定めるというもの）や、オーストラリアの炭素税、EUや中国の一部、北米の地域、韓国などが実施している炭素取引システムなどは、その代表的な例と言えるだろう。

これらの投資が何兆ドルにも達し、業界が劇的に変化するとき、誰が勝ち名乗りを上げるかは、神のみぞ知る、である。携帯通信技術が世界にもたらした変化のことを考えてみるといい。人類の集合知とでも言うべきものが、いまやほとんどすべての人々の指先にあり、我々は六〇億人の携帯電話ユーザーとつながることができる。もちろんこれは結果論であって、イノベーションの黎明期には、その利用価値がどのくらいになるのかを予測するのは難しい。コンピュータでさえ、まだ珍しかったころはニッチ扱いだったのである。一九四三年に、IBMの会長であるトーマス・ワトソンは「コンピュータへの需要は、世界全体で五台くらいじゃないだろうか」と発言している。二四年後、テジタル・イクイップメント・コーポレーションの会長ケン・オルソンも、まだ短期的な視点にとらわれていた。「家庭にコンピュータを欲しいと思うような消費者がいる、と考える理由がない[20]」

今となって、それを笑い話にするのは簡単だが、最も先見の明のある人たちにとってさえ、このIT革命の展開を予測するのは至難の業だった。フェデックスがデータの王様であることは誰でも知っている。荷物を配達するというのはハイテクなビジネスだとは思われていなかっただろうが、いまやそうなっているのだ。世界を変えるようなアイデアというのは、人が想像するとおりの形で広がっていくわけではない。

クリーンテクノロジーが足場を固めたあと、世界はどう変わっているだろう？　それを予測するのはほぼ不可能だ。しかし、クリーンエネルギー、水、原料処理の技術にあたらしい手法を持ち込み、そこに飛躍をもたらす、驚くべき勝者が現れるであろうということは予測できる。そしてきたるべきそれらの投資やイノベーションが、我々の暮らしをよくしてくれるであろうということもほぼ言い切れると思う。

これが、ますます暑く、よりクリーンな世界の、強力なメリットである。

Scarcer (and Richer)

第2章
いよいよ資源が足りなくなるから、イノベーションが勝つ

地球上のブタのほぼ半分は、中国に住んでいるという。このことを考えはじめると、なぜか眠れなくなる。

「ブタ」の話は、飽くなき成長をとげながら富の階段をのぼりつづけている中国が、世界の資源に対していかに巨大な需要をつくりだしているかを示す、ほんの一例にすぎない。一四億人の人口を抱える国の、しかも経済成長率が七〜八パーセントになったことを景気の減速というような巨大経済の状況を的確に把握するのは、至難の業である。

すべてに対するあたらしい需要

中国（とインド）に関する統計には、目を丸くするほかない。一〇〇〇億ドルもの資本を運用する投資会社GMOの創立者であるジェレミー・グランサムは、前述のブタの例をはじめとして、説得力がありかつ面白いさまざまな分析をしており、コモディティの専門家の視点から、中国の飽くなき成長とそれによる地球資源への要求をシンプルに描き出している。中国経済は、世界のGDPの約一〇パーセントに相当する、と彼は指摘する。それならば、中国経済はすべての資源の約一〇パーセントを必要とすると考えれば辻褄《つじつま》が合いそうだ。しかし実際は、いまや中国は世界の二五パーセントの大豆、四〇パーセント以上の鉄鋼やアルミ、そしてセメントの半分以上を消費しているのだ(1)。

中国は、自国経済が資源をどれほど必要としているかを、切実に自覚している。そして、オーストラリアの石炭やそれを使って発電される電力、ブラジルやナイジェリアの石油など、世界のあらゆる場所で資源や企業を手に入れるべく交渉を行っている。中国はいまやアフリカの第一の貿易相手国だ。二〇一三年の後半には、中国の豚肉生産の最大手企業が、アメリカの食肉大手スミスフィールド・フーズを買収した。どうやら中国にはもっと豚肉が必要らしい(2)。

これは、なにも中国に限った話ではない。インド、ブラジル、アフリカ、その他の地域に住む何億もの人々が、あと一世代もしないうちに世界の中間層に名乗りを上げるべく、順番を待っている。もちろん「もし」――そしてこの「もし」は非常に大きな「もし」であるが――地球上にそれだけのモノが残っているとすればだ。この巨大な需要こそが、資源はどんどん足りなくなり、値段は上がる一方、というあたらしい現実を引き起こす主要な原因なのだ。

逆の視点――豊かになっていく世界

中国の中間層は、五億人に達しようとしている。中国人消費者の時代が来たのだ。二〇一三年一一月一一日、アメリカの「サイバー・マンデー」（オンラインショップにおけるホリデーシーズンのセールの開始日である、感謝祭翌週の月曜日）の中国版に当たるオンラインショッピングのセール初日に、中国のオンライン小売りの売り上げは約六〇億ドルに達した。これは一日の売り上げとしては世界新記録となった（しかもアメリカの水準の二倍であった）[3]。国が豊かになるにつれ、車、食べ物、不動産、洋服、保険、金融、旅行など、消費者はあらゆるモノやサービスを求めるようになる。このような貧困からの一足飛びの所得上昇は、新たな需要を満たすための大きなビジネスチャンスとなる一方で、共有するべき資源を未曽有の規模で使ってしまうことも意味する。この状況に対応するには、あたらしいビジネスのやり方へとつながる、「ビッグ・ピボット」を図らなければならない。

供給側の課題

資源とか**コモディティ**といった表現には、我々の生活を支え、経済の屋台骨となるものを言い表す言葉にしては温かみがなく、どうも親しみがわかない。我々がふだん食べたり、暖をとったり、体にまとったり、移動を助けたりしてくれるもの――食糧、鉱物、エネルギーなど――は、地球から受け取ったものである。しかるにこの生物理学的な現実は、資源の価格が上がったときとか、資源を地球から採取するときの危険性を思い出させるような事故が起こるまで、ほとんど意識されることもない。

これまでやってきたようなやり方で資源を探し当てて採取するのは、しだいに難しくなりつつある。メキシコ湾を一マイルも掘って石油を採掘したり、最深層の岩盤まで何マイルも降りて天然ガスを入手するための技術を開発することは、伊達や酔狂ではできないのだ。お手軽かつ汚れたエネルギーは、過去のものになってしまった。

ビジネスにとって、資源が逼迫し、価格が上がっているという事実は、最も明確で議論の余地のない、変化のための「バーニング・プラットフォーム〔他に選択の余地がないような危機的状況を表す言葉。海上の石油採掘用プラットフォームで火災が起きた際、居合わせた労働者が、とどまって焼け死ぬか極寒の海に飛び込むかの究極の決断を迫られたことに由来する〕」となる。目の前に突き出された金額を否定することはできない。たとえば食糧に直接依存している企業の多くは、原料の価格がどんどん上がる、という事態に直面している。そしてその結果、何百万人という人々が、ぞっとするような食の不安にさらされているのだ。

ビジネスにとっての最大の関心事は、この高騰した価格水準がこれからもつづくのかということだろう。あらゆる証拠や統計が、合唱となって「イエス」の方向を指している。長期的なコモディティの価格に関する最良の研究として、再度ジェレミー・グランサムの分析を見てみよう。この分析は、二つの期間を浮き上がらせる。第一の期間である二〇世紀には、世界大戦にともなう乱高下を除き、コモディティの価格は、平均すると一貫して下がりつづけた。ところが、第二の期間である二〇〇〇年以降、価格は急激な上昇を見せはじめている。

マッキンゼーが行った分析によれば、二〇世紀に達成した生産力の向上とそれにともなう価格の低下という貯金を、我々は二〇〇〇年代の最初の一〇年で食いつぶしてしまったという。実際の数字で見てみても、現在のコモディティ価格は、実は今までで最も高い水準にあるのだ。（図2-1参照）[4]

ここからが、グランサムの分析の面白いところである。彼は

図 2-1　マッキンゼーによるコモディティ価格の分析

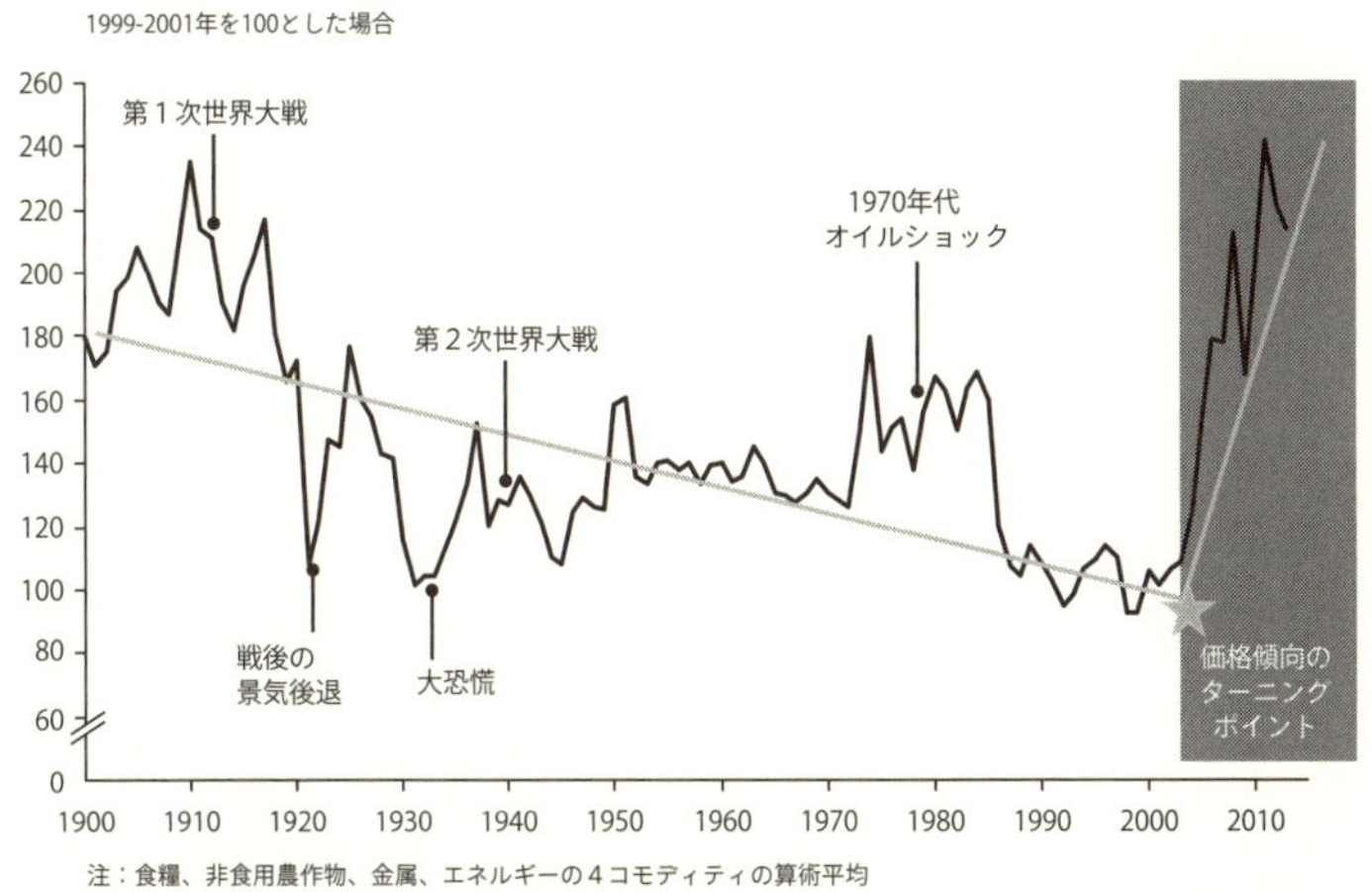

注：食糧、非食用農作物、金属、エネルギーの４コモディティの算術平均

出典：マッキンゼー・グローバル・インスティテュート

統計学の基礎中の基礎を問うのだ。すなわち、最近の価格の上昇は、前世紀からずっとつづいてきた、一貫した価格水準低下の範囲内の乱高下なのだろうか？　それとも、コモディティ価格の傾向が、根本的に変わってしまったということなのだろうか？　という問いである。そこで彼のチームは、何十種類というコモディティを個別に分析してみた。それによると、たとえば鉄については、「現在の価格が、前世紀からつづく価格低下のトレンドの一部である可能性は二二〇万分の一である」[5]。有り体に言えば、「今の価格は、価格低下のトレンドの一部ではない」ということだ。

　鉄は最も極端な例であるが、ほとんどの主要なコモディティについて、その確率は五〇分の一から五万分の一のあいだであった。つまり、我々が経済や社会へ投入する資源のコストは、いまや平均して上昇傾向にあるということだ。この事実を、ビジネスリーダーたちは本当に理解しているのだろうか？答えはイエスでもありノーでもある。

　ＰｗＣが行った調査によれば、企業のＣＥＯたちはエネルギーと資源のリスクに対してどんどん敏感になってきている。調査の対象となった役員の半数以上が、「もはや資源リスクは今後の成長を妨げる脅威のワーストスリーの一つであり、この問題を抜きに消費者の購買動向を語ることはできない」と述べている[6]。経営陣はコストの高騰を感じている、と理解していいと思う。しかし、もし彼らが現在の高騰が短期的なものだと捉えているなら、その懸念は忘れ去られてしまう可能性がある。実際に私が経営陣と話すなかで得る感触としても、投入資源のコストは長期的な下降から**上昇**に転じたという「これからの当たり前」が、多くの経営陣から忘れ去られているようだ。事業の主要な投入資源のコストが二倍になるのを目の当たりにしたある消費財メーカー大手のトップは、こう発言している。「コストが上がれば利益に影響が出るものだが、そのうち下がれば業績も回復する」

こういったものの見方は、現実を理解していない証拠である。コモディティ価格は、乱高下があろうとも、基本的にはいまや上昇に転じているのだ。日々の事業運営のなかで、この上昇がどういう意味を持つのか、考えてみてほしい。価格が下がったとき――乱高下の一環として下がることもあるだろう――その水準は、前回下がったときよりも高い水準で下げ止まるはずである。そしていったん上昇に転じたら、前回の値上がりよりも高い水準まで上がるだろう。このコモディティ価格の変化のパターンは、まさにパラダイム・シフトで、ほとんどの企業がまったく準備できていない「ビッグ・ピボット」への呼び水となるはずだ。我々は、原料の使用を減らさざるをえない時代に入ってきたのだ。利益を生みながら操業しつづけたいなら、国家も企業も、効率を劇的に改善するしか道はないのである。

グランサムは、投資家向けの四半期ごとのレポートでこれをうまくまとめている。「世界中の天然資源の使い果たしっぷりが危険水域に入ってきているため、資源の価値というものが根本的に変わってきている。我々はみな、このあたらしい環境に適応して動かなければならない。しかも、迅速に[7]」

落ちてきた木の実を空が落ちてくると勘違いしてパニックを引き起こしたチキン・リトル〔ディズニー映画にもなっているイギリスの寓話で、悲観論者をさす慣用句として用いられる〕みたいに、「資源がなくなるぞ」と大騒ぎする輩は一七〇〇年代後半のトーマス・マルサスのころからいつの時代にもいた、と批判する向きも多いであろう。このような懐疑派は、技術が常に我々を救ってきたと主張する。手軽に採取できる資源がなくなったとしても、技術の進歩が、どんなに難しい場所からも資源を採取することを常に可能にしてきた。マルサスは間違っていた。なぜなら彼は、我々の社会をこの一五〇年で飛躍的に前進させた、化石燃料の爆発的普及を予測できなかったのだから。これが、彼らの主張だ。ある意味、私も賛成する。現在の資源の逼迫を、あたらしいエネルギーの爆発的普及によって回避することは絶対に可能である。ただし、今度爆発するエネルギーは、再生可能エネルギーだ。

まあそれは置いておいたとしても、この有限の世界では、何についてであれコンパウンド成長（利益率が毎年一定になることを約束するような成長）を見積もりつづけることが不可能なのは明確だ。エネルギーを再生可能エネルギーに頼ることはできても、空気から金属や食糧、水などをつくりだすことはできないのだ。

特に水は、他の問題にはない特殊な課題を数多く抱えている。

いつでもどこでも水、水、水

水は生命である。飲み水、食糧生産、健康維持、アウトドア、その他ほぼすべての生活シーンに、水は不可欠だ。暑くなる、足りなくなることが現実に何を意味するのか、水を通してその実態を見ることができる。特に気候変動は水に甚大な影響を与えるため、この資源について、我々はいくつかの重要な側面を理解しておかなければならない。

まず、アメリカ地質調査所（USGS）による基本データを見ておこう。第一に、水は地表の三分の二を覆ってはいるが、地球上のすべての水は、半径一三八四キロの球にすっぽりおさまってしまう量しかないということ。そのうち真水は二・五パーセントに過ぎず、しかも大部分は氷や地中に閉じ込められている。湖や川を通して我々がアクセスできる水の量は、なんと半径五六・三キロの球体分でしかないのだ。わずかこれだけの量の水で、USGSの言葉を借りれば、「我々は生命に関わるほぼすべての需要に応えている[8]」。

七〇億人（と、これから生まれてくる人口）で分けあうには、心もとない量である。

気候変動は、水の循環パターンの変化を世界各地で引き起こしている。雨が降りやすくなっている地域もあるものの、多くの地域はより乾燥してきている。水が十分にあるかどうかが、発展、人口の増加、ビジネスの操業を左右する制限要因になってきているのだ。水は、農業や、コカ・コーラ、ペプシコ、ネスレ・ウォーターズ、SABミラー（世界最大級の醸造会社）といった水を基本にした製品を提供している企業にとっては、当然ながら重要な資源である。こういった企業は、いまやその運命を左右する水資源の問題に、積極的に取り組んでいる。地域によっては、操業できるか否かが、どのように水問題に対処するかにかかっているのだ。顕著な例として、コカ・コーラは、成長中の一大市場であるインドのケララ地方で、水使用の問題から危うく操業停止になるところだった。

水は商業、工業の発展にも欠かせないものだ。少し考えただけでも、天然ガスの水圧破砕（いわゆるフラッキング）に使われる数百万リットルの水から、建設用水、電子産業や医薬産業まで、多くの産業が大量の水を必要とする。もし自分の会社ではそんなに水を使わないと思っても、バリュー・チェーン全体を見渡してみてほしい。バリュー・チェーンのどこかで、切なくなるくらいひどく水に依存しているところがあるはずだ。それに加えて、実際に水を供給するインフラや自治体が提供するシステムなどを考慮すると、何兆ドルもの市場価値を左右する資源問題の姿が見えてくる。

水があることは経済を支えるが、ないことは脅威になる。いずれにしろ状況がこれからよくなることはない。今日の世界経済を支えている生産地域の二〇パーセントが、深刻な水不足に陥っている。二〇五〇年までにはＧＤＰの四五パーセント（約六三兆ドル）が危機にさらされると予測される。[9]

ところで、水は他のコモディティとは実はまったく性格が違う。水を「次の石油」あるいは「次の炭素」と呼ぶ人もいるが、そういうキャッチコピーは水の特性を捉えていない。私が水問題のエキスパートであるコンサルタントのウィル・サルニと共同で執筆したように、水は炭素とはまったく違う。水は本質的に地域に根付いたものであり、移動させることができない（それに対して、炭素ならどこで削減しても同じ価値がある）。しかも、水は人間の権利として考えられてきたせいか、慢性的に実際の価値よりも低く見積もられてきた。そして、最後に最も重要な点を付け加えておこう。水は人間の生存そのものに関わる。[10]

気候変動を別にすれば、水資源をどのように集団で管理していくかは、今世紀の最も大きな課題であろう。とはいっても、残念ながら水を他の問題から切り離して、個別の問題として解決することはできない。今我々が急激に気付きつつあるのは、世界は有限なだけではなく、複雑に絡みあっている、ということである。

食糧・エネルギー・水のネクサス——そしてトルティーヤ暴動

「人口の増加と社会の発展により、二〇三〇年までに、世界の水の需要は三〇パーセント、エネルギー需要は四〇パーセント、そして食糧需要は五〇パーセント跳ね上がるだろう」という国連が出した基本予測に呼応して、シェル石油は「ストレス・ネクサス」と呼ばれる各種のレポートやウェブサイトを公開している。(11)

このように食糧、エネルギー、水の相互のつながりがまねくリスクの連鎖を重要視する考え方は、**ネクサス（つながり）**と呼ばれ、資源の逼迫を感じる企業のあいだで、今ホットな話題となっている。ネクサス（つながり）と聞くと、「地球を守らなくちゃいけないんだから、とにかくみんなで立ち上がろうよ！」と言っているような、感傷的なイメージを持たれるかもしれないが、実際にはこれらのネクサスは、社会やビジネスの機能を細部にいたるまで揺るがしかねない重大問題である。我々が直面している課題は、もはや生産量をどうやって増やすのかという単純な話ではなく、資源が互いに複雑に絡み合っていることそのものだ。つまり、以前のように増産しようと思えばいくらでもできるわけではなく、増産しようにもこちらを増やせばあちらが立たずという状況に陥ってしまうのだ。

図2-2は、ネクサスの各要因が実際にどれくらい相互依存しているのかを示す、基本的な数字であ

る。たとえば、エネルギーを生産するには大量の水が必要だが、水を処理したり温めたりするためには、逆にたくさんのエネルギーが要る。そして、我々が生産する食糧の多くが、バイオエネルギーの原料になっていたりもする。話をさらにややこしく、暗澹《あんたん》たるものにすることになるが、これらの資源の多くは、実は無駄に使われている。アメリカ人はエネルギーの五八パーセントを無駄にしているし、世界全体では食糧の三分の一（七五〇〇億ドル相当）が無駄になっている。[12]

　このようなつながりは、意表をつく形で世界に波及しうる。たとえば二〇〇七年には、トルティーヤの価格高騰に抗議するため、七万五〇〇〇もの人がメキシコの路上でデモを行った。トルティーヤは何百万という家庭で食べられている、メキシコの大切な国民食

図 2-2　食糧・エネルギー・水のネクサス

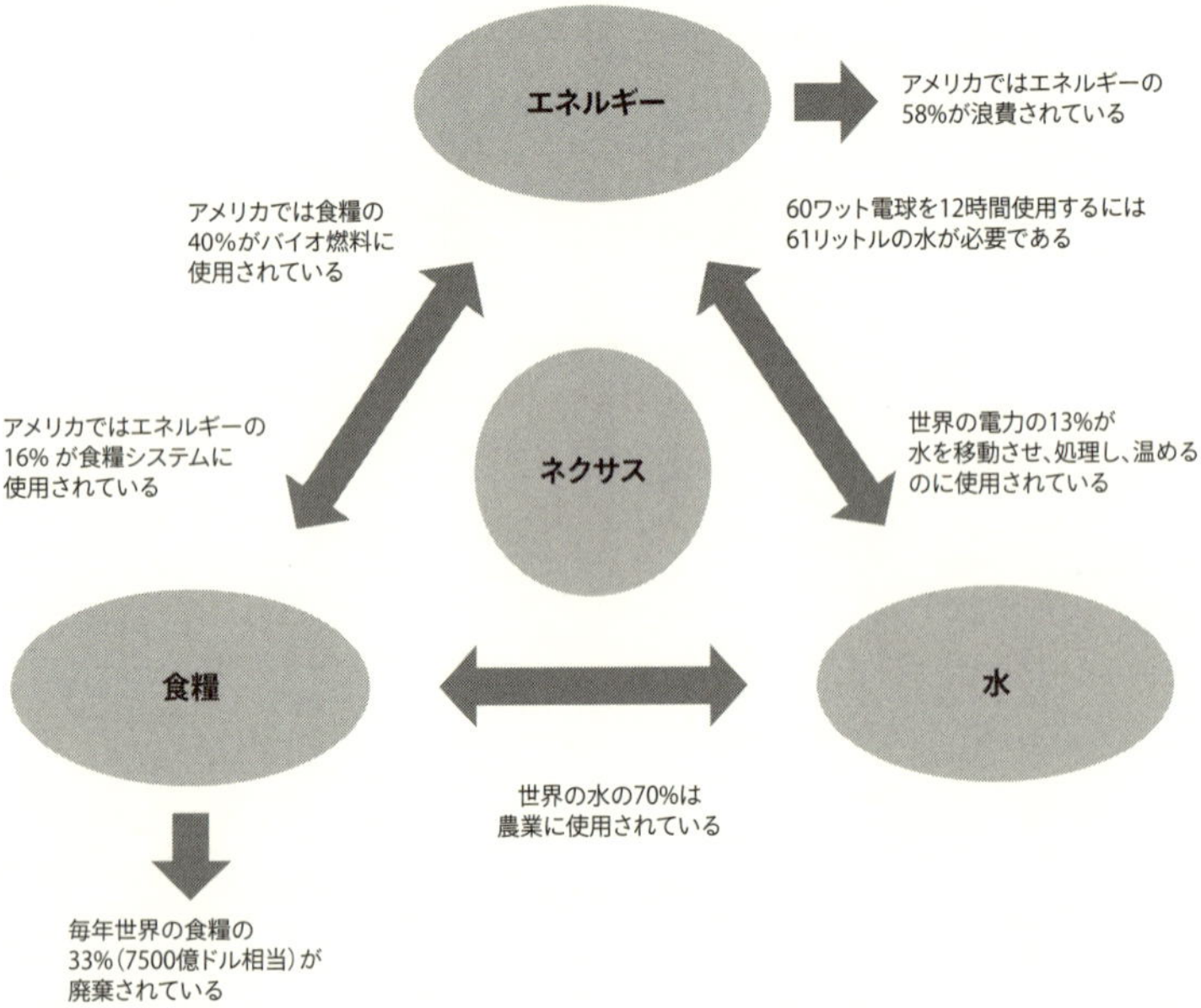

である。突如としてトウモロコシの価格を四〇〇パーセントも引き上げることになった出来事の連鎖を、アンドリュー・ゾッリとアン・マリー・ヒーリーの共著『レジリエンス 復活力――あらゆるシステムの破綻と回復を分けるものは何か』（須川綾子訳、ダイヤモンド社、二〇一三年）という本がつぶさに書き記している。

1 ハリケーン・カトリーナの影響で、メキシコ湾での石油生産可能量の九五パーセントが、数カ月に渡って操業停止に陥った。
2 ガソリンの値段が跳ね上がった。
3 そのため、ガソリンの対抗馬であるエタノールの価格の有利性が増した。
4 エタノールへの投資が殺到した。
5 エタノール用の非食用のトウモロコシへの需要が上がったために、食用のトウモロコシの生産が減らされた。

アメリカ国内で発生したハリケーンと、それに起因するエタノール需要のアップが、メキシコ市民たちの一部を、餓死の瀬戸際に追い込んだのである。[13]

世界のリーダーたちは、水、エネルギー、資源の逼迫に端を発するリスクに気がつきはじめている。世界経済フォーラム（WEF）のグローバルリスク報告書の二〇一三年版において、調査に回答した企業は、上昇をつづける温室効果ガスの排出量と水供給の危機を、グローバル経済にとっての最も現実となりうるリスク四つのうちの二つに挙げている。また、「もしそれが現実のものになったときに、最も深刻な影響を与えるであろうリスクは?」という問いには、「経済システムの破綻」に次いで、水資源のリスクが二番目に挙がった。遡ってWEFのグローバル・アジェンダの二〇一二年版では、「資源の逼迫」がグローバル・トレンドの四番目に入っていた。[14]

エコロジカル・フットプリントと「オーバーシュート」

そんなに資源が逼迫しているというなら、なぜモノが身の回りにこんなにあふれているのだろう? そう思われるかもしれない(もちろん買うお金のある人にとっては、ということだが)。コストコの巨大な棚だって、いつも商品でいっぱいじゃないか、と。

その答えの一端は、「超過(オーバーシュート)」にある。国際的なNGOの一つであるグローバル・フットプリント・ネットワーク(GFN)は、地球全体の**エコロジカル・フットプリント**(GFNによれば、エコロジカル・フットプリントとは、個人あるいは人口全体、もしくはある活動が消費しているすべての資源を生産するため、そして廃棄物を収容するために、生物的生産性のある土地と海洋をどのくらい必要とするのかの尺度)を算出する、世界的な組織である。彼らは端的に、我々の今の消費レベルを支えるには、地球が一・五個必要だと語る。しかも我々は、毎年約五〇パーセントずつキャパシティを「オーバーシュート」しつづけているのだ。[15]

それでもなお、我々が日々目にしている豊かさと「資源の逼迫」にはギャップがある。そしてそれは、シンプルなビジネス用語で説明可能な根本的な問題からきている――すなわち、アセット（資産）と定期的に入ってくる収入に、桁違いの差があるという事実だ。我々は地球上に、木材、金属、肥料、海産物などさまざまな資産を持っていて、そのなかには毎年補充されるものもある。補充されるたびに、それは「地球資源銀行」の新たな利息となる。しかし我々は、その補充の速度よりもずっと速いスピードで蓄えを引き出しているのだ（補充の一・五倍の速さ）。もともと「地球資源銀行」にはたっぷりと蓄えがあって、これからも一定収入が入ってくるのだから資産の枯渇なんて心配する必要はないというつもりでいると、根本的な問題を見過ごしつづけてしまうことになるわけだ。

もっと大きなボートじゃないとだめだ

資源逼迫の問題を考えるとき、往年の名画『ジョーズ』で、警察署長のブロディが、自分たちの乗っているボートが巨大ザメと戦うには小さすぎると悟る、印象的なシーンのことを思い出さずにはいられない。

我々は、ほとんどすべてにおいて、需要の急激な増加と供給の圧迫に直面している。原因は、基本的には増えつづける人口と上昇をつづける豊かさのレベルだ。識者のなかには、地球が支えることができる人口は、せいぜいが二〇億～三〇億人程度であろう、と厳かに宣言する人々もいるが、そうだとすれば、どんな手を使えば、人口を九〇億人から二〇億人にできるというのだろう？　もちろん抽選を行うわけにもいかないし、七〇億人もの人が自主的に退場してくれるはずもない。ありうるシナリオは、資源の不足が引き起こす、ホッブズが言うところの「万人の万人に対する闘争」のような、資源をめぐる残酷な争いが始まることである。しかも核兵器時代の争いともなれば、二〇億人という目標をうっかりオーバーシュートしてしまって、二〇億人ではなく、人口「ゼロ」を達成してしまう可能性だってある。

まあ、そんな『マッド・マックス』〔荒廃した近未来を描いたアクション映画〕のようなシナリオはさておき、希望を捨てずに現実を直視することが大切だ。私たちが今日の資源へのプレッシャーに対応していくことは、**可能である**。ただし、現在の人口増加予測はかなり正確であり、満たされなければならない胃袋は増える一方である、という現実とはきちんと向きあわなければならない。

それでは、世界中で需要が増え、社会が豊かになり、それが未曽有の資源の逼迫を引き起こしている上、食糧・エネルギー・水のネクサスといわれるように、すべてがつながりあって問題を複雑にしているなかで、劇的に実効性のある結論とはいかなるものだろうか？

まず、その経済活動をスリム化できない国家や企業は、これからの時代、競争についていけずに存続の危機に直面する可能性がある。二つめに、問題の解決に向けたイノベーションを起こし、たくさんの「あたらしい富」の形をつくりだしていかなければならない。

技術面でのイノベーションはもちろん大切だが、戦略的に行う選択や決断、そしてその決断に反映されている価値についても、あらためて問い直してみなければならないし、シェアあるいはコラボレーション消費のためのあたらしいモデルも追求していかなければならない。技術や価値体系を大きく変えていく過程で、原料やエネルギーなどへの依存がきわめて高い企業など、移行ができずに落伍する負け組も生まれるだろう。しかしその一方で、大きな勝者も生まれるはずである。顧客の消費量を減らすことを助け、地球への負荷を減らすことができる企業は成功するだろう。

こういった種類のピボットを実現し、数十億人の人々の暮らしの向上に貢献するには、資源効率（特にエネルギーと水）と原料の科学における劇的なイノベーションが必要である。また、ビジネスの運営においても、製品のライフサイクルのループを閉じて、製品の物理的価値を再確保できるようなプロセスをつくる、消費量を減らせるようなビジネスモデルをつくるなど、異次元のイノベーションが必要である。

異次元のイノベーションこそが、私たちの「大きなボート」なのだ。

More Open (and Smarter)

第３章
なにもかも見えてしまうから、隠さない者が勝つ

二〇一三年のゴルフマスターズ・トーナメント、二日目の一五番ホール。タイガー・ウッズの第三打は池に沈んだ。彼は打ち直しの球を元の位置の近くに置き、そこからプレーを続行した。その時点でトップとは三打差。その後に起こったのは、プロ・スポーツの世界でも前代未聞の出来事だった。マスターズをテレビ観戦していた、ルールに精通した一人のファンが、ウッズのルール違反を見とがめて大会に連絡を入れたのだ。彼はパートタイムでゴルフ・トーナメントの競技役員をしていて、打ち直しの際に球をどこに置くべきかについての非常にわかりにくいルールを知っていたのだった。それを受け、大会側は世界で最も有名なアスリートに二打のペナルティを課した。この二打により、ウッズは優勝争いから後退。結局四位に終わった。コメンテーターのなかには、ウッズはむしろこの通報によって失格を逃れることができた、と捉える者もいた(1)。

いまや、我々一人一人の意見がものごとを左右するらしい。少なくとも、我々はそう感じはじめている。シェアしたり、コラボしたりすることはすばらしい。しかしウッズがはからずも発見したように、このオープンな社会には弊害もある。もし、たった一人のファンが世界中でテレビ中継されているような大会の結果を左右できるのならば、テクノロジーが与えてくれる新種の「メガホン」を使って、数え切れないほど多くの人たちに何ができるかは、想像に難くない。

七〇億総批評家時代

何人かの熱心な顧客がいれば、Change.org〔慈善活動や社会を変えるためのキャンペーンへのオンライン署名収集を中心とした社会的企業およびウェブサイト〕のようなプラットフォームを使って多くの人を巻き込み、企業の経営の方向性を変えることは可能だ。一二万人以上の人が、ダンキン・ドーナツに発泡スチロールのカップ使用停止を求める嘆願書に署名したし、環境がテーマの一つであった映画『ロラックス』が封切になったときには、ある小学校四年生のクラスが、映画のウェブサイトで環境の話を扱ってほしい、という嘆願を始めた。ユニバーサル・スタジオは、数日のうちにウェブサイトを更新した。

クレヨンの大手クレヨラが、彼らの製品であるマーカーをリサイクルできない素材でつくっていることを不満に思う子供たちもいた。Change.org を通して行われた嘆願には、九歳のザッカリーの言葉が使われている。「クレヨラのマーカーは大好きだけど、環境を汚染するんです。だから、返品してもいいですか？ マーカーは好きだけど、汚染は嫌いです」。これらのストーリーは、企業の目を覚まさせるような、小さな警告であった。[2]

その翌年、クレヨラは「カラーサイクル」というあたらしいプログラムを立ち上げた。このプログラムは、学校からマーカーを回収して、廃棄物となるプラスチックを液体燃料にする、というものであった。それ自体はいいことだが、企業は、自分たちのブランドの評価や売り上げを下げかねない環境・社会の問題を、小学四年生が指摘する**前に**認識しているべきではないだろうか？

もちろん、消費者からの意見と不満は紙一重ということもよくあるので、実際に消費者の意見を取り入れようとするときには、企業は注意を払わなければならない。たとえばゼネラルモーターズ（GM）は二〇〇六年に、ユーザーが発信する、あるいはクラウドソーシングでつくる広告、というあたらしい時代の先駆けとなるはずのキャンペーンを実施した。GMはこれを「楽しい」実験にするつもりで、シボレー・タホ〔フルサイズの超大型SUV。燃費が悪い〕のコマーシャルをつくってくれるよう、広く一般に呼びかけたのである。もちろん、それがネット上でバイラルになる〔口コミで広がる〕シナリオを期待していたわけだ。実際何千もの応募があったのだが、その多くが、シボレー・タホに対して批判的な内容だった……という表現では、まだ手ぬるいかもしれない。「雪深い自然はお好き？」ある一般人がつくったコマーシャルは問いかける。「せいぜい今のうちに楽しんでおかないと。そしてようこそ、温暖化の世界へ。シボレー・タホ」

別の応募作品は、こんなアドバイスをくれる。「満タンにするのに七〇ドルもかかるのに、四〇〇マイル（約六四四キロ）ももたない。シボレー・タホ」[3]

シボレー・ブランドの上層部は、こんな投稿が押し寄せるとは想像もしていなかったはずである。企業はこの時代から比べたら、ずっと準備ができている、と私は思いたい。しかし、オープンで、誰の意見でも聞き入れられるような世の中では、あなたのブランドに誰が何をするか、予測できないのである。

完全にローカル（で閉じた）な情報などない

ユーチューブで「フェデックス」で検索したときに最初に出てくるサジェストキーワードの一つに、「フェデックスの配達員が私のコンピュータのモニターを投げた」というのがある。九〇〇万ビュー以上を記録したこの動画には、配達担当者が、コワレモノの電化製品を、二メートル以上もあるセキュリティ・フェンスを越えるように投げ入れている様子が記録されている。

一人の起業家が世界レベルの大型長距離トラックを生み出し、まったくあたらしい業界を生み出した、というフェデックスの逸話が、アメリカでも屈指のビジネスのサクセス・ストーリーであることは間違いない。フェデックスは、フォーチュン誌の「世界で最も尊敬される企業」で二〇一三年度には一〇位にランクインした。イノベーション（多くの他企業がどうやってコンピュータを起動するかさえも知らない時代から、ＩＴの戦略的優位性を理解して取り入れていた）、財務、環境・社会問題への対応といった面における業績でも、リーダー的存在とされている。そんな企業であっても、部分的とはいえ企業の評価が、たった一人の従業員の態度に左右されうるというのは、経営陣にとってはストレスのたまることであろう。

しかし、これは何もフェデックスに限ったことではない。最近では、たった一本の恥ずかしい動画が、あっという間に広まってしまう事態を、多くの企業が経験している。世界のどこかで起こった小さな出来事が、グローバルなブランドの姿を変えてしまうような、逃げも隠れもできないあたらしい世界へようこそ。我々は、ブラッドリー・マニングがウィキリークスに大量の機密情報を漏洩させた事件や、エドワード・スノーデン事件のその後の世界を生きているのだ。スノーデン氏のおかげでいまや我々は、国家安全保障局（ＮＳＡ）が、一般市民がインターネットや電話に残した情報を大量に収集していることを、知っている。

どんな情報も暴露されうるし、完全にプライベートなものなど、もはやどこにもないのだ。社員がバカな行動に走るという事態を完全に避けることはできないが、ブランドを傷つける可能性のあるようなことが暴露される前に先手を打って、顧客やステークホルダーと情報を共有したり追跡したりすることはできる。

先手を打って情報をシェアするという例でベストなものの一つは、アパレルの雄パタゴニアが立ち上げたフットプリント・クロニクルである。フットプリント・クロニクルはウェブベースのツールで、「パタゴニアのサプライ・チェーンを透明にして、社会、環境への悪影響を減らそうとするもの」である。ユーザーは、地図上からパタゴニアが使っている繊維工場や縫製工場などをクローズアップして特定することができたり、サプライ・チェーンを遡って、どの製品にトータルでどれくらいのエネルギー、水、廃棄物などの負荷がかかっているのかを知ることができる。

大企業もサプライ・チェーン関連の情報収集に乗り出している。バングラデシュの縫製工場で二〇一二年と二〇一三年に大惨事が起きたあと、実はアメリカの企業は、現地の労働状況を改善するための共同合意に署名するのに後ろ向きだった（法的責任の問題を懸念していた）。しかしここでウォルマートが、非常に興味深い動きを見せる。彼らは、レイバー・ボイス〔労働者の声の意〕という小さなスタートアップ企業と契約をしたのだ。レイバー・ボイスは、現地の労働者の生活や労働環境についての情報を集めるため、おそろしくシンプルな手法を用いる。労働者と直接電話で話すのである。

いまさらであるが、中国には一〇億台以上の、そしてバングラデシュには一億台以上の携帯電話があることを思い出していただきたい。——それらの地域で、携帯電話はほとんどの大人が持っているツールなのだ。労働者たちは、レイバー・ボイスから通知される電話番号に電話して、労働環境についての自動のアンケートに答えることができる。レイバー・ボイスはまた、労働者と直接面談も行い、工場ごとに、労働環境、賃金、雇い入れの際の条件提示など、さまざまな問題についての匿名のレポートを作成している。世界一の小売店ウォルマートは、およそ三〇〇カ所にもおよぶバングラデシュの孫受け工場で働く労働者にコンタクトして情報を集めるために、透明性を標榜する、この小さな組織を起用したのだ(4)。

こうしてウォルマートは、自社のサプライ・チェーンにおける透明性を得て、より容易に状況把握をできるようになる。そして、火事や工場の崩壊といった死傷者が出るような悲惨な事故も含め、事後処理に多くの費用がかかるような大規模な操業停止が起こる確率を下げることになるだろう。自社のサプライ・チェーン上で壊滅的な事故が起こる前に、川上で何が起こっているのかを把握しようとしているわけで、賢明だ。二〇一二年の初頭にアップルに起こったことを考えてみるといい。iＰａｄとiＰｈｏｎｅの組み立てを請け負っていた巨大企業フォックスコンの中国工場における悲惨な労働環境は、世界中の大きな注目を集めた。中国で起こったことが中国国内だけにとどまるわけではないことを、アップルは厳しい教訓として知ることになったのだ。皮肉なことに、まさにこれらの労働者が組み立てていた「すべてのポケットにカメラを」の技術のおかげで、我々は組み立てラインの状況がどんなものであるのか、より深い認識を持つに至ったのである。真実はいずれ露呈する。社員、顧客、そして消費者は、どの企業に勤め、どの製品を買うか、という重大な決定をするとき、製品がどのようにつくられているのか、という情報にこれからますます頼るようになるだろう。

ディール・ブレーカー（「この話はなかったことに」）

ある大手ホテルチェーンが、イベント用に何百という客室を予約するような大口の企業顧客から受け取った質問のリストを見せてくれたことがある。「御社は炭素の排出量を計測していますか？　エネルギーの消費量はどのくらいで、そのうちどのくらいが再生可能エネルギーですか？　洗剤は環境に負荷の少ないものを使っていますか？　廃棄物を減らすプログラムを実施していますか？」。リストはまだまだつづく。しかし私が一番好きなのは、「資料を提出してください」という単刀直入な要求である。

すべての企業が、こういった質問に日々直面するようになってきている。数年前、ＩＢＭは主要なサプライヤー（といっても二万八〇〇〇社もあったが）に対して、エネルギー使用量、炭素排出量、廃棄物といった主要な環境データを追跡記録することを要求しはじめた。しかもサプライヤーは、データを公開することを迫られた。しかし、この新手の要求の最も興味深い点は、サプライヤーたちが、今度は**自社のサプライヤー**（孫請け）に対して同じことを要求することを迫られることになったという点であろう。ＩＢＭの上層部はこのアプローチを「芋づる式の要求」と呼んだ。ＩＢＭは情報開示を求めただけでなく、サプライ・チェーンを遡って深く波及していく、透明性のさざ波を送ったのだ。(5)

こういった劇的な透明性は、当たり前になっていく。競争力を保持したい企業は、特に取引先企業（ＩＢＭのサプライ・チェーンの場合は、取引先の取引先）から寄せられる厳しい質問に応えていかなければならない。環境や社会的パフォーマンスは、売り上げのタイブレーカー（他の条件で限りなく競っている場合の最後の決め手）となる場合が多い、というのはよく聞く話だ。製品の真価を裏付けるエピソードがあったり、きちんとしたデータに裏付けられていることが、より多くの契約に結びつく、というのである。

しかしこれは、デッドヒートを制するか否かだけの話ではない。実はもっとずっと油断ならない話なのだ。史上最も人気を得たエコ製品の成功事例であろう、トヨタのプリウスを考えればわかる。プリウスの人気がピークだったとき、ハイブリッド車の対抗馬はほとんどなく、プリウスを買おうとしている客の半分以上が、プリウスだけを見ていた。――他の車種は、選択肢にも入っていなかったのである[6]。同じように、環境・社会的な問題を取りこぼすことが、B2Bの世界では特に、ディール・ブレーカー（「この話はなかったことに」と言われてしまう原因）となりつつあるのだ。もしあなたの企業が、顧客が求めるどんどん厳しくなる基準をクリアできなければ、検討してもらうためのスタート地点にも立てない、ということだ。

このなにも隠せないあたらしい世界は、任意のものではない。好むと好まざるとにかかわらず、我々はみな、自社のオペレーションに関してより多くの情報を共有することになるのだ。競争力や企業秘密にかかわる情報を共有することに、多くの企業が神経を尖らせているのも当然だし、顧客からの質問にすべて回答することができないのではないか、と懸念する企業もあるだろう。しかし、この透明性というトレンドには、大きなメリットもある。

たとえばオープン・イノベーションというツールを使って、あたらしいアイデアを集めたり、新製品やサービスを開発したり、大きな問題を解決したりといったように、企業はオープンであることを利用して顧客やその他のステークホルダーを巻き込み、実益をともなった対話につなげることができる。劇的な透明性を説得材料に、パフォーマンスを大きく改善することの必要性を説くこともできる。オープンな世界で競争力を保つためには、低炭素で、水の使用量が少なく、ゴミも出さず、有害物質を使わないような優れた製品を提供しなければならないだろうし、それらの製品は、生活に必要な賃金を得て、安全な環境で働く労働者がつくっている、ということになるだろう。そしてそれは、サプライ・チェーン全体に当てはまらなければならない。

劇的にオープンになった世界では、透明性という名の特急電車が、ノンストップで走っている。デジタル界のグルであるドン・タプスコットや、グッドガイド（詳しくは一〇三ページで紹介する）の創立者ダラ・オロークをはじめとした、この特急電車をウォッチしている専門家たちは言う。「もしみんな素っ裸にならないといけないのなら、素肌をきれいに磨いておかないといけないでしょう？」[7]

ビッグでヘビーなデータ

こちらの数字を見てほしい。

◆我々はインターネットに群がって、一分間に五五〇ものあたらしいウェブサイトをつくり、八万二〇〇〇件ものワイヤレスのアプリをダウンロードし、二二〇万件のフェイスブックの「いいね！」やコメントをつけている。

◆一八歳から三四歳までの人口の半分が、起きてまずすることはフェイスブックのチェックだ。二八パーセントが寝る前にもチェックする。

◆ユーチューブには、一時間に六〇〇〇時間分の動画がアップされる（そして一年間に一兆件の動画が観られている）。

◆我々が一日にするツイートの件数は、四億件にものぼる。
◆平均的なアメリカのティーンエイジャーは、一カ月に四〇〇〇件ものテキストメッセージ（ショートメール）を送る(8)。

これらの数字も、あなたがこの本を読むころには古い情報になっているだろう。

政府（もしくは国家安全保障局）やビジネスは言うまでもなく、個人さえもがテラバイト、ゼタバイトといった多量のデータを、デジタルライフのあらゆる面で収集している。そしてリアルな生活もデータで埋め尽くされつつある。たとえば我々は、ナイキのフューエル・バンドやフィットビットなどの計測ツールを使って、活動量を測り、燃焼カロリーを測り、睡眠時間を計る。個人のプライベートな生活の中だけでさえ、これだけの量のデータが生み出されているのだ。

比較的あたらしい動きとして、市街の交通の流れ、ビルの温度やエネルギーを記録するシステム、水流や水質、食糧のトラッキングシステムなど、物理的な世界からのデータの回収において、あらたな情報の雪崩が起こりつつある。たとえば、今まではビルや住宅の電気メーターから、一年に一二件のデータポイント（メーターのデータは月一回しか読まれないため）しか取っていなかった。それがいまや、北米では六〇〇〇万件のスマートメーターが電気事業者によって設置され、その一つ一つから年間三万五〇〇〇件のデータポイントが回収されている（一五分に一回(9)）。

これらのあたらしいデータはすべて、「物理インフラとデジタルインフラの収斂《しゅうれん》・統合」の一環である。IBM役員のウェイン・バルタは、「これは、データマイニング〔膨大なデータから新たな知識を取り出す技術〕にとっての膨大なあたらしい『天然資源』となっている」と言う。一日に送られる三〇億通ものEメールとビジネスデータをすべて集めると、とてつもない数字になる。バルタは、人々が日々に生み出している二・五クインテリオン（一〇の一八乗）バイトの情報のことを言っているのだ。(10) 一〇の一八乗の二・五倍とはどれくらいなのか想像を絶するが、とにかくものすごい量であることは間違いない。

いずれにしても、この膨大な量の情報を、世界をよりスリムに、グリーンに、そして豊かにするために使うことができるわけである。――そうだろう？　いや、そうではあるのだが、その前に解決しておかねばならない重要なハードルがいくつかある。まず、あまり知られていない課題が、一見もはや止めることのできないデータ増加の前に立ちはだかっており、それは前章で触れた「ますます足りない」の話に我々を引き戻す。これらの情報をすべて保存するためには、恐ろしく大規模な物理インフラと、大量の電力が必要になるのである。クラウドは結局そんなに軽くない、ということだ。

インターネット・オブ・シングス（IoT）

個人のデータを大量にシェアしているだけでは十分ではない。いまや、電化製品同士もコミュニケーションできる。AT&Tとカーボン・ウォー・ルーム（リチャード・ブランソンが設立した、ビジネスの低炭素化を推進するための非営利組織）の研究によると、マシン・トゥ・マシン（M2M）の技術は、世界の炭素排出量を一九パーセント削減し、何兆ドルものコスト削減を可能にするかもしれない[11]。住宅用、あるいはビジネス用の機器が、送電線とコミュニケーションし、一日で最も効率的、あるいは電気代が安いタイミングに応じて消費電力を調節するようになるというのだ。さらにM2Mは、人間のデジタルの手を汚すことなしに、飛行機、トラック、クルマ、列車などのルートを最適化し、ビルをより高効率にし、食品の廃棄を減らすことができるという。

テクノロジー大手のHPは、この大規模なデータ量の増加に警鐘を鳴らしている。ワシントン・ポスト紙に掲載したシリーズ広告で、HPは驚くべき数字をシェアしている。世界で五番目に消費電力の多い国は、HPによれば、もはや「国ではない。——それは、クラウドなのだ（クラウドは、中国、アメリカ、ロシア、インドよりは下だが、日本、ドイツ、カナダよりは上）」。HPの試算によれば、世界は二日ごとに、有史以来人類が二〇〇三年までに生み出した量よりも多くのデータを生み出しているという。これだけのデータの増加を支えるためには、あたらしい発電所が、たった三年以内に一〇は必要になるらしい。これらの数字を盛り込んだHPの広告は、我々が抱える問題を明確にまとめている。「これは絶対に持続できない。どんな意味においても、不可能なのだ[12]」

もちろんHPは、全部のプロジェクトをストップしてデータの回収をやめるべきだ、と主張したのではない。この広告は、HPのあたらしい製品ライン「ムーンショット」の宣伝の一環であった。ムーンショットは、エネルギーの使用量を劇的に減らす、データセンターのシステムである。我々のあたらしいデータ習慣を支えるため、ＩＴ業界はあたらしいタイプの省エネ手法を提供しようとしのぎを削っているのだ。それは我々が築きつつあるクリーン経済の一環といえるだろう。

このバックエンドの問題を何とか解決し、これらのデータセンターをより少ない化石燃料を使って構築しつづけられる、と仮定するにしても、一つの重大な問題が残る。「それを使って何をするのか?」ということだ。新たに登場しつつある「データ・サイエンティスト」たちは、最新の解析ツールを使い、情報を活用して、メガ・チャレンジ解決に貢献してくれるのだろうか? 我々は、エネルギー、水、食糧、原料のムダなどを、劇的に減らせるのだろうか? 建物、運輸、エネルギーのシステムをはるかに効率的にできるのだろうか?

ＩＴのビッグネームたちは、「できる」と考えているようである。彼らの多くは自社を解析の救世主と位置付けて、大きな問題の解決に向け、膨大な量のデータ処理に先鞭をつけるべく乗り出している。意思決定を「嗅覚ではなく分析に基づいて」行うことは、間違いなくＩＢＭのミッションの一部である、とＩＢＭ役員のバルタは言う。データを使って、ビジネス、まち、そして世界全体の効率を上げ、生産性を高めることのできる能力は、ＩＢＭの有名な「スマーター・プラネット」のブランド・ポジショニングの中心なのである。

注意報――データの奴隷？　データ立脚型？

企業は、少しでもスリムになり、業務や顧客をよりよく理解し、イノベーションを起こすために、日々あたらしいやり方でデータを活用している。このようなビッグ・データの活用は、あたらしいソリューションを見つける手助けになる。ただし、データに立脚するのはいいが、それにコントロールされてはいけない。情報を集めていけばこじつけのような相関関係も見られるようになるだろうが、それはあまり役に立たない。製品の負荷についても、バリュー・チェーンの川上から川下まで、より詳細なやり方で分析ができるようになっているが、無理にデータを取ろうとしすぎれば、データがもたらしてくれる限界利益《マージナル・ベネフィット》（単位当たりの利益あるいは有効性）は減ってくる。細かいデータにとらわれすぎず、正しい方向を向いて企業を運営することを心がけながら、バリュー・チェーンにおけるホット・スポットやリスク、ビジネスチャンスを見出さなければならない[13]。

リトル・データ

建物やインフラといった大きなものに関する膨大な情報に加え、我々は今までは手に入らなかったような細かい製品レベルの情報も集めはじめている。しかも、そういったデータを顧客企業や消費者の手にさえも渡せるようなあたらしいツールが登場しつつある。グッドガイドは、二〇万点以上の製品についての情報を収集し、それら一点一点について、健康、安全、環境という三つの観点から採点する企業だ。採点は、原料、ライフサイクルでの負荷、製品をつくっている企業の環境・社会パフォーマンスといった素データの上に、評価や判断の層を加えて行われる。何百万人ものウェブサイトの来訪者、あるいはｉＰｈｏｎｅアプリのユーザーは、オンラインでも店頭でも（スマートフォンを使って製品のバーコードを読み取ることができる）、リアルタイムで製品の比較ができる、という仕組みだ。

透明性というあたらしい時代の要請の、その先を行こうとしている企業もある。セブンス・ジェネレーションは、すべての製品ラベルに全原料名を載せているし、ウィンデックスやグレード・ブランドのメーカーであり、大企業ながらほとんどの株を非公開にしているＳＣジョンソンは、www.whatsinsidescjohnson.com〔「ＳＣジョンソンのなかには何が入っている？」という意味〕というウェブサイトを立ち上げて、小売店や消費者が同社製品の原料をすべて検索できるようにした。

いまや我々は、どんなレベルの細部も、ズームインして見ようと思えば見ることができるのだ。ビッグ・データを切り刻み、一口サイズの大きさにして、リアルタイムに利用できる。「リトル・データ」と呼んでもいいかもしれない。そして、製品・サービスレベルでのリトル・データが存在し、買い手がその情報を加味して商品を選ぶとき、それは売り上げに影響してくる。

しかしもし、このオープンな世界がもたらすあたらしい情報やつながりが、消費者にあまりにも大きな力を与えたすぎたら？　その結果、彼らが今までのようにたくさんモノを買わなくなったとしたらどうなるだろう？

シェアしよう――コラボ消費

ＩＴ技術とデータ革命は、あたらしい形の商形態を生み出した。我々は今、コラボ消費の黎明を目の当たりにしている。コラボレーション消費とは、シェアリング（共有）のちょっと気取った表現である（ということは、とんでもなく古い形の商形態、という言い方もできる）。

カーシェアリングはこのトレンドの最もよく知られた例であり、ジップカーが一番名の通ったプレイヤーである。ジップカーの七六万人の会員は、オンラインにアクセスして近くにいるジップカーを探し、自分のキーカードでロックを解除して、時間単位でそのクルマを使うことができる。クルマはジップカーが所有しており、保険をかけて定期的に掃除している。

このシェアリングという名のウイルスは、多くの業界に感染しつつある。エアビーアンドビーは、自分の家の部屋を貸したい人が登録するサイトで、いまや一九二カ国で二五万ベッドが登録されている。この規模は、エアビーアンドビーを世界で最大の「ホテルチェーン」の一つに押し上げた。[14] 最近シェアリング経済に登場したヤードルは、イーベイに似ているが、タダの製品を扱う。要らなくなった所持品を投稿すると、あなたのフェイスブックのネットワーク上の友達がそれをリクエストできるという仕組みで、もらう人は送料を払うのみ（そこからヤードルが手数料を取る）である。

こういったあたらしいシェアリングのモデルが環境にもたらすベネフィットは、かなりの規模になる可能性がある。あたらしいクルマやホテルをつくらなくてすんだり、捨てるだけのモノにあたらしい使用機会を与えたりできることで、それらの製品やサービスが引き出す資源の量を、劇的に減らせるかもしれないからだ。ジップカー一台につき、会員は二〇台のクルマを売っている（もしくは、買わなかった）ことになる。また、ジップカーユーザーの走行距離は、クルマを自分で所有している人よりも八〇パーセントも少ない(15)。

しかしシェアリングは、現行のビジネス《ビジネス・アズ・ユージュアル》にとっては脅威だ。元ウォルマートのサステイナビリティ統括責任者で、ヤードルの共同創立者であるアンディ・ルービンは、コラボ消費は、通常のビジネスを根本から破壊する性質のものであると認めている。大規模なシェアリングは、たとえば衣料品に対する全体の需要を減らしてしまうからだ。一方で、ルービンはこうも指摘している。パタゴニアやナイキのように、よりサステイナブルで長持ちする製品をつくっている企業は、縮小する市場のパイのなかで、より大きなシェアを確保することができるだろう。資源が逼迫した世界では、人々は長持ちし、その後友達や家族がまた使えるような製品を選ぶようになるだろう。

『ヴェロニカ・マーズ』にクラウドファンドする

人々は、製品以上のものをシェアするようになり、いまやミッションまでもシェアしている。Kiva.orgやキックスターターは、我々が大切にしている大義に寄付したり、あたらしいビジネスや製品を立ち上げるために資金を投じたりすることを可能にしてくれる。イノベーターはいまや、ベンチャー投資家やその他の資金提供者にアイデアを売り込む代わりに、直接世間にアピールできるのだ。たとえば、カルト的な人気を誇ったテレビシリーズ『ヴェロニカ・マーズ』のファンのうち九万人以上が、打ち切りの憂き目にあった番組のキャラクターを主人公にした映画をつくるため、資金を投じた。プロデューサーは二〇〇万ドルという目標をたったの一一時間で達成した（最終的に集めた資金は五七〇万ドルにのぼった）。映画の資金集めやエンターテイメントの世界は、これまでとはまったく違ったものになるだろう。[16]

次の世代の消費者や社員は、今までとはまったく違った世界で育つことになる。完全にオープンで、シェアリングが浸透した世界だ。彼らは、どれほどの機密事項であろうとも、秘密は長くつづかないと知っている（ウィキリークスが暴露しつづけている資料を見れば、一目瞭然だ）。「お前の知ったことじゃないだろう」ではなく、すべてが彼らの「知ったこと」なのだ。[17]

もちろん、ポジティブな面だってある。もしすべての人が関わるようになれば、何百万人という人々の頭脳を瞬時に借りることができるのだ。

オープンでグリーンなイノベーション

一八世紀の船乗りたちは、広い海原の上で、北－南（緯度）という尺度を使ってしか位置を知ることができなかった。何の根拠もない推測以外には、どれくらい東、あるいは西によっているのか（経度）を知る方法がなかったのだ。このことは、新世界への船旅をよりいっそう危険なものにした。一七一四年、イギリス政府は、経度を測る実用的な方法を編み出した者に最高二万ポンド（現在の価値で四〇〇万ポンド）もの賞金を出すと発表した。(18)

一世紀以上後の一九二七年、チャールズ・リンドバーグは大西洋横断の単独飛行の新記録を樹立し、二万五〇〇〇ドルのオルティーグ賞を獲得した。二〇〇四年、Xプライズ財団は、民間で最初に再利用可能な有人の宇宙船打ち上げに二回成功した企業に、一〇〇〇万ドルの賞金を出した。

明らかに、イノベーションは昔からオープンなものであった。アイデアはどこでも生まれる可能性があるし、実際生まれるのだ。

問題を解決するためのソリューションをあらゆる人に求めるという考え方は、ここ数年、特にビジネスの世界で新たに勢いを盛り返しつつある。映画ストリーミングのネットフリックスは、おすすめ映画のアルゴリズムを改善した人に一〇〇万ドルの賞金を出している。このコンテストは、データにあふれ、透明で、ITが不可能を可能にするあたらしい世界で、世界がどんなことを達成できるのかを見せてくれる、黎明期の例といえる（ネットフリックスは、会員の好き嫌いといったデータの一部を公開するというオープンさでも知られている）。優勝したチームは、四つの国にまたがる七人のエンジニアと統計専門家で、遠隔操作で作業しており、初対面はなんとアワードのセレモニーだった。

一〇年以上も前、プロクター・アンド・ギャンブル（Ｐ＆Ｇ）は世界に先駆けて大規模なオープン・イノベーションのプロセスをつくりあげた。製品のアイデアを募り、見返りにいくばくかの使用料と、精鋭揃いとの誉れ高きマーケティングチームと製品発表チームの協力を提供するのだ。社外の人々が、床掃除製品のスイファー、電池式歯ブラシのクレスト・スピンブラッシュ、そしてオレイのスキンケア製品ラインなどのブランド拡大のためのさまざまなアイデアをＰ＆Ｇに寄せてきた(19)。

他の企業も、多くの人々、特に社員を巻き込むために、オープンなツールを使っている。ＩＢＭは二〇〇一年に、オンラインディスカッションのツールを使って、イノベーション・ジャムを始めた。三回目となった二〇〇八年には一五万人の社員が参加して、あたらしいビジネスのアイデアを生み出した。その一つ、「ビッグ・グリーン・イニシアチブ」はのちのち、ＩＢＭのグローバルキャンペーンとなった、「スマーター・プラネット」へと進化することになる(20)。

オープン・イノベーションは、メガ・チャレンジに取り組むのにとても有効である。我々はこのパワフルなトレンドの創生期にいて、企業は現在いろいろと試してみている段階だ。たとえばハイネケンは、パッケージングの環境パフォーマンスを最も改善するアイデアに一万ドルを提供した。私の一押しだったアイデアは二つある。入賞はできなかったが、どちらも同じ若者のものだった。（1）トラックに隙間なく積めてガソリンを節約できるハチの巣型のカン、そして(2)「タップ・トラック」つまり、車輪つきの巨大なビール樽である。パッケージングはまったく要らない、というわけだ。そんなトラックが、若い男子学生の家に横付けされる場面を想像してみていただきたい。

GE、ルフトハンザからユニリーバまで、他の企業も、メガ・チャレンジに取り組むために、賞、イノベーション・ジャム、オープンな呼びかけなどを試しているところだ。このオープン・イノベーション革命は、ピボットの重要なツールになるだろう。社員や顧客だけでなく、すべての人を巻き込んで、利益を出しつつ複雑な問題を解決するために協働することができる時代が来たのだ。テーブルについている頭脳が多ければ多いほど、我々は賢くなれる。

第3章を締めくくるに当たり、透明性、コネクション、シェアリング、オープン・イノベーションなどの上げ潮に鑑み、私は技術面では楽観的である、と言っておこう。これらの非常に強力なツールは、暑く、足りない世界で我々が直面しているチャレンジを一つ一つ解決するための手助けとなるはずだ。

さて、我々がピボットを起こすのに必要な一〇の鍵となる戦略に入る前に、いくつかの重要な原理原則と、システムとして立ちはだかっている障害を見てみよう。

A New Mind-Set

第４章 ビッグ・ピボットするためのあたらしいマインドセット

これまでの章で概要を述べてきた苛酷な現実は、行動を起こすためのモチベーションとなったのではないだろうか。しかし行動を起こす前に、この「暑い・足りない・隠せない」世界にふさわしい、あたらしいマインド・セット（考え方）を身につける必要がある。ビッグ・ピボットを起こすためにはまず、「ビジネスは社会・環境の問題にどう取り組むべきか」という問いに対する、古臭くて先入観に囚われた考え方を、企業や経営陣が捨て去ることが前提となるのだ。

これは慈善事業ではない

まず我々がやらなければならないのは、「これをやったところでビジネスに何のメリットがあるのか?」という、日増しに現実ばなれしつつある問いかけをやめることである。「サステイナビリティ」という言葉の本来の意味は、「今自分がやっていることを、これからもやりつづける（持続する）能力」である。それならば、今日のオペレーションを明日もつづけることを可能にするためのイニシアチブへの投資を、あるいは、イノベーションを促進する施策や、リスクの低いレジリエントな企業をつくるための戦略を、なぜわざわざ正当化する必要があるのだろうか?

この「ビジネスへのメリット」問題に定石どおり答えるとすれば、（1）ＲＯＩに照らしてやる価値があると証明できなければ事業企画として通らない、そして、（2）すべての企画は予算をめぐる競争にさらされているのだから、社会・環境に貢献しているというだけで事業の正当化はできない、とでもなるだろう。一つめの答えは、実は半分くらいは根拠がないイメージの問題だ。どんな戦略・戦術であれ、価値を生み出すことを証明しなければならないのは当たり前だが、それでも、もっと大きな決定を、ペイバックをきちんとはじき出すことなしにくだすというのは、実際にはよくあることなのだ。たとえばマーケティングやR＆D、新たな市場への参入などを決定するとき、財政的リターンについての正確な情報は期待されていない（この件については、第9章で詳しく述べる）。

二つめの答えは、もう少し説得力があるし、実際に企業が抱える問題でもある。すべてのプロジェクトに際限なく使えるような、無尽蔵の資金や人的資源を持っている企業などない。とはいえ皮肉なことに、我々が頼っている経済理論自体は、世界全体で見るとあたかも無尽蔵な物理的資源があるかのような仮定をしているのだ。しかしもちろん、そんなことはありえない。

ゆっくりではあるが、サステイナビリティの真に何たるかは、世界のリーディング企業の戦略に根を張りはじめている。そしてそういった企業は、「これをやったところで、ビジネスに何のメリットがあるのか?」という時代遅れの議論からは卒業しつつある。二〇一三年の後半にウォルマートがサステイナビリティの「マイルストーン・ミーティング」として行った大会議で、広報担当の執行副代表であるダン・バーレットは、こう言い切った。「サステイナビリティとビジネスは共存できるのかという古臭い議論はここらへんで終わりにしましょう。（中略）サステイナビリティがいいビジネスのやり方であることは、リアルな計測手法を使って示すことが可能なのです」[1]

この発言に基づいて、議論の時間を節約するために、この本のなかでは一つの重要な前提を置こうと思う。すなわち、グリーンであることがビジネスの助けになることは、もはやいちいち証明しなくてもよい、と（もしまだ疑いを捨て切れないなら、付録Aを見ていただきたい。グリーンな戦略がいかにビジネスの助けになるかという根本的な例をいくつか挙げてある。あるいはいったんこの本をやめて、拙著『グリーン・トゥ・ゴールド――企業に高収益をもたらす「環境マネジメント」戦略』（村井章子訳　アスペクト　二〇〇八年）をお読みいただきたい）。

それから、関連してもう一つ、グリーンビジネスは、ビジネスの話ではなく、「地球を守ろう」という話である、というやっかいな思いこみも、この場で払拭しておかねばならない。というのも、そういう考え方をすると、「地球」があたかも企業から切り離された存在のように捉えられてしまうからである。実際には地球というのは、我々に安定した気候や、食糧や、鉱物や、きれいな空気や水、その他我々が生きていくのに必要な資源をすべて提供してくれる、巨大な倉庫のようなものなのだ。これらの資源は、「あったらいいね」というような種類のものではない。我々の資産基盤であり、社会も経済もすべてその上にしか存在できないのである。そう考えればおのずから、偉大な起業家であった故レイ・アンダーソン氏の問いにたどりつく。「地球の生命を絶滅させたら、ビジネスにどんなメリットがあるんだい?」(2)

ビッグ・ピボットの戦略とイニシアチブは、ビジネスの価値と同時に、環境への、あるいは社会への価値をも生みだす。これは、シチズンシップや企業の社会的責任(CSR)、あるいは「いいことをしよう」といった類の話ではないのだ。

もっと単純に、「これは慈善事業ではない」と言い切ってもいい。

もちろん、環境・社会的な問題には、人道的な側面がある。たとえば、Tシャツをつくるためのサプライ・チェーンから有害物質を排除して、それをつくるために労働者が犠牲にならなくてもいいようにするといった話は、人道的と言えるだろう。しかしこの本で語られる戦略——すなわち、不足しつつある資源をやりくりしたり、化石燃料に頼りすぎることによるリスクを減らしたり、異常気象や気候変動に強い組織をつくったり、安全な職場環境を整備したり、あらゆるステークホルダーからのあたらしいアイデアへのアクセスを可能にして、あたらしいテクノロジーを開発したりといったアクション——は、巨大な価値を生み出すことができるのだ。

今こういった問題にきちんと取り組むためにピボットしない企業は、自社の利幅やマーケット・ポジション、企業の資産価値が、なし崩し的に蝕まれていくのを見るはめになるだろう。

そしてマクロレベルでは、こういった問題に今取り組まなければ、人類が機能し繁栄をつづけていく能力を、危機に陥れることになるだろう。つまりここにはトートロジー（同語反復）がある——将来を確かなものにするような方向性で動くことのみが、実際に将来を約束してくれるのだ。これは相当説得力のあるビジネス上のメリットではないだろうか。

しかしそこにいたるには、企業経営のあたらしいガイドラインと原理原則が必要になる。

ピボットのサイン——アルコア

アルミニウムの大手アルコアのCEOクラウス・クラインフェルトは、こう述べている。「アルコアにとってのサステイナビリティは、『企業責任を果たすためにやるべきこと』のリストでも、血肉をともなわない理念でもない。それは、我々がやっていることすべての根底に流れるものなのだ」。アルコアのサステイナビリティ・レポートには、こんなふうにはっきりと書いてある。「アルコアでは、サステイナビリティは次のように定義される。すなわち、株主、社員、顧客、サプライヤー、そして事業所のあるコミュニティに対して正味の長期的な利益を提供することを目標として、すべてのステークホルダーとパートナーシップを結び、財政的な成功、環境分野でのエクセレンス、そして社会的な責任を築き上げるために、我々の価値を使うことである[3]」

慈善事業のように聞こえるだろうか?

ビッグ・ピボットの原理原則

アインシュタインがいみじくも言ったように、「その問題をつくりだしたときに使ったのと同じ考え方を使って、その問題を解決することはできない[4]」。それでは、今日のメガ・チャレンジを解決するためには、我々の考え方はどうあるべきなのだろうか?

この問いに答えるため、私は、さまざまな論点に関するビジネスリーダーたちの典型的なものの見方を考察し、表4-1にあるとおり、以下の三つのアプローチでまとめてみた。

1 二〇世紀型ビジネス華やかなりし時代の**伝統的考え方**(現在でも西洋型の経営陣の多くがこの考え方を踏襲しているはずである)

2 **クリーン&グリーン**のあたらしいムーブメント(いまやより多くの企業が採択している、「グリーン・トゥ・ゴールド」の哲学におおむね則った、より進化した形の考え方)

3 ビッグ・ピボットの原理原則（これにより我々は、ビジネス、経済、自然界のあらゆる種の成功を持続させることができるし、またそうしていかなければならない）

ビジネスリーダーたちが、企業経営をするうえでの重要事項についていかにものの見方を進化させていっているかを見てみよう。

伝統的（「四面の壁」）
⬅
クリーン&グリーン（バリュー・チェーン）
⬅
ビッグ・ピボット（システム全体）

ビジネスの歴史上ほとんどの時代において、組織のフォーカスと責任は、自分の目が届く、組織の直接的なコントロール下にあるもの（「四面の壁」）に対して向けられていた。クリーン&グリーンな世界ではそれが進化して、企業はバリュー・チェーン全体のことを考え、サプライヤー側や消費者側で発生する、製品製造・使用にかかわる悪影響を減らす努力を始めた。しかしその次のステップであるビッグ・ピボットでは、システム全体を把握するために、企業は自社のバリュー・チェーンよりもさらに広い範

表4-1 さまざまなビジネスの論点に関する三つのものの見方のアプローチ

オペレーション

論点	伝統的	クリーン&グリーン	ビッグ・ピボット
フォーカス	目の届く範囲のみ	バリュー・チェーン	システム全体
モデル	直線的	曲線的（一部サーキュラー（循環的））	サーキュラー（循環的）
負荷、フットプリント	必要悪、計測せず	低減する	ゼロもしくは再生産的
バリュー・チェーン計測	不可能	不完全、任意	必須、ホット・スポット、データ主導型
社員	終身雇用	自由契約だがエンゲージメントが高い	パートナー、共創者
対規制	敵対的	防戦的	規制を活用、主導
グリーンなイノベーション	追求せず	漸進的、環境効率	オープン、破壊的、今までにない形
グリーン目標	お飾り的	ボトムアップ	科学的根拠に基づく
サステイナビリティ組織	サイロ型（部署間にコミュニケーションが希薄でそれぞれが孤立）	マトリックス型	統合型
サステイナビリティ目標	あるとすれば、宣伝用	コスト、リスク低減	ビジネスの本質に立脚、繁栄への糧

哲学、展望

論点	伝統的	クリーン&グリーン	ビッグ・ピボット
リスクと今後の継続性	「保険をかけてあるのだから大丈夫なはず」	計測して準備する	レジリエント脆弱性を克服
外部性	外部に置いたまま	認識している	内在化されている
自然・天然資源	搾取	慎重に使う、大事にする	バイオミミクリ（自然のシステムを模倣する）
外部のステークホルダー	状況によって態度を変える	存在をきちんと認識する、和解を目指す	オープン、協働的、インクルーシブ
競争	戦闘的	休戦、共戦	競争前の協働
価値の創造	短期的利益	短期的利益	短期的・長期的な価値共有
社会貢献	雇用の創造、経済的貢献	よりクリーンな雇用の創造、経済的貢献	メガ・チャレンジを解決
成長と消費	発展のあかし	必要条件、計画管理	再定義される、切り離される
メガ・チャレンジ	気がつかない、無視	姿を現しはじめる、自社のやり方を疑わない	完全に威力を現す、自社のやり方に対して謙虚

囲を視野に入れる。アグリビジネスであれば食物連鎖システム全体を、水の使用であれば地域的な水循環システムを見る、といった具合に。

表4‐1ではさまざまなビジネスの論点に対する、三つのものの見方の原則を対比させてみた。すべてをこと細かく説明することはしないが、この本を通してあたらしいビッグ・ピボットの考え方を支える、三つの全体に関わる原則――デカップリング（切り離し）、リジェネレーション（ゼロ、そしてその先をいく再生産）そしてサーキュラー（循環的）――について少し述べてみたいと思う。

デカップリング（切り離し）――「成長」を再定義する

成長について、我々は二つの物理的問題を抱えている。一つめは、人々が期待するような物質的な幸福の向上を支えるだけのモノ――容易に手に入り、しかも低価格でバラエティに富んだモノ――は、**十分にあるわけではない**ということである（次

図4-1　デカップリングはいかに進んでいるか　ネスレの事例

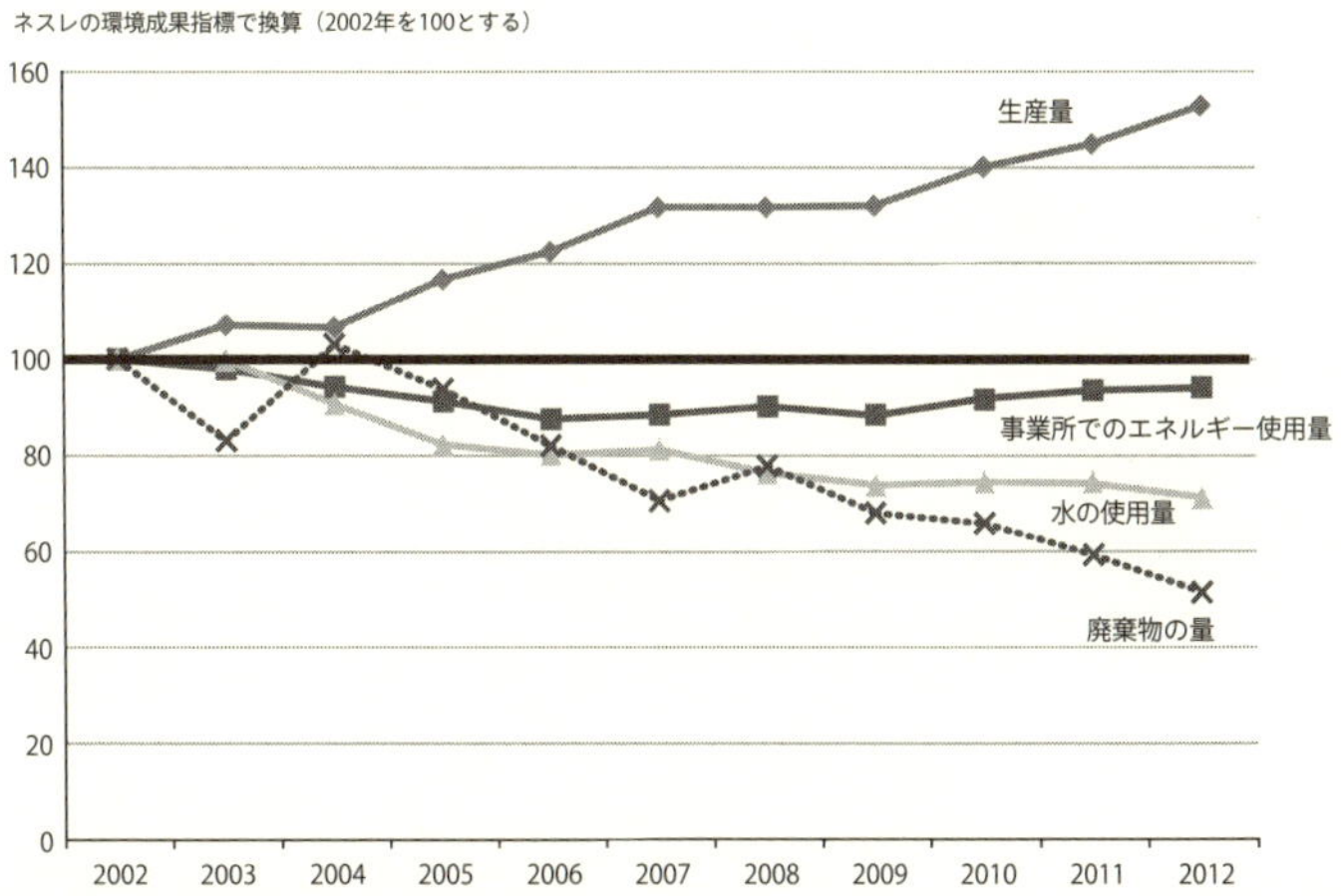

出典: ネスレのデータに基づいてグラフを作成

の世代には、一〇億人もの人々が新たな中間層となる）。繰り返しになるが、これが「足りない」のメガ・チャレンジの本質である。トップ企業は、ウォール街や自社の利益に応えて成長をつづけるには、エネルギー、水、その他の資源の使用量を増やすことなしにそれを達成しなければならない、と気がつきはじめている。実際にいくつかの企業が、ビジネスの成長を投入資源の増大から実質的に「デカップリングする（切り離す）」ことに成功している。

図4-1は、ネスレの業績である。この一〇年あまりで、この食品の大企業は、生産量を五三パーセントアップさせている。しかしそのあいだに、主要な投入資源を**すべて削減**した。廃棄物は約半減、現場での直接的なエネルギー消費量は六パーセント減、水の消費量においては、二九パーセント減を達成したのだ。[5] それでも、これらを「すばらしい偉業」の範疇にとどめるべきではない。気候問題、資源問題の規模を考えれば、やらなければならないことなのだから。――もし我々が、すべての人の生活水準を向上させたいと考えるならば、我々の持つ自然資源の資産基盤に、これ以上ストレスをかけることなくそれを達成しなければならない。

そこで、デカップリング（切り離し）という考え方が注目を集めつつある。CEOのポール・ポルマン――ちなみに彼は元ネスレのCFOだが、もちろん偶然ではない――率いるユニリーバは、「二〇二〇年までに、製品の生産・使用の過程での環境フットプリントを半減させながら、売り上げを二倍にする」という壮大な目標を掲げている。[6] また、ウォルマートは最近、積極的な再生可能エネルギー導入と省エネの目標を公表したが、その際にCEOのマイク・デュークは、「ウォルマートは、自社の成長を、温室効果ガス排出から切り離していく」と公言した[7]。

ビジネスの成長を原料の使用から切り離すことは、最初の重要なステップである。しかし我々には、二つめのより大きなチャレンジがある。**すべての「成長」は、再評価されなければならない。**これは自明の理であろう。再生可能エネルギーは、よいこと（エネルギー）を悪いこと（炭素）から切り離すことで、エネルギーの消費量の増加に対して相当の伸びしろを与えてくれるが、それでも一つの投入資源に過ぎない。単純な右肩上がりの成長の方程式は、永久に使えるわけではないのだ。それどころか、そろそろ頭打ちの時期が近づいている[8]。

率直なところ、現在の企業経営のやり方――一貫して着実に上がっていく成長の追求――は、物理的な現実と相いれない。現在の世界のGDP成長率（五～六パーセント）だと、世界経済は四九年で七〇兆ドルから一〇〇〇兆ドルに達する。もし、最大級規模の企業、たとえば四五〇〇億ドル規模以上のウォルマートやエクソンが、二桁の成長目標を設定したならば、――ウォール街にしてみれば、当たり前の要求だろう――これらの企業は二〇二三年で四兆ドルの……そして五〇年で五〇兆ドルの売り上げに達することになる。

短期的な目標があたかも無限につづくかのような期待をすることは、我々を支えている地球のキャパシティがオーバーシュートされるにつれて、ますます深刻な問題となってくる。それは、先に述べた数字を見れば、明白だろう。だから、成功というものが経済のなかでどのような形をとるべきなのか、特に大企業にとっての成功とはなにかを再定義する必要性が出てくるのだ。そもそも成長を目的とすること自体が再考に値するのではないだろうか。たとえば、成長よりもより健全で、数字的にも実行可能な考え方である**繁栄**に道を譲るという考え方もできるかもしれない。そうすれば企業は、利益を無限に増やす代わりに、製品やサービス、顧客のエクスペリエンス、コミュニティの健全性、社員の暮らしなどを改善することができるだろう。

成功をこれまで通りの意味に解釈して追求する企業は、これまで通りの意味においては成功できるかもしれない。競合よりもよい業績をあげた暁には、マーケットシェアを拡大して成長するだろう。しかし、そういうやり方を長くつづけることはできないのだ。さらに成長をつづけるには、物理的な資源の使用をゼロにするとか、あるいは新たな資源投入をせずに再生産《リジェネレーション》する、ということをしなければならないときが来る。

リジェネレーション（ゼロ、そしてその先をいく再生産）

ゼロは、あたらしい黒☆である。「埋立地行きのゴミゼロ」という目標は、グリーンな夢の目標から、あっという間にビジネスの当たり前になった。P&Gでは、一四〇カ所の生産拠点のうち五〇カ所近くが廃棄物ゼロであるし、GMは一〇〇以上の事業所でゴミの埋立地行きゼロを達成して、処理費用を何十億ドル規模のプロフィットセンターへと転換させた。世界的な化学企業デュポンの建築資材ビジネスは、四万五〇〇〇トンのゴミを三年間でゼロにした。これらの企業が出す、リサイクルできない少量の

☆訳注：「あたらしい黒」は、今最もホットな流行りものという意味。アメリカでは、エコが市民権を得はじめたころには、"Green is the new black."などともいわれた。今はさらに進化して、より積極的で実質的な「ゼロ」が「あたらしい黒」となっている。

「使い残し」にも、よい使い道がある。アメリカの大手廃棄物処理企業ウェイスト・マネジメント（WM）はいまや、廃棄物発電所で発電した電力を、一〇〇万世帯以上の家庭に送電している。[9]

ゼロは、廃棄物以外の分野にも顔を出しはじめている。小売店側の厳しい義務付けによって、フタル酸エステル類やBPAを含有したプラスチックは店頭から姿を消したし、ある種の有害物質に対しては、許容範囲ゼロが宣言された。ウォルマートとP&Gは、一〇〇パーセント再生可能エネルギーという向上心のある目標を立てているが、これは要するに、発電における炭素排出ゼロという意味だ。HPラボは、「資源の採取から生産、稼動、使用後を含めたライフサイクル全体で、エネルギー使用量がネット・ゼロになる」データセンターを開発中である。[10]

ゼロを目指すことは、間違いなくイノベーションを呼び起こす。トリプルボトムライン（決算書の最終行（ボトムライン）で収益、損失の最終結果を報告するのと同様、社会面における人権への配慮や社会貢献、環境面における省資源や汚染対策などについての評価も報告するべきであるという考え方）の提唱者であるジョン・エルキントンは、最新の著作『Zeronauts』（未邦訳／Routledge／二〇一二年）で、「炭素、廃棄物、有害物質、そして貧困などの問題をゼロにしてやろう、という闘志に満ちた、あたらしいタイプのイノベーターたち」を取りあげている。[11]

一方、ゼロが最高到達点でいいのか、と問いかける人たちもいる。グリーン建築家であるウィリアム・マクダナーと、志を同じくするマイケル・ブラウンガートは、彼らの共著『サステイナブルなものづくり――ゆりかごからゆりかごへ』（山本聡・山崎正人訳、人間と歴史社、二〇〇九年）で提案した「ゆりかごからゆりかごまで」☆をさらに進化させ、リサイクルの上をいく「アップサイクル」をすべてのモノに対して追求するべきだ、と提唱している。アップサイクルとは、「廃棄物」という考え方を全面的に改め、使用済みの製品から、以前より**さらに**価値のあるものをつくりだすというコンセプトである。

ビッグ・ピボットを真に起こしている企業は、ゼロをむしろ**スターティング**ポイントと考え、再生産的な製品や事業を生み出している。たとえば、建っているだけで周囲の空気をより清浄にするビル（アルコアは、スモッグを吸収する外装パネルを生産している）、あるいは、使用量を上回る発電ができ、余剰を電力会社に売れる住宅などだ。または、生分解性で、古くなったら土に埋めることができるシューズ。土に還ったあとは、中に入っていた種から木が生えてくる。さらには、大気中の炭素を大量に吸収できるように管理されている農地。これらは、すでに存在している製品・サービスである。

「前提条件」

経済が機能し、我々がそれなりの質の生活を送るためには、地球が提供するさまざまな基本的機能が必要である。イギリスのNPOフォーラム・フォー・ザ・フューチャーの共同創立者であるジョナサン・ポリットは、メガ・チャレンジをこのように表現する。「もし我々が、自分たちの生物理学的な生き残りを確かなものにできないのなら、高邁《こうまい》な思想であれ、私利私欲であれ、すべてゲームオーバーである……そういうことはすべて、地球のシステムと限界の範囲内で持続的に生きる術を学ぶ、という条件をクリアして初めて可能になるのだ。生物理学的な

☆訳注：ゆりかごからゆりかごまで（Cradle to Cradle、略してC2C）」は、1970年代に建築家のウォルター・スタヘルがつくりだした言葉。廃棄を前提にし、「ゆりかごから墓場まで」と例えられた生産プロセスの循環のループを閉じて、使用後のモノがゆりかごに戻って再利用されるシステムを指す。

サステイナビリティを追求することは、交渉の余地がないだけではない。それは、他のすべての事柄の前提条件なのだ[12]」

前提条件という言葉の、冷酷なまでのシンプルさに、我々ははっとさせられる。メッセージはクリアだ。もし我々が世界のバランスシートに載っている自然資本という資産を守らなければ、我々は破産し、機能を停止することになるのだ。

サーキュラー（循環性）

インパクトをゼロにするための重要な方法は、できるかぎりループをクローズすることである。現状のシステムでは、まだ価値のあるものがたくさん捨てられている。コンサルティングの巨人、マッキンゼーは、製品や部品、そして実はまだ大きな価値のある原料すべてを劇的に高いレベルで再利用する「サーキュラー経済」は、EU経済に年間六三〇〇億ドルの価値をもたらすと計算している。[13]世界経済規模では、サーキュラー経済の価値は数兆ドル規模となる。

リサイクル材を使うことは、原料を採掘し、収穫し、加工するプロセスを省くことにつながるため、負荷を劇的に減らし、大きな節約につながる。多くの産業界、特にアルミ、鉄、セメント、プラスチック、紙といった業界は、これらの経済的価値をよく認識している。たとえばリサイクルされた鉄は、バージン鉄〔鉄鉱石から精錬された鉄〕の製造に比べて、四〇から七五パーセントもエネルギーを削減できる。

アパレル業界は、特にこの分野に前のめりで参入している。おそらく衣料品の企業として初めて、リサイクルのための使用済み製品の引き取りを始めたパタゴニアは、リサイクル素材を利用したビーチサンダルなどのサーキュラーな新製品を展開しはじめている。このビーチサンダルは、使用後にはさらにあたらしいビーチサンダルにアップサイクルされるという。プーマは、使用済みペットボトルからリサイクルされたポリエステルを九八パーセント使ったプーマ・トラック・ジャケットなど、「C2C認証」〔前述のウィリアム・マクダナーらが立ち上げた認証システム「Cradle to Cradle」〕を受けた一連のフットウェア、アパレル、アクセサリーなどを生産しはじめた。[14] イギリスの小売り、マークス・アンド・スペンサーは、古着を回収するSHWOP（Swap（交換）とShop（店）を合わせた造語）キャンペーンの一環として、回収され、リサイクルされた繊維からつくられたコートを販売している。ノース・フェイスは、Clothes the Loop（Close（閉じる）とClothes（服）をかけている）という名前の、同様のイニシアチブを展開しているし、何をやらせても他にひけをとることがないナイキは、五〇〇〇本のアルミ缶、二〇〇〇本のペットボトル、五万枚のCDとDVDからのリサイクル材を含む、廃棄物のみでつくられたコンセプトストアを、上海にオープンしたばかりだ。[15]

これらの取り組みは上々のスタートであるが、真のサーキュラー経済は、多くのあたらしいテクノロジーや先の先までを考えたデザインから、「『グリーン』とは何を意味するのか」「『自然の』ものは常に好ましいのか」といった環境問題の聖域に対する問い直しまでをも必要とする。たとえば、ライフサイクルベースの研究では、衣料の原料として最も負荷が低いのは、オーガニックの綿ではなくてポリエステルであるというような結果が出ることは、よくあるのだ。

これら三つの原則――デカップリング、リジェネレーション、そしてサーキュラー――は、遠い未来の話ではなく、現在の経営のツールキットの一部になりつつある。自動車大手のアウディの会長であるルパート・シュタートラーがそれをうまく表現している。「サーキュラー経済や、成長と負荷のデカップリングは、未来のトレンドではない。――それは、今ある現実なのだ[16]」

デカップリング、リジェネレーション、そしてサーキュラーが結びついたときに浮かび上がってくるのは、自然界ではゴミになるものは何一つない、というシンプルな事実だ。特にリジェネレーションとサーキュラーは、まがうことなく自然のオペレーションの中核となる原理である。地球は、太陽エネルギーという重要な例外（そして、恐竜を絶滅させたり、通勤途中のロシア人をびっくりさせたりする、時折りの隕石）を除いては、一個の閉じたシステムである。死んだり分解されたりするものは、もれなく他の何かによって食べられたり消費されたりすることになっているのだ。

五〇億年以上の歳月をかけて磨きぬかれてきた原理によって、自然界は究極の高効率マシンになった。我々は賢明になって、そこから学ばなければならない。我々のシステムは機械や人の方ばかりを見る仕組みになってしまっているが、そのシステムを、まず自然界の根本的な教訓を擬態して、その上に我々なりの工夫を加える、という形に変えることは可能なはずだ。そのシステムに、現代的で、人間風のやり方を加味したひねりを加えるのだ。このように、ビジネスのなかで自然を再現するという考え方は、**バイオミミクリ**という言葉をつくった生物学者のジャニン・ベニュスによって有名になった。自然を真似るなんてただのロマンチストなのでは、と思われるかもしれないが、そこには強固なロジックがある。自然は厳しい淘汰のゲームを戦っており、何兆件もの実験を通して、脆弱なアイデアを容赦なく却下しつづけてきたのである。つまり自然とは、史上最もよくリソースを集め、長く運営されている研究所なのだ。

その著書『Antifragile』（未邦訳／Random House／二〇一二年）のなかで、ナシム・タレブは自然が生産してきたものに対して、強い敬意を表している。長くつづいていればつづいているほど、それはレジリエンスと強さの証明であるというのだ。「私の母なる自然に対する敬意は、一〇〇パーセント統計学的、リスク・マネジメント的根拠によるものだ(17)」。言い換えれば、自然のベスト・プラクティスから学ばないのは理にかなっていないということだ。

デカップリング、リジェネレーション、そしてサーキュラーという三つの原理は、ビッグ・ピボット的世界の中心である。これらの原理に沿って考え、実践することは、ビジネス全体に大きな効果があり、表4-1のビッグ・ピボットの行に示された他のシステム要件を実践することにも、そのままつながっていく。さらには、我々が必要とする戦略へのロードマップともなる。原理——というより、サステイナブルな世界の前提条件といったほうがいい——を現実のものとするためには、多くのきわめて実用的な戦略が必要だ。そのなかには、価値に対する長期的な考え方、科学的根拠に基づいた目標を使うこと、異次元のイノベーションの追求などが含まれる。さらに我々は、外部性の価値を計測して内在化させ、政策と規制を競争力維持や共通の利益に向かって誘導し、さらには共通の価値をつくりあげられるような競争前の協働的なパートナーシップを構築しなければならない。そして最後に、リスクを低減するだけではなくて、我々のシステム内部にレジリエンスをつくりあげていくことにフォーカスする必要がある。これらの戦略は、この本の第２部で、重点的に紹介する。

次にいく前に、ビジネスのあり方において、究極に意味のある変革を成功裏にとげるための、二つの考え方を付け加えておきたい。まず、私の仕事、そしてこの本の大部分は、我々の経済と社会の基本的な土台——地球が我々を支えるための、生物理学的なキャパシティ——の検証に費やされている。しかしもちろんそこに人類がいなければ、社会も存在しないし、社会を救う必要もなくなる。我々は**インクルーシブ**に、あらゆる背景を持った人たちの意見や助力を仰ぐ必要がある。すべての人々が、社会全体の将来に利害関係を持っているのだから。また、我々がたどりつくべき解決策は、すべての人の考え方や貢献があって初めて、最も効果的で創造的なものになるはずである。(18)

二つめに、メガ・チャレンジがビジネスにとっての脅威やリスクと壮大なチャンスを同時につくりだしている限り、このサステイナビリティへの追求（他に何と呼んでもいいのだが）は**しっかりとリソースを投じた包括的なもの**でなければならない。ほとんどの企業において、メガ・チャレンジ対応の責任を負っている役員は、——重要な事業部の経験者だったり、あるいはその後他の上位のポジションに移ったりして――一目置かれてはいるものの、必要なリソースを与えられていることはほとんどないのだ。そういった役員に、「とりあえず旗振り役になって、何とかやっといてくださいよ。必要な人員はマトリックス型で貸し出しますから」（つまり、そのための指揮系統や専属の人材は確保しない）などというのは、体のいい逃げである。

ユニリーバのポール・ポルマンやコカ・コーラのムーター・ケント（ケントは**自分自身が**チーフ・サステイナビリティ・オフィサーであると公言している）のようなボスを持つことができたラッキーな役員も世の中には存在するが、そういったCEOレベルのサポートのない企業で責任を負っている役員の数は、そういったラッキーな役員一人につき一〇〇人は下らないだろう。環境・社会的なリスクやチャンスを管理するために取り分けられた予算は小さく、景気が少しでも悪くなりそうになると、さらに削減の憂き目にあうようだ。しかし同じことが、マーケティング、財務、調達、生産のトップに起こるだろうか。ありえない。

ビッグ・ピボットの世界で我々がつくりだす企業や経済は、自然から最大限に学ぶことができる組織やシステムである。その上に人類なりの工夫を加え、フットプリントをゼロ（もしくは資源を再生産することもできるだろう）にし、成長やモノの豊かさを、物理的な投入資源から切り離していくものだ。そのようにして我々がつくり上げるシステムは、長期的な視点にフォーカスし、科学的根拠とデータに依拠し、異次元で、協働的で、レジリエントで、インクルーシブで、十分なリソースをかけてあるだろう。

美しい話だが、これをやりとげるのは容易ではないし、いくつかの障害を乗り越えなければならない。

マクロとミクロの問題

ピボットに立ちふさがる障害を大きな文脈で捉えるため、何世紀にも渡る経済的実験の世界的な勝者である「資本主義」を、明晰かつ実際的な光に照らして検証してみよう。その根本的な性質において、資本主義はサステイナブルな世界の障害になりうるが、同時に、それをうまく使いこなせたならば、最大の希望にもなると思われる。

資本主義——強みと欠陥

ウィンストン・チャーチルが言った有名な言葉に、「今まで試されたことのある他のすべての形態を除けば、民主主義は最悪の政治形態である」というのがある。この表現を借りれば、資本主義は人類が今まで出くわした中で最善の経済システムであり、「今まで試されたことのある他のすべての経済システムを別にすれば最悪」よりはだいぶましといえるだろう。必要と解決、あたらしいアイデアと資本、人材とやらなければならない仕事をマッチさせることの効率において、他のシステムは資本主義の足元にも及ばなかった。

しかしだからといって、資本主義に対する批判的な見方を捨て、それが完璧なシステムであると仮定するのは危険だ。資本主義はさまざまな結果を同時にはじき出す複雑な計算式の集まりであるが、本質的な生き残りのための条件を最適化することができない。つまり、このパワフルかつ暴力的なまでに効率的なシステムを使って、終焉《しゅうえん》に向かって突っ走ることは、造作ないことなのだ。――そしてまさにそれこそが、我々の抱える問題なのである。企業が、市場と資本主義をその究極の目的のために使うとき、海洋資源、きれいな水、安定した気候といった**共通の**資源は、寸分の狂いもなく、きれいさっぱり使い尽くされるだろう。

偉大な先人たちの考えとこれまでの私の仕事から、今の資本主義のあり方における、マクロレベルでの主要な問題がいくつか見えてくる。(19)

◆経済学者がいわゆる**外部性**と呼ぶところのもの、すなわち、通常の市場の範疇に収まらない経済へのインプット（自然資本）、または経済からのアウトプットや負荷（汚染、気候変動など）に価値をつけるタイミングを逸したという、歴史的な失敗。

◆「将来」にはもれなくディスカウント・レートがついてくるという偏ったシステム。このせいで長期的なベネフィットは無価値になってしまう（アセット・マネージャーであるジェレミー・グラハムの印象的な発言に、こんなものがある。「ディスカウント・レートを使うということは、『孫には価値がない』と言っているのと同じことだ」）。

◆拘束のない自由な市場と、アダム・スミス的「見えざる手」を、あらゆる問題を解決する確固たる手段として、妄信していること。
◆繁栄や豊かさを正しく見積もることのできない、欠陥のある計測手法に頼っていること。たとえばGDPでは、病気や石油の流出などのマイナスの結果までがGDPの**上昇**要因になってしまう。
◆価値や健康、幸せなどを最適化するのでなく、成長そのものを闇雲に「最大化」しようとしてしまうこと。それに加えて、急激な成長をどこまでもつづけることは不可能だという事実がまったく認識されていないこと。
◆歴史的な、そして今も大きくなりつづけている貧富の差。
◆グローバルな対話における、社会の特定層のシステム的な疎外（ただしテクノロジーが、徐々に我々すべてをつなげ、持たざるものたちにメガホンを提供しつつある）。
◆巨大かつシステム全体にかかわる、社会や経済への長期的な脅威に対処するキャパシティがないこと。

とはいえ、これらをすべて資本主義の欠陥であるとするのは、正確性を欠くだろう。経済システムについて考えつづけているハンター・ロビンスは、「本当の問題は、我々が**悪い**資本主義を実践してしまっていることだ」と言う。著書『自然資本の経済――「成長の限界」を突破する新産業革命』（佐和隆光監訳、小幡すぎ子訳、日本経済新聞社、二〇〇一年）で、ロビンスと彼女の共著者たちは、エコノミストたちが「自由市場」の定義のなかで「確固たる前提」のつもりで組み込んでいる「机上の空論」を洗い出し、一つ一つ暴いている。たとえば、エコノミストたちは、市場は完全な情報を持ち、個人効用〔個人が財を消費することから得られる満足の度合い〕の最大化の追求があまねく行われているという前提で論理を組み立てている上、市場が最適な状態で機能することを阻害するような市場の歪み〔独占や補助金、参入の障害、貿易摩擦など〕は一切存在しないことになっているのだ(20)。

そうはいっても、これらの問題はすべて対処可能だ。たとえば、今価値をつけられていないものに価値をつけることは、現実とあるべき姿のギャップの多くを埋めることを可能にする、核心的な戦術である。炭素に価格をつけるなどの適切な価値化ができれば、市場はその魔法の力を発揮できるはずなのだ。

そして「魔法」という言葉は、かなり資本主義を言い当てている。我々が資本主義を経済システムの勝者として広く容認しているのには、正当な理由があるのだ。資本主義には多くの強みがある。この本も含め、私が引用している本や理論で、反資本主義や反企業主義のご高説を垂れ流しているものは一つもない。私自身、市場や、利益を得ること、巨額の富を得ることに対してさえ、反対はしない。しかしだからといって、短期的な利益の追求や、あたかも完璧なもののように誤解されている今の市場を、我々の繁栄や生き残りよりも優先させるわけにはいかないのである。もし我々が気候変動や資源の逼迫といったチャレンジの解決をビジネスや社会の最優先事項にしなければ、これから先、価値を最大限にしていくことはできないだろうし、利益さえあげることができないかもしれないのだ。——逆に、多くの苦痛、物質の不足、人的、経済的ロスだけが確かなものとなるだろう。

資本主義に対するチャレンジは、民間セクターが現在直面している他の問題に密接に関わっている。

企業への信頼は、いまや史上最低だ。戦略界のグル、ゲイリー・ハメルは、ウメール・ハークの著書『The New Capitalist Manifesto』（未邦訳／Harvard Business School PR／二〇一一年）の序文に寄せて、こう書いている。「私は資本主義の熱心な支持者かもしれないが、個人が誰も奪うことのできない神から与えられた権利を持っているのと違い、企業はそういう権利を持っていないことも理解している。（中略）現代の企業の経営陣は、免許取りたての若者が必ず直面する『自分の運転に責任を持つか、免許取り上げか』という厳しい二者択一と同じような選択を迫られていることを理解しなければならない（アメリカは一六歳で免許がとれるが、無謀運転による事故は親や社会の悩みの種）[21]」

ラッキーなことに、新世代の企業リーダーたちは、正しいシステムのあり方とは何か、といった問い直しを始めようという気概に満ちているし、地に堕ちた資本主義の評判を取り戻すこともできるかもしれない。たとえばハーバード・ビジネス・スクール教授のレベッカ・ヘンダーソンが「資本主義を想起しなおす」というあたらしい講義を始めたとき、当初は数十人の規模の通常の選択授業を想定していた。しかし最後の学期には、なんと院生のほぼ半分に当たる四〇〇人が、この授業の選択を希望したのである[22]。

ビッグ・ピボットは、大局的には資本主義や企業のあり方を考え直す作業であり、すべての人々のためにより豊かな世界をつくるには、どのように資本主義や企業を活用するべきかを考え直すことなのだ。

ビッグ・ピボットに立ちはだかる四つの大きな障害

マクロレベルでの懸念はもちろん議論に値するが、この本では、主にミクロ経済レベルで何がどのようになっていくかに主眼を当てていく。企業がビッグ・ピボットをするために障害になっているものは何なのだろうか？　どうすればそれを解決できるのだろうか？　表4-2は、企業レベルでの障害と、それを乗り越えるための主要な解決策をまとめたものである（それぞれの考え方を論じている章を記載してある）。各問題に対して、企業はそれぞれ一連の課題を解決していかなければならない。

それでは、企業と組織が直面する、四つの主な障害を見てみよう。

チャレンジの規模とチャレンジ同士のつながり

あえて確認する必要もないかもしれないが、我々が直面している惑星レベルのチャレンジはあまりに大きく、全体像を把握

表4-2 ビッグ・ピボットする上での障害と解決策

障害	解決策（企業レベル）	章
チャレンジの規模とチャレンジ同士のつながり	● データとフィードバック の循環的なしくみ	3、4
	● 大きな目標を達成するための劇的な高効率	6
	● レジリエンスを高めること	14
	● あたらしいテクノロジー、製品やサービス	7、13
短期的成果至上主義	● 報酬インセンティブ	5、8
	● 科学的根拠に基づいた大きな目標	6
価値評価のギャップ	● 社内の方針 ・投資決定ツールの変革（ROI） ・あたらしい価値評価のツール	9
	● 外部性に価値をつける	10
	● 政策に対して影響力を行使する（対外的）	11
組織間・グループ間の断絶	● システム、バリュー・チェーン全体を考える	全章
	● 透明性と対話	3、12
	● オープン・イノベーション	7、12
	● パートナーシップ	12

するのが難しい。しかも、それらは複雑に絡みあっている。第2章で扱った「食糧・エネルギー・水のネクサス」は、我々のすべてがつながっている、という確証である。その規模の大きさだけでも、脳をフリーズさせるのに十分だ。気候変動の数字を理解しようとすると、「炭素五六五ギガトンとかいうけれど、そもそもギガトンって何だろう?」となってしまうのである。

そうだとしても、どの解決策の規模も、もともとのチャレンジの巨大な規模に合致するものでなければならない。であれば、**劇的な高効率**——八〇や一〇〇パーセントといった改善——によってのみ、問題を何とか対処できる規模にスケールダウンすることができるはずだ。進捗状況を追跡するためのしっかりしたデータやフィードバックの仕組みも必要になるだろう。テクノロジー、製品、サービスのイノベーションは破壊的で異次元でなければならない。最後に、状況がこれだけ不確実である以上、世界が我々につきつけてくるどんな問題にも対処できるようなレジリエントな企業やシステムをつくることは、賢明で理にかなった選択肢である。

短期的成果至上主義

伝説的な投資家であり、アメリカの投資信託大手バンガードの創立者でもあるジョン・ボーグルは、非常に面白い著作『Saving Capitalism from Short-Termism』(未邦訳/McGraw-Hill Education/二〇一一年)の序文を、次のように始めている。「私は、金融市場が株価の短期的な動きにあまりに集中し過ぎるせいで、企業が本来持つべき価値の長期的な創造を犠牲にしていることを、由々しき事態だと思っている」[23]

そしてこれは、ウォール街だけの問題ではない。投資家よりもさらに株価のことを心配している人間がいるとすれば、それはストックオプションを鬼のように持っている上場企業の経営陣だろう。もしあなたが数カ月先の結果しか見ていないのであれば、――製品であれアイデア、人材、新規市場であれ――何に対しても、長期的な投資をするのは困難なはずだ。ましてや、気候変動、資源の逼迫といった物議をかもすような課題のための投資など、問題外であろう。しかし、ビッグ・ピボットを実行するためには、成果を出しやすいもの（エネルギー、水、廃棄物の削減など）のもっと先を考え、長期的な視点で大きく賭けることが必要になるのだ。

短期的結果への執拗なこだわりという問題は、我々の前に頑固に立ちはだかっている。そこで、この障害とそれに対する解決策を、第5章の主題とした。ピボットを起こすための徹底的に実用的な戦略の一つめである。

価値評価のギャップ

ビジネスでは、そのプロジェクトから獲得できるであろう価値の見積もりに基づいて、時間、資金、リソースを投資する。多くの場合、価値を測りづらいベネフィットは、乱暴に省略されたロジックに基づいて、価値**ゼロ**と仮定される。価値を評価されていないもののなかには文字通り外部的なものもあるが、多くのものはたとえ間接的ではあっても、企業の価値を大きく左右しかねない実際的なベネフィットやリスクなのだ。――ただそれに数字がついていないだけだ。これらの目に見えない価値は、ブランド価値、社会的営業免許、顧客のロイヤルティ、最高の人材を引き寄せてとどめる力、などを含む。

短期的成果至上主義と価値評価の問題が合わさると、ビッグ・ピボットにとって最大の障害になる。これを避けるには、人々が長期的視点に立って正しいことをするのを可能にする、あたらしいインセンティブが必要になる。それから、物理的な現実を認識し、その範囲内で結果を出せるような科学的根拠に基づいた目標が必要だし、ROIのような投資決定のためのツールの変革も必要だ。さらには、炭素汚染による社会への負荷のように、競争に不利になるというリスクを冒さずに価値を数値化するのが難しいものもあるので、企業は政府の政策立案プロセスへの関わり方やロビー活動についても、あたらしい方法を模索する必要がある。

組織間・グループ間の断絶

すべてのビッグ・ピボットの原則と解決策は、「包括的なシステムとして世界を見る」というテーマに収斂《しゅうれん》される。好むと好まざるとにかかわらず、私たちはみなつながっている。だから、それを前提として行動しなければならない。気候変動、資源の逼迫、食糧・エネルギー・水のネクサス、これまでにないレベルで求められる透明性……これらを見れば、我々のシステムがいかに深く、複雑につながりあっているかは一目瞭然であろう。ところが我々のシステムは、それらにうまく対処できるようにはできていない。

一〇〇年も前のヘンリー・フォードやフレデリック・テイラーたちの、プロセス効率の時代から、我々は常に直線的な効率化ばかりを考えてきた。今の我々は、昔のようにたくさんの組み立てラインを必要とすることもないし、マトリックス型の組織にぞっこんだが、それでも大きな企業はいまだに、基本的には一歩一歩プロセスを踏むやり方で問題を解決しているし、多くの人々は自分の専門に特化した仕事だけをしている。

直線的であることが悪いわけではない。直線的アプローチは着実に仕事を片付ける。しかし我々は、理性だけではなく、共感や、自分たちの行動の波及的な影響を理解することをも必要とするような問題に立ち向かっているのだ。であれば、一般的な組織の垣根を越え、システム全体を見据えた考え方に移行しなければならない。[24] オープン・イノベーションを活用し、透明性を推し進めることも必要だ。そしてそのなかからあたらしい形のパートナーシップが生まれてくるだろう。競合とは何かを問い直し、同時にサプライヤー、社員、顧客のあいだの線引きを曖昧にするような、あたらしい形のパートナーシップが。企業や社会のあいだの垣根を壊すためのツールはどんどん登場しているし、進化もしている。そしてそれと同時に、我々は、自分たちの心のなかにひそんでいる壁も取り払わなければならない。

最終的な障害——我々自身

世界に対する我々のものの見方のなかには、変化の妨げになる可能性のあるものも多い。[25] そのような心理的な要因の多くはこの本のテーマではないが、それでもいくつかの心のバリアは、ビッグ・ピボットのきわめて実用的な戦略を考えるうえで、覚えておかなければならない。

第一に、我々はみな、似たような思考プロセスを使って世界を解釈している。たとえば、「確証バイアス」という、現行のものの見方を裏付けるような情報のみを見ようとしてしまう傾向が挙げられる。それから、簡単に想像できないこと（たとえば気候変動）よりも、はっきりした事例がある出来事（たとえば九・一一などのテロ行為）のほうが、実際に起こる確率が高いと考えてしまう傾向もある。[26] さらに我々は、ある社会学者たちのグループが言うところのいわゆる「有限の心配プール（finite pool of worry）」（人間が一時に心配できることの量は限られているという学説）を持っており、それはアイゼンハワー・マトリックス（最も決断を急ぐべき問題が、最も重要な案件であることはめったにない）のジレンマを引き起こす。[27]

我々は目に見えて、信用できて、短期的で、目の前にある脅威を認識するように進化してきた。そのため多くの問題について、「見えないものは考えない」という思考状態に陥っている。気候変動のように、速度がゆっくりで、遠くに感じられ、目にも見えず、責任も数十億の人々のあいだに分散されているような問題は、イメージをつかみにくいのだ。それと同時に、人口や資源消費のような爆発的な統計を的確に解釈できていないことが、この先どれくらい消費は成長しつづけられるのかに関する、希望的観測を助長してしまっている（賭けてもいい、絶対に無限ではない）。[28]

最後に、我々一人一人の価値観や個人的なつながりについて、考えなければならない。経営陣や政治リーダーたちが、どんなきっかけで世界の見方を考え直すようになるのか、誰にも予測できない。子供や孫との会話がきっかけで、ものの見方や価値観を鋭く深く変えるような個人的なピボットを経験した人も多い。

これらの心理的な傾向を覚えておくとともに、我々は故意に出される誤った情報にも対処しなければならない。有り体に言って、気候科学の信憑性《しんぴょうせい》を損なうために、化石燃料業界が中心となって長年培ってきた包囲網が存在する。そしてメディアは、どの問題についても、まったく同等な二つの主張があるかのように報道することに、何の問題も感じていないようである。

全体を見てみると、乗り越えるべき一連のハードルはあまりに大きく見える。しかし、障害は真のチャンスを生むものだ。チューリッヒ保険グループのCEOマーティン・センはこう指摘する。「世界はより複雑になり、リスクも絡みあっている。しかし、もしあなたにその複雑さに対処する能力があるなら、複雑な世界はそのままチャンスになる(29)」

つまり、もし我々がメガ・チャレンジを理解し、企業のあり方を変えるための最もロジカルな戦略をすばやく下書きできれば、——そしてそれこそがこの本の目的である——我々は遅きに失する前に方向性を変え、さらにそこから利益を生み出すことができるだろう。そして、より豊かで安全な世界をつくることができるはずだ。

将来に不安を感じてピボットを起こしはじめた人の数はしだいに増え、大きな勢力になりつつある。多くの人々がさまざまな専門分野にまたがって、これらの障害を乗り越え、あたらしい原理を当てはめるための努力をしている。だから、立ちはだかる障害が多くても、私は楽観的だ。

それでは、これらをすべて心にとどめたうえで、ビッグ・ピボットを可能にする、きわめて実用的な戦略に入っていこう。

第2部
ビッグ・ピボット
10の戦略

THE
BIG
PIVOT

アメリカにおけるビジネス&サステイナビリティ界の草分け的存在だった故レイ・アンダーソンは、いまや有名になった「心臓を射抜かれた瞬間」のことをよく口にしていた。ポール・ホーケンの『The Ecology of Commerce』（未邦訳／Harper Business／二〇一〇年（改訂版））を読んだとたん、世界がまったく違うものに見えてきた、という話である。この深くて個人的な考え方のピボットが、アンダーソンの人生をあたらしい方向に導くことになったのだ。彼は自分が起こしたカーペット会社であるインターフェイスを、他の企業に何年も先鞭《せんべん》をつけるような挑戦的でグリーンな目標をもって、「サステイナビリティという未踏の山」へと向かわせることになった。インターフェイスは、負荷ゼロ、さらにはその先の再生産《リジェネレーション》を実現する企業になるべく、今日もその山を登っている。

どっちが丸で、どっちが四角？

何年か前、アンダーソンのプレゼンを聞く機会があったのだが、その質疑応答のときに、彼が、ピボットの精神を完璧にとらえた、惚れ惚れするような発言をしたことを今でも覚えている。ある若者が立ち上がってこう質問した。「アンダーソンさん、私はビジネス・スクールの学生です。私の先生に、サステイナビリティの真に何たるかを理解してもらうにはどうしたらいいでしょうか」

図 P2-1　どちらが丸で、どちらが四角？

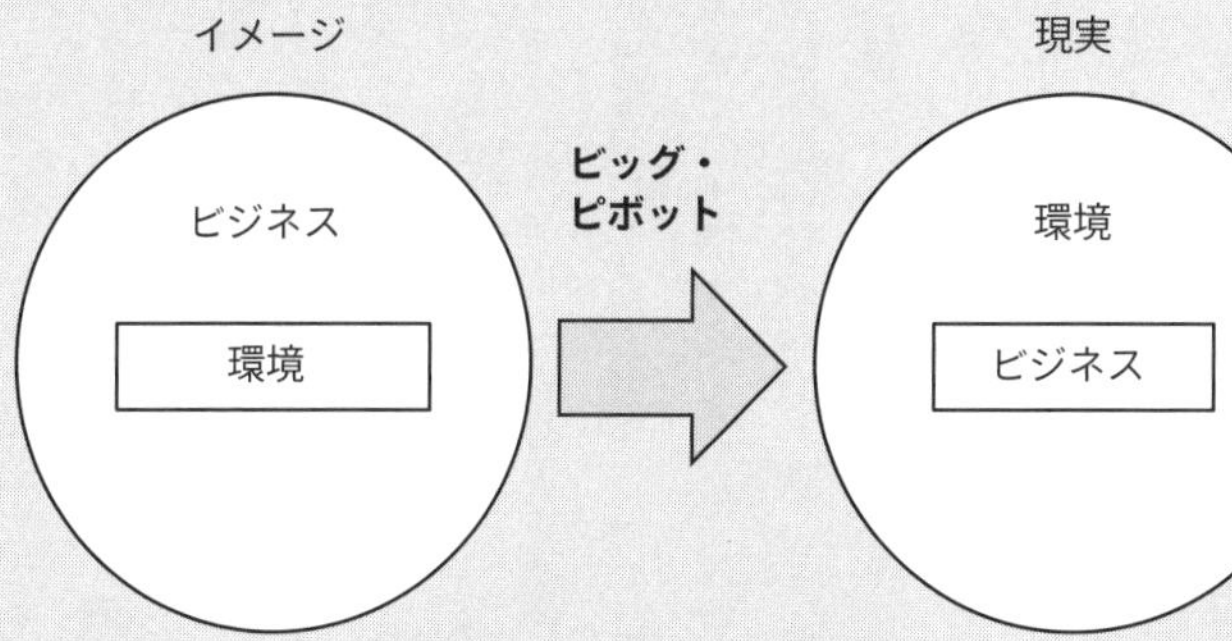

出典：レイ・アンダーソンのコメントの著者による解釈

アンダーソンの答えは、実にシンプルだった。「まず丸を描いて、そのなかに四角を書いてごらんなさい。そして先生に、どっちが環境で、どっちがビジネスか聞いてみるといい」（図P2-1を参照）。

私たちは、人生においても仕事においても、あまりに多くのことを、当たり前のように地球から受け取っている。環境問題は、ビジネスのオペレーション上のニッチな分野でしかない……私たちの多くは、そんなふうに環境問題を扱っている。しかし現実には、ニッチなのは環境ではなくて我々のほうなのだ。人間のやることはすべて、希望も夢も、そして我々の生活や存在そのものも、地球に依存している。これは、ヒッピーの「ラブ・アース」哲学ではない。単に現実なのである。

この奥深い真実を心の底から理解し、何を考えるときにも忘れないように訓練し、そしてそれがビジネスにどう関わるのかという難問と向きあうのには、時間がかかる。私もそうだった。しかし、アンダーソンのシンプルな教訓が、真の意味であなたの血肉となったとき、あなたのピボットは始まるのだ。

しかし、何かを知ることとそれについて行動することはまた別物である。このあたらしい理解に対応した行動をするためには、あたらしいツールキットが必要だ。そこでさっそく、あなたの会社がビッグ・ピボットを起こす手助けとなる、一〇のきわめて実用的な戦略に入っていこう。その前に一応再確認しておくが、この本はロードマップを提供するためのもので、百科事典ではない。むしろ戦略的な入門書だ。したがって、包括的な、あるいは各業界固有の実行プランを事細かに書き記してはいない。そのかわり、それぞれの章で、なぜその戦略が必要であり、すでにそれを実行している企業のリーダーたちにどのような価値をもたらしていて、あなたの企業がどのように始めたらいいのか、といったポイントをカバーしている。

この本は簡潔に書くことを心がけたが、一〇の戦略の総合的な効果自体はとてつもなく大きいどころではない大きさである。これらのアイデアは、これまでのビジネスのやり方に根本的な変化をもたらしうる。そして、我々が直面するメガ・チャレンジに対する実用的な答えとなるはずである。とはいえ、多くの経営陣にとっては、いささか過激な戦略に映るかもしれない。先程の図のどっちが丸でどっちが四角かの見方が一八〇度変わるくらいの劇的な変化である。

ビジョン・ピボット

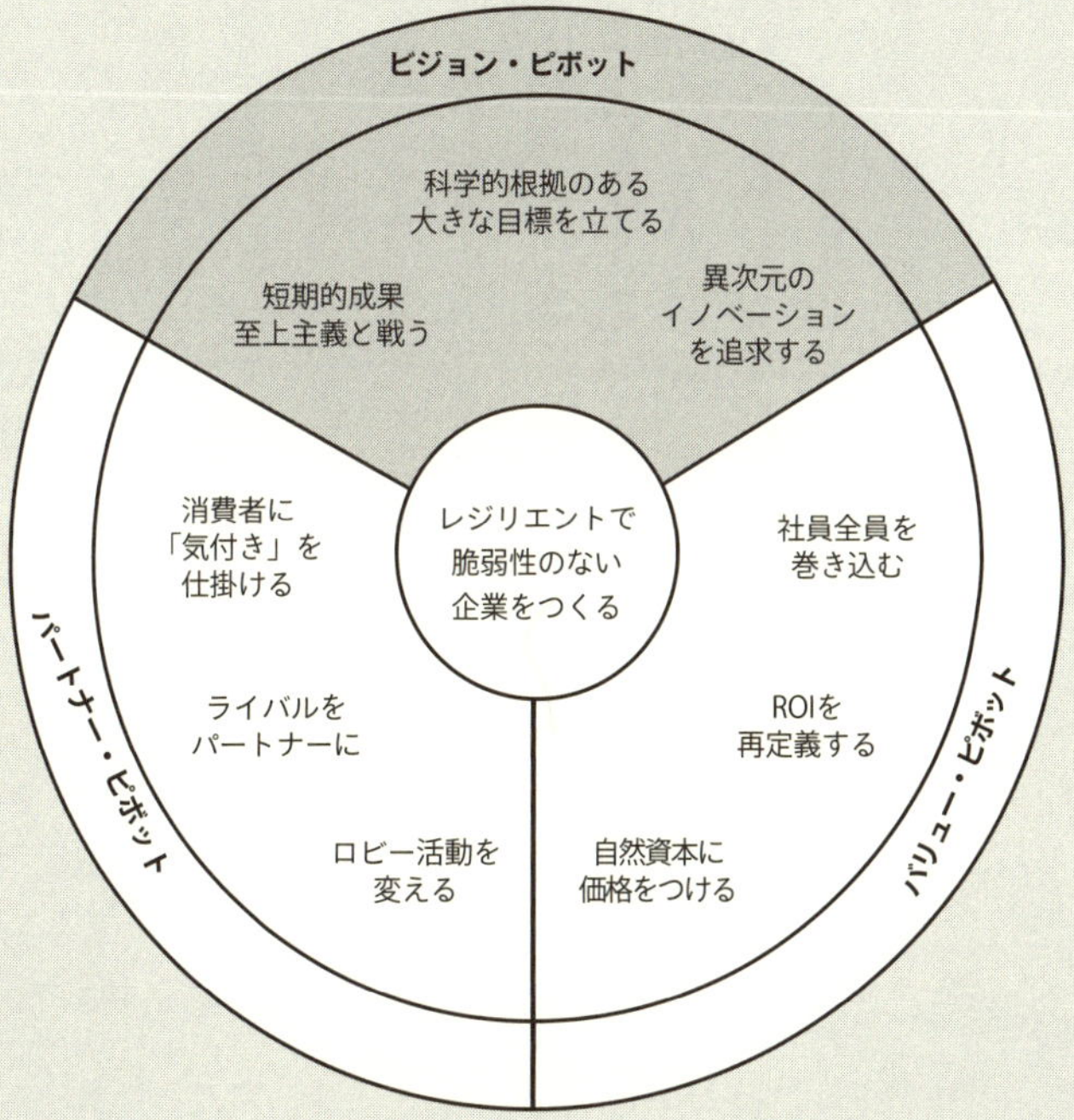
ビジョン・ピボット
科学的根拠のある
大きな目標を立てる
短期的成果
至上主義と戦う
異次元の
イノベーション
を追求する
レジリエントで
脆弱性のない
企業をつくる
消費者に
「気付き」を
仕掛ける
ライバルを
パートナーに
ロビー活動を
変える
社員全員を
巻き込む
ROIを
再定義する
自然資本に
価格をつける
パートナー・ピボット
バリュー・ピボット

Fight Short-Termism

第5章
短期的成果至上主義と戦う
ユニリーバCEOの決断

二〇一三年初頭、フォーチュン誌は、消費財における「世界の巨人」であるP&Gについて、厳しいながらも公平に分析した記事を掲載した。記事では、当時のCEOボブ・マクドナルドが直面する問題が、次のようにリストアップされている。――市場でのシェアは低下し、評判は落ち、そして、同社のチーフ・マーケティング・オフィサーの言葉を借りれば、「我々の組織の構造が、今の世の中に適していないのかもしれない」という漠然とした感覚をみなが持っている。

記事を執筆したジャーナリストのジェニファー・レインゴールドは、なぜP&Gには変化が必要なのかを解説したあとで、こう問いかけている。「ウォール街がもっと利益を出せ、とうるさくせっついてくる中で、短期的な利益を犠牲にしてでも、CEOは真の意味での組織変革をしようとするだろうか？」[1]

私は、これを読んだとき、この記事は、いや、この号全体が、その問いが言い当てている今のビジネス環境についての特集を組むべきだと思った。ＣＥＯや役員会が、今四半期の利益に影響するからという理由で、組織の抜本的な見直しをできなかったり、そのための投資ができなかったりするのだとすれば、その企業はいつ成長したりイノベーションを起こしたりすることができるというのだろうか？

　こんなシナリオを考えてみてほしい。四半期が終盤に近づいてきている。あなたの机には、将来性のある企画書が載っている。正味現在価値（ＮＰＶ）がプラスになることは請け合いだ。しかし今四半期に限って言えば、このプロジェクトをやれば利益が減るだろう。あなたなら投資するだろうか？

　この質問を四〇〇〇人のＣＦＯにしたリサーチによれば、過半数がこの企画には投資しない、と答えた。さらに役員の八〇パーセントが、Ｒ＆Ｄ、広告、メンテナンス一般に対しての予算を減らしたい、と答えた[2]。だが、短期的な利益を上げるために、上層部がこれらの予算カットを四半期の**たびに**繰り返したとしたら、どうなるだろう？　論理的には、高い投資回収率を期待できるプロジェクトに投資せず、長期的な価値を創造してくれるイニシアチブに十分な予算を出していないことになるので、四半期ごとの利益目標を達成するのがだんだんと難しくなるはずだ。

　このリサーチは、ビジネスに蔓延《まんえん》する短期的成果至上主義の病をあぶり出している。しかし、だからといって、闇雲に「長期的視点を持つべきだ」と言ったところで意味はない。キンバリー・クラークのＣＥＯであるトム・フォークはこんなことを言っていた。「すばらしいチームは両方をいっぺんにやる。

大きなビジョンを持ちながら、そこに向かって短期的なマイルストーンを積み重ねていくことができる[3]」。つまり、短期的な価値を管理することで、より大きな投資に必要なリソースを調達しながら、同時進行的に長期的な価値を形成していく必要があるということだ。言うは易く行うは難しではあるが、少なくとも現状は、あまりに短期的成果至上主義に寄りすぎている。

ここで少しビジネスを離れ、個人の健康と幸せについて考えてみよう。幸せな人生を送りたいなら、短期的なことと長期的なことのバランスを上手にとらなくてはいけないのではないだろうか? たとえば、超短期的な幸せを最大限にしたいなら、ソファに寝転がって、ネットフリックスでも見ながら食べたいだけフライドポテトを食べればいい。一方で、長期的に考えたら、ジムに通ってバランスのとれた食事をするほうがいいはずだ。そういうふうに考えていけば、将来何かを実現できるような長期的なプロジェクトに時間を投資するべきだという結論に達するはずだが、それは短期的には辛い作業である(修士号をとったり、育児をしたりすることを考えてみるといい)。短期的なことと長期的なことのバランスをうまくとらなければ、あなたの幸せや健康、あるいは生命そのものが危うくなるかもしれないのだ。同様ののるかそるかの賭けは、ビジネスにも当てはまる。

何の攻防戦なのか

四半期ごとや年度ごとの結果への強迫観念に抵抗できる力が、大きくものを言う。『The Clash of the

Cultures: Investment vs. Speculation』（未邦訳／Wiley／二〇一二年）で、米投資信託大手ヴァンガードの創始者であるジョン・ボーグルは、投資家が考える投資期間と企業経営の実情のあいだに、はっきりとしたつながりを見出している。

長期的な投資でなく、短期的な投機に基づいたカルチャーが現在のビジネスを席巻しているという事実は、金融セクターという狭い業界にとどまらず、市場や経済全体に甚大な影響を与えている。それは金融市場を歪ませ、企業経営を狂わせる。もし市場の参加者が、どう転んでも予測できない世界のなかで、短期的な成果や予測できる利益を求めてしまえば、企業はそれに反応する。そしてその結果、人員削減や、経費節減のための手抜き、研究開発費の見直しをせざるをえない、という強いプレッシャーが生まれてしまう。（中略）これらはすべて「数字をつくる」ために行われることだ。（中略）もし企業が、これまでになく厳しい目を持った今日の消費者からの要求に応えることよりも、ウォール街の期待に応えることを優先してしまったら、その企業は本来するべき社会への奉仕ができなくなってしまう。消費者やより広い社会へのサービス提供が、自由市場経済の究極の目標であるのにもかかわらずだ。(4)

長期的な視点に立って考える余裕がまったくなかったとしたら、企業はいったいどうやってビッグ・ピボットを実行できるのだろうか。ビッグ・ピボットとは、まずメガ・チャレンジにフォーカスし、そこから逆算して最も利益のあがる道筋を探ることである。短期的な考え方の束縛から逃れない限り、気候変動や資源の逼迫というグローバルな問題に対処することはできない。つまり、問題の本質は、企業とそこに投資する人たちとの関係性を改善することにある、ということになる。上場企業の株主や機関・個人投資家との関係、あるいは家族経営の企業の株を少しだけ持っている親族との関係でさえも。

ここではとりあえず、上場企業の株主――あるいは、最近ではより的確に、株**所有者**と呼ばれることもある――にフォーカスする。グループに区別して捉えることが重要である。（1）ウォール街のセルサイド・アナリスト、（2）バイサイド（ブラックロックやフィデリティといった大手の資産運用グループ）、アセット・オーナー（年金、退職基金、寄金）の両方を含む機関投資家。

（1）のセルサイドの株主は、四半期ごとの業績にしか興味がない。一方で（2）の機関投資家は、理論的には、長期的なリターンを気にしているはずだ。しかし、機関投資家のなかでもバイサイドの「長期的」はたかが知れている。あるCEOが私に言ったように、「バイサイドにとっての長期的って、たかが一八カ月ですよ」。つまり彼らは資源の逼迫や気候変動について質問することもないというわけだ。それと対照的に、アセット・オーナーは、メガ・チャレンジや、自分たちの投資が不安定な世界でどのようになっていくのかについて心配しているように見える。

たとえば、イギリスの株市場の二〇パーセントを保有するイギリス保険協会（ＡＢＩ）は、短期的成果至上主義の影響を細かくウォッチしている。また、総額で八七兆ドル以上もの運用資産を所有する機関投資家たちが、ＣＤＰを支援している。このことは、ＣＤＰが世界の大企業に送っている、気候変動問題への取り組みに関する質問書に、さらなる重みを与えている。

この章で焦点を当てるのは、短期的なバイヤー、アナリスト、トレーダーといった、市場をめちゃくちゃにした張本人たちである。

市場はカジノ

今の株式市場は、私たちの祖父の時代とは全く違う。よく引き合いに出される数字で、株は平均して一一秒しか保有されない、というものがある。この数字自体は、取引の激しい高速化のせいもあって、まことしやかに取り沙汰される都市伝説のようなものだが、超高速で行われる取引は、全体の市場規模の五〇パーセント以上を占める、とボーグルは見ている。

正確な数字を知ることは非常に難しいとしても、株主が株をそんなに長く保有しないことは確かだ。ユニリーバのＣＥＯ、ポール・ポルマンはこう見積もる。「ユニリーバの株の平均的な保有期間は、一九六〇年には一二年だった。一五年前になるとそれが五年になり、いまや一年以下である。もちろん、ユニリーバの株が例外的なわけではない」。『Saving Capitalism from Short-Termism』（既出）のなかで、著者のアルフレッド・ラパポートも同じような数字を挙げている。プロが管理しているファンドの株保有期間は一年ほどであり、それは六〇年前の平均である七年からの大幅な短縮である。しかもこれらの数字からは、高速取引の市場への影響を読み取ることはできない。――唐突な株価の変動は、いまや頻

繁に起こりうるのだ。(5)

しかしよくよく考えてみると、いまの時代は、株式市場に限らずほとんどすべてが高速化している。世界の大企業のＣＥＯの平均的な在職年数は八年から六年に縮んでいる。(6) 彼らの在職期間が短くなる一方でカジノじみた高速の取引がどんどん増える状況では、市場が期待する時間軸に企業の戦略を合わせようとする役員がいても、不思議ではない。大変残念なことだ。ＣＥＯというのは、目の前のことしか見ていない投資家ではなくて、本来は自社の事業《エンタープライズ》と社員のことを見ているべき立場であるはずなのに。

どう考えても、報酬のインセンティブに問題がある。ほとんどのストックオプションの受給期間が短いということは、ＣＥＯは基本的には今の株価を上げるために雇われていることになってしまうからだ。だが、市場の動きがどんどん非合理的になっている時代に、どうすれば一貫して株価を上げつづけられるというのだろうか？

二つの重要な課題

ほとんどのビジネスリーダーは、「役員は価値を創造することを求められている」という意見に賛成するだろう。しかし、それが何を意味するかについて、合意はできているのだろうか？　もし彼らが長期的な視野を持っていたとして、財務の方程式のうち、役員はどの変数を最大化することを求められているのだろうか？　利益？　キャッシュフロー？　あるいはそれ以外の何か？　そして、誰の価値を最大化しているのだろうか？　株主？

もっと大きなステークホルダー全体？

1　シェアホルダー（株主）対ステークホルダー

サステイナビリティのゲームに関わっている人々の多くが、株主はステークホルダーよりもはるかに大事にされており、それがいろいろな害悪の原因になっていると嘆いてきた。しかし、アルフレッド・ラパポートの『Saving Capitalism from Short-Termism』（既出）を読んで、私はその考えを改めた。彼は、株主の価値が問題なのではなく、短期的成果至上主義と「価値」の定義のされ方が問題なのだと主張する。彼は、株主の価値を最大限にすることは、「利益ではなくキャッシュフローにフォーカスすることである」と言う。「それは短期的ではなく長期的に資産を管理するということであり、そしてこれが特に重要な点なのだが、経営者は（当期利益に表れない）リスクを考慮に入れなければならないということだ。それなのに、彼らは逆にウォール街の四半期ごとの利益予測のゲームと短期的な株価にとりつかれて、長期的な株主の価値を犠牲にしている」[7]

ラパポートは、こうも主張する。「もしあなたの会社が長期的な価値を創造したいのであれば、ステークホルダーの要求を考慮に入れなければならない」。顧客や社員、コミュニティなどを満足させられないのなら、――そして、そのための投資をしないのなら――企業の価値はどんどん破壊されていくだろう。要するに、もしあなたの会社の時間軸がきちんと調整されているのならば、株主への価値は**すなわち**ステークホルダーの価値なのである。

2 利益とキャッシュフロー

企業の業績を測る方法がいろいろあるなかで、我々が当期純利益(net income)や利益(earnings)だけにこんなに固執するようになったのは、奇妙なことだ。利益などは、最もいじりやすい数字の一つかもしれないのに。多くの企業――特にゼネラル・エレクトリック(GE)が有名だが――が、特別損失の計上や負債の取り消しのタイミングを注意深くずらしたり、新製品の発売がちょうどいい時期に来るように設定したり、現預金のレベルを調整したり、といった(合法的な)戦術を駆使して、利益の推移がなるべくなめらかになるようにしている。

企業に提供されている法的な会計手法は、ひいき目に見ても問題が多い。ウォール街は安定を好む。しかしそれは、不安定な世界においては非現実的でしかない。さらに重要なのは、利益は企業の真の価値を測る指標としては適切でないかもしれないということだ。株価は、企業が長期的にどれくらいのキャッシュを生み出せるかの期待値――つまり、ディスカウント・キャッシュフロー――を反映しているべきである。現実はしばしば理論から逸脱するものだが、それでも株価は現実に基づいた価値に戻るべきだ。そうでなければ不合理でしかない。

市場は合理的なのか?

役員たちからよく聞くのは、「投資家に対して長期的でグリーンなイニシアチブのことはしゃべらない。それが株価に影響したら困るから」ということだ。しかしもし市場がほんとうに合理的だとすれば、超短期的なものこそ株価に影響が出るはずではないだろうか？　言い方を変えれば、もしあなたの会社の株価が、短期的な結果を左右する**かも**しれない戦略的・長期的投資のことを話したという理由だけで下がったとしたら、ウォーレン・バフェット・タイプの価値を大切にする投資家が介入して、株を買い戻すのではないだろうか？

逆に、市場が不合理だったとしたらどうだろう？　株価は、投資に対する意思決定よりもさらに訳のわからない理由で乱高下するかもしれない。誰かがＡＰ通信のツイッターのアカウントをのっとって、ホワイトハウスがテロ攻撃に遭ったというニセのニュースを流したとき、市場は一瞬にして一三六〇億ドルを失った。あるいは、二〇一〇年に起こったフラッシュクラッシュ（株価の瞬間的な急落。コンピュータを駆使した高速自動取引をはじめ、複合的な要因によって株価が暴落したと考えられている）を思い出してみるといい。ある一件の巨大な取引と、それにつづく膨大な数の高頻度取引のせいで、市場は数分のうちに九パーセントの価値を失い、そしてそれを取り戻した(8)。

もし市場が実際に不合理であるのなら、なぜ我々は市場がビジネスの方向性を決めることを許しているのだろうか？　最終的には支離滅裂でクレイジーな要求かもしれないものに基づいて戦略的な決定をしているのは、なぜなのだろうか？

とてつもない邪魔

投資界のカリスマであるジョン・ボーグルは繰り返しこう言っている。「矛盾して聞こえるかもしれないが、株式市場というのは、投資というビジネスにとってとてつもない邪魔者である」[9]。彼が指摘しているのは、現在の年中無休の市場が加速させた嵐のような取引は、資産を蓄積させ、良質のリターンを追求する、という投資本来のビジネスには何の関係もない、ということだ。投資にとって重要なのは、一時的な期待感や不安といった感情ではなく、経済的側面だけであるはずだと彼は主張する。

もし株式市場が投資家にとって邪魔であるならば、企業を運営しなければならない経営陣にとってそれがどれくらいの邪魔になるか、想像してみてほしい！　難しい選択をしようとしているリーダーの行く手には、短期主義の投資家が立ちふさがっているのだ。数年前、フォーチュン誌が、廃棄物処理という古い業界を席巻している変化についての特集を組んだことがある。そのころウェイスト・マネジメント（ＷＭ）のＣＥＯデービッド・スタイナーは、本質的な市場の変化に呼応して、ＷＭを根本的に変えようとしていた。取引先の企業が埋立地行きのゴミゼロという目標を掲げ、それを達成しはじめるなかで、彼らの中核ビジネスであった廃棄物搬送というビジネスが危機的状況に陥りつつあったからだ。そこでスタイナーは、ＷＭの事業の核を少しずつ移行させ、リサイクル、廃棄物発電所、あるいは、顧客の廃棄物を**減らす**ことを支援するサービスなどを中核事業としていく、という決定をしたのである。

この計画は革新的でスマートで、先見の明があり、ビジネスのリスクを減らすものであった。しかしながら、市場アナリストたちは不満だった。あるアナリストはこのようなコメントをした。「ＷＭはもはやゴミの企業ではなくて、『環境サービスの会社』になりたいらしい……我々は、これは中核事業からの逸脱ではないかと懸念している。スタイナーは事業内容を欲張りすぎだ」[10]

これは実に皮肉な言い分である。ボーグルは株式市場が邪魔であると言ったが、このアナリストは、ビジネスに対する脅威にきちんと対処することこそが邪魔だと言っているのだ。このような評価は、ビジネス界を席巻しているゴミゼロという目標が、WMにとってはちょっとした足手まといなどという生易しいものではない、という事実を完全に見落としている。とんでもない話だ。それは、企業の存続に関わる脅威だったのだ。純粋な廃棄物運搬という事業のおいしい部分は、ゼロになっていく。だからこそWMは変わらなければならなかったのだし、それをアナリストが気に入らなかったとしても、どうでもよいことだったのだ。

あるフォーチュン500企業のCEO（匿名を希望）に、ウォール街からのプレッシャーについて聞いてみたところ、彼はこう言い放った。「アナリストがやれというようなやり方で会社を経営したいと思っているCEOなんて、一人も知らないよ」

問題は、戦略面だけにとどまらない。――アナリストは、任意に設定されたはずの成長率の目標が達成されないと、すぐ不満になるのである。何年か前、エクソンモービルが、ある四半期に一〇三億ドルの最終利益を出したことがある。しかし、ニューヨーク・タイムズ紙によれば、「アナリストたちは大して感心しなかった」という。アップルは、企業史上最高利益を出した四半期の**直後**に株価が急落するという憂き目にあっているが、その主な原因もウォール街が「すばらしい！」という反応を見せなかったことにある。[11] このような狂気の沙汰――短期主義で、アナリストばかりを見ている我々の世界の現実――が、「ビジネスのために真にイノベーティブなことをやる」といった、本当にやるべきことから、企業を遠ざけてしまっているのだ。

イノベーションへの投資を妨げるもの

株式市場が邪魔であるなら、それは私たちがなにをするのを阻害しているのだろうか？　ウォール街からの短期的なプレッシャーがイノベーションへの投資を妨害しているという証拠は、着々と集まりつつある。二〇一三年の『Journal of Financial Economics』に掲載されたレポートは、「多くのアナリストにカバーされた企業は、特許取得率が低く、取得できた特許もあまりインパクトのないものになっている」と結論づけている。つまり、特許取得率というイノベーションを測る重要な指標においては、目を光らせているアナリストが多ければ多いほど、その企業のパフォーマンスは落ちるということなのだ。このレポートはまた、短期的な目標を達成せよというプレッシャーのせいで、長期的なイノベーションに投資することが難しくなっているとも指摘している。[12]

目の前の数字にとりつかれているときには、長期的なキャパシティや強みをつくるための投資などしないものだ。ビジネスにおいて、短期的成果至上主義は、安全策を取ることと同義でもある。私が仕事をしている企業のほとんどが、「うちはあたらしいトレンドに、素早く追随していくことはできます」と言う。しかし、常に待ちの体制で、決して先んじて何かをやることがないというのは、レースで中団を維持するための処方箋でしかない。先陣をきることが必ずしも勝利に結びつくわけではないが、哲学的に見ても、先頭集団としてリードしていなければ、リーダーになりようがないのではないだろうか？

アナリストからのプレッシャーは、イノベーターにも厳しい。検索の巨人、グーグルの半分社外秘の研究所、グーグルXを思い出してみてほしい。グーグルXは、異次元のアイデアや夢に資金をつぎ込んでいる、民間では数少ない純粋なリサーチ・センターである。R&Dへの投資について聞かれたあるアナリストは、レポーターにこう答えた。「投資家はR&Dを歓迎はしませんが、中核事業の検索ビジネスが絶好調なので、まあ我慢しているというところでしょう」。あたらしいアイデアに投資するためにアナリストたちから「お許し」をもらうには、バカみたいにたくさんの余剰のキャッシュフローが必要だということなのだろうか？　その記事は、「グーグルのCEOペイジは、アナリストをなだめるため、それらのクレイジーなプロジェクトがグーグルの事業全体に占める割合は非常に小さいのだと発言した」とあり、それがアナリストたちのなぐさめとなったに違いないとつづけている。[13]これがどれくらい間違ったことであるか考えてみてほしい。――そもそも「クレイジーなプロジェクト」こそが、グーグルをグーグルたらしめたものであり、彼らにこれほどまでの成功をもたらしたものなのに。

二一世紀を代表する企業イノベーターであろうアップルの特集のなかで、フォーチュン誌は、彼らの従来型の会計手法を避けるための奮闘ぶりについて書いている。「これはアップルがまったく違う道を歩いていることを示す極端な例である。ほとんどの企業は、損益計算書を管理職が説明責任を果たすための究極の証拠とみなしている。しかしアップルはこの常識を覆し、損益計算書はビジネスの邪魔になるから、財務のトップだけが見ればよい、と言っているのだ」[14]

ビッグ・ピボットが起こった世界では、アップルやグーグルのように、管理職たちは今までのやり方にとらわれないような考え方ができるようになっているはずだ。そして、メガ・チャレンジに対処することは、短期的な価値創造にもつながるが、ビッグ・ピボット企業はそれだけではなく、将来への賭けもする。製品をサービスに変えるような、あるいは資源やエネルギーの消費量を劇的に減らすような異次元のイノベーションには、信念の飛躍とそれなりの資金が必要なのだ。

ビジネスモデルを変えたり、あたらしいビジネスモデルを開拓することは、短期的には財政に影響を与える場合が多い。しかし、それこそを我々は投資と呼ぶのだ。変化をスタートさせ、そこから利益を得ていくほうが、手をこまねいて外部からの変化がビジネスを侵食していくのを見つめているよりも数段いい。

▽実践編

時間軸を長期的に変えるために最も有効なのは、報酬インセンティブの仕組み、特に上層部のそれを変えることである。第10章で詳しく扱うが、ここでは、ウォール街に首根っこをつかまれないようにする、あるいは、少なくとも彼らとの話の方向性を変えるための三つの道を挙げておこう。

念のため確認しておくが、私は「ウォール街」という言葉を、短期的利益への執着を表す概念として使っている。非上場企業だって、ウォール街が陥っている誤解や要求の多くと同じような考え方のもとで経営されているし、そのうちの多くが、いつかは上場企業に**なりたい**と思っているのだ（つまり、十分ウォール街的である）。道は三つある。ウォール街に背を向けるか、投資家に対して今までとは違ったアプローチをとるか、あるいは会社の法的形態を変えて、株主だけではなくすべてのステークホルダーに対しての価値を最大限にすることを法的に可能にするかだ。

1　ウォール街との決別——ポルマンに追いつき追い越せ

ポール・ポルマンは、ユニリーバのCEOに指名された直後に、ウォール街に対して、今までのように頻繁にアナリスト向けの説明を行うつもりはない、と通告した。四半期ごとの説明会は中止する、というのだ。ポルマンが半ば冗談めかして、「取締役会もそんなにすぐに解雇はできないだろうと踏んで、着任してすぐにこの通達をしたのだ」と言うのを聞いたことがある。それ以来ポルマンは、飽くなき「長期的視野」の提唱者となり、マスコミや世界経済フォーラム（WEF）に集う他社のCEOたち、そして、聞く耳を持つ者には誰にでも、なぜその道を選んだのか、について語りつづけている。

「ユニリーバは創業一〇〇年以上です」とポルマンは言う。「そしてこれからも、何百年も存続していきたい。（中略）もしあなたが、この長期的な価値創造のモデル——公平で、共有的で、サステイナブルなモデル——に共感してくれるなら、どうぞ投資してください。（中略）しかしもしあなたが賛成されないのなら、それは一人の人間の意見として尊重しますが、ユニリーバには投資しないでいただきたいのです(15)」

ポルマンは明らかにこの「三カ月ごとの熾烈な出し抜き競争」と、ある投資家のグループに辟易《へきえき》していた。彼は、スイスのダボスで行われるWEFの会合で、ヘッジファンドについてこう語ったことがある。「ああいう人たちは、お金になるなら自分の実の祖母だって売るでしょう。彼らは企業の長期的な関心なんて気にしちゃいない。（中略）もちろん彼らにも果たしている役割というのがあるのでしょうが、うちのような企業と一緒に果たす役割はないのではないでしょうか(16)」

ウォール街との距離を置くことで、ポルマンはおそらく、自分自身と自分の会社のためのかなりの時間を自由にしたはずである。私が知るあるCEOは、投資業界と年間二〇〇ものミーティングを持っている。それを三〇日間分の労力と呼んでみてもいい。――製品ではなくて、株を売るために費やされる日数である。明日のリーダーたちを育てたり、現状を打破する戦略を打ち出したり、顧客を巻き込んだりすることに使えない時間。ポルマンは言う。「企業本来の仕事をし、消費者のことを考え、企業が現実に直面している問題を解決することは、最終的に株主の利益となって戻ってくるはずなのに」

ポルマンが、これらすべてのことが、ユニリーバの事業にどういう意味を持つのかについて語るとき、それはバフェット・タイプの価値を重要視する投資家にとっては、甘美な旋律のように響くことだろう。「私は、世の中には、キャッシュフローにフォーカスしてほしいのです」とポルマンは言う。「短期的な利益よりもずっと長期的な展望を計ることができる。短期的な利益は、資本コストや設備投資を考慮していませんから」。こういう姿勢は、日々の業務にも変化をもたらしているという。「このおかげで、社員が本当にやるべきことができるようになりました。今では、四半期ごとの広告費や他の出費を操作したりすることもありません」(17)

そして今のところ、ユニリーバの結果は上々だ。二〇〇九年中盤よりこれを書いている時点までで、ユニリーバの株価は、ＦＴＳＥ一〇〇種総合株価指数や主要な競合と同じくらいか、それよりもよい業績を上げている。売り上げ、利益、営業活動からのキャッシュは、それぞれ二九、三二、一八パーセントアップとなっている（二〇一二年度実績）。さらに、年間何十億ユーロもの余剰のキャッシュを獲得しており、売り上げは初めて五〇億ユーロの大台を超えた。

ポルマンのアプローチは、我々がこれまで考えもしなかった質問をつきつける。「もし劇的に変わりたいのなら、企業は上場を廃止するべきなのだろうか？」アナリストと話をする必要がまったくなくなるとしたら、その自由はいかばかりだろう。おそらくさまざまな運命のいたずらで、何にも増して利益を優先すると思われているプライベート・エクイティ・ファンドが株を所有している企業のほうが、いまや自由度が**高い**ということになっているのかもしれない。大企業にしても、永遠に成長目標を達成しつづけて公開株の投資家をハッピーにしつづけることなどできないのだから、上場というレースから完全に撤退してしまってもいいのかもしれない。

2 ウォール街との対話をつづける――投資家になぜそれが大切なのかを伝える

残念ながら、ポルマンの勇敢なリーダーシップに追従している企業は、ほとんどない。それがなぜなのかを説明するのは、難しい。ことなかれ主義、恐れ、あるいはそうできない正当な理由などが絡みあっているのだろう。

ある大企業の会長が、CEOは短期的なコストカットに夢中になりすぎている、とこぼすのを聞いたことがある。もっとイノベーションに注力すべきだ、というのだ。しかしその舌の根も乾かぬうちに、彼は「CEOは数字を達成しなければならない」とのたまった。私が「数字のプレッシャーを避けるために、会社の四半期ごとの説明会をやめるべきだと思うか」と水を向けてみたところ、彼は「何を言い出すのか君は」という顔をして私を見た。「アナリストたちはどっちみちうちの利益モデルをつくることになるのに」というのだ。もちろん私が言いたかったのは、アナリストがつくった短期的なモデルなど気にせず、価値を創造することにフォーカスしたほうがいいのではないか、ということだった。

しかしウォール街はそれ自体が巨大勢力なので、ほとんどの企業はウォール街との関わりをつづけていくだろう。そしてそうするべきなのだろう。ジョンソン・エンド・ジョンソンの役員ポーレット・フランクが言うように、「サステイナビリティにサプライヤーを巻き込むのと同じです。もし本当に変化を起こしたいなら、背を向けるのではなくて、彼らを巻き込んで状況の改善を図ったほうがいい(18)」。

企業は、ビッグ・ピボットがいかに価値を創造しうるかを、積極的にアナリストに語ったほうがいい。なぜそれが重要なのかを、彼らに伝えるのだ。アナリストのなかにも先見の明があって、ちゃんと話を聞いている人たちはいる。たとえば、スイスに本拠地を置く世界最大級の金融機関UBSのサステイナビリティ・リサーチ・アナリストであるエヴァ・ズロトニカ。彼女の仕事は、UBSのレポートや考え方に、環境・社会・ガバナンス（ＥＳＧ）問題を入れ込むことである。

実はズロトニカの前の上司が、彼女が今までと違ったタイプのアナリストになることを上層部に認めさせるためのお膳立てをした。元ＵＢＳのマネージング・ディレクター、グローバル・セクター・リサーチのトップを務めていたエリカ・カープである。彼女は最近、自分の会社を立ち上げるためにＵＢＳを辞した。「長期的な価値創造と企業のサステイナビリティのあいだに、二分法があるわけではありません」とカープは言う。「しかし、長期的なインセンティブや長期的な考え方が圧倒的に足りないのです」[19]

ズロトニカは、企業がＥＳＧ問題に対して沈黙を守るという「悪循環」を断ち切って、投資家とのコミュニケーションの中心にこれらの問題を持ってくることには、大きなビジネスチャンスがあるという。四半期ごとの説明会で戦略的な話にまでもっていくのは難しいかもしれないが、それ以外にも機会はたくさんある。「レポートやウェブサイトでスペースを割いてそういう問題に触れるのは、意味のあることです」と彼女は言う。ＥＳＧ関連の情報を年次報告や他のあらゆるコミュニケーションに「とにもかくにも統合」することが大切なのだ。[20]

ウォール街との対話のしかたを変えている企業もすでにある。アルミニウムの大手アルコアの役員であるケビン・アントンは、こう述べる。「我々は、株主やアナリストたちへの発信にサステイナビリティを編みこんでいます。サステイナビリティは我々の中核となる戦略に組み込まれているので、当然のことです。また、上の人間が、飛行機、クルマ、建物などのエネルギー効率を改善することで、どのように顧客に対して価値を創造しているかを話すことも大きなインパクトを生む方法です」[21]
オランダのヘルスケアと照明の会社であるフィリップスは、一時的なコストアップを招く場合があるとしても、有害性が少なく、高効率の製品を開発する努力をしていることを、アナリストに発信している。フィリップスは、まずそれらのプロジェクトを大きな文脈のなかで、そして既存のビジネス用語を使って語る。北米の会長であるグレッグ・セバスキーによれば、こうだ。フィリップスの役員はまず、サプライ・チェーンにおける投入資源のコスト削減、工場の効率化など、事業コストを圧縮するためのあらゆる措置について話す。――「フィリップスは今も変わらず価値を最大限にすることに注力している」と投資家に安心してもらうねらいだ。こういう構造にしておけば、「サステイナブルな製品を開発するために我々が多少のコストを増やしていても、アナリストたちもしつこく追及したりはしません」とセバスキーは言う[22]。
ソフトウェアの巨人ＳＡＰのチーフ・サステイナビリティ・オフィサーであるピーター・グラフは、社内のインベスター・リレーションズ（ＩＲ）チームと一緒に、「対投資家発信プログラム」をつくりあげた。このプログラムの目的は、グラフが言うところの「非財政的業績」と、従来型の財政的計測手法のつながりを説明することである。たとえば、炭素削減に貢献するイニシアチブは、従業員の健康を改善し、社員のエンゲージメントを高め、人材の確保や維持に貢献する。――優秀な人材がすべてであるソフトウェア会社にとって、人材確保は重要な問題である。数値化するのが難しかろうが、実際に現実的な価値を生み出しているわけだ。そこでＳＡＰは今では、アナリストたちに「サステイナビリティがどのように、投資家たちの二大好物であるイノベーションと利益率の向上に貢献しているか」をプレゼンするようにしているのだ、とグラフは言う。[23]

他の企業だって、ウォール街が理解できる言葉を使って、メガ・チャレンジへの対処から価値を創造しているのだ、という説得力のある説明ができるはずだ。たとえば医薬品業界は、長期的なR＆Dへの投資を、投資家たちが大好きな短期的な成果にばらしてプレゼンする術を持っているが、そういったテクニックを学べばいい。ジョーンズ・ラング・ラサール〔不動産サービスおよび不動産投資マネジメント企業〕やウォルト・ディズニー・カンパニーといった企業は、組織を再編し、**CFOが**トップのサステイナビリティ・オフィサーであるようにしたうえで、財務担当者が投資家に対してESGの話をできるように図っている。あまり例を見ない、先見的なアプローチである。

ウォール街に対して長期的な話をするのが、常に過激というわけではない。アマゾンは、安定的な利益が出るようになるまで投資家を一五年以上待たせた。――この裏にあったロジックは、長期的投資、ブランド構築、顧客の満足、といったものである。他の企業だって、こういった例につづけるはずなのだ。

今の時点では、アナリストが経営陣に対して、メガ・チャレンジにどう対処しているのかなどという質問をすることはほとんどない。しかし、環境・社会問題を資本市場に統合するために精力的な活動をしているNGOセリーズの会長であるミンディ・ラバーは言う。「あと二年もすれば、アナリストはそういう質問をしていると思います。（中略）リスクが無視できないような規模になっているはずですから」[24]

それならば、彼らがそういう質問をしはじめる前に、答えはじめればいいのではないだろうか？　ただちに行動を起こし、ビッグ・ピボットの先を行けばいいのだ。

3　企業を再定義する——Bコープになる

あたらしい企業の形をつくろう、というエキサイティングなムーブメントが起こりつつある。経営陣たちが、株主の価値を最大限にするだけではなくて、多様な目標を追求できるような、あたらしい企業形態をつくりあげようというのだ。このムーブメントの盛り上がりは、Bコープ認証を運営しているNGO、Ｂ Ｌａｂの努力によるところが大きい。Bコープ認証は、企業の社会・環境における業績を測定し、幅広いミッションを反映するように企業憲章を書き換えることを要求する厳密なプロセスである。

まずは簡単に、背景と三つのキーワード——Bコープ、ベネフィット・コーポレーション、そしてフレキシブル・パーパス・コーポレーション（ＦＰＣ）——を説明しておこう。**Bコープ**は、非営利団体Ｂ Ｌａｂによる認証の名前であり、それ自体は法的な組織の形態ではない。Bコープという名称は、Cコープからの識別の意味をこめて付けられている。Cコープはアメリカにおける最もポピュラーな企業形態であり、株主の価値の最大化を他の何よりも優先することを法的に義務付けられている。それに対し、いまや二九カ国八五〇社にものぼるBコープ認証企業のコミュニティの支援のもと、アメリカの二〇の州で法制化されたのが、**ベネフィット・コーポレーション**法だ。Cコープと大きく違い、企業がベネフィット・コーポレーションになるには、株主だけではなく多様なステークホルダーに対して価値を創造することを義務付けられる。さらに、FPCは、カリフォルニア州のみで法制化されているあたらしい法人形態であり、企業が利益の最大化だけでなく、それ以外の目的を特定することを義務付けるものである。

Ｂ Ｌａｂの共同創立者の一人であるジェイ・コーエン・ギルバートが、そのコンセプトを上手にまとめている。「もし我々が、よりインクルーシブで長持ちする経済をつくろうとしているのならば、あたらしい企業形態という基礎がどうしても必要になる。（中略）そして、フィデューシャリー・デューティ〔受託者責任。他社の信認を得た者が履行すべきさまざまな役割・責任〕を、株主に限定することなく幅広く定義しようとすれば、世の中に存在する唯一の選択肢がＢコープなのだ。より高邁《こうまい》な目的を追求することを約束するなら、それに対しての説明責任が生じる。世界に対して透明性を高めることで、人々はあなたの会社に対して、消費という行動や投資を通して賛成票を投じることができるのだ(25)」

基本的に、Ｂコープになるというコミットメントをした企業は、ビッグ・ピボットを起こすプロセスの途上にある。実際にＢコープ認証を得た企業を見てみれば、アイスクリームで社会をよくすることをめざすベン＆ジェリーズ、太陽光発電システム設置業者サンジェビティ、ハンドメイドなどの個人間売買で世界最大規模のオンラインマーケットプレイスのエッツィ、健康的な給食サービス提供企業レボリューション・フーズ、エコ消費財メーカーのセブンス・ジェネレーション、アウトドア系アパレルメーカーのパタゴニア（パタゴニアはＢコープ認証を受けているだけでなく、ベネフィット・コーポレーションとして法人登録することを選択した最大規模の企業でもある）など、ミッション立脚型企業のオールスターだ。

ところで、企業が通常の利益追求の一環としてメガ・チャレンジを追求することを可能にするために、果たして別枠の法人形態は本当に必要なのだろうか。この問いに答えようとすれば、この本をまるまる一冊その議論に費やさなければならなくなってしまうので、ここでは答えはイエスでもありノーでもあるとだけ言っておこう。

カリフォルニア州でＦＰＣ法案の起草に関わった弁護士のスズ・マック・コルマックは、あたらしい法人形態は必ずしも必要ではないはずだと言う。「経営判断の原則」の法的概念はすでにきちんと構築されているのだから、執行部がフィデューシャリー・デューティをきちんと果たさなかったと非難されることなしに戦略的決定ができる余地は、すでにかなり大きいはずだ、というのだ[26]。言われてみてやっと気がついたのだが、この「経営判断の原則」があるからこそ、スーパーボウルでひどい広告を打ったり、まったく芽の出ないＲ＆Ｄに投資をしても、ＣＥＯが訴えられたりすることはないわけだ。

しかし逆に、全米から会社法における弁護士や裁判官の権威が集うデラウェア州の弁護士会は、あたらしい法人形態は必要だという見解である。何のために必要なのだろうか？　過去数十年の判例によれば、デラウェア州の企業――上場企業の半数、そしてフォーチュン５００企業の三分の二がデラウェアで法人登録している――は、株主を最優先にする義務があるのだ。つまり、企業が株主の利益の最大化以外の何かに取り組みたいならば、ベネフィット・コーポレーションという企業形態をとっている必要が出てくる。それがデラウェアの法的権威の見解だ。

この意見の相違は、解釈が難しい。メガ・チャレンジがつきつける課題に取り組むことは、「価値」とは何かをきちんと定義しておきさえすれば、理論的には株主にとっても価値を創造するはずである。だから、法的形態の変更を余儀なくされるような対立も起こらないはずなのだが。

そうは言うものの、ベネフィット・コーポレーションとして法人登録することにも、Bコープ認証を取ることにも、大きなメリットがある。どちらも大局的かつ長期的な視点を持つことを可能にするし、B Labのコーエン・ギルバートが言うように、「短期的成果至上主義という名のウイルスと戦うための、予防ワクチン」になってくれる。こういったやり方を公的に追求する企業は、優秀な人材をひきつけ、ひきとめておけるような重要な宣言をしていることにもなる。既存の社員も、これから入ってくる社員も、ここで働けば自分たちの価値を仕事に生かすことができるのだと理解するだろう。

さらに、こういった法人登録や認証を使ってサプライ・チェーンの変革を促したり、よりよいビジネス・プラクティスを奨励したりすることもできる。たとえばサンフランシスコ市は、調達の際の選定基準の項目にベネフィット・コーポレーションであることを加えているし、フィラデルフィア市は、Bコープ承認を受けた企業に税控除を提供している。それから最後に、Bコープになるプロセスを経ることは、多岐に渡る環境・社会問題における認識を大きく向上させ、それに対する具体的な改善策を出していくことにつながる。Bコープやベネフィット・コーポレーションは、結果を変える（つまり、この本の最終目的）ためのツールなのだ。

つまり、結論はこうだ。世界が直面するメガ・チャレンジに対処するには、すべての企業がピボットを起こしてBコープにならなければならない。実際に承認を取るのでなくてもいい。精神と考え方、行動においてそうなる必要がある、ということだ。

家族経営の非上場企業

Bコープと家族経営企業には、多くの類似点がある。たとえば、家族経営企業のクラーク・グループ（殺虫剤と蚊駆除サービスをはじめとする環境製品・サービス企業）のCEOであるライエル・クラークは、別の家族経営企業のCEOと、再生可能エネルギーについてこんな会話をしたことがあるという。ライエルが、再生可能エネルギーの投資回収には数年以上かかることも多いと指摘したところ、相手のCEOは「まあそうだけど、それでも六年とか七年だろう？ それだけ待てば、エネルギーのコストを払わなくてよくなるんじゃないか！ 六、七年なんてあっという間だよ。七年後だって、当然私はここにいるはずだ。私のビジネスなんだから、他にいくところなんてないじゃないか」と言ったというのだ[27]。彼は非常にいいポイントをついていると思うが、それにしたって、長期的な視点が家族経営の企業にしか当てはまらない、という法はない。大規模上場企業のCレベル（最高経営幹部）だって、会社は七年後も同じように事業をやっているという仮定のもとで経営をするべきではないのだろうか？

キンバリー・クラークのCEOであるトム・フォークは、投資家たちは、彼が長期的なイニシアチブについて話しはじめると、「とたんに興味を失い、目が泳ぎはじめる」と言う。たとえば、竹をはじめとする、パルプの代替となりうる繊維に対する投資の話などをするときである（それは急速に高騰しつつあるパルプの価格に対する戦略的反応だ）。「まあそれでも」と彼は言う。「投資家も、ステークホルダーのいちグループに過ぎないわけですし」

フォークは、二種類のステークホルダーを相手にしている。「四〇〇億ドルもの投資をし、その見返りをただちに求めている投資家たちと、家族を養い、自分の人生の目標を達成するために、私が正しい判断をすることを当てにしている、五万八〇〇〇人の社員だ。両方の要求は同じ方向を向いていることも多いが、ときにはトレードオフもある」(28)

その難しい舵取りのために、CEOはものすごい給料を貰っているということだろう。

ところで、一方のステークホルダーは、すでに不公平なほどたくさんの配慮を受けている。だからトレードオフといっても、ステークホルダー間の話ではなく、全体としての短期的利益と長期的利益のあいだのトレードオフであることが多いのである。

いったい誰が、「他のすべての目標を差し置いて利益を増やすことが、企業の最大の目的である」と宣言したのだろう？　過去二五年のビジネス書のベストセラーを信じるなら、企業は**エクセレンスを追求し、Good（よい）からGreat（すばらしい）に**なろうとしていたはずだ（ベストセラー『エクセレント・カンパニー』（原題"In Search of Excellence"）と『ビジョナリー・カンパニー』（原題"Good to Great"）から）。一株当たり九パーセントの利益増大への賛歌など、誰も書いていないのである。

宇宙人が地球に降り立って、地球最大の企業群の財務諸表を見るというシーンを想像してみよう。キャッシュがたくさんあってバランスシートが健全であるのを見て、宇宙人はこれらの企業は大変成功していると断言するだろう。直近に利益増大の目標に届かなかったかどうかに関係なく。そして利益を上げている大企業は、Ｒ＆Ｄへの投資、株主への十分な配当、新規事業開発、採用、よりサステイナブルな企業体系《エンタープライズ》をつくる、など、経営陣が長期的な優先事項であると考えるようなどんな課題にも取り組むリソースを持っている。

その事実は、このような問いを我々に提起する。企業の真の目標とは何なのだろうか？　短期的な利益を最大にすることなのか？　それともそれ以外の何かなのか？　Ｐ＆ＧのＣＥＯであるＡ・Ｇ・ラフリーは、Ｐ＆Ｇのミッションについての持論を、最近次のように表現した。「あらゆる企業の目標は、顧客を創造することであり、その顧客のニーズに対して誰よりもよく応えることである、という強い信念を私は持っている[29]」。顧客のために問題を解決することにフォーカスする——あるいは、利益それ自体ではなく、もっと大きなものにフォーカスする——という考え方は、何も過激なものではないし、目あたらしくもない。むしろ、昔からの考え方なのだ。

ロバート・ウッド・ジョンソンは、一九四三年、ジョンソン・エンド・ジョンソンが上場する直前に、事業の指針になるべき価値の宣言として、かの有名な我が信条（Our Credo）を書き上げた。それはこのような文言で始まる。「我々の第一の責任は、我々の製品およびサービスを使用してくれる医師、看護師、患者、そして母親、父親をはじめとする、すべての顧客に対するものであると確信する」。医療従事者、患者の次に、彼は消費者をあげる。その次に社員、それからコミュニティと、責任の対象はつづく。最後の条項はこうなっている。「そして最後の責任は、会社の株主に対するものである」。株主は、ジョンソン・エンド・ジョンソンがその信条の原則にしたがって事業を行う限り、「正当な報酬を享受することができるものと確信する[30]」。

精神的Bコープ企業の先駆けと呼んで差し支えないであろうジョンソン・エンド・ジョンソンは、ここ数年は年間一〇〇億ドル規模の純利益と、一五〇億ドルの営業キャッシュフローを報告している。上場して七〇年、同社は、史上最も利益率の高い企業の一つでありつづけているのだ。

短期的成果至上主義や、株主のみに固執するのをやめることは、過激でもなんでもない。それに拘泥することに、そもそも何の根拠もなかったからだ。GEの元CEOで実利主義者のなかの実利主義者であるジャック・ウェルチは、二〇〇九年にフィナンシャル・タイムズ紙に、株主の価値という考え方は「世界で最もばかばかしい考え」であり、それを戦略として追求するのは「狂気の沙汰だ」と語っている。そして、こうもつづけている。「株主の価値は結果であって、戦略ではない。（中略）企業の主要な有権者は、社員であり、顧客であり、製品だ[31]」

今日、そして明日のすばらしい企業や長続きする企業は、株主とて満足させなければならないステークホルダーグループの一員に過ぎないことを認識しているだろう。ビッグ・ピボットを起こす企業は、より大きな問題とより広範なステークホルダーにフォーカスしているはずである。そして、まさにそのことによって、より大きな利益を上げているはずだ。

Set Big, Science-Based Goals

第６章　科学的根拠のある大きな目標を立てる

フォードの目標「燃費二倍アップ」は必要条件だった

ここでまた、沈みかけている船の話に戻ってみよう。時間はどんどんなくなり、全員が水の汲み出しに参加しなければならない。いったいどれくらいのスピードで汲み出せば間に合うのだろう？　船に乗っている人たちに、あと一時間でどのくらいできると思うか聞いてみて、それにちょっと上乗せした量を提案する？　言うまでもなく、実際には船が沈まないようにするためにどれだけの水を汲み出さなければ**ならない**かを計算し、そこから逆算してやるべきことを手分けするしかない。それが唯一助かる可能性のある方法だ。それ以外は、なにをやっても自殺行為になる。

ボトムアップで目標を設定するというやり方にも一理はあるが、それが有効なのは、解決しようとする問題が、現実の世界に大きく波及したり、つながっていったりしないような場合だけである。ある目標を達成しないかぎり、企業が存続できないようなケースを考えてみよう。半導体メーカーであるインテルとＡＭＤは、市場で製品が時代遅れにならないようにするためだけに、何十年間もムーアの法則（二年ごとにチップ上のトランジスタの数が二倍になっていくという半導体の製造・生産における長期傾向の指標）に追い立てられてイノベーションの目標を達成しようとしてきた。このライバル二社に、ボトムアップのやり方で日々の業務を行うような余裕はなかったのである。

一方で、我々の生活を支えるための地球のキャパシティの話、特に炭素排出の削減目標の話になると、国であれ企業であれ、削減**しなければならない**量から逆算して目標を立てている組織は、ほぼゼロである。逆に、ほとんどの組織は、自分たちがどれくらい**できそう**かを積み上げて目標を立てている。ちなみに、実際のところどれくらいの速さで水を汲み出さなければならないのだろう？

単純明快かつ厳然たる数字を思い出してみよう。地球の温暖化を二℃（華氏三・六度）に食い止めるためには、世界全体での炭素排出量を五六五〇億トン（最新の予測ではさらに低い水準になっている）以内にとどめる必要がある。ＰｗＣによれば、ＧＤＰ一ドル当たり排出される炭素の量である炭素強度《カーボン・インテンシティ》を、我々は世界経済レベルで二一〇〇年まで**平均して**六パーセントずつ減らしつづけなければならない。しかも気候変動の影響は累積するので、削減は早ければ早いほどよい。

企業のリーダーたち

科学的根拠に基づいて目標を立てる大企業が増えている。彼らがどのようにこの課題に取り組んでいるかを見てみよう。

フォード・モーターの科学的目標

フォードは一九六〇年代から、高学歴の大気科学の専門家たちを社内に擁して、化石燃料の燃焼による環境への影響について研究し、理解を深めてきた。そしてエンジニアたちは、排気ガスを減らすべく、エンジンのデザインに何十年にも渡って改変を重ねてきた。もともとは、従来の規制汚染物質である硫黄酸化物、酸化窒素（SO_xあるいはNO_x）、オゾン、煤塵《ばいじん》などが削減対象の中心だったが、それをCO_2に移すのに、そんなに大きな飛躍は必要なかった。フォードの大気科学者であるティム・ワリントンが言うように、「気候変動や大気汚染についての専門的な知識を持った人たちが社内にいたことが、大きなアドバンテージになった[1]」。

フォードが他と比べてユニークなのは、そういった社内の科学者の声をちゃんと聞いているところだ。会長であるビル・フォードは、昔から環境問題に深い関心を寄せていた。彼は早くも二〇〇一年の時点で、温暖化が科学的に証明されているという意見を支持する公式な見解を出していた。二〇〇五年までには、ワリントンをはじめとするフォードの科学者たちは、自動車メーカーのフォードにとって、気候変動が何を意味するのかを理解しつつあった。上層部の支持と、その見解を支える科学的根拠に基づいて、フォードはピボットを起こす準備を整えたのだ。

その当時、科学者コミュニティが最善の方法を使って見積もったCO_2の大気中の濃度の限界は、四五〇PPM（パーツ・パー・ミリオン／一〇〇万分の一という意）であった。それ以降、ジム・ハンセンなどの科学者たちが、推奨される「安全な」排出量レベルを三五〇PPMに引き下げているが、このレベルは我々がすでに超えてしまった四〇〇PPMよりもかなり低い値である。しかし、フォードの科学者たちは、当時出された四五〇PPMという目標から出発して、世界がこの目標を達成するにはフォードは何をすべきか自問してきた。フォード社製のクルマから排出される温室効果ガスが世界全体の排出の約二パーセントを占めているということを考えれば、無意味な議論であろうはずがなかった。

フォードの科学者たちは、気候の安定化のために必要と考えられる「グライドパス〔着陸・進入経路という意味から、目標をスムーズに達成するための行動経路を表す〕」と呼ばれる指針を緻密につくりあげた。グライドパスは、一つは自動車業界、もう一つはエネルギー業界という、二つの平行した道筋からなっており、エネルギー業界を入れたのは、もしフォード製品が電気自動車を増産するとすれば、それらのクルマを充電するためにクリーンで低炭素な電力の供給が必要になる、と考えたからである。

さらにフォードは、製品開発の指針として、自社が気候の安定化に向けた操業をできるように、「テクノロジー・マイグレーション・プラン」を策定した。このプランのもとで、フォードは二〇二五年までに燃費を二倍にする計画を立てている。かなり厳しい目標に聞こえるが、ワリントンは、この取り組みを大きな視点から解説する。「今が三〇～四〇年前だとして、『排気ガスに含まれる汚染物質を九九パーセント削減するにはどうしたらいいか』というふうに聞かれたら、たぶん私たちは『そんなの無理だ』と答えたと思いますよ。でも、結果我々はそれをやりとげたんです[2]」

この目標を達成するために、フォードは三つの主要な戦略を追求している。(1)内燃エンジンの性能を上げ、車体を軽量化し、空気力学的な改善をすることで、燃費を向上させる。(2)石油企業と協働して、低炭素な代替燃料を追求する。(3)ハイブリッド車、電気自動車を開発する。気候変動に関する確固たる科学的根拠が、目標を達成するためには、この三つのソリューションをいつまでに、どのくらい、どう組み合わせる必要があるかといった綿密な計画策定に、フォードをして向かわせた。

科学的根拠に基づいた目標と、進捗を確認するための定期的な製品ポートフォリオ検討会なしに、二〇二〇年まで、あるいは二〇四〇年までに、フォード製品の何パーセントが電気自動車でなければならないかを、経営陣は知ることができるだろうか？　そんなことは不可能なのだ。

ビジネスとしての整合性は、驚くほどしっかり取れている。フォードの経営陣は、今クルマを買おうとしている消費者は、誰もが次の四つの特性を求めていると感じている。すなわち、品質、燃費（CO_2の低排出を含む）、バリュー、そしてスマート・デザイン（安全性も保障する）である。フォードのCEOであるアラン・ミュラリーは、昔は消費者の求めるものには大きな地域性があったという。しかしいまや、「この四つの要求は世界共通になりつつある」のだ[3]。燃費は、すべての消費者が共通して求めている、たった四つしかない主な要求の一つなのだから、この分野でのイノベーションを牽引すれば売り上げにつながる上にフォードの目標にも合致することになる。

二つめに、この目標は組織のなかにさらなる確実性をもたらす。市場のニーズや政府による規制の先をいくことで、「これから規制がどうなるのか、自分たちの計画にどんな影響があるのかといった、心臓に悪い心配をしなくてすむ」とフォードの役員であるジョン・ヴィエラは言う。[4] それどころか、フォードの科学的根拠に基づいた計画は、全米の業界全体を共通の削減目標カーブ（二〇二五年までに燃費をほぼ二倍にするというもの）に乗せるという二〇一二年の燃費規制策定に大きな影響を与えたのである。フォードは七年も前からこの義務付けに対応するプランニングをしていたことになる。それを踏まえれば、これからの競争を勝ち抜くのがどの企業になりそうか、察しはつくだろう。

ピボットのサイン――フォード

フォードの二〇〇九～二〇一〇のサステイナビリティ・レポートの声明を見てみよう。

「二〇五〇年までに、地球の人口は九〇億人になり、そのうち七五パーセントが都市部に住むと考えられる。九〇億人全員が個人所有のクルマに乗る、というのは現実的ではないし、望ましくもない」[5]

どういうことか、考えてみていただきたい。自動車メーカーが、世界のすべての人にクルマを所有してほしくはない、と言っているのだ。

ブリティッシュ・テレコムの「ネット・グッド」——バリュー・チェーンを考える

二〇〇七年、ブリティッシュ・テレコム（BT）は自社からの炭素排出量を二〇一六年までに一九九七年の排出量比で八〇パーセント削減する、という公約を出した。彼らは、毎年順調に削減を進めて、公約を守っている。ネットワークの規模がどんどん大きくなっていることを考えれば、これはかなりの偉業である。二〇一二年単年でも、これらの効率改善はBTに二二〇〇万ポンド（三三〇〇万ドル）のコスト削減をもたらした[6]。

BTにとって、この公約を追求することは些末な問題ではない。BTは、公表している六つの戦略的優先事項の一つとして、「責任ある、そしてサステイナブルなビジネスのリーダーになる」という目標を掲げている。この目標を達成するため、BTは「ネット・グッド」（プラスマイナスしてプラスの意味）というプログラムを立ち上げた。このプログラムが目指すのは、ユーザーのカーボン・フットプリントの削減量を、BT自身の「エンド・トゥ・エンド」（サプライヤー側で起こる排出から、ユーザー側で起こる排出まで、すべてを網羅した排出量）のフットプリントの三倍にすることである。このユーザー三対BT一の割合は、BT製品の使用が世界全体の炭素排出量を減らすことによって実現されるもので、劇的な効率化のさらに上をいく、より再生産的《リジェネレーティブ》なモデルである。

これはいかにして実現可能なのだろうか？　まずは、バリュー・チェーン全体を考えに入れなければならない。電話会議がいい例だ。ＢＴの電話会議の設備を導入した顧客は、出張の回数を減らすことができるので、理論的には電話会議の設備が消費するエネルギーよりも、大きなエネルギー量を削減することになる。ところで、この「理論的には」は、いささかやっかいだ。製品を導入したときの排出量と、それを導入しなかったら発生していたであろう排出量との比較から算出される削減量を計測するのが難しいからだ。しかし、ことにこういった大目標の場合は、それを設定することによって組織にもたらされる変化に比べれば、正確な数字を算出することは些末なことだと言っていい。

ネット・グッドのトップであるケビン・モスの話を聞いてみよう。「これが我々の『三倍ゴール』を達成する方法です。（1）計測方法の精度をアップさせ、製品を含むＢＴ全体のフットプリントを削減することで、三対一の「一」側（ＢＴ側）を改善する。しかるのちに、次のような方法を用い、「三」側の割合を上げていく。（2）既存の炭素削減貢献型の製品（使用によって排出削減が達成できるような製品）の販売を増やす、そして（3）全製品のうち、炭素削減貢献型の製品の割合が増えるように新製品の開発を進める[7]。

尋常ならざる目標を掲げているため、ネット・グッドは、戦術的なプログラムでありながら、製品イノベーション戦略の様相も呈している。この三対一の目標を達成するために、ＢＴはユーザー側でのフットプリントを削減できるようなソリューションを、さらに投入していかなければならない。これは、フォードの「グライドパス」にも似た、企業がビッグ・ピボットを始めた好例である。

ところで、自社のフットプリントよりもユーザー側を減らす、という戦略は、すべての業界に当てはまるものではないが、たとえばIT業界には打ってつけである（そしてIBMの「スマーター・プラネット」というキャンペーンの核となる売り口上でもある）。もちろん、高効率の建材や、あたらしい照明システム、水効率を高める技術など、使用にエネルギーを必要とする、もしくはユーザー側のフットプリントを減らすことに貢献するような製品や設備にも使えるはずだ。

BTにとって、この企画はウィン・ウィンである。自社のエネルギー使用を減らすことでコストの削減ができ、より柔軟でレジリエントな組織になることができるし、ユーザー側が同じような削減ができるように大きな目標を立てることで、イノベーション、成長、そして競争力への礎を築くことができるのだから。

その他の企業リーダーたち

このように根本的で科学的根拠に基づく劇的な効率化のゲームを始めているのは、フォードとBTだけではない。カーペットメーカーのインターフェイスは、おそらくアメリカで初めて、炭素フリーになるだけではなく、再生産的になるという積極的な目標を掲げた企業である。これは、石油化学物質を原料とする製品をつくっている企業にとっては、法外なチャレンジだ。他にも多くの大企業がインターフェイスのリーダーシップに追随して、同じような目標を掲げはじめている。(8)

◆HPはBTのネット・グッドと同様のプログラム「ネット・ポジティヴ」を展開している。デルは二〇一三年後半に、BTのさらに上をいく「二〇二〇年までに、デルの技術から生まれる製品によるベネフィットを、それを製造し、使用する負荷の一〇倍にする」というバリュー・チェーンの目標を発表した。

◆ディズニーと鉱業・資源グループのリオ・ティントは、生物多様性と生態系へのインパクトを差し引きプラスにする、という目標を立てた。

◆韓国のLGエレクトロニクスは、温室効果ガスを五〇パーセント削減することを目標としている。

◆非上場の菓子メーカー大手マースは、二〇四〇年までに化石燃料の使用をやめ、温室効果ガスの排出をゼロにするという公約をした。彼らは、この決定は気候変動の科学的根拠によるものだ、と明言している。

◆アップル、BMW、イケア、レゴ、ネスレ、P&G、ウォルマートは、「一〇〇パーセント再生エネルギー」の目標を立てている（イケアは二〇二〇年までという期限を設定しているが、その他はほぼ期限の設定はしていない）。

◆ユニリーバが発表したビジネスプラン「サステイナブル・リビング・プラン」は、攻めの姿勢を貫いており、CEOであるポール・ポルマンの次のようなレターから始まる。「ユニリーバは、地球の気温上昇を二℃以内に抑えるため、二〇五〇年までに温室効果ガスを五〇〜八五パーセント削減するべきである、という国連の要請に応える」。これ以上明確な宣言があるだろうか。

◆フォードと同じように、東芝の戦略も、製品レベルでの細かいターゲットを掲げている。そしてその戦略は、地球上で何十億人もの人々が豊かに暮らすには、環境効率《エコ・エフィシェンシー》（東芝が言うところの気候変動の低減、資源の効率的な使用、化学物質のきちんとした管理）を二〇〇〇年から二〇五〇年までに一〇倍にする必要がある、という前提に基づいている。東芝は、設定した目標に対し、「ファクター一〇」というメソッドを使ってその進捗状況を追跡している。

◆テクノロジー大手のEMCの炭素削減目標は、二〇五〇年までに二〇〇五年の排出レベルから八〇パーセント（絶対値）の削減をするというもので、これは「IPCCの第四次評価報告書に準拠して」立てられたものである。しかしEMCの役員であるキャサリン・ウィンクラーが言うには、二〇五〇年に向けた目標はいささか壮大すぎて、いざ行動に移すとなると漠然とし過ぎてしまう。そこでEMCは、積極的でありながら、ビジネス環境の変化に適応していけるような、柔軟な短期的目標を立てることで落ち着いた。それは、二〇一五年を最大値として、以降は炭素排出量を減少に転じさせられるようにする、というものである（これもまた、科学的根拠に基づいた目標である）[9]。

廃棄物ゼロという目標を立てている企業は、——そしてそういう企業は今となっては非常に多いが——科学的な論拠に聞く耳を持っているか、あるいは現実をきちんと見据えている。九〇億人の人がそれなりの暮らしを送るためには、ほぼすべての原料が、使用後にあたらしい製品の原料として再利用できるような、完全に閉じた循環型社会が必要である。この論理を当てはめれば、企業が廃棄物ゼロを目指すべきことは自明である。ソニーの「Road to Zero」計画は、この目標を、二〇五〇年までに、自社のバリュー・チェーン全体に渡って環境負荷ゼロを目指す、というロジカルな結論に落とし込んだものだ。こういった目標こそが、企業をビッグ・ピボットへと向かわせるのである。

コンテクスト・ベース・メトリックス

科学的根拠に基づく目標は、一部の人が言うところの**コンテクスト・ベース・メトリックス**（文脈に基づいた測定基準）に分類することができる。たとえば、炭素排出量を八〇パーセント削減する必要がある、という科学的要請は、エネルギーの使用をどのようにするべきか、という決断への文脈（コンテクスト）を与える。コンテクスト・ベース・メトリックスを推し進めるNPOセンター・フォー・サステイナブル・オーガニゼーションのマーク・マケルロイは、現状の企業や組織のサステイナビリティ報告は、真にサステイナブルであるために達成しなければならない値に対しての成果を測っているわけではないので、赤点である、と指摘する。[10]

もう一人のコンテクスト・ベース・メトリックスの立役者であるビル・ボーエは、企業がこういった種類の目標を立てることについてあちこちに記事を書いている。菓子メーカーの大手マースの役員であるケビン・ラビノヴィッチが、そのボーエの記事のなかで、こう言っている。「温室効果ガス排出削減の目標を持つという決定自体が、気候変動の問題を科学的に認識したことに基づいているのに、（中略）実際に目指す目標値がその科学に基づいていないのでは意味がない」[11]

「科学的根拠に基づいた」、「コンテクスト・ベース」、あるいは単純に「現実に即した」……何と呼ぼうが、結果は同じである。もしあなたがどんどん断崖に近づいていて、落ちないためにはどのくらい急いでスピードを落とさなければならないのかを把握しようとしているなら、断崖までの距離を知ることが大きな助けになるのだ。

▽実践編

科学的根拠に基づいた目標をどのように実行していくかの処方箋を紹介する前に、もう一つ、非常に示唆に富んだ事例を見てみよう。

ディアジオの例

二〇一二年後半のある日、私は酒類メーカーのグローバル大手ディアジオの環境サステイナビリティ・グローバル・プロジェクト・マネージャーであるロベルタ・バビエリと話していた。炭素の排出量削減のための思い切った目標を立てるには、という話になったとき、彼女が何気なく、こう口にした。

「五六億ドルの売り上げ、一四カ所の製造拠点を持つディアジオの北米部門は、すでに排出を八〇パーセント減らしたんですよね」

私は思わず、「なんですって？」とつっこんでいた。そしてすかさずこう付け加えた。「いつお話を伺えますか？」

それは、ディアジオの経営陣が大きな目標を立てようとしていた二〇〇八年にさかのぼる。公約にする前に、彼らは完全に炭素フリーになるにはどれくらいのコストがかかりうるのか、という計算をしてみた。その内々の計算は、腰が引けるような金額（数百万ドル）にのぼったうえ、社内最大の醸造所にエネルギーを供給するためのバイオエネルギーの生産工場建設などの大事業を含んでいた。そこで経営陣は、それでもまだ十分に挑戦的な炭素排出量五〇パーセント削減という目標に落ち着き、それを公表し、そして、無事の船出を祈ったのだという。あっぱれである。

環境部門のトップであったリチャード・ダンが北米の目標達成の責任者になった。彼は、費用のかさむバイオエネルギー工場をつくることだけが目標達成のための選択肢ではないはずだ、と考えていた。そこで彼のチームは、排出削減のためのアイデアを集め、費用を見積もるための緻密なプロセスを実行し、その結果を、まず環境負荷改善の正味（ネット）ポイントで、**その次に**必要投資額でランク分けし、三つの費用カテゴリーに分けた。（1）低コストあるいはコストがかからない――「当然やるべき」、（2）多少の営業コスト増につながる、（3）多大な設備投資を必要とする（たとえば、バイオエネルギー工場[12]）。

ディアジオの経営陣は、当初、相応の設備投資を必要とするようなプロジェクトだけが大きな削減につながるだろうと考えていた。しかし、ダンが率いるチームのプロセスによって、びっくりするような数の「当然やるべき」削減プロジェクトが明らかになった。その結果として、ディアジオ北米部門は、ほぼ低コストのグループに仕分けしたプロジェクトだけで、二〇一二年までに排出量を五〇パーセントも削減できたのである。その中身は、照明の改善、ボイラーのアップグレード、スピード調節ができるメカニカル・ドライブの設置、といったシンプルなものから、石油から天然ガスへの燃料の変更、小さな醸造所でボイラーを二基から一基に減らすなど、規模は大きいものの、経済的なプロジェクトの範囲で収まった。

次の段階が五〇パーセントから八〇パーセント削減への道であるが、これがまた大きなビッグ・ピボットのステップになった。詳しくは第9章で述べる。しかし、少なくともこの章で述べたディアジオの例は、他のリーダーシップの事例とも相まって、どうやって大きな目標の策定を可能にするかに関する道標を与えてくれる。

科学的根拠に基づいた大きな目標を実行する

劇的な効率化の目標を立ててそれを達成するのは、もしかしたら案ずるより産むが易し、かもしれない。結局のところ、ディアジオはすごい勢いでそれを達成してしまったのだから。もちろん、入手できる科学的な情報に焦点を当て、それを信頼することが必要となる。ここにいくつかの指針を記しておこう。

1　科学的根拠に基づく世界規模での目標が明確である場合は、それをきちんと理解する

炭素については、ＩＰＣＣが引きつづき推奨される目標を出してくれているし、ジム・ハンセンやマイケル・マンといった科学者たちが、その目標を世の中に周知させることに大いに貢献している。二〇五〇年までに一九九〇年の排出レベル比で八〇パーセントの削減というのは、今これを書いている時点で最新の、そして**最低限の**目標である。[13] さまざまなレベルの生物理学的な問題については、ストックホルム・レジリエンス・センターが世界規模でのシステムの限界設定の分野ですばらしい仕事をしている。社会的問題については、国連のミレニアム開発目標が、実際の社会的、生態系的限界を考慮に入れた、科学的、道義的な緊急目標を出している。

2　科学的な根拠に基づいた勧告からは、選択の余地はどんどんなくなってくるものと考えよ

気候変動の影響は、予測されたよりもゆっくり進行するということは決してなく、むしろ早く現れてきている。ということは、そのうち「八〇パーセントの削減ですら不十分である」という結論になるかもしれない。たとえば、ＰｗＣの低炭素経済に関するレポートは、推奨される年間の炭素強度改善率をある時点で五パーセントから六パーセントに引き上げた。この一パーセントは、今のところ世界が炭素強度を毎年わずか〇・七パーセントしか改善していないことを考えると、大きな数字である。他の課題でいうと、たとえば水は乾燥した地域では今よりも豊富になることはない。また、危険性が懸念されている化学物質について、科学者から「まったく問題ない」というお墨付きを最後にもらったのはいつのことだっただろうか？　そんなことは久しく起こっていない。人々の懸念があまねく広がるにつれ、規制はどんどん厳しくなるだろう。

3　完璧な科学的根拠がなくても、方向性が明らかな場合は、他と協働すべし

たとえばEMCは、プラスチックや電子製品に使われて物議をかもしているフタル酸エステル類という物質についてのアクションプランを策定した。EMCのサステイナビリティ・レポートによると、「これは、連邦環境保護庁による『特定のフタル酸エステル類の代替物質についてのパートナーシップ』などのコンソーシアムからの勧告に基づいている[14]」。

4　文脈（コンテクスト）がどの場所で問題になっているのかを理解する

水問題の話？　それだったら、グローバルな組織が統一目標を立てるのはあまり意味がない。水問題は、乾燥した地域では死活問題になるだろうが、それ以外の地域ではそこまでの問題にはならないからだ。しかも、あなたの企業がどう水を使うかだけではなくて、その地域全体のすべての人がいかに水を使うかが問題になるので、測定基準（メトリックス）や目標は地域の水脈全体をカバーする必要がある。では、炭素はどうだろうか？　炭素の場合は水とは逆に、地球全体の科学が指標になる。コンテクスト・ベース・メトリックスの提唱者たちは、企業の環境・社会的成果を測定する手法を変え

るべきだと提言しており、グローバル・レポーティング・イニシアチブ（ＧＲＩ）、グローバル・イニシアチブ・フォー・サステイナビリティ・レーティング（ＧＩＳＲ）のような標準化の団体など、世界に大きな影響力を持つ組織に変革を働きかけている。だから、それらの組織の動向に注目しておいてほしい。そういった組織は、すでにコンテクスト・ベースの考え方を取り入れたか、これから取り入れるところである。

5　トップダウンで目標を設定する

これが一番難しいところかもしれない――実際の削減を行うよりも。しかし、ディアジオの経営陣の言い分を聞けば、実はそんなに込み入ったことでもないと思えるのではないだろうか。彼らは五〇パーセントのグローバルレベルでの削減目標を立てたが、それは彼らが「何か大きなことをやりたかったから」なのだという。

6　PivotGoals.comをチェックし、競合他社の動向をフォローする

もしあなたの競合がまだ科学的根拠に基づいた大目標を立てていないのなら、これはチャンスである。もしよそがすでに立てているなら、すぐやったほうがいい。PivotGoals.comで私が提供しているデータベースは検索もできるので、一から始めるみなさんの役に立つはずである（詳しくは、コラム「PivotGoals.com」を参照）。

7　多くのアイデアを募る

社員エンゲージメント用のツールを使って、現場に近い社員から意見を募ってみよう。それから、オープン・イノベーションを使って、消費者、サプライヤー、ステークホルダー、NGO、その他誰からでも、アイデアを募ってみよう。

8　大規模な削減と迅速な投資回収をもくろむ

当たり前のように聞こえるかもしれないが、これがディアジオの成功の秘訣だった。彼らはすべてのアイデアを炭素削減のインパクトの大きさ順にならべ、その次にROI順にならべてみることで、両方の目標を達成するプロジェクトを見きわめることができたのだ。そしてこれは、プロジェクトへの支援や賛同を確かなものにするために、非常に重要なステップである。というのも、最初に実行するプロジェクト群がすばやくプラスの結果を出せれば、それがさらなるプロジェクトを推し進めるための社内での説得材料になるからだ。CDPによる、二六〇社の大規模排出企業を対象にした調査によれば、炭素削減の取り組みは、平均して三年以内の投資回収期間で、三三パーセントのROIをもたらした[15]。

9 目標設定に既存のツールを使う

EMCは、ディアジオが使ったエクセルの表よりももう少し込み入ったものを求め、オートデスクのC-FACT（気候安定化目標のための企業財政によるアプローチ）というツールを使うことにした。C-FACTは、第1章で出てきたマッキンゼーやPwCの「絶対的な目標を達成するために必要な、単位当たりの炭素排出量の年間の削減率を計算する」[16]プロジェクトに近いもので、基本的にフォードのグライドパスのような、企業独自の削減カーブの策定を支援する。ツールの例や、あなたの企業の削減目標をどのように考えればよいか、については、付録Bを参照していただきたい。

10 劇的な大削減は、可能であるというだけではなく、利益率も高いということを信じる

最後のポイントは非常に重要である。ビジネスチャンスは計り知れない。国際エネルギー機関によれば、「達成可能と考えられる環境効率、炭素あるいはエネルギーの削減のうち、建物部門で五分の四、産業部門で半分がまだ手つかずで残っている[17]」

PivotGoals.com

世界の大企業がどのような目標を設定しているのかをもっと理解するため、私の会社ではPivotGoals.comというウェブサイトを立ち上げ、それらの目標をデータ化して検索できるようにしている。このツールを使って、炭素、

水、廃棄物、生物多様性、コミュニティでの活動、安全などの問題について、ベンチマークしたり、誰が目標の基準になっているかを確認したりすることができる（cloudofcommitments.com という同様のサイトも企業の目標をデータ化しているが、炭素削減における国、地域別の目標がメインとなっている）。

ところで、企業の科学的目標設定は、どのような進捗状況だろうか？　実はあまり芳しくない。もちろん、それぞれの目標が本当に科学的根拠に基づいているか、または我々が現在直面している地球の限界の範囲内で機能するか（科学的な根拠に基づいた目標については、付録Bも参照いただきたい）、を厳密に精査したわけではないが、方向性としておおよそ合っているかどうかは判断できる。

ほとんどの企業がスタート地点にも立っていない。世界の大企業二〇〇社のうち、生産、製品の使用時、サプライ・チェーンなど、ビジネスの主要な部門での炭素削減の明確な目標を策定し、かつその目標が炭素強度の年間六パーセント削減や、年間排出の絶対量の三パーセント削減など、必要なペースに合致しているのは、五六社に過ぎない。この数字は、実はこのリサーチを始めたときに私が思っていたものよりも多かった。しかしもちろん、必要な数に比べたら全然足りない。

最後に、重要なポイントをいくつかあげよう。まずは、追随に甘んじるな、ということ。いかに大胆になれるかが重要なのだ。沈みゆく船のたとえで言えば、我々はものすごい量の水を汲み出す必要に迫られている。おっかなびっくりやるような余裕はない。しかしすばらしいことに、大きな目標は、大きな成果を引き出す。大規模排出企業を対象にしたCDPの調査は、「排出削減目標を絶対的な数値で設定した企業は、目標を設定しなかった企業の倍の早さで目標を達成したのみならず、企業全体の利益率も一〇パーセント高かった」ということを発見した(18)。

二つめに、目標は自社の操業に対してだけではなく、BTのアプローチのように、バリュー・チェーン全体に対して立てるべきである。三つめに、我々は、本当に正しい方向に向かっているのかどうかについて、誠実であるべきだ。特に、しっかりしていそうに見えて、実は最終的には無意味になりそうな目標を立てていないかどうか、注意しなくてはいけない。南アフリカの銀行ネッドバンク・グループのCEOマイク・ブラウンは、こう述べる。「もし北に向かう必要があるとわかっているのなら、北に向かわなくてはいけないのだ。我々がみな南に向かって〔英語で「間違った方向に進むこと」の意〕いて、他に比べればあなた自身の速度がいかにゆっくりだったとしても、南〔失敗〕に向かっていることに変わりはない」。ここで我々を正しい方向に導いてくれる北極星は、科学である。ブラウンはつづける。「地球の限界が我々に課す厳然たる制限は、この旅の方向性を決めるだけではなく、進むべきスピードをも決める(19)」

ビッグ・ピボットを実現するためには、劇的な効率化、リスクの削減、異次元のイノベーション、より強固なブランド力を通して価値を創造しなければならない。それが我々の向かうべき道である。そして、どれくらいのスピードで進まなければならないかを決められるのは、科学的根拠だけなのだ。

Pursue Heretical Innovation

第７章
異次元のイノベーションを追求する

水なしで服を染めるアディダス

前にも触れた通り、アルバート・アインシュタインは、「問題を起こしたのと同じ古びた考え方を使って、その問題を解決することはできない」と言った。彼はまた、次のような目から鱗の発言をしたとも言われている。「もしこの先の自分の人生を左右する問題を解決するのに一時間しか時間を与えられなかったとしたら、私は最初の五五分を、きちんと問題を定義するために費やすだろう」

気候変動や資源の逼迫といった非常に大きな問題に立ち向かうためには、我々は正しい問題提起をしなければならない。長い時間をかけて培ってきた、「ものごとはこうあるべきだ」という思い込みを問い直すような、本質的なレベルでのイノベーションが不可欠だ。私は前作『Green Recovery』（未邦訳／

Harvard Business Review Press／二〇〇九年）で、今まで当たり前だと信じて疑わなかったことを、再度根本から問い直す作業である、「異次元のイノベーション」というコンセプトを提案した。たとえば、そんなに違和感がなかったり、「それはおかしいんじゃないか?」「無理なんじゃないか?」と思わせない程度の問い直しだったなら、それは異次元のイノベーションのレベルには達していない。したがってビッグ・ピボットを起こすこともできないだろう。

異次元のイノベーションは、一つのプロセスや製品の規格を変えるといった小さなことから、ビジネスモデル全体の見直しを図る、といったスケールの大きなものまで、どのような大きさでも起こりうる。小さな異次元を侮るなかれ――社員に対して「既存の戦略を見直せ」などということを求める企業がほとんどないからといって、組織のなかの一人一人に、ビジネスのある側面を完全に変えてしまうような破壊的な問題提起をする力がない、ということにはまったくならないのだ。異次元の本質は、それがどれくらい深く、今までの考え方を打ち破っているかにある。

単純明快かつなるほどと人々をうなずかせた、UPSの「左折やめよう」キャンペーンの話を思い出してみよう。これはサステイナビリティ界では語り継がれている有名な話で、私も前の本を含めていろいろなところで取り上げている。「左折やめよう」は、UPSの配達トラックが、交差点を左折するときに交差点内で対向車を待ったり、信号でアイドリングしたりしなくてすむような〔アメリカでは、右側通行なので、左折の際に待ち時間やアイドリングが発生する〕あたらしい配達ルートをつくって、それを徹底させるためのキャッチフレーズであった。

これによってUPSは、年間で一・三六億キロ分の走行距離と、三〇〇〇万リットルのガソリンを削減し、時間もコストもエネルギーも節約することができた。(2) ちなみに、このような取り組みは、なにもUPSに限ったことではない。フェデックス、ウェイスト・マネジメントやその他の運輸企業も同じようなアプローチを採用している。しかし、UPSのコピーはとてもキャッチーで記憶に残るし、異次元かくあるべし、というかんじがする。会議で誰かが「もう、左折するのやめませんか？」と発言しているところを、想像してみてほしい。出席者はとまどっただろうか？　おそらく。想定外すぎる？　その通り。それで利益はあがるのか？　間違いない。

制約がイノベーションを生み出す

私は技術の進歩については楽観主義者なので、我々が直面しているメガ・チャレンジを、ある面では単純にシステムに課せられた制約と捉えている。「必要は発明の母」という言葉だってあるのだから。ユニリーバの戦略的科学グループのSVPであるジム・クリリーは、ユニリーバが、大目標を掲げることであたらしい考え方が生まれざるをえない土壌をつくる、という戦略をとっていることを、「課題設定が引き起こすイノベーション」と呼んでいる。

同じように、インドのテクノロジー大手、インフォシスのグリーン・イノベーションのトップであるロハン・ラリクは、「ありえないような目標」を掲げることがあたらしい考え方を呼び込むのだ、と言っている。(3)

異次元のイノベーションの七つの形

異次元の問いは、いろいろな形で提起できる。いくつかのカテゴリーを、実際に企業が提起した例と合わせて列挙してみよう。

1 プロセスやオペレーション——水を使わずに繊維を染色することは可能なのか？

「環境効率」は幅広い支持を受けているし、コスト削減できるので利益にもつながる。だから、エネルギーや水、原料の使用量を減らすようなオペレーションを実行している企業の例は、枚挙に暇がない。しかし異次元のイノベーションは、地道で漸進的な環境効率向上のさらに先をいく（コラム「漸進から異次元へ」を参照のこと）。

ぞっとするほど多量の水を必要とする、繊維の染色の例を挙げてみよう。アディダスは、驚くべき統計を発表したことがある。考えられないような数字だったので、私も自分で検算してみたくらいなのだが、まず、地中海を頭に描いてほしい。西はジブラルタル海峡から東はトルコ、シリア、レバノン、イスラエルまで、三六八〇キロに及ぶ地中海。それから、想像してみてほしい。世界のアパレル業界は、繊維を染色するためだけに、地中海に相当する量の水を、二年で使いきってしまう、というのだ。[4]

このような資源の使い方は、ますます暑く、足りなくなるこれからの時代にはつづけられない。そこでアディダスは、次のような異次元の問題提起をした。「水を使わずに、染色ができないだろうか？」答えはイエスだった。ただし、それを実現するために、タイにあるイェー・グループという小さな会社との提携が必要だった。アディダスが現在試験しているドライダイ（乾式色染）というプロセスは、熱と圧力で染料を生地に染み込ませる。このプロセスは、エネルギーと化学物質の使用量を半分に抑え、しかも**水をまったく必要としない**。

ナイキもまた、接着剤に含まれる有害物質、そして使用する原料の量を劇的に減らすため、靴の製造におけるさまざまな異次元の問題提起をしている。そして二〇一二年のオリンピックで、ナイキ・フライニットというあたらしいデザインを全世界にお披露目した。このド派手なシューズの上部分（ソールでない部分）は、いくつかの布地を張り合わせてつくるのでなく、同じ撚《よ》りから生産された一枚の布地を使ってつくられている。結果として、フライニットのいくつかのモデルは、一般的なランニングシューズに比べて八〇パーセントも原料のロスを減らすことに成功している。[5]

2 製品――トイレットペーパーのロールに、ボール紙の芯は必要か？

二〇一〇年のこと、クリネックスやスコットなどのブランドを擁し、二一〇億ドルの売り上げを誇るキンバリー・クラークは、「トイレットペーパーのロールは、その形を維持するため、真ん中にボール紙の芯を入れなければならない」という単純な仮説に疑問を呈した。そしてその答えとして、「スコット・ナチュラルズ　芯なしタイプ」というラインを開発。この製品は、我々が慣れ親しんだ家庭用品の円柱の形を保っているが、ボール紙の芯はない。そこに芯と同じサイズの穴があるだけである。

このロールは、ディスペンサーにふつうに装着できるし、最後の数シートに到達するまで形が崩れることもない。大したことのない変更にも思えるが、この製品のためにキンバリー・クラークはあたらしいローリングの技術を開発したのであり、その技術は社外秘となっている。工場見学では、キンバリー・クラークはこの技術を大きなシートで覆って隠しているのだ。この製品の売り出しは成功し、いまや一億ドルといわれるスコット・ナチュラルズブランドの売り上げに貢献している。(6)

ボール紙の芯を抜くことで、世界は救えるだろうか？　もちろんそんなことはない。しかしもしこれが業界基準になれば、アメリカ国内だけでも年間一七〇億個の芯が不要になり、製品の軽量化によって輸送にかかる燃料も節約できる。芯なしのロールは、芯に使うボール紙を従来よりも「減らす」のではなくて、「ゼロ」にしてしまうわけだから、異次元の考え方の好例である。私たちが実現できるであろう変革の例としては小さいと感じられるかもしれないが、まさにそこがポイントなのである。――異次元は、あらゆるサイズで起こりうるのだ。

小さな異次元がたくさんありうるのはもちろん、ほとんどの製品は、もっと本質的なレベルでの異次元の可能性もはらんでいる。私たちが考え付くよりももっと多くの製品カテゴリーにおいて、我々が現在買っている「モノ」は、「サービス」に変換することができるか、もしくは完全になくしてしまうことができるのである。ＨＰがムーンショット（第3章を参照）投入によって、サーバー技術の考え方を完全に変えてしまったときのことを思い出してほしい。ＨＰはこの新製品を、エネルギー消費量を八九パーセント削減し、コストを七七パーセントも削減できる、世界初の「ソフトウェアが定義するサーバー」として売り出したのだ。もしくは、ナイキのフライニットというイノベーションのさらに先を行って、「裸足でのランニング」という、より異次元のアプローチを考えてみたらどうだろう（つまり、「ランニングに靴は必要なのか?」という問題提起をする）。あるいは、消費者が靴を一足買うごとに、新たな一足が途上国に贈られる、というトムズ・シューズのビジネスモデルのイノベーションはどうだろうか?彼らに対しては批判もあるが、彼らのやり方が業界全体の靴販売のあり方に一石を投じたことは事実である。ジップカーなどのクルマのシェアリングサービス、あるいは次々生まれてきているコラボ経済のあたらしいスタートアップたちもみな、製品とその所有のあり方にあたらしい問題提起をしている。

製品とサービスのあり方については、さらに本質的なレベルでの再定義が始まっている。たとえば再生産的《リジェネレーティブ》で、それを使うたびに社会にプラスの貢献ができるような製品・サービスのあり方などだ（第4章で挙げた、自己消費量よりも多くのエネルギーを発電できる住宅の例が、ここでも当てはまるだろう）。それらの考え方は、「まだまだ先の話」に聞こえるかもしれないが、異次元と思われた考えも、採用されればあっという間にあたらしい基準になりうるものなのだ。

3 パッケージ——なぜ必要なのか?

靴はだいたい常に紙でできた靴箱に入っていて、買って店を出るときにはそれを大きなビニール製の袋に入れてもらう。これに対しプーマは、箱の上蓋を完全になくしてしまって、その蓋のない箱を、ぴったりとフィットする「クレバー・リトル・バッグ」と呼ばれる生分解性の袋に入れるだけ、というクリエイティブなデザインを開発した。このデザインはスタイリッシュであると同時に、買ったものを持ち運ぶための機能性にも優れているし、ボール紙の使用を六五パーセントも減らすことに成功している。[7]

キンバリー・クラークは、ブラジルでNeveというブランドのトイレットペーパーを展開している。このブランドのプロダクト・マネージャーたちは、あるときひょんなことから、ロールをつぶして平たくすることで、複数入りのパッケージの寸法を減らす、という異次元の方法を思いついた。シンプルにNeveコンパクトと名づけられたこの製品は、まったくコストをかけずに、ビニール包装の量を一三パーセント削減し、トラックに一回当たり積載できる量を一八パーセント増やし、燃料を削減することに成功した。また、サイズを小さくすることで、小売店の棚や消費者の物置のスペースも削減できるというメリットもあった。[8] これもまた、消費者がディスペンサーに装填するときに直すまでのあいだだけ、製品の形をわざと変えるという、小さな、それでいてユニークなブランドの異次元の例である。

ウォルマートとの取引の際、HPはノートパソコン製品で面白い実験を行った。緩衝材を入れて、段ボールで本体とアクセサリーを梱包する、という通常の出荷形態のかわりに、本体とパーツをすべてメッセンジャーバッグ（ノートパソコン用のキャリーバッグ）に入れて出荷したのだ。もちろん購入者は、そのキャリーバッグを購入後もノートパソコンの持ち運びに使うことができる。キャリーバッグはセキュリティのために小さなビニール袋で包装され、出荷時は一つの段ボールに三つの製品を入れる。この変更により、小売店が店頭で処理しなければならないのは、この段ボールだけとなった。消費者としても、捨てなければならないのはキャリーバッグを包装しているセキュリティ用のビニールだけだ。このやり方は全体で九〇パーセントも包装を削減できたのである。

つまり、HPは、その包装のほとんどを廃止したことになる。これはまさに異次元だ。[9]

漸進から異次元へ

私自身、直線的に、漸進的に、という考え方やアクションのファンである。絶え間ない漸進的な進歩は、驚くべき大きな結果をもたらすことができる。戦略のグルであるジム・コリンズは、著書『ビジョナリーカンパニー4――自分の意志で偉大になる』（牧野洋訳、日経BP社、二〇一二年）のなかで、ロアール・アムンセンが世界で初めて南極に到達することを可能にした、ある不屈のコミットメントについて書いている。それは、どんな状況であっても一日二〇マイル進む、というものであった。[10]

メガ・チャレンジ的な世界でも、どのくらいのスピードで物事を進めなければならないのかはすでにわかっている。たとえば、GDP一ドルあたりに排出される炭素量である炭素強度は、二一〇〇年まで毎年六パーセントずつ削減されつづけなければならない。非常に明快に聞こえるが、これを達成するためには、漸進的なアプローチは必ずしも最適なやり方ではなく、むしろ漸進的な方法に頼っていてはこの目標は達成できないであろう、と考えられる三つの理由がある。

まず、年間六パーセントという数字がすでに大きな目標だということ。南極に一番に到達するためには一日一〇〇マイル進まなければならなかったとしたら、アムンセンは犬ぞりを使って地上を進むという戦略を根本的に考え直したのではないだろうか。もしくは、二八年後のヘリコプターの登場まで待ったかもしれない。二つめに挙げられるのが、八パーセント、一〇パーセントといった小刻みな削減を一〇回やるよりも、いっぺんに八〇パーセント、一〇〇パーセントの投入資源や環境負荷の削減をやったほうが、企業にとって安上がりなことが往々にしてある、という事実だ。一段ずつ段階を踏んで改善していくやり方だと、限界費用はけっこう急激に上がってしまうものなのだ。三つめに、大規模な削減を目指すことは、それ自体イノベーションを促進する。P&Gは最近、プラスチックの厚さを七五パーセントも薄くできる射出成形の技術を開発したそうで、これにより一〇億ドル以上の原料費を削減できる見通しだという。[11] システム全体のあり方を包括的に見直したほうが、結果的によかったというのは、よくあることなのだ。

4 マーケット——イノベーションはピラミッドの底辺から起こってはいけないのか?

ここでいうピラミッドの底辺とは、世界の収入格差ピラミッドの、最底辺の少し上くらいに位置するといわれる、一〇億人ともいわれる層のことである。彼らは**ある程度の**可処分所得を持っていて、これから中間層として台頭してこようとしている。P&Gをはじめとする多くの企業は、この層を取り込むため、たとえば従来型よりも少量で安く、使い捨てできるシャンプーといった、廉価版のラインアップを、何年もかかって開発してきた。その結果、低所得者向けマーケットの開拓に必要なイノベーションは、より所得の高い層に向けた製品にも波及効果があることがわかってきている。たとえばＧＥは、インド市場向けに、欧米では一万ドルで売られている心電図の廉価版を一〇〇〇ドルで売り出している。それならば、より少ない原料を使い、よりシンプルなデザインを追求することによって得られたノウハウを使って、世界の他の市場でも、より値ごろ感のある価格で販売できるモデルを開発すればよいのではないだろうか？ 我々が直面する資源の逼迫状況を考えれば、このようなビジャイ・ゴビンダラジャン教授が呼ぶところの「リバース・イノベーション」は、非常にパワフルなツールになりうるのである。[12]

5 イノベーションそのもののイノベーション
――すべての人にイノベーションに参加してもらうことはできるか？

オープン・イノベーションという考え方は、それ自体が異次元である。Ｒ＆Ｄは、そもそも自社での「専売特許」を目指すのがふつうであり、外部からのアイデアに対しては、ついつい「うちが開発したものじゃないから」というすげない反応をしてしまいがちである。しかしここにきて、一社ではグローバルな問題を解決することはできない、と気がつく企業が出てきた。ＧＥのチーフ・マーケティング・オフィサーであるベス・コムストックが言うように、「私たちは、イノベーション自体のあたらしいモデルを探しているのです。我々がすべての答えを持っているわけでもないし、すべての可能性を試せるわけでもないのですから[13]」。

GEは、「エコマジネーション・チャレンジ」というプロジェクトを通して、「発電」と「家庭における電力調達」を改善するためのアイデアを広く一般から募る、というオープンな海原へと漕ぎ出した。五〇〇〇件のビジネスプランを審査したのち、GEと彼らのベンチャーキャピタルのパートナーは、クリーンテクノロジーのスタートアップたちに対して、一億四〇〇〇万ドルもの投資をすることにした。選ばれしスタートアップたちは、このオープン・イノベーションというあたらしい船に乗り込むことになったのだ。コムストックは、このイニシアチブは「これまで当たり前だと思っていたことに真っ向から勝負を挑んだアイデアが多く集まった」という点で、目から鱗だったという。多くのアイデアが、一見「それは科学的に無理だろう」と思われたにもかかわらず、よくよく検討してみると、その意図が理解できたというのだ。

オープン・イノベーションの姉妹版ともいえる共創《コ・クリエーション》も、異次元の問題提起をするにあたり、あたらしく、そして起業家的な考え方を取り入れるのに大変効果的なツールである。GEのエコマジネーション・チャレンジのようなプログラムは、大企業と個人のイノベーター、資本とアイデア、ベテランの知恵と若い声をつなげ、実用性と異次元を出会わせる場として、最高の可能性を示してくれるかもしれない。

6　消費を前提としたビジネスモデル——消費者に「使用量を減らそう」と言ったらどうなるのか？

アメリカ最大の廃棄物処理業者のウェイスト・マネジメント（WM）が、「商売上がったり」になりうるような、「ゴミの埋立地で処理されるゴミの量をゼロに」という顧客の目標にどう対処したかという話を、私は何度も書いてきた（ちなみに、この「ゴミの埋立地で処理されるゴミの量をゼロに」という目標も、あっという間に「異次元」から「当たり前」に変わったものの一つである）☆。その流れを受けて、ＷＭは、顧客がリサイクル率を高め、廃棄物を削減するための支援をする企業に変身しつつあるのである。あるいはゼロックス、ＨＰなど印刷関連の企業は、顧客が購入しなければならないプリンターの数を減らし、使用する紙やコストを削減するための支援を行っている。顧客に対して、（誰かがやる前に）自分たちが提供する主力製品の使用量を減らしましょう、と提案することは、最も根本的で、そして往々にして最も生産性の高い異次元の取り組みだ。

ユニリーバも、消費財メーカーのビジネスモデルはこうあるべし、という典型的なセオリーに抗おうとしている。ユニリーバのサステイナブル・リビング・プランは、売り上げを二倍にしつつ、製品のフットプリントを半分に減らす、という大目標に沿って設定されたターゲットを、明確な戦略のもとにまとめたものである。これはユニリーバの環境・社会的側面における成果を改善するためのプランであり、何十億人もの消費者の健康を促進し、彼らが生む環境・社会への負荷を減らすことを後押しするためのものであるが、決してユニリーバの企業戦略から切り離されたものではない。今日のメガ・チャレンジに対応するための目標や戦略を公表している企業の多くは、それを企業のビジョンとまったく別物として考えているが、ユニリーバは違う。彼らにとっては、サステイナブル・リビング・プランこそが、企業の戦略的プランそのものなのである。

☆訳注：ゴミ埋立地の確保が比較的容易であったアメリカでは、分別の必要もない埋立が安価なゴミ処理の手段として広く行われていた。しかし社会の意識が変わり、また埋立地の確保がしだいに困難になるにつれ、埋立地行きのゴミを減らすためのさまざまな活動（分別、リサイクル、コンポストなど）が急速に活発になっている。

パタゴニアのような先進的な企業はもっと踏み込んで、「資源が逼迫してきた世界で、そもそもこれだけの量のモノを売ろうとすること自体、理にかなっているのだろうか?」という根本的な問いかけをしようとしている。パタゴニアはすでに販売する服に無期限の保証をつけている。どんなに使い込んでボロボロになった服でも、彼らは直してくれるのだ。しかしパタゴニアの行動はそれにとどまらない。彼らは消費者に、「必要ないなら買わないで」と呼びかけているのだ。これは、一般的なビジネスモデルや消費を前提とした資本主義に対する、さらに本質的な問いである。

7 システム——最も激しく争っているライバルと協働できるのか?

気候変動や資源不足のようなメガ・チャレンジが他の問題と大きく違うのは、その規模が壮大であり、お互いにつながりあっているということだ。そのため、まず自分たちをとりまくシステム全体を理解し、同じ問題に直面している他の組織と協力して、包括的なアプローチをとる必要が出てくる。

飲料・食品業界は、オゾン層を破壊し、地球温暖化の原因となってしまう冷媒の代替物質をずっと探してきた。そしてコカ・コーラは、同じサプライヤーを使っているペプシコと協働して、自動販売機のためのあたらしい技術を開拓した。この事実を、よく考えてみてほしい。他でもない、コーラとペプシコの協働である(この二社のパートナーシップについては、12章でさらに詳しく触れる)。

飲み物を冷やすというたった一つの問題でさえ、多くの競合や業界やバリュー・チェーンの境界を越えた広がりを持つのだから、もっと大きな問題になれば、もっと大きくて複雑なシステムと対峙することなる。ナイキのサステイナブル・ビジネス・アンド・イノベーション部門の副統括責任者であるハンナ・ジョーンズは、システム全体のイノベーションの必要性を声高に主張する一人である。「システム全体を変えることができないのなら、協働なんてやらないほうがいいくらいです[14]」

ピボットのサイン——マックスハンバーガー

売り上げ二億ドルを誇るスウェーデンのファストフードチェーンのマックスハンバーガーは、「ファストフードらしからぬ」企業である。彼らは二〇〇〇年の創立以来、栄養価を改善し、脂肪分、塩分、糖分を減らし、遺伝子組み換え製品やトランス脂肪酸を排除するため、すべての原料を吟味している。その結果、提供されるメニューはハンバーガーだけにとどまらず、ヘルシーでバラエティに富むようになった。ファストフードの危険性を描いてヒットした『スーパーサイズ・ミー』というドキュメンタリー映画が公開されてすぐ、マックスハンバーガーは『ミニマイズ・ミー』（私を小さくして）というパロディ版のキャンペーンスポットを打った。サブウェイを食べつづけて体重を減らし、有名になったジャレッド・フォーグルのように、あるマックスハンバーガーの客が、マックスハンバーガーの食事だけで九〇日間を過ごし、約三五キロの減量に成功した、というストーリーだった。マックスハンバーガーは一貫して、肉の摂取量を減らすことを客に呼びかけつづけている。もちろん健康上の理由もあるが、それと同時に、工業的に生産される食肉のカーボン・フットプリントが非常に大きいということが理由なのである。これらの取り組みを始める前に比べて、マックスハンバーガーの牛肉を使わないメニューの比

率は三〇パーセントも増えており、彼らの利益率は業界平均に比べて高い水準を保っている。(15)

▽実践編――「異次元」を業務化する

「異次元の問題提起をしよう」と言うのは簡単だが、実際に実行するのはたやすくはない。拙著『Green Recovery』(既出)から、あるいは私のクライアントやイノベーターとの話の中から、選りすぐった効果的なアイデアを引用してみたい。

1　大きな視野で考え、大きな目標を設定せよ

繰り返しになるが、科学的根拠に基づいたスケールの大きな目標を設定すると、社内で大きなチャンスを模索する必要性を説得しやすくなる。

2　大きなリスクとチャンスをきちんと把握するために、バリュー・チェーンのデータから始めよ

たとえそれが大きな負荷が存在する「ホット・スポット」の方向性を示すだけのものであったとしても、信頼のおけるデータがあれば、バリュー・チェーン上でまさに異次元の問題提起が必要とされているポイントに集中することができる。

3　問題提起を正しく行え

環境負荷を劇的に減らし、大きな目標を達成するために乗り越えなければならない、最も大きなハードルは何であろうか？　ユニリーバはオンライン上で、「課題とニーズ」というテーマのもと、オープンな議論を行っているが、そのなかで「開発途上国できれいな水を提供するには」（人道的にも大きな問題であるが、水がなければ自社のシャンプーを売ることができないユニリーバにとっては、実利的な喫緊の課題でもある）といった大きな課題に対する解決策を探っている。

4　イノベーションのアイデアは極端に、しかし結論は論理的に

たとえばデータセンターを管理するマネージャーであれば、「データセンターにはなぜ空調が必要なのか？　外気ではだめなのか？」といった、運用に関する異次元の問題を提起することができるだろう。しかしもっと根本的に掘り下げることもできる。マイクロソフトは、機器を屋外のテントのなかに設置する試みをしているし（なぜ機器を建物のなかに置く必要があるのか？）、さらに多くの企業が、自社内でやるよりもはるかに効率のいい、外部のクラウド型のサービスを利用している（データセンターは自前でなければならないのか？）。

5　企業運営のあらゆる側面に、異次元のイノベーションを起こすことが可能だと仮定せよ

ＵＰＳの役員であるスコット・ウィッカーによれば、ＵＰＳの茶色の配達トラックは、「動くラボ（実験室）」である。配達トラックを舞台に、考えられるありとあらゆるテクノロジーを実験しているのだ。[16]

6　オープン・イノベーションと「共創」を使え

大きな問題を解決するために、社員、顧客、サプライヤー、その他のさまざまなグループを巻き込んでみよう。共創は、幅広い視点を集約して本質的な議論を促進するために、小さなグループを想定するのが基本である。あたらしく入った社員、あるいは若い社員を入れることを忘れずに。彼らは、社内における「当たり前」のルールにとらわれず、グローバルな問題についてより深い信念を持っている可能性が高い。

7　リーダーたちを巻き込む（上層部の有言実行）

イノベーションのためのミーティングやブレインストーミングに、経営陣の参加を促そう。彼らは、突拍子もないアイデアにお墨付きを与え、それを試すためのパイロット・プロジェクトにゴーサインを出してしかるべきである。

8　イノベーションを「システム化」しよう

非公式なアイデア創造の場を後押しするような仕組みを正式につくろう。たとえば、R&Dのなかに正式なグリーン・イノベーションの担当者をおきつつ、同時にグリーン・イノベーションを非公式にすべてのチームメンバーのタスクにすることなどが考えられる。あるいは、社員の突拍子もないアイデアに他の社員のリソースを使えるような仕組みをつくっていることで有名な3Mやグーグルのような試みをしてみてもいい。もちろんもっと先を行って、イノベーションが社内カルチャーの一部であるような環境をつくりだすことだってできるだろう。著名なプロダクト・デザイナーであるヴァレリー・ケイシーがよく言っている。「イノベーションするための時間をつくる、ではなく、二四時間常にイノベーティブでいたい、と思っているわ[17]」

9　競争を持ち込もう

社内でサステイナビリティに関するデータを共有することは、いい意味での競争を促進して、部署や製品を超えた学びの場を提供してくれる。もちろん、民間による有人弾道宇宙飛行を競うコンテストのXプライズや、優れた「おすすめ映画」のアルゴリズム開発を競うネットフリックスの一〇〇万ドル賞（誰でも参加できる）のような、公募の賞を使ってもいい。

10　小さく賭けろ

矛盾して聞こえるかもしれないが、異次元のアイデアはビジネスの小さな部分から始め、うまくいきそうだと確信できた時点で一気に広げる、という方法もある。これはピーター・シムズが『小さく賭けろ！』（滑川海彦・高橋信夫訳、日経BP社、二〇一二年）で提唱している考え方であり、ジム・コリンズとモートン・ハンセンの『ビジョナリーカンパニー4――自分の意志で偉大になる』（既出）にある、「まずふつうの弾を撃ってみよ。大砲を撃つのはその後だ」というアドバイスにも通じるものである。まず一つのブランドや一つの製品といった小さいスケールでこれまでとまったく違ったやり方を試してみて、それをベースに一気に攻める環境を整えるのだ。(18)

11　最も突飛なアイデアにご褒美を、そして失敗を祝おう

実現までの道のりが遠そうなあたらしいアイデアに立ち向かう勇気を見せた社員を、きちんと賞賛したり認めたりする場をつくろう。会計ソフトメーカーのインチュイットは、自社の「ホームラン賞」を、会計にはあまり縁がないと思われる若い顧客を獲得するためのあたらしいキャンペーンを企画した社員に贈ったことがある。そのキャンペーンが大失敗に終わったにもかかわらずである。NPO界のアドバイザー的存在であるベス・カンターは、よく「失敗に敬意を」と言っている。彼女はまた、Dosomething.org という組織が四半期ごとに開催している「失敗祭り」についてもよく取り上げている。この「失敗祭り」は、「失敗は何も恥ずかしいことではないのだ」というメッセージを伝え

るため、社員、インターン、役員など社内のあらゆる層を巻き込んで開かれる、非公式のセッションである。(19)

12　失敗は速やかに

我々にぐずぐずしている時間はない。「失敗しても大丈夫だよ」という社内の雰囲気を醸成することに成功していて、「小さく賭ける」癖をつけておけば、失敗したとわかったアイデアをすばやくコンセントから引き抜くこともたやすいはずだ。

「異次元」なイノベーションのための アイデア──「極秘製品開発チーム《スカンク・ワークス》」をつくれ

企業は「完成されたものを壊す」ことに慣れるべきだし、自分たちのなかにそれを取り込むべきである。そうはいっても、コアビジネスと食いあうような戦略をぶち上げたとしたら、間違いなく強い抵抗にあうだろう。だから、ビジネスの既定路線に対して問題を提起するためのユニットを、別途立ち上げるべきである。それを異次元のイノベーション・ハブと名づけてもいい。いろいろな部署のエキスパートを招集して、ベテランと新人を両方入れることも忘れずに。このチームのミッションは、（1）顧客がグローバルなメガ・チャレンジに立ち向かう助けになるようなあたらしい製品やサービスの開発、（2）オペレーションにおける抜本的な効率の向上、（3）サプライ・チェーン上に眠っている大きなチャンスの発見、（4）組織のあり方や社内のカルチャーをデザインしなおし、抜本的な組織の変革に耐えられるようにすること、である。そして、効率の向上によって得られた蓄えを、より大きなアイデアを実現するための資金と社内での根回しに有効活用するのだ。

失敗を認め、根本を覆すような異次元のイノベーションを目指す、という考え方を取り入れることは、多くの企業にとっては難しいことだ。しかし考えてほしい。もし新たな挑戦とその結果の失敗を認めないのなら、他にどんな前進の方法があるだろうか。アニメーション映画のパイオニア、ピクサーの社長で、共同創立者のエド・キャットムルはこう指摘する。「あたらしいことをやるということは、よく知らないことをやることにほかならない。だから、失敗はもれなくついてくるはずだ。失敗を恐れることは、あたらしいことを恐れることでもある。だからぼくらは、失敗が『悪いこと』だと捉えられないように、すごく気をつけている。（中略）だって、それは、何かを学んでいるだけなんだから[20]」

もちろん、理解ある環境が整っていたとしても、現状を打破するのは大変難しいことである。結局のところ、古くから体制というものは、おきてを破った「異端者」を火あぶりにしてきたのだ。だから、賢く、**しかも**勇敢でなければならない。アインシュタインはこう言ったそうだ。「愚か者はものごとを必要以上に大きくし、複雑にし、乱暴なものにする。逆の方向に転換するには、少しの天才的頭脳と、たくさんの勇気があればいい」

バリュー・ピボット

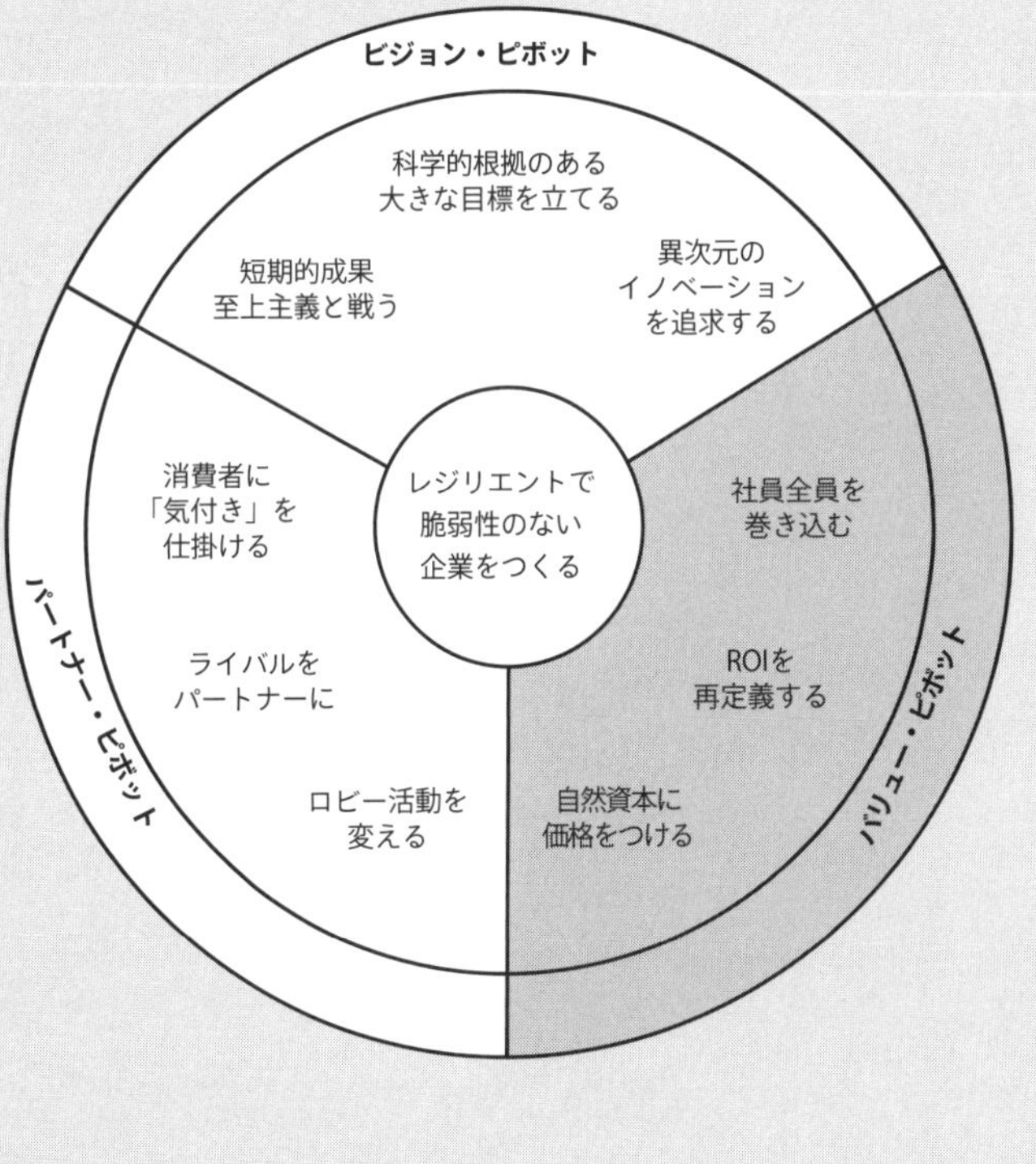

ビジョン・ピボット
科学的根拠のある
大きな目標を立てる
短期的成果
至上主義と戦う
異次元の
イノベーション
を追求する
消費者に
「気付き」を
仕掛ける
レジリエントで
脆弱性のない
企業をつくる
社員全員を
巻き込む
パートナー・ピボット
ライバルを
パートナーに
ROIを
再定義する
バリュー・ピボット
ロビー活動を
変える
自然資本に
価格をつける

Change the Incentives, Engage the Whole Organization

第8章 社員全員を巻き込む

ボーナス査定の基準を変えたウォルマート

社員が愛着や思い入れを持って前向きに仕事に取り組んでいる（エンゲージメントの度合いが高い）かどうかは、とても重要である。それは大きな違いを生む。

ギャラップ社の調査によれば、最もエンゲージメントが高い企業と低い企業のあいだでは、利益率にして一六パーセント、生産性にして一八パーセント、そして、業界によって差はあるものの、離職率にして二五〜四九パーセント程度の違いがある。(1) 特に離職率を下げることは、実質的なコスト削減につながる。ソフトウェア業界のリーダーであるＳＡＰは、社員の定着率が一パーセント変わると、営業利益に八一〇〇万ドルの影響があると見積もっている。(2)

ピーク・パフォーマンス〔闇雲に努力するのではなく、エネルギーとキャパシティを管理しながら働くことで、持続的に高い成果を出すという考え方〕のエキスパートであるトニー・シュワルツは、「社員が前向きに取り組んでいる職場環境とは、社員が身体的に健全で、精神的、社会的に満たされることによって、ポテンシャルを存分に発揮できる環境である」と指摘する。そしてさらに、こうも付け加えている。「そういったプラスのエネルギーは、（中略）強い目的意識から生まれる[3]」

ビッグ・ピボットに立ち向かい、企業や世界をとりまくメガ・チャレンジを解決しようとすることは、非常に前向きなモチベーションとなる。利益が上がり、しかも同時にもっと大きな「よいこと」のために貢献できるというのは、意欲をかきたてるのだ。

戦略の父であるマイケル・ポーターは、彼が提唱するCSV（共通価値の創造）の枠組みがもたらすメリットについてこう語っている。「CSVは、組織のなかにものすごいエネルギーの爆発をもたらす。（中略）人は、自分のしていることに誇りを感じ、（中略）本当に貢献をしているのだ、という実感を持つ。（中略）給料をもらうだけでなく、給料をもらいつつ**さらに**という話なわけだ[4]」

この「さらに」がポイントだ。しかし、こういった高いレベルでのエンゲージメントを、どうやって醸成すればよいのだろうか？　端的に、モチベーションアップには二つの基本的な原動力がある。一つは、達成感、まわりからの評価、あるいは仕事に意義ややりがいを見出すことによって感じられる、本質的、あるいは内面的な報酬だ。エグゼクティブ・コーチのメアリー・ゴーハムが言うところの「自分自身の目的意識に、仕事を通してどれくらい近づけるか」ということである[5]。基本的に、自分がやっていることに夢中になっているとき、人はより一生懸命になり、いい仕事をするものなのだ。二つめに、結果を認められる、賞をもらう、現物支給、昇進など、直接的な報酬という形で、外部からもたらされるモチベーションがある。ここでは、両方のタイプの報酬を合わせて、**インセンティブ**と呼ぼう。

自分の内部に感じる喜びからであれ、仕事に対して支払われる対価を通してであれ、人はやりがいを感じることをやるものだ。したがって、内面的なインセンティブと外からもたらされるインセンティブがバランスよく存在していれば理想的だ。個人個人の行動を突き動かす要因を見てみる前に、「カルチャー」という名の、組織の行動を決める大きな原動力についてみてみよう。

カルチャーが果たす役割

企業カルチャーというのは形のないものだが、すべての組織に浸透していて、社員の行動や仕事に対する考え方に大きな影響を与えている。コンサルタントで多くの著作があるアンドリュー・サビッツは、その著書『サステナビリティ――企業の持続的成長を可能にする3原則』（中島早苗訳、アスペクト、二〇〇八年）のなかで、カルチャーについて多くのページを割いている。彼は、社員が「うちではこうやっているんですよね」と言うとき、それは往々にしてカルチャーの影響について語っているのだ、という。「上層部が言うことを社員が情熱を以って実行したり、他の社員のことをひそかに無視したり、ときにはあからさまに抵抗したり妨害しさえするとき、彼らは企業カルチャーの価値観や仮定を反映していると考えられる。……つまり、『当然だ』と思う行動をとっているのだ」(6)。サビッツの言葉を借りれば、カルチャーとは「無意識のうちに体に染みついている」ようなものなのである。

サビッツは、マサチューセッツ工科大学（MIT）スローン校のエドガー・シャインが開発した有名なモデルについても説明してくれた。シャインのモデルは、企業カルチャーを三つのカテゴリーに分類する。サビッツの表現を借りれば、次の三つになる。

レベル1　行動（プロセスや行動など、企業活動の目に見える部分）
レベル2　言動（「安全第一」のような、明確な宣言）
レベル3　信念（「根底にある仮定」「価値観や行動の根源にあって、無意識のうちに当たり前だと思い込んでいること」(7)）

このシンプルかつパワフルなモデルは、ビッグ・ピボット実現の道に立ちはだかっているある種の障害を実によく捉えている。ほとんどの組織において、「利益を最大限にする」という目標は、上の三つのレベルのすべてにおいて明確だ。社員はそれに向けて行動し、結果に対して報酬を受け取るし、明確に宣言もされていて経営陣もそういう信念を持っている。しかし、環境や社会のパフォーマンスとなると、いきなりそこに齟齬《そご》が生じる。

すべてとは言わないまでも、いまや多くの企業が環境負荷を低減するために何らかのアクションを取っており（レベル１）、それに対して明確な宣言をしているし、ＣＳＲレポートなども出している（レベル２）。しかし、多くの企業の価値体系（レベル３）は、そういった取り組みにいまだ懐疑的だ。私の経験から言っても、多くの経営陣が、メガ・チャレンジは大げさな誇張であるとか、放っておけばそのうちなんとかなると思っている。そして彼らのほとんどが、そういう問題に対してアクションを起こすと鬼のように金がかかる、と信じ込んでいる。

短期的には、レベル３（信念）が他の二つをダメにしてしまっているようにも見える。しかしだからといって、個人のレベルであれ企業カルチャーのレベルであれ、どうやって信念を変えることができるのだろうか？　レベル１とレベル２を、一貫したやり方で挑戦的に変えつづければ、レベル３も少しずつ変わるのかもしれない。たとえば、よりグリーンな運用を奨励するような明確なインセンティブを設けるなどすれば、――そしてここが重要だが――社員がそのメリットや会社にとっての価値を認めるようになれば、信念も変わるはずである。

ということは、最初のステップは、長期的視点を奨励できるようにインセンティブの仕組みを変えて、今までとは違う優先順位に対して報酬が得られるような体系をつくることである。

長期的思考と直接的なインセンティブを結びつける

企業のトップに支払われる報酬が笑ってしまうようなレベルに跳ね上がっている件について、語り明かすのも一興であろう。しかしここで問いたいのは、Cレベルの役員は果たして正しいことをすることに対してインセンティブを支払われているのかどうか、ということだ。役員は基本的に、ボーナスと各種のストックオプションによって報酬を約束されており、そのほとんどは、短期的な利益と株主配当の業績によって決まる。どちらも、真の意味での企業の価値創造に必ずしも直接結びついているわけではない。

著書『Saving Capitalism from Short-Termism』（既出）のなかで、アルフレッド・ラパポートは「経営陣は、自分のボーナス目標を達成するために、価値を創造するような投資を遅らせたりやめたりする可能性がある。そういったタイプの重要な投資には、研究、新製品の開発、ブランド構築、製品や市場の拡大などが含まれる」と指摘する。インセンティブのプランが複数年であったとしても、この問題を避けることはできない。ショッキングなことに、品質、安全、新規事業開拓など、金銭が絡まない成功尺度を考慮したインセンティブを**一つでも**入れている企業は、トップ二五〇社のうちわずか一〇パーセントしかないのである。(8)

この大問題を解決するため、ラパポートはいくつかの解決策を提案している。要約していくつかの鍵となるアイデアを紹介しておこう。まず、ストックオプションに対する受け取り権をもっと長期にすること。また、支払いを遅らせること（たとえば、ストックオプションが三年で受け取れる場合は、その後五年間はその株を売ることができないなど）、業界のベンチマークを上回った場合にのみ決済できるインデックス条項付きオプションなどが考えられる。

これらは、株のインセンティブの時間軸を長期的に変える好例であるが、それ以外に現金で支払われる報酬もある。経営陣から平社員まで、組織全体のボーナスの支払い基準を変えるプロセスは、ビジネスの優先順位を変え、会社の真のこだわりが何であるかを明らかにしていく、長い道のりになるだろう。

ラパポートは、現場責任者たちへのボーナス支給を長期的な価値の推進に活用することを勧めている。「主要な査定指標には長期的視点を持ったものを設定し、短期的にはその説明責任（のみ）を要求する」彼はペプシコ傘下のフリトレーを引き合いに出す。フリトレーの配達ドライバーのインセンティブは、配送ルート上に位置する店舗ごとのフリトレーの棚の占有面積で決める方法もあるが、総合的な顧客の満足やリピート率に準じて支払う仕組みにすることもできる。また、他の部署の社員に対しては、ボーナスを新製品の発売や社員の満足度に紐づける、という方法もあるだろう。

ビッグ・ピボットを奨励するための直接的なインセンティブ

ボーナスは、管理職が日々の業績にばかり気を取られるのではなく、メガ・チャレンジに対して行動を起こすための励みになるよう設定されるべきだ。もしそうなっていないとすれば、それは組織の信念についてどんなメッセージを送ることになるだろうか？　たとえば企業が「環境や社会問題にコミットしています」と宣言しておきながら、それに社員の報酬体系をリンクさせていなければ、その建て前と現実のギャップは、何も言わないよりもさらにモチベーションを下げることになりかねない。これは最悪のパターンだ。

ビッグ・ピボットに向けたアクションに対価を払うことは、直接的な報酬という形で社員に正しいシグナルを送ることになるし、真のエンゲージメントにつながる目的意識を芽生えさせる。製造系の管理職にとっての原料や炭素強度の削減、調達部門の上層部にとってのサプライヤーの原料や炭素への取り組みの進捗、R&D部門にとってのオープン・イノベーションで集めたアイデアの数など、具体的なビッグ・ピボットに向けた行動と給与体系をリンクすることを勧めたい。

ところで、ボーナスやインセンティブ全体の、どれくらいの割合をメガ・チャレンジの取り組みにリンクさせればよいだろうか？　もちろん、大きければ大きいほどいい。フェアマウント・ミネラルズという中堅の鉱業・採石企業は、この問題の限界に挑んだ企業である。彼らは、社内のイノベーション・イベントのあと、サステイナビリティ関連のＫＰＩ（重要業績評価指標）の結果を、**全社員**のボーナスの五〇パーセントの評価対象とする、という目の玉の飛び出るようなルール改定をしたのである。

ＣＥＯのチャック・ファウラーが言う。「日常の業務のなかにサステイナビリティを埋め込むことで、劇的な効果が期待できると考えました」。そしてこのインセンティブはうまくいっている。二〇一二年に、フェアマウントは六〇〇万ドルをサステイナビリティのプログラムに費やし、一一〇〇万ドルの直接的な節約やコスト削減を達成した。差し引き五〇〇万ドルのプラスである。[9]　彼らはまた、コミュニティや顧客とも深い関係を築き、同じようなプログラムを実行してみたい、という声に応えてアドバイスをしている。

フェアマウントはサステイナビリティ戦略にボーナスの五〇パーセントを紐づける、という基準を打ち立てた。このレベルに肩をならべられる企業を、私は他に知らない。しかし、大企業中の大企業、ウォルマートをはじめとするいくつかの大企業も、ビッグ・ピボットへのアクションに対して報酬を提供しはじめている。

ウォルマートが抱える一〇万社にのぼるサプライヤーたちは、この「小売りの巨人」が、彼らの環境パフォーマンス改善を望んでいることを知っている。そしてこのプレッシャーは、何千という製品がつくられ、梱包され、売られる過程を変えた。しかしそれでも、サプライヤーたちは重要な、そして真っ当な、ある不満を繰り返し口にする。「数十億ドルの購買力を持った調達マネージャー、すなわちウォルマートのバイヤーたちは、取引を決めた時点ではサステイナビリティを考慮に入れていなかった」というのである。

ウォルマートの役員であるジェフ・ライスによれば、サプライヤーたちは、「いろいろな質問もけっこうだが、その情報に基づいた行動がともなわなければ意味がない」と言っていたという。彼らにとっては、ウォルマートはそれでもほぼ価格で取引を決める、という頭があったのだ。しかしいまや、ウォルマートのバイヤーは、ナイフのように鋭いコスト意識に加えて、購買を決定するときに製品の環境・社会面のパフォーマンスも考慮しなければならない。そうでないと、査定やボーナスが下がる恐れがあるのだ。[10]

消費財のサステイナビリティ向上を目指す国際的な団体であるザ・サステイナビリティ・コンソーシアム（TSC）のデータをもとに、ウォルマートはさまざまな製品カテゴリーにおいて、バリュー・チェーン上の負荷のホット・スポットを洗い出した。たとえば炭酸飲料では、水とエネルギー消費の削減を図るのに最適な場所は、川上のサトウキビ生産の現場である。次に、TSCの製品カテゴリー別の測定基準を使い、サプライヤーがそれらのホット・スポットにどう対処しているかを評価する。バイヤーはいまや、ホット・スポット情報とそれぞれの製品カテゴリーを卸しているサプライヤー同士のパフォーマンスを比較して、毎年の人事考課の対象となるサステイナビリティの目標を立てなければならないのである。

最初にパフォーマンスの目標を設定したのは、ノートパソコンのバイヤーだった。ライフサイクルベースでのコンピュータの明らかなホット・スポットの一つは、製品使用時の電力消費である。ほとんどのノートパソコンはデフォルトの電力消費管理機能を持っていて、スリープモード（スリープモードがある場合であるが）やスクリーンを暗くする頻度などが設定されている。しかし、ウォルマートが購入していたモデルのうち、あらかじめ消費電力が最小化されるモードに設定されていたのは、わずか三〇パーセントだった。もし消費者が自分で工場出荷時の設定を変えるのがふつうであれば別にそれでもいいのだが、ウォルマートが独自に行った調査では、ほとんどのユーザーは工場出荷時の設定を触ることは一度もない、という結果が出ていた。

そこで、ノートパソコンのバイヤーは、店頭にならぶノートパソコンの内、消費電力があらかじめ最小化に設定されているものの割合を、三〇パーセントから一〇〇パーセントにする、という目標を立て、これを二〇一三年に達成した。ここから、三〇〇種の製品カテゴリー、アメリカにおける売り上げの六〇パーセント（一六五〇億ドルの売り上げ相当）をカバーする何百人ものバイヤーに適用される、データ主導、負荷認知型のパフォーマンス目標が始まったのだ。

このインセンティブの変更は、小さなものではない。ウォルマートのライスによれば、バイヤーの査定評価の目標は、項目数としては厳選されていて多くはないものの、年次考課で一つ一つが細かく検討されるということである。サステイナビリティ関連のパフォーマンスがすべての評価を決定するわけではないが、仕事をする上での行動に影響を与えるほどには十分な重みがあると言えよう。

インセンティブが与える影響は大きい。そして、それに応じて企業カルチャーは変わっていく。パフォーマンス評価の方法の変更などの業務上の改善は骨が折れるし、セクシーさのかけらもないかもしれない。それでも、その結果が深く浸透していく可能性は大きいのだ。

システムの「ゲーム化」――社員の行動やアイデアを評価し、楽しくご褒美を

私はビデオゲームの第一世代だから、最初はアタリ（アメリカのゲーム会社）、その後は任天堂のゲーム機の前で何時間も過ごして大きくなった。だから、寝食を忘れることを「エンゲージド」と言うなら、私にとってゲームはエンゲージングだった。しかも、以前ならオタクと思われていたものが、いまや

おしゃれだし、メインストリームだ。たとえばｉＰｈｏｎｅやｉＰａｄ用の人気ゲーム「アングリー・バード」は、一〇億回もダウンロードされた[11]。目の玉が飛び出るような数字だ。いまや、最も人気のあるゲームの売り上げは、超大作映画の売り上げを凌ぐのだ。

ビジネス界はこのような巨大な現象を目の当たりにし、その利用方法を考え中だ。たとえば、トヨタとＧＥは社内のエネルギー削減のゲームを開発し、部署を超えたチームを結成させて「宝探し」をさせた。その結果ＧＥは一億五〇〇〇万ドル相当のエネルギー削減機会を見出し、他の企業があとにつづくのを支援している。ＧＥキャピタルは、ExoPackという中規模の梱包会社と組んで「宝探し」を行い、年間四五万三〇〇〇ドルのエネルギーコスト削減の機会を発見した[12]。

企業はいまや、ゲームのツールや中毒性を、他の環境にも移植しようとしている。つまり、「ゲームの機能を非ゲーム的な文脈で」（ウィキペディアよ、素敵な説明をありがとう）使い、ポイントやバッジを貯めたり、レベルや棒グラフで進捗を計ったり、人々の行動に対する見返りとして仮想通貨を導入したり、というテクニックを活用しているのだ。**ゲーミフィケーション**と呼ばれるこれらの戦略は、しだいに大きなビジネスになりつつある。

企業や組織は、人々にあたらしいスキルを教え、イノベーションを奨励し、モチベーションを高め、人材を確保するためにゲームを利用している。――米軍は、「アメリカの軍隊」というリクルーティングのためのオンラインゲームを開発した。また、ゲーミフィケーションのスタートアップであるプラクティカリー・グリーン（ＰＧ）は、社員が職場でも家庭でももっとグリーンなことができるように支援する、サステイナビリティ・エンゲージメントのプラットフォームを提供している。参加企業の社員は、システムにログインし、行動することでポイントを稼ぎ、同僚から賞賛の声を受け取り、そしてご褒美をもらう。

PGの創始者でCEOのスーザン・ハント・スティーブンスは、ゲーミフィケーションという現象を専門家の立場からフォローしており、企業にとって本当に有効なエンゲージメントプログラムの特性について、正鵠《せいこく》を得た見解を持っている。「いいプログラムというのは、アクセスしやすく（PCからも携帯からも）、計測できて、エンゲージメントを高めるものでなければならない」と彼女は言う。「結果を計測できなければ、投資を正当化することができない。エンゲージメントプログラムと、それがもたらすビジネスの結果を、結びつけられないとだめです」[13]

いみじくもPGのクライアントの一社は、カジノの大手シーザーズ・エンターテイメントである。シーザーズはPGのプラットフォームを、「コード・グリーン」というエンゲージメントプログラムの一環として使っている。お察しの通り、カジノのディーラーたちが、自分たちの暮らしや職場をよりグリーンにすることでポイントを稼いでいるのである。シーザーズの役員であるグウェン・ミギタによると、シーザーズは、はじめは社員が家庭でエネルギーと水の消費量を減らすことを奨励するためにこのプログラムを使いはじめた。すると、参加者は平均して一年間の水道光熱費を四〇〇ドルあまりも減らすことができたという。[14]

そこでシーザーズは、自社のコード・グリーンプログラムとPGのプラットフォームを使って、ビジネスを改善するためのアイデアを募ることにした。そして、二つの具体的なアクションに対して、社員にポイントを与えることにした。「職場での省エネのためのビッグなアイデアを出すこと」と、「自分の持ち場でエネルギー監査を主導すること」である。一つめは、オープン・イノベーションの好例であり、いくつかのすばらしい新プログラムを生み出した。ある社員は、シーザーズがオンラインの仮想倉庫をつくり、状態のよい冷蔵庫、家具、カトラリーなどの中古品を廃棄したい不動産所有者が、それらの製品を掲載することで、他の不動産所有者に無料で引き取る機会を与えてはどうか、と提案した。これは、いまやふつうに見かけるようになった企業間のコラボ消費の先駆けともいえる、気の利いたアイデアである。

社員が前向きに参加し、貢献することは、シーザーズにとって重要なことである。シーザーズのCEOであるゲーリー・ラブマンは、環境・社会の優先事項を「企業のDNA」に統合することの難しさと、その目標を達成するための、社員のエンゲージメントの重要性について書いている。「真の統合を達成するには、自然発生的に生まれてくるリーダーたちが必要である」(15)

ゲーミフィケーションは、それをただの面白いゲームで終わらせず、人々を巻き込み、自然発生的なリーダーたちを生み出すのに有効である。シーザーズが行った調査は、興味深い相関関係を示した。コード・グリーンへの参加率が高いホテルほど、顧客の満足とロイヤルティのスコアが高かったのである。

本質的な報酬——仕事に意義を見出す

直接的な支払いのインセンティブはもちろん重要である。人は対価に応じた仕事をするために雇われているからだ。しかし心の奥底で、自分が給料をもらってやっている仕事が、誉められたものではない、と感じているとしたら？　逆に、人々の価値観とインセンティブが一致していたならば、どんなパフォーマンス、あるいは幸せや達成感が、そこからあふれ出してくるだろうか？　もっと具体的に考えるために、ウォルマートのノートパソコンのバイヤーの話をもう一度思い出してみよう。自分の行動のおかげで、何百万人ものノートパソコンユーザーが電力消費を減らし、お金を節約できたことで、彼女は仕事がもっと好きになっただろうか？　よりスマートに、一生懸命働くようになっただろうか？

答えは聞くまでもないだろう。とはいえ、難しいのは、組織の価値観、つまり先述のエドガー・シャインのモデルで言うならば三つめのレベル「信念」と、社員の個人的な価値観が同じ方向を向くようにすることである。ボーナスや人事考課の主要な指標を変える、といった外からのモチベーションだけに頼るのでは十分ではない。いまや多くの企業が、大きな目的とつながって、その目的によって人材を惹きつけようとしている。Bコープは道義的な面にも力を入れる企業の好例であるが、大企業もそのような道を模索するようになってきている。サビッツは、ペプシコの「目的あるパフォーマンス」というミッション・ステートメント、あるいは企業として大事にする価値を公言し、その価値を支える行動によって人材を惹きつけているスターバックスなどの例を強調する。

つまり、変化するには、プライベートと仕事、あるいは社内の価値観と外に向けた行動のあいだに乖離がないような職場をつくるといった、ソフト面での企業カルチャーづくりも必要だということになる。それは、インセンティブを実際に変えることと、社員の意見を真に尊重し、あたらしい意見やあたらしいビジネスを出させることの両方を通して、意義のある仕事、チームワークの精神、そして大きなアジェンダに対する当事者意識などを醸成していくことを意味する。これらの変化は、ボーナス体系の変更だけの場合に比べて、ずっと深いエンゲージメントをつくりだすだろう。

ところで、もしあなたが企業のフォーカスや価値観を変えようとして、シャインのモデルの「行動」と「言動」のレベルを変えはじめたところ、そのあたらしい考え方が、一部の人にそぐわなかったとしたら？　ジム・コリンズがその著書『ビジョナリーカンパニー2――飛躍の法則』（山岡洋一訳、日経BP社、二〇〇一年）で述べている言葉を借りるなら、あなたは「適切な社員をバスに乗せる（そして合わない人を降ろす）」必要がある。[17] 事実、ピボットを始めたら、社員が何人か辞めたというリーダーもいた。

ある小さな企業のCEOは、有害物質を使わずに製品をつくり、負荷を劇的に減らす、というあたらしい戦略を進めようとしたところ、主戦力の営業担当のうち何人かの抵抗にあった、という話をしてくれた。それでも、ほとんどの社員はその変化を受け入れてついてきたそうだ。なかには長年働いてきた社員がこの変化についていけず早期退職をしたケースもあったが、彼は自分の息子には就職先としてその会社を薦めたのだそうだ。

小さい体に、大きなインパクト

子供たちは、ピボットのモチベーションを上げるのに重要な役割を果たすことがある。だから、メガ・チャレンジについて、子供たちと話をするよう、みなに呼びかけよう。ウォルマートのあたらしいCEOドグ・マクミランは、ウォルマートが設立した会員制スーパーマーケット、サムズ・クラブのCEOをしていた二〇〇七年当時、サステイナビリティに関する何冊かの本を読み、大きな影響を受けた（そのなかには、拙著『グリーン・トゥ・ゴールド』（既出）も含まれている）。

ある日マクミランは、彼の一一歳と一四歳の息子に、ウォルマートはグリーンな取り組みに力を入れるべきだろうか、と聞いてみた。こんな答えが返ってきた。「はあ？　僕たちに地球は必要でしょ」。話はこれだけで終わったのだが、これがマクミランのプライベートな価値観と仕事をつなげるきっかけとなった[16]。同じような話を、多くの経営陣から聞く。こういった家族との個人的な出来事というのは、人に深い影響を与えることが、往々にしてあるのだ。

カルチャーを力で変える——CSRのお葬式

数年前、ナイキの役員たちは、環境・社会問題においてナイキは進歩をとげているものの、まだ十分ではないと考えていた。彼らはもっとできると確信していたし、グリーンな原理原則を企業のイノベーションのアジェンダの中心にするべきだと思っていた。そこで古い考え方から脱却するため、「故意のナラティブ☆のシフト」を試みた。これはナイキ版のビッグ・ピボット的アプローチと言える。

CSR（企業の社会的責任）チームはジャズ・バーに行き、それまでの姿を葬り去るための「お通夜」を執り行った。よりビジネスの根幹に関わる役割を果たすため、「CSR＝社会的責任」という名前を使うのをやめたのである。そして、灰の中からあたらしく生まれ変わったチームに「サステイナブル・ビジネス・アンド・イノベーション」という名前をつけ、「ナラティブのシフト」を積極的に社内で促進しはじめた。サステイナブルなイノベーションをビジネスのなかにしっかりと組み込む、という全社的な決定が、チームの士気を一気に高めたのである(18)。

中規模の殺虫剤と蚊駆除サービス企業であるクラーク・エンバイロメンタルは、本質的なレベルでのビッグ・ピボットを二〇〇八年に始めた。創立者を祖父に持つCEOのライエル・クラークは、今までとはやり方を変えなければならない、と感じていたのだ。それを何と呼べばいいのかわからないものの、彼は自分の会社をあたらしく、よりクリーンで、よりよい道へと進めたかったのである。そこで彼は

☆訳注：実感に基づいた自分自身についての語り方（物語）。ナイキのCSRチームは、自分たちについての語り方を、意図的に変える試みをした。

経営陣をプールサイドに連れだし（もちろん水着を着て。ホッ）、彼と一緒に水のなかに沈んでくれるよう――文字通り潜水という意味である――頼んだ。水のなかに潜ることで、気持ちをリセットしようとしたのである。(19)

このミーティングと、世界中に散らばった小さな事務所の担当者までが招待された会社初の全員参加のイベントで、クラークの社員は、自分たちのビジネスとカルチャーの内面に向きあうことになった。そして全員で、これからどうなりたいのか、何がその障害になっているかを真剣に考えたのである。ビッグ・ピボットを始めようとすることは、自分の今の立ち位置を確認することであり、これからの方向性を確認することであり、どんな障害が立ちはだかっているのかを理解することである。お通夜やプールへのダイブはもちろん必須ではないが、この二つのシンボリックな行動は、明らかに人々をあたらしい考え方へと向かわせた。

▽実践編

エンゲージメントを高めるためにとる道は、企業それぞれだろう。具体的なインセンティブなどの外からの報酬と、達成感や目的意識を醸成する企業カルチャーの変化といった内側への報酬をどう組み合わせるかは、組織によって違うはずだ。自社の事業とより大きな一連の目的が自然につながっているなら、具体的な報酬にはそれほど頼らなくてもいいかもしれない。しかしそれでも、すべての企業が多少なりとも構造的なインセンティブを変えなければならない。その面でのやるべきことリストは、そんなに複雑ではない（それを実際に実行に移すためには、いろいろ課題はあるかもしれないが）。

1　最高経営（Cレベル）幹部のストックオプションやボーナスの仕組みを変える

トップへのインセンティブの支払いをより長期的にすることで、大局的な考え方に対する報酬を提供する（長期的な受給権、ペイアウトの延長、インデックス条項付きオプションなど）。

2　環境・社会問題を、社員全員の主要な査定指標やボーナスに入れ込む

フェアマウント・ミネラルズは、ボーナスの五〇パーセントをサステイナビリティ戦略に紐づけることで先陣をきっているが、シェルも役員のボーナスの二五パーセントをサステイナビリティKPIに応じて査定している。ビッグ・ピボットを実効的なものにするには、このくらい大きな割合が必要であろう。

3　事業責任者が行う人事考課の指標に、サステイナビリティに関する目標を加えることを義務付ける

現場のボーナスにも、長期的な価値創造やフットプリントの削減のための「主要な指標」の達成度を紐づける。

4　根本的に異次元なイノベーションに対する報酬の仕組みをつくる

最も突拍子もないアイデアや根本的なレベルで異次元なイノベーションに見返りを与えよう。失敗してもよいのだ。第7章で紹介した会計ソフトメーカー、インチュイットの「ホームラン賞」を思い出そう。

5　いろいろ試し、速やかな失敗を奨励する

異次元のことを、リスクの少ない小さなスケールでいろいろと試してみて、うまくいきそうなものに大きく投資する。またジム・コリンズの例を出すが、彼はモートン・ハンセンとの共著『ビジョナリーカンパニー4――自分の意志で偉大になる』（既出）のなかで、「まずふつうの弾を撃ってみよ。大砲を撃つのはその後だ」と言っている。

6　すべての社員のエンゲージメントを高めるために「ゲーミフィケーション」で競争を取り入れる

社員に自社のパフォーマンス改善のためのアイデアの提供やアクションを呼びかけ、それを楽しいものにしよう。人は負けず嫌いだ。ペプシコのシカゴ事務所は、三カ月に渡ってフロア対抗のエネルギー削減競争をやり、全体で一七パーセントも電力消費量を減らした。優勝したフロアは三一パーセントも減らしたという。[20]

7　社員のアクションを大きな課題に結びつける

シーザーズのミギタは、客室清掃員のエンゲージメントを高め、小さな行動（たとえば、使用済みの石鹸を捨てないでちゃんと回収することなど）が大きな世界のためにいかに重要であるかを理解してもらうために、彼女がしている努力について話してくれたことがある。「彼らに、使用済みの石鹸がハイチやメキシコの人たちの健康を守るために再利用されているビデオを見てもらったら、みんな涙を流していました[21]」

8　すべての人々のアイデアを募る

人が仕事に満足を最も感じるのは、きちんと評価されたり、意見を聞いてもらったりしたときである。一番いいアイデアは、問題に一番近い人たちから出てくることも多いのだから、最前線にいる人たちの意見を聞こう。

9　達成を祝い、功績を称えるために、進捗を記録する

アメリカ郵便公社は、エネルギー、廃棄物、水などの削減を目的とした社員主導のイニシアチブをすべて細かく計測していた。その計測により、イニシアチブが年間五二〇〇万ドルのコストを削減していたことがわかり、社員の功績として発表することができた[22]。

10 早めに、そして頻繁に人事部を巻き込む

この問題には、もっとページを割くべきだったかもしれないのだが、上に挙げた項目はどれも、人事部の戦略的な考えや指導がなければなしえないものである。人事部は、サビッツの言葉を借りれば、「企業カルチャーを広める人々であり、組織変革のファシリテーターであり、社員の行動を形づくり、やる気を起こさせる専門家である」[23]。我々は、人事部が環境・社会に配慮した考え方を、採用活動、研修、業務内容、評価、そしてボーナスやインセンティブに取り入れることができるようにしなければならない。

一人一人がグリーンな課題を真剣に考えるようにするにはどうしたらいいのか、という質問をされることがよくある。だいたいの場合、答えるかわりに私はシンプルな質問をする。「あなたの会社の社員は、何をして給料をもらっているのですか？」。もちろん極論ではあるが、これはシャイン・モデルに対するサビッツの解釈のレベル１「行動」の肝であり、その下にひそんでいるレベル３「信念」を透かし見ることを可能にする質問である。しかしもっと重要なことは、もし我々が社員のメガ・チャレンジへの取り組みに**対価を支払わない**なら、それらの問題は、自社のビジネスの成功の中心ではないのだ、と宣言していることになりはしないか、ということだ。重要な問題には、言葉で「重要だ」と言うだけでなく、ちゃんとお金を出さなければならない。

まずは外側からのインセンティブ、アクション、宣言などを変えることで、少しずつ信念を変えてい

くことは可能である。食べたり運動したりといった生活習慣の変化に関する調査結果の多くが、人生におけるピボットは、目に見える具体的な変化から起こっていることを示している。早起きして走ることを二、三カ月つづけられれば、それを習慣にできる確率はかなり高くなる。

外からのインセンティブを変えるほかに、社員を仕事をとおして企業の大きな目的につなげることも変化を起こす——もしかしたら外からのインセンティブよりも大きな結果をもたらすかもしれない。外側からと内側のモチベーションを**組み合わせる**ことが重要な鍵なのだ。ちなみに、ビッグ・ピボット型の組織がいかに人材を引きつけているか、という証拠の一つとして、巨大なビジネスネットワーキングツールであるリンクトインが、何十億ものやりとりからはじき出している「最も働きたい企業」のリストを見てみよう。この本で最も多く取り上げている企業、ユニリーバは、「最も働きたい企業」世界第三位だ。その上には現在世界中でも最もホットで価値のある企業とされるグーグルとアップルしかない。ユニリーバは、ディズニー、ナイキ、コカ・コーラ、マッキンゼーといった超有名ブランドよりも上なのである。[24] もし、長期的な視点やメガ・チャレンジの解決に基づいて社員に対価を払うようになれば、そして彼らの業務と大きな目的をつなげることができれば、常に長い目でマネジメントを行う組織をつくることができる。そのような首尾一貫性は組織にさまざまなプラスをもたらすことになるだろうし、それができる企業が、市場で大きな力を持ってくるはずだ。

人々が企業と自分の価値観とのあいだの不一致をまったく感じず、しがらみやおきてに縛られることなく仕事ができる状況にあるときの力は、侮れない。見逃すなかれ。

Redefine Return on Investment to Make Better Strategic Decisions

第９章
ＲＯＩを再定義する
社内に炭素税を課すマイクロソフト

数年前、ユニリーバはリプトンのブリスク・アイス・ティーというブランドの宣伝のため、ラッパーのエミネムを起用して、この大スターに似せたクレイアニメーションのＣＭスポットを製作。二〇一一年のスーパーボウル☆で放映した。タレント、アニメーション制作、放映権などすべてを入れると、トータルの費用はどれくらいになったのだろう。誤解を恐れずに言うなら、ものすごい額だっただろう。では、このマーケティング企画に対するＲＯＩ（投資対効果）はどのくらいだったのだろう？　投資回収額は、正確にどのくらいだったのだろう？　これは絶対に答えの出ない質問である。そして答えが出ないという事実がすでに、何かを物語っている。

☆訳注：毎年２月に行われるスーパーボウルは、アメリカで最も視聴率の高いイベントとも言われており、各社が膨大な資金を投じてこぞってあたらしいＣＭを解禁するのがならわしになっている。ここで放映されるあたらしいＣＭを楽しみにするファンも多く、次のトレンドを決めるＣＭの人気投票としての役目も担っている。

スーパーボウル広告のROIは？

企業は、投資に対する正確な見返りがわからない状態で、重要なビジネス上のあたらしい取り組みに対して巨額の支出をしている。マーケティング、R&D、新規市場参入などを考えてみるといい。スターバックスの中国第一号店を開店するにあたってのIRR（内部収益率）はどのくらいだったのであろうか？　我々はそれが明確にどれくらいであるか知らないが、そういった不確かさを、戦略的な決定や予算組みの常として受け入れている。それならば、プロジェクトにサステイナブル、あるいはグリーンというレッテルを貼ったとたん、経営陣が正確なROIの計算と、事業の正当性の証明を要求してくるのはなぜなのだろうか？　グリーンであることは、現行のビジネスでは、「無害」と証明できない限り、「有罪（金食い虫）」とみなされてしまうのだ。

しかし、多くのグリーンな投資は、「証拠不十分で無罪」**どころではない**評価に値するはずだ。キンバリー・クラークの元役員であるスハス・アプテが指摘したように、「エネルギー削減のためのプロジェクトは、確実性がある」。つまり、そのようなプロジェクトは、結果が完全に予測できるのだ。一方で、マーケティングの企画は驚くくらい不確定要素が大きい。アプテは問いかける。「だったらなぜ、我々はマーケティングのプロジェクトと効率化アップのためのプロジェクトの投資額と費用対効果を、同じものさしで見積もってしまうのだろうか？」。実際、キンバリー・クラークのCFOであるマーク・

バスマンは、投資プロジェクトのタイプによって、大きな違いがある、と認めている。「再生可能エネルギーへの投資のＩＲＲは、自社の典型的な設備投資型のプロジェクトに比べて、リスクが低い可能性は十分にある(1)」

ここでもう一度、スーパーボウルに戻ってみよう。私はユニリーバとエミネムの例を、ほんの小さなことを指摘するのに使っている。つまり、ユニリーバのようにビッグ・ピボットにおけるリーダーシップを発揮して私を感嘆させているような企業でも、多くの面で定石を出ようとしていない、ということだ。彼らはしばしば、その賭けの結果が吉と出るか凶と出るかわからないままに巨額の投資を決定している。これらの闇雲な投資は、長い間、特にマーケティングにおいて「当たり前」であった。一九世紀の「世界の百貨店王」ジョン・ワナメーカーが言ったとされるとおり、「広告に使っているお金の半分は無駄になっている。困るのは、それがどっちの半分かわからないことだ(2)」。

私も元マーケティングのマネージャーだから、ブランド構築のためにお金を出すことに何ら反対するわけではない。しかし私があらためて問いたいのは、莫大な予算を必要とする超花形の企画が、ほとんど何の疑問ももたれないままに通るのに、企業の長期的な生き残りに関わる戦略的な投資が、――特にそれが環境や社会的問題に結びついているとき――なぜこれほどまでに精査を受けなければならないのか、ということなのだ。

この問題は、この章と次の章の議題の中心に、陰になり日向になり顔を出してくる。ビジネスにおいて価値を形づくっているものはたくさんあるが、それらの要因の多くを、我々はきちんと数値化することができていない。この見落としが、気候変動や資源の逼迫といったメガ・チャレンジを扱うときに大きな問題となっているのだ。

価値を評価されていないもの

もし無料のものがあれば、我々はすぐ使いすぎてしまう。また、数字で計れないものがあったら、その価値を低く見積もる。そうすると、大きなチャンスを見逃してしまったり、リスクがすぐそこに忍び寄るまで気がつかない可能性が高まる。

図9-1は、ビジネスにおける「価値を評価されていないもの」について考えるための、シンプルな枠組みを提案している。一方に経済学者が「外部性《エクスターナリティ》」と呼ぶところのグループがある。これは、企業が対価を支払ったり受け取ったりせずとも、世の中に存在してビジネスに影響（プラスマイナス両方を含む）を与えるものである。そして市場には、これらの価値を評価する仕組みがない。プラスとマイナスのうち、マイナスの影響の典型的

図 9-1　価値を評価されていないもの

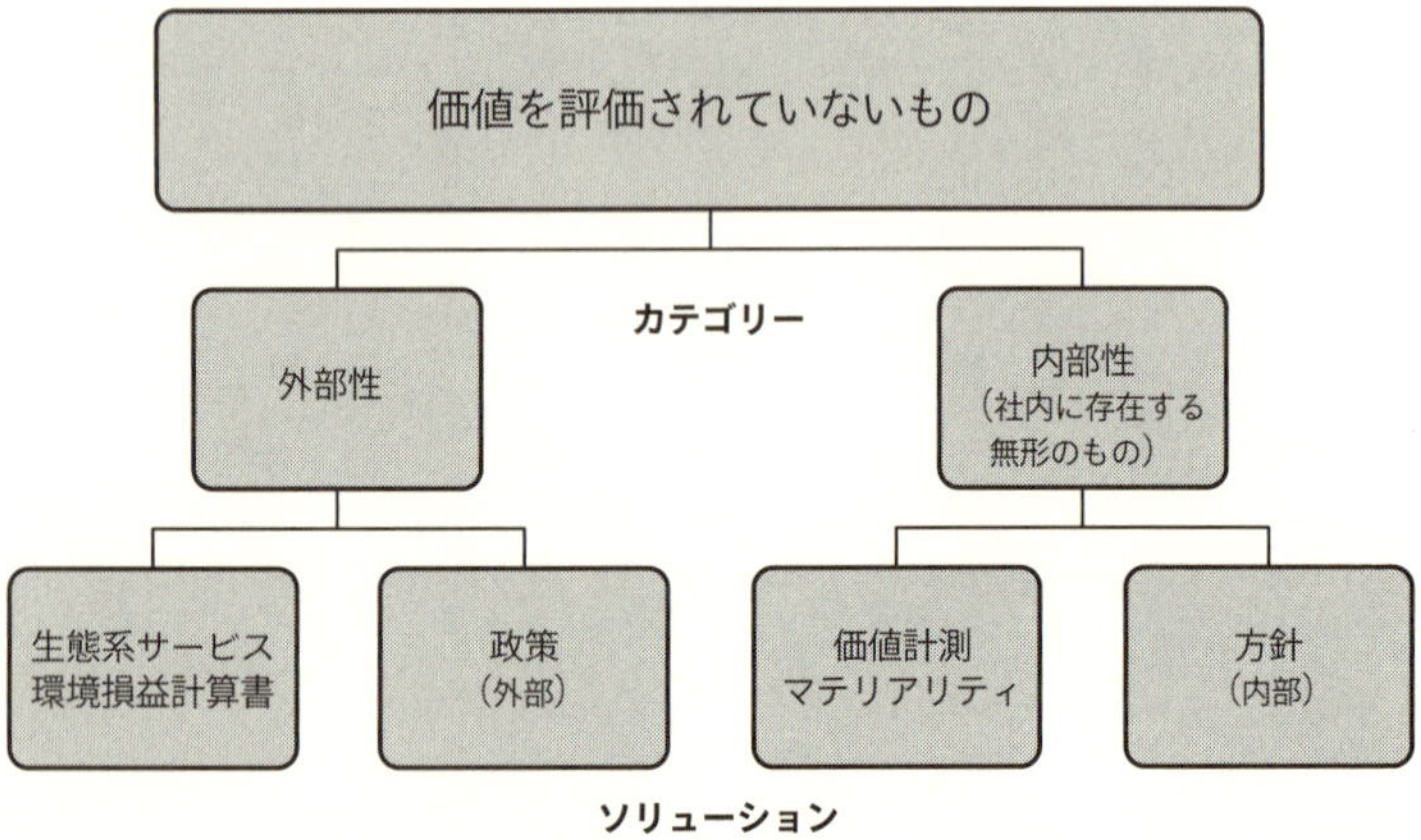

な例は汚染である。一方で、雇用の創出や、特許の制約がない技術の波及（たとえば、プログラマーの世界では、アップルＯＳ向けの「アプリ」の登場によって、新たな経済が創出された）などが、プラスの外部性である。

外部性の価値を測れていないという問題には、大枠で二つの解決法があると思われる。一つめは、社会に対する価値やコストを数値化するための、比較的あたらしい評価ツールを使う方法だ。これを実際に行った優秀な例として挙げられるのは、アパレルメーカーのプーマが、他社の助けも借りて開発した「環境損益計算書（ＥＰ＆Ｌ）」である。これはビジネスが製品をつくるために自然から無償で引き出している資源に値札をつけようとする、科学的な試みだった。二つめは、政府に対してロビー活動などの働きかけをして、外部性のコストが内在化され、有形化するように、外部性に実際に価格をつける方法である（炭素税がいい例である）。これら二つの解決方法については、それぞれ第10章と第11章で詳しく述べる。

「価値を評価されていないもの」の枠組みの図では、外部性の逆側に、今の時点では計測されていないものの、内部的に価値（あるいはリスク）を実際につくりだしているものがある。この強力なグループには、ブランドバリュー、顧客のロイヤルティ、この地で営業してもいいという地元からのお墨付きともいえる社会的営業免許、最高の人材を獲得できる企業の魅力などが含まれている。そして、この計測されていない価値が、いまやほとんどの組織において株式時価総額の大部分になっているのだ。つい最近、わたしは世界の消費財大手企業の財務部門の重役二〇〇人に、このような単純な質問をしてみた。「あなたの会社の市場価値総額の半分以上が、従来型の、財務資本、あるいは製造資本といった有形資産からきている、と考える方はいらっしゃいますか?」)。誰一人手を挙げなかった。

もし、無形価値（製品価格を高く設定できたり、売り上げが上がったり、より生産性の高いクリエイティブな社員だったりという形で、最終的には目に見える価値となるのだが）をもっとうまく計測し、それに投資し、それを創造し、そして刈り取ることができたなら、そのアドバンテージはどれほどであろうか。もしくは、災害時のビジネス・コンティニュイティ・リスク（業務を継続できないリスク）を、他社よりもうまく回避できるとしたら？　予期しないことが起こったとき、レジリエンスに対する投資が、どれくらいの価値を持ってくるだろうか？　そして、予期しないことは常に起こるものなのだ。

このような「社内にある無形のもの」に価値を付与するには、大きく分けて二つの方法がある。一つめは、医薬品や電力・ガスなど、長期的な投資回収を常とする業界が先進的に開発している価値評価の手法と、何がビジネスにとって本当に（特に環境・社会的問題において）「マテリアル（重要）」であるのかを洗い出すためのあたらしいツールや考え方を使う手法である。二つめは、投資決定をするときに使う社内の「方針」やルール、特にＲＯＩを変えることである。

有り体に言って、最初の手法はまだ開発途上である。このあたらしいツールは、たとえばマテリアリティの問題については米国サステイナビリティ会計基準審議会（ＳＡＳＢ）が主導して作業を進めているし、評価の手法を企業の環境・社会的なイニシアチブにどう適用するかについては私のビジネスパートナーでもあるＰｗＣなど大手の会計やコンサル企業が鋭意作成中である。そういう状況なので、今の時点での最善のアドバイスは、この分野を注意深くフォローして、マテリアリティあるいは価値評価といった非常に難しい問題を解決するためのワーキング・グループなどに積極的に参加しよう、ということになる。この分野については、この本の内容に限らず、ベスト・プラクティスが進化する状況を、ブログや白書などを通して私も個人的にフォローしていくつもりだ。

というわけで、この章では、いち企業が自社の裁量内でできる、二つめの方法を中心に述べる。よりよい戦略的な投資をするために、社内の方針をどのように変えるべきなのか、見てみよう。

ROIは再発明されなければならない

ＲＯＩは破綻している。おっと、とうとう言ってしまった。

投資の選択肢を同じ土俵に乗せて比べるという方法は、公平だし、使い勝手もいい。しかしほとんどの企業は、ＲＯＩを利用して多様な価値の総計を計ろうとすることもなく、なまくら刀のように使っている状態だ。ＲＯＩと、それによく似た姉妹版のＩＲＲは、有効な意思決定のためのツールだったはずなのに、いつのまにか精神的な拘束服になってしまったのだ。そして企業は、実際のキャッシュフローのみで測られたインプットとアウトプットによる絶対的な「ハードル・レート」〔投資評価の基準の一つで、最低限必要とされる利回り〕を設定してしまっている。そしてその過程で、ハードル・レートは下回るものの、ただちに目に見える成果であるキャッシュよりも大きな価値を生み出すような戦略的な投資をし損なうのだ。

たとえばエネルギーのイノベーションは、ビジネスリーダーたちをジレンマに陥れる。再生可能エネルギーを増やして炭素排出を減らしたいと思ったとしても、全体のエネルギー需要のかなりの部分を再生エネルギーに変えるために必要な投資水準を常に正当化できるとは限らないからだ。たとえば、自社で再生可能エネルギーのシステムを設置することは、既存の会計手法に照らしても**確実に**コストを回収できるが、社内の典型的な二年のハードル・レートよりは時間がかかるかもしれない（再生可能エネルギーの投資回収期間はかなりのスピードで短くなっているが）。

さらに、投資というものは、ふだんは測られることのない価値をも生み出す。化石燃料への依存を減らせば、エネルギー価格の変動からくるリスクを抑えることができるし、エネルギーの変動費用をほぼゼロ（CFOにとっては心温まる数字だ）にできるので、事業計画も立てやすくなる。このような投資によって、自社のエネルギー消費を少しでも既存の送電システムから外しておけば、エネルギー市場における大きな変動や、異常気象によるエネルギー入手状況の急な変化へのレジリエンスを高めることができる。クリーンなエネルギーへの賢い賭けをすることは、コンテクスト・ベース・メトリックスを推し進めるNPO、センター・フォー・サステイナブル・オーガニゼーションの創立者であるマーク・マケルロイが「エコ免疫《エコ・イミュニティ》」と呼ぶところのリスク低減につながる。(3) しかし、こういったレジリエンスにまつわる価値は、今のところ従来型のROI計算書には含まれていない。

再生エネルギーやその他のグリーン・イニシアチブに対する投資は、売り上げのアップという直接的な価値を生み出す可能性もある。コストも炭素排出量も抑えていることを消費者や潜在的取引先にアピールできれば、指定業者として契約を取れるチャンスが上がるかもしれないのだ。いまやほとんどのグローバル企業が、サプライヤーを選ぶときには炭素排出のパフォーマンスも評価する、と言っている。そして、ＣＤＰのサプライ・チェーン会員の三九パーセント——カルフール、ＨＰ、ジョンソン・エンド・ジョンソン、ネスレ、ペプシコ、ソニー、ユニリーバなど、壮大なバリュー・チェーンを持つビッグネームを含む——が、きちんとした炭素マネジメントシステムを導入していないサプライヤーは、**切る**と答えている。[4]

人材採用についてはどうだろうか？　人材市場もグローバル競争にさらされている今の時代には、正しいことをやっている企業は最高かつ優秀な人材を獲得することができる。つまり、こういった投資が、悪い投資であるはずがない。それにもかかわらず、事業に対する価値貢献がすべて数値化されるわけではないために、他と比較するとぱっとしないように見えてしまうのだ。リスクを減らし、ブランド力を構築し、潜在的売り上げを上げ、最高の人材を引きつける、といった価値は、計測するのが難しいからといって実体がないわけでは、まったくない。

レジリエンス、リスク低減、売り上げアップへの期待、質の高い採用、といった大きな価値は、一つとして今のＲＯＩの計算には載ってこない。我々は「**Ｉ**（投資）」側を計測するのは大得意だが、「**Ｒ**（リターン）」のほうの計測は、まるでできていないのである。

しかし、このジレンマは解決不能ではない。長期的に最善となるような決定を導き出せるように、ＲＯＩのプロセスや定義を調整する方法を、企業が見つけることができるとしたら？

▽実践編

それでは、さまざまな計測できないメリットをもたらすような長期的投資について、よりよい戦略的決定をするためには、企業は何をすればよいのだろうか？　五つのアプローチを紹介しよう。

1　グリーン投資のための予算を別枠で取っておく

非常に単純な戦術であるが、あなたの会社がよりサステイナブルになるための投資に、ある程度の予算をあらかじめつけておくという方法は効果的だろう。たとえば化学企業のデュポンや建材メーカーのオーウェンス・コーニングは、設備投資予算のうちの一パーセントから一〇パーセントをエネルギー効率改善のための企画に充てている。ジョンソン・エンド・ジョンソンは社内に炭素削減ファンドを設置して年間約四〇〇〇万ドルを確保しており、[5] マネージャーたちは、省エネと再生エネルギー両方のプロジェクトへの投資のための資金を申請できる。このようにあらかじめ予算をよけておかなければ、省エネプロジェクトなどといったものは、壊れて修理や買い替えが必要な何かや、最先端で今をときめく製造プロセスの導入など、もっと緊急性があるように見える企画に席を譲る羽目になる可能性が往々にしてある。一見して地味で面白みがなさそうな分野にもある程度の予算を義務化しておけば、今まで見過ごされていたようなイノベーションやあたらしいアイデアの発見につながるだろう。また、そうしておけば、重要な（そして、利益にもつながる）プロジェクトが、緊急性の高いプロジェクトに常に負ける、という状況も回避できる。

2　ポートフォリオ形式をとる

グリーン・プロジェクトをグループとしてまとめることでより多くの予算を投資できる、というパワフルなやり方を発見した企業もある。ダイバーシィという洗剤メーカーは、炭素削減計画のもとで実行するプロジェクトに対して二つのハードルを設定した。投資回収期間が三年以内であることと、炭素一メガトン排出回避当たりにかける費用に上限を設けることである。照明の入れ替えから太陽光発電パネルの設置にいたるまで、約一二〇件の企画のうち、両方のハードルをクリアしたのはわずか三〇件だけだった。しかし一方で、約六〇のアイデアは、二つのハードルの内一つだけはクリアした。

そこでダイバーシィは、それらの九〇件をまとめたポートフォリオを作成した。企画は、低予算で簡単にできるが効果が局所的なもの（低い枝になっていてすぐ手の届く果実《ロー・ハンギング・フルーツ》）から、予算が大きく投資回収期間も長くなるが、システム全体の効率化が期待できるもの（高い枝になっている果実《ハイ・ハンギング・フルーツ》）まで多岐に渡っていたわけだが、単独ではコストと効果のバランスが悪いアイデアを組み合せることで、全体として両方のハードルをクリアするというアプローチをとったのである。その結果、すぐ手の届く企画のそのまた一部だけを単発で実行するよりも大きな利益につながり、炭素削減の目標を八パーセントから二五パーセントに上方修正し、正味現在価値（ＮＰＶ）を引き上げることができた(6)。

このようなポートフォリオ形式は、八〇パーセントの炭素削減など、非常に大きな効率改善の目標を立てる際に欠かせない。こういうふうに考えてみるとわかりやすい。もしプロジェクトを組み合わせないで、投資回収期間が最も短い単独プロジェクトだけを実行したなら、来年には早くも壁に突き当たってしまうだろう。もう少し難易度の高い（手の届かなそうな）プロジェクトの一群は、今のような単純化されたROIの計算では、ハードルを越えることができないからだ。スキーリゾート経営企業のアスペン・スキーイング・カンパニーのサステイナビリティ担当副統括責任者であるオーデン・シンドラーが言うように、「簡単にもげる果実ばかりを狙ってうまくやってしまったことが逆に自分の首を絞め、そこから先に進めなくなってしまう」のだ。(7)

3 ROIやハードル・レートを公式に変える

従来よりも低いROIをあれこれ試してみているリーダーもいる。設備投資で言えば、ユニリーバは、設備投資の検討には環境評価を義務付けており、その結果によっては、より低いハードル・レートが設定される。工業の大手3Mは、汚染防止のためのプロジェクトについては、ハードル・レートをしばしば三〇パーセントから一〇パーセントに下げている。(8) ある大手の食品・飲料会社は、サステイナビリティ関連の投資のハードル・レートを、二〇パーセントから一〇パーセントに下げている（ただし、設備投資の一五パーセント以内に収める）。こういった社内の方針は、もちろんどこからともなく出てくるわけではない。財務組織のトップから降りてくる必要がある。

これらのコミットメントは、最終的には投資額を回収するはずだ。一〇年ほど前、スウェーデンの家具小売りイケアは、投資回収に一〇年から一五年もかかるような太陽光発電への投資を承認しはじめた（実際には、技術と生産能力の急速な進化により、それよりも投資回収期間ははるかに短くなった）。いまやイケアは、一五〇ギガワット時〔一時間になされる仕事量を表す単位〕以上の再生エネルギーを発電し、小売店と配送センターの電力の約一二パーセントをまかなっている。[9]

ピボットのサイン――アクゾノーベル

欧州の化学企業アクゾノーベルでは、五〇〇〇万ドル以上の設備予算要求は経理担当管理者とチーフ・サステイナビリティ・オフィサー（CSO）の両者に上げられ、CSOがプロジェクトの環境評価をする仕組みになっている。[10] CSOに、投資に関してCFOのような権限を与えることは、ビッグ・ピボットのサインの好例である。

4　ROIやハードル・レートを戦略的に変える

ケチで有名なウォルマートであるが、カリフォルニアの七五パーセントの小売店で再生可能エネルギーを購入している。彼らは通常は二年というハードル・レートをクリアしたプロジェクトしか実施しないというが、ビジネス戦略とサステイナビリティのシニア・ディレクターであるフレッド・ベドールは、ウォルマートのグリーンな電力への投資をこのように表現する。「すべてのサステイナビリティ関連の投資にROIを計算しますが、同時に、その投資が我々に何をもたらすのか、ということも見ています。太陽光発電に対する長期的な投資は、先々スケールアップによるメリットをもたらしてくれます(11)」

つまりベドールが言っているのは、ウォルマートほどの大規模ユーザーが参入すれば、太陽光発電マーケットの規模は拡大して将来的なコスト削減につながるだろう、というシナリオを見込んで投資を決めた、ということである。もちろん同時に、無償で電力を手に入れる、という変動費用におけるメリットも即時に回収できる。ウォルマートは、グリーンな電力に関する取り組みのROI要件を変更して、より広い意味での価値を反映できるようにしたのだ。

公式であれ非公式であれ、ハードル・レートを変えるにはトップの裁量が要る。経営陣は、投資する価値のある案件のなかには、投資回収期間が長くなるものもある、ということを認識しなければならない。携帯電話会社スプリント・ネクステルのCEOであるダン・ヘッセは言う。「環境関連投資の多くは、プラスの正味現在価値（NPV）を持っているが、投資回収期間については例外扱いをしなければならない(12)」。ここでも、目あたらしい話は何もない。――企業は、マーケティングやR&Dといった分野ではしょっちゅう例外をつくっている。その戦略的なロジックをグリーンなプロジェクトに当てはめる、という部分があたらしいだけだ。

5　社内的に炭素に価格をつける

二〇一二年、マイクロソフトは世界中の全事業所とデータセンターにおいて、炭素排出一トン（ほとんどは電力使用による「間接的」排出）ごとに排出料の課金を始めた。二〇一三年中期までに、全社で一〇〇〇万ドルを集め、その金額はカーボン・オフセットや社内の省エネプロジェクト、再生可能エネルギーの直接購入などに充てられた。——マイクロソフトは、テキサス州フォート・ワース近くにある、一一〇メガワット規模の風力発電ファームで発電された電力を全量買い取る（二〇年間）という契約をしている。[13]

ディズニーはその三年前、（1）会社のカーボン・フットプリントを減らし、（2）すべての事業におけるイノベーションにインセンティブを与える、という二つの目的を持って、同じようなプログラムを立ち上げた。すべての事業に、直接排出一トン当たり一〇ドルから二〇ドルを課金するというものだ。主な排出源はアミューズメントパーク、スタジオ、オフィスビルなどで消費されるエネルギーと、企業が所有する車両の燃料である。[14]

「排出すればするほどたくさん払わなければならないし、排出を減らせば支払いも減るわけです」とディズニーの環境保全上級副統括責任者であるベス・スティーブンズは言う。「この社内的な料金制度は、炭素排出とそれにともなって発生する課金を減らせるようなあたらしいアプローチや最先端のテクノロジーについて、クリエイティブに考えるインセンティブを、社員に与えてくれるのです[15]」

これまでのところ、ディズニーは三五〇〇万ドル以上を集め、内モンゴルからミシシッピまで世界中の、認証を受けた森林プロジェクトに投資している。これらのプロジェクトにより、二〇一二年の直接排出の半分以上をオフセット〔相殺〕することに成功。直接排出ネット・ゼロの目標に向かって着々と歩みを進めている。

これ以外にも、社内で炭素に価格をつけたり取引をしたりしている企業はあるが、実際の課金ではなくシャドー・プライス〔将来、規制などにより発生する排出コストを想定した金額〕である。たとえば、シェルはすべての投資において、炭素一トン当たり四〇ドルと仮定して計算している。それに対して、マイクロソフトやディズニーは実際に料金を徴収する。マイクロソフトの最高環境戦略責任者であるロブ・バーナードはこう述べる。「もしあなたが我々のオフィスのマネージャーで、化石燃料ベースの電力を使うという選択をしたなら、我々はエネルギー代を徴収します[16]」。実際の料金制度は、基本的に管理者たちをよりグリーンな選択に向かわせる。金額としてはシェルが使っている一トン四〇ドルよりも低いが、小さくても実際に代金を払う方が、大きな「つもり」の支出よりもずっと大きなインパクトをもたらすはずだ。

これらの炭素課金プログラムは、図9-1の「価値を評価されていないもの」における「外部性」と「内部性」の境界をなくしていくのに有効な役割を果たす。「価格のないもの」に価格をつけることは外部性の問題に対する中心的な解決策であると同時に、社内的な価値をも生み出すからだ。炭素コストが高くなれば、マネージャーたちはエネルギーの消費量を減らそうとするのでコストが削減される。そして、再生可能エネルギーを使うことで、電気代という変動費と化石燃料を使用した場合の価格変動リスクも抑えることができる、というわけだ。マイクロソフトは徴収した料金の一部を再投資して、いくつかのプロジェクトの効率を上げ、ＲＯＩを変える（ペイバックを早める）ことに成功した。しかし、最も面白いのは、エネルギー削減にまつわるさまざまなクリエイティビティの爆発だった、とマイクロソフトのプログラム統括役員であるＴ・Ｊ・ディカプリオは言う。「炭素課金はイノベーションを起こすのに、非常にいい仕事をしてくれた[17]」

最終的にはリーダーシップ

第６章で触れた酒類メーカー、ディアジオの話に戻ってみよう。グローバルの経営陣が、グローバルでの炭素排出を二〇一五年までに五〇パーセント削減する、という大きな目標を掲げたあと、北米支部は、「低予算、もしくは予算ゼロ」のプロジェクトだけで、予定よりも三年も早く目標を達成した。しかし同時に、他の地域では、そのような低予算の削減を行うのははるかに難しい、ということもわかってきた。そこで、グローバルの目標を達成するため、北米はさらなる削減をしなければならない、ということになった。これ以上削減するためには、何かふつうではやらないようなことが起きる必要があった。そしてそれは現実に起こった。

ディアジオの北米サステイナビリティ・マネージャーであるジーン・ルミンスキは、最も大きな醸造所の一つがゴミ埋立地から回収されるメタンガスを利用できるよう、地元の電力会社と契約することを提案したのである。このネット・ゼロの炭素ソリューションは、北米の炭素フットプリントを、さらにドカンと三〇パーセント（つまりトータルで八〇パーセント）も減らすことになるはずであった。しかしここには大きな落とし穴があった。エネルギーコストが年間一万ドル以上もはね上がるという見積もりが来たのだ。これは、一カ所の工場で正当化できる支出額の枠を超えていた。

グローバル供給・調達事業部長で上級役員のデイビッド・ゴスネルは、あることに思い当たった（ゴスネルはディアジオの社内サステイナビリティ評議会のメンバーである――これは、インセンティブを一致させることのメリットを知らしめ、支持を広げるために重要なポイントだ）。グローバルに事業を統括している彼の視点から見ると、埋立地からのメタンをエネルギー源として使うことは、事業所ベースでは操業費を押し上げるが、これだけの大規模な排出削減を実現するにしては比較的リーズナブルな金額である、と気がついたのである。というわけで、彼はこのプロジェクトにゴーサインを出し、出費の咎《とが》を一人で背負う覚悟だった工場長に、念願の財政的余裕を与えたのである。

実は、この醸造所がそれまでに行っていたコスト削減の取り組みは、すでに数百万ドルにも相当する節約をしていた。したがって、ディアジオは、この大規模炭素削減プロジェクトの実施額を、コスト節減目標の合計額から差し引くだけでよかった。結論としては、埋立地のメタンガスを使うという決定は、6章で話を聞いたサステイナビリティ・グローバル・プロジェクト・マネージャーのロベルタ・バビエリが言うように「大変じゃなかったとはいわないが、それでも我々はやりとげた(18)」。

そして、社内のリーダーたちがこの大きな目標の実現に対して前向きだったことを考えると、ディアジオのＣＥＯであるポール・ウォルシュが「サステイナビリティは『いいことしたら気持ちがいいね』の時代からはるかに進化して、いまや我々の将来の成功に必要なものに深く統合されつつある」と言うのを聞いても、驚くにはあたらないのである。[19]

ディアジオの例は戦略的な選択であったし、真のリーダーたちというのは、典型的なＲＯＩ要件を常に満たしていなくても、戦略的な選択をするものだ。キンバリー・クラークのＣＥＯであるトム・フォークは、「すべての決定を、現在価値をベースにして行うわけではない」と言う。彼は、ハギーズというオムツブランドの改良の例を挙げる。「その変更がお母さんたちにどう採点されるかは計測しますが、オムツにＮＰＶはやりませんよ。マーケットシェアへの影響を見積もろうとしてみたところで、所詮人為的な結果が出るだけです。分析の結果が、欲しい答えになるように誘導することもできますしね」[20]。だからキンバリー・クラークは消費者に対する一般的なメリットを評価し、その改善に必要な設備投資を計算し、そして決断する。

どう考えても、リーダーシップが重要な鍵を握っている。より戦略的な心構えを持つだけで、有形であろうと無形であろうと、長期的な価値に投資することが可能になるのだ。今まで述べてきたＲＯＩを変化させるツールは、はっきり言ってほとんど心理ゲームである。ツールを導入したとしても、リーダーたちは「プロジェクトを一つのポートフォリオにまとめないように。――個別にハードル・レートをクリアしたプロジェクトだけ実施しなさい」とか、「なぜグリーンな支出のために予算を取り分けておかなければならないのか？ 他の投資と競争させなさい」と言うことはできる。

しかし、このような態度では、ふつうの企業のやり方を踏襲しつづけることになってしまう。ビッグ・ピボット企業は、もっと大きな視点を持つのだ。「何が何でもこの四半期の利益を死守する」という態度を卒業することは、資本主義から共産主義になることを意味するわけではない。組織やコミュニティにとっての「価値」という言葉の定義を広げ、それを考慮に入れるだけだ。価値に対する柔軟な考え方は、しがらみから逃れ、ユニークな解決方法を探すことを可能にする。クリーンテクノロジーへのインパクト投資〔教育や福祉などの社会的な課題の解決を図るとともに、経済的な利益を追求する投資行動〕をしているチャールズ・エワルドが最近こう語った。「資本主義といわゆる慈善事業のあいだには、クリエイティビティが入り込む余地がものすごくあるのです」[21]

これらの心理的、組織的なツールやトリックは、あなたの組織を常識やしがらみから解き放ってクリエイティブにし、実際に存在しているのだけれども計測しづらい価値を取り込むための手助けになるはずである。そして、必ずしも社内的な価値やリスクをつくりださないものにさえ価値を見出す人々には、別の大きなチャンスが待っている。次章では、そのような外部にある価値について見てみよう。

Put a Number on the Value of Natural Capital

第10章
自然資本に価格をつける
プーマの環境損益計算書

古いジョークにこんなものがある。ある魚が、別の魚に聞く。「水はどんなかんじ？」別の魚が答える。「水っていったい何のこと？」

これと同じような例えを最初に読んだのは、ポール・ホーケン、エイモリ・ロビンス、ハンター・ロビンスによる先駆的な共著『自然資本の経済――「成長の限界」を突破する新産業革命』（佐和隆光監訳、小幡すぎ子訳、日本経済新聞社、二〇〇一年）であった。これらの著者らや、グレッチェン・デイリー、ロバート・コスタンザ、ハーマン・デイリー、E・F・シューマッハーといった科学者、生態学者、経済学者たちは、すべてひっくるめて**自然資本**と呼ばれる、地球が我々の経済や生活に与えてくれるすべてのものに価格をつける方法を探っていた。森林は我々が家を建てるための木材やきれいな水を提供してくれるし、水産資源や健全な土壌は、私たちの食生活を支えてくれる。地殻の内側には車や都市や電化製品をつくるための鉱物があるし、海岸線の湿原地帯や沼地は、私たちを嵐や洪水による水位の上昇などから守ってくれる……。例はいくらでも出せる（自然がもたらす価値の詳細については、コラム「数兆ドルもの価値」を参照）。

我々は、ふだんは自然の恵みのことを思い返すこともなく、そのなかを能天気に泳ぎまわっている。しかしその気になりさえすれば、それらの恩恵をきちんと認識することは、可能なのだ。ビッグ・ピボットの基本とは、自分たちをとりまいている水の正体が何なのか、きちんと見つめることでもあるのだ。我々の社会や経済は、自然の世界の内側に存在しているのであって、その逆ではない。レイ・アンダーソンのシンプルな図P2-1（一四七ページ）を思い出してみよう。我々は、惜しみなく与えられた天然の資産である「環境」という丸のなかに存在する「ビジネス」という四角に過ぎない。我々にはその資産を複製することができないどころか、それに完全に依存しているのだ。青く輝く地球は、本当にたった一つしかない。――それがどんなに安っぽい感動ドラマのように聞こえようと。

「自然に価格をつけたからって、ビジネスに何の利益があるのか？」という質問には、ある意味今さら感がある（そしてバカげてもいる）。我々は、限られた資源しか持たない、たった一つの地球の上にはりめぐらされたネットワークのなかで生きているのだ。自然が与えてくれる資産をきちんと管理するか、死に絶えるか、我々に残された道は二つに一つしかない。ビジネス上の利益のことばかり質問するのは、食料が尽きようとしている北極探検家が、最後の頼みの綱として持っている缶詰にかかった費用を心配するようなものだ――飢えて死んでしまうときに、探検隊の財政状況を気にしてもしょうがない。

我々が今実質的にやっているのは、自分の家を支える屋台骨を、自ら一つ一つ取り壊すような行為である。ビジネス用語を使って言えば、地球のバランスシートから資産をどんどん引き出している状態だ。そして、我々が持つ市場メカニズムの最大の弱点の一つは、こと我々の家が提供してくれている資産やサービスを評価することについてはほとんど役立たずであることだ。

これらの問題にはまだまだ根強い誤解がある。あるとき私は、自社のサプライ・チェーンを守る意味もかねて漁業保護の活動をしている大手の食品企業の上級役員と話をしていたのだが、その役員は、自分の会社がこういった活動をしているのはすばらしいことだが、絶対に必要なことではない、とのたまった。供給量が下がれば価格が上がり、人々は買う量を減らすかもしくは高い価格を払うのだから、どっちみち市場が解決してくれるはずだ、と。

ビジネスのやり方としてまずいだけでなく（自社製品のために必要な主要な資源の価格が急激に上がってもいい、ということだろうか?）、彼の考え方は、現実から危険なまでに乖離している。市場がその不足を反映するよりもずっと早く魚を絶滅に追いやってしまうのは簡単だし、実際我々はそういう過ちを犯してきた。これは、すべての人々が資源をできるだけ独り占めすることで短期的な個人の利益を最大化しようとすると、資源は瞬く間に枯渇してしまうという、一般に**コモンズの悲劇**という名前でよく知られた外部性の例である。この例が皮肉なのは、個人個人はいたって合理的に行動しているのに、共有資源の枯渇という、全体の利益をむしばむ結果を招いてしまう、という点だ。[1] このような問題の根深さゆえ、現在市場価格に反映されて**いない**、大気、水、気候、水産資源といった共有資源に適正な価格をつけることが、どうしても必要になるのである。──たとえそれが簡単なことではないとしても。

環境系のデータと自然資源に特化したコンサル企業トゥルーコストのCEOであるリチャード・マティソンが指摘したように、「やるのが大変だからといって、それをやるべきではない、ということにはならない。石油企業にとって埋蔵量を正確に算出するのは至難の業だが、だからといって彼らが埋蔵量についての見通しや見積もりを株主に報告しない、などということがあったら、かなり間の抜けたことになる。それ以外に、どうやって石油会社の価値を決めろというのだろうか？[2]」

石油、ガス、鉱業、化学、あるいは旅行業のような消費者と直接対面する業界など、主要産業における世界最大の企業の多くが、ビジネスの一環として自然資源の価値評価に取り組みはじめている。[3] しかし、これらの評価をウォール街にきちんと伝えるのは、一苦労となりそうだ。

自然資本と金融資本の世界をつなぐ力量のある専門家の一人が、マーク・ターセックである。ゴールドマン・サックスに二四年勤務してパートナーにのぼり詰めたのち、二〇〇八年に彼はユニークなキャリアパスの変更をした。国際的に活動するNGOザ・ネイチャー・コンサーバンシー（TNC）のトップに就任したのである。著書『Nature's Fortune』（未邦訳／Basic Books／二〇一三年）のなかで、彼はこう述べている。「自然は偉大なだけではなく、経済的な価値を持っているということを、企業、政府、そして一般の人々に理解してもらう必要がある。実際に、自然は、人類の健康と幸せの基礎であり土台なのだ。自然資本に価格をつけ、自然と、人間やビジネスの基本的欲求はつながっていることを理解することで、我々一人一人が、多様でレジリエントな環境を維持することを真剣に考える必要性があるのだという声を、広く拡散していくことができる[4]」

暑い・足りない・隠せない世界で、我々は住んでいる地域によって違う種類の選択を迫られることになるだろう。たとえば、水資源が限られている地域なら、それを農業に使うべきか、それとも都市に供給するべきか、それとも魚たちのために残してやるべきだろうか？「そういう種類のトレードオフを、コミュニティ、政府や企業はますます頻繁に迫られることになるだろう」とターセックは言う。「科学的倫理的に裏づけされた市場メカニズムにのっとったアプローチが、こういった難しい選択をする際の土台をつくってくれるだろう[5]」

もちろん彼は正しい。しかし市場が機能するためには、価格が必要だ。この章では、自然の世界に価格をつけるという試みの、最新の刺激的な動向を見ていくことにしよう。ダウとプーマが、この課題に取り組むための先陣を切っている。

何兆ドル分もの価値

大気や水の浄化機能、洪水の制御、木材・金属・鉱物・食糧・薬の供給――**生態系サービス**と呼ばれるこれらすべてのサービス――には、何らかの価値があるはずである。違うだろうか？　最もよく参照される自然資本の合計額は、年間三三兆ドル（現在のドル価にして約四八兆ドル）というものである。少し違う方法を使った別の分析は、世界経済は自然資本のうち年間七兆ドル相当を無償で使うか、駄目にしている、と見積もっている。[6] これは我々の経済とビジネスにとって、かなりの補助金だ。だが、こういった価格づけは無意味に見えるかもしれない。我々の社会が機能するために依拠しているものの価値は、基本的に無限大なのだから。もしまったく水がなかったら、最初の一滴は、まさに「プライスレス」だ。

ビジネスが環境を保護するメリット――ダウとザ・ネイチャー・コンサーバンシー

数年前、ダウは五年間一〇〇〇万ドルのザ・ネイチャー・コンサーバンシー（TNC）とのパートナーシップ契約を結んだとを発表した。これは化学最大手ダウの言葉を借りれば、「ダウの事業がどの程度自然に依存しているか、またはそれに影響を与えているかを、科学的な知識や経験に基づいて評価するための協働」であった。

このパートナーシップは、ダウの工場や製品、サプライ・チェーンを評価し、自然資源にまつわるリスクと機会を洗い出し、その価値を正確に理解することを目指すものだ。たとえば、ダウはサプライ・チェーンのどの段階でどのくらい水資源に依存していて、それはどの程度の価値なのだろうか？　ダウのCEOであるアンドリュー・リバリスは、この協働を「世界の深刻な課題に対するアプローチにイノベーションを起こす助けになっているし、同時に、環境保護は自然のためになるだけではなく、ビジネスのためでもあるということを証明してくれる。（中略）生物多様性や生態系サービスの価値を認め、それを戦略的な計画に統合する企業が、将来最も有利な立場に立つのだ」[7]

この取り組みを始めて数年、ダウの経営陣とＴＮＣの科学者たちは、いくつかの難しい仕事を見事にやりとげた。彼らはまず、ダウがテキサス州のフリーポートに持っている、世界最大の化学・石油精製複合施設の集中的な評価を行った。この工場はダウのグローバルの売り上げの二〇パーセント分を生産しており、メキシコ湾とブレイゾス川の下流、そして淡水、湿地帯、森林の生態系の大規模なネットワークが合流する場所に存在している。網の目状に広がる水系システムは、地域の人のコミュニティにとっても、野生の生物たちにとっても重要なサービスを提供している。

ダウは少なくとも三つの重大な水に関するリスクに直面している。（1）施設がハリケーンや暴風雨の通り道である海岸線上に位置していることによる資産への損害、（2）水不足による操業の中断、そして（3）海面の上昇とそれにともなう海水の浸入による長期的なリスク。海水はダウの機械類の天敵であるだけでなく、地域の飲用水や農業用水にも影響する。

ダウとＴＮＣは、リスクを減らすための選択肢を、**グレー**と**グリーン**という大きな二つのインフラのカテゴリーに分けた。洪水に備えて堤防をつくったり、海水から真水を供給するために淡水化施設をつくることなどがグレーな（人工的）インフラによる解決法に当たる。それに対して、グリーンな選択肢は、暴風雨による高波を和らげるために礁をつくったり、海岸沿いの土地を自然のまま残すことで、水の浄化を図ったり内地を嵐から守るなど、自然のプロセスの力を最大限に生かす方法である。

グレーを選んでも、グリーンを選んでも、うまくいくだろう。ただし、ＴＮＣのミッシェル・ラピンスキーが言うには、「まわりの湿地帯をどのくらい使えるのかによって効果は変わってきますが、初期投資の面でも維持費の面でも一番割安なオプションは、自然のインフラを利用しつつ、多少の堤防を組み合わせる方法です」[8]。しだいに明らかになってきていることだが、自然は私たちがやるよりもずっと効率的なサービスを、多々提供しているのだ。そのため、自然を保護しないでその結果起こる損害に対して支払いをするより、自然資源を保護するためにお金を使ったほうが安い、ということがままあるのである。

ダウは常に事業拡大や設備投資の計画を立てており、それらの計画立案時には、従業員の作業時間や燃料などに代表されるような、ほとんどのインプットのコストを試算モデルのなかに入れ込む方法を確立している。しかし、水資源といった自然資源関連の数字を入れられないことが、モデルに盲点をつくりだす結果になっていた。ダウのマーク・ウェイクはこう言う。「労働力やブレント原油のバレル当たり単価を評価するのと同じように、生態系のサービスを評価できるようになることが、我々の夢なんです」[9]。ダウとＴＮＣのパートナーシップは、水一ガロン〔三・七九リットル〕をグレー、あるいはグリーンのインフラから持ってくるのに、いくらコストがかかるかを試算中である。これらの手法が、ウェイクの夢を叶える助けになってくれるだろう。

ところで、このパートナーシップは、真の意味で外部性を評価しているといえるのだろうか？　答えはイエスでありノーである。まず言えることは、ＴＮＣとダウは、明確な費用と利益を算出した。これまで我々がきちんとした数字をはじき出すことができていなかった分野である。つまり、このパートナーシップは、グリーンなインフラがもたらしてくれる実際の価値を、はっきりとした数字に換算し、それによって、自然資本をきちんと管理するインセンティブを生み出したという意味で、信じられないほど効果的である。ラピンスキーは言う。「ビジネスは、自分たちに価値があると考えるものは大事にするのです。自然を資産として捉えることができるようになるにつれ、もっと自然を保護して、それを再生していこうという動きが出てくるでしょう。ビジネス上の資産を扱うのと同じことです[10]」

他方で、自然資本に投資することは、いち企業にとっての直接的な利益以上の価値を社会にもたらす。グリーンなインフラへの投資は、その地域全員の暴風雨被害からのリスクを減らしてくれるし、土地や植生によって炭素を回収貯蔵したり、多くの人が愛好する、釣りやその他のレクリエーションを守ったりしてくれる。フリーポート地域におけるこれらのプラスの外部性だけでも、地域コミュニティに一億五〇〇〇万ドルの価値をもたらすのだ（もちろんダウやその社員たちもその恩恵にあずかるだろう）。しかし、これらの価値の何一つとして、今の市場では評価されていないし、ダウのビジネス上の意思決定過程にも含まれていない……今のところは。

真の意味での外部性を事業計画書に入れ込もうとしているある企業の試みを、詳しく見てみよう。スポーツ用アパレル企業のプーマである。

ビジネスにとっての自然資本のコスト——プーマの環境損益計算書

自然資本を評価する、という分野が急激に成長したのは、スポーツ用アパレル企業プーマの元会長兼CEOヨッヘン・ザイツの貢献が大きい。ザイツは、国連の生態系と生物多様性の経済学（TEEB）の研究成果にインスパイアされて、プーマのビジネスが自然にかけている負担金がどれくらいなのかを理解するべく、自然からの投入資源を評価するという試みに着手した。

彼はトゥルーコストとPwCという二つのコンサル企業に、まったくあたらしいツールとなる、**環境損益計算書（EP&L）**なるものをつくるための支援を要請した。コンセプトはシンプルである。プーマのビジネスが自然資本から受け取っている投入資源と、その影響を、すべて数値化しよう、ということだ。ザイツの言葉を借りれば、知りたかったのは基本的に次のことであるという。「もし地球が企業だったとしたら、我々のような取引先の操業を可能にするために提供しているサービスに、どれくらいの対価を要求するだろうか？　もし自然が我々の引き起こした汚染を受け入れたならば、残される損害に対していくらくらいの請求をしてくるだろうか？」[11]。言い方を変えれば、水を一ガロン使うたび、土地を一エーカー使うたび、炭素を一トン排出するたび、実際にはいくらかかっているのだろうか、ということだ。

この難問に答えを出すため、プーマ、トゥルーコスト、PwCは、たとえば**炭素の社会コスト**☆における

☆訳注：公害や環境破壊などにより社会全体あるいは第三者が被る損失（コスト）。既存の市場経済では内部化されていないことが問題となっている。

る最新・最善の科学の力を借りた。炭素が一トン大気中に排出されるたびに、汚染、人体への影響、洪水による不動産への被害、気候変動、農業生産性の低下、などといった形で、社会にはマイナスの費用がかかる。政府は、炭素削減のためのプロジェクトや規制を評価するときには、この炭素の社会コストを概算しているのだ。その見積もりは、数ドルから一〇〇ドルあるいはそれ以上という範囲にわたる。同じような計算が、水（ダウとTNCがやったように）や廃棄物、その他の環境負荷などの価格を見積もる助けになる。

環境損益計算書によって明らかになったのは、プーマは約一億五〇〇〇万ユーロ、つまり利益のほぼ半分を自然資本に使っていた計算になる、ということだ。それらコストのうち、約九四パーセントがサプライ・チェーンの川上側で発生していた。そして水関連コストの九六パーセントという驚くような負荷が、サプライ・チェーンを川上へ**四段階**遡ったところで発生していた。――最終的にプーマがシャツやシューズにしている、綿を生産する農家だ。

プーマはこの試みを通して自社のビジネスについて実に多くのことを学んだが、そのなかには厳しい現実もあった。自分の直接のコントロール下にないバリュー・チェーン上の問題を、いかに企業として管理していけばよいのだろうか、という難問である。ザイツは言う。「問題が誰か他の人の損益計算書上にあるとわかった瞬間、それを直すのにはお金が要る、と悟ることになる」

それでは、次なるステップはどうあるべきだろうか？　この外部性の評価というゲームはまだ始まったばかりだが、ザイツはイノベーションへの投資と、管理職がもっとシステムやバリュー・チェーン全体のことを考える癖がつくよう、マインドセットを変革することの必要性を説く。彼によれば、これをうまく実現するには、「それが組織のなかで機能するレベルまで落とし込む」ことが必要だ。たとえば、製品デザイナーにもっと精度の高い情報を提供する、といったようなことが挙げられる。戦術的なレベルでは、XとYという原料を、バリュー・チェーン全体でのインパクトやコストを通して比べる、ということになる。環境損益計算書は、事業における意思決定の環境的、社会的、財政的コストに対する大きな議論を醸成するツールなのである。

プーマのプロジェクトは、非常に面白い問題を提起してくれる。「なぜいち企業がこんなことをしなければならないのだろう？　外部性は、所詮外部にあるから外部性って言うんじゃないの？」。たしかに表面的には、企業は何らコストを払う必要はないように見えるかもしれない。しかし実際は、そんなにはっきりと白黒つけられる問題でもないのだ。

ピボットのサイン――ナチュラ

ブラジルの化粧品メーカー、ナチュラも、サプライ・チェーンにおける自然資本のコストと負荷を見積もっている企業の一つだ。「戦略的調達のトリプルボトムライン」という自社プログラムを通して、炭素、水、廃棄物といった外部性にシャドー・プライスをつけることで、このビッグ・ピボット企業は現実のコスト削減を実現している。シャドー・プライスは、金銭面、環境面**両方**で最も低コストを実現できるサプライヤー選定の助けになっているのだ。[12]

なぜこんなことをやるのか

多大な努力といくばくかのコストをかけてまで、市場も価格をつけようとしないようなものに、なぜわざわざ価格をつけようとするのだろうか？　「手に入れる価値のあるものを手に入れるためには、努力が必要である」という古い格言を持ち出しても、誰も納得しないだろう。とりあえず、我々の生活のすべては自然に依存しているのだから、自然資本を保護するのは自分たちの利益に非常にかなうことである、というマクロレベルでのロジックを、しばし忘れてみよう。自然の美しさやインスピレーションに対して我々が持っている憧憬のことも、忘れてみよう。そういった理由がまったくなかったとしても、これらの価格をつけにくいものたちに価値を付与することには、ミクロ経済レベルの戦略的ロジックが存在するのだから。

◆ビジネスへの深い理解とホット・スポットの洗い出し

プーマが環境損益計算書をつくったのは、自分の会社がどのような資源に頼り、そのうちのどれを現在無償で入手しているのかを理解したかったからである。一般的にも、負荷やリスクを減らすために、最も効率的な形で限られたリソースを投じるには、より精度の高いデータを持つことが有効である。たとえば、プーマは水資源の不足による操業中断のリスクを小さくしようとしている、と仮定しよう。環境損益計算書を手にしている彼らは、全体的な綿への需要を減らすこと、もしくは、水資源が不足している地域からの供給を減らすことを、最善の策として決定するのではないだろうか。

◆事業計画の精度改善

ダウのウェイクが言ったように、企業は「事業をつづけるために必要な実質的なコストが、どれくらいになっていくかを理解したい」と考えている。労働力や原油のような原料コストを見積もりもしないで、あたらしい化学工場を建設したりはしないはずだ。[13]

◆将来価格の見通し（そして先手を打つ）

ダウのニール・ホーキンスが、こんなことを言っていた。「生態系サービスを管理し、それに適正な価格をつけることは、ビジネスや世界を立ち行かせるための重要な要素になっていくだろう」。ウェイクはこうも言っている。「テキサスの政界は、もし水資源を確保できないとなると、ビジネスを誘致することがどれほど難しくなるかについて話をしている。（中略）だから、水に課税する、というアイデアも、税アレルギーのテキサス州においてさえそんなに荒唐無稽な話でもないのかもしれない」。ダウの上層部は、将来のコストを現在のコストとして扱う方が賢明である、と考えている。ホーキンスが言うように、「いち早くやっておいた方が、有利な立場に立てる」。[14]

◆正体を現しつつあるリスクの認識

価格を別としても、自然からの投入資源のなかには、基本的にその価値がゼロか一かしかないものがある。たとえば、水がなければ、工場はあっても操業できない。世界最大級の醸造会社ＳＡＢミラーなどは、主要河川の流域で、コミュニティや農場、自治体、他の企業と一緒に、共通の資源をきちんと管理するために協力しあっている。企業がこういった協力の姿勢を取るのは、協働が簡単だからではない。水のあるなしが、深刻な、そして共通のビジネス・コンティニュイティ・リスクとなるからである。

◆コストをかけてでも、自然資本の価値を測る必要性

経済や社会を維持するために我々がやっていることのすべてに、環境効率やコスト削減のように単純なビジネス上のメリットがあるわけではない。プーマのザイツは私にこう言ったことがある。「ビジネス上の収益があるようなサステイナビリティの取り組みだけにしか注目しないなんて、悪い冗談だ。（中略）なかには資本投下が必要なものもあるし、すべての解決策をタダで手に入れることができると信じているのなら、考えが甘すぎる。だから、自然資本の価値を計測することがこれほど重要になるのだ[15]」

◆自然からの投入資源を理解し、それに価格をつけることの劇的な実用性

これを実行する以外の唯一の「選択肢」は、需要に比べてはるかに少ない量しか手に入らなくなるまで、資源を使い果たすことである。そうなってから、グリーンのインフラを複製するためにグレーのインフラをつくることは、不可能にはなっていないとしても、恐ろしく高くつく。ザイツは、ある生態系サービスを例に出して言う。「もし作物を育てるのに自分で授粉をしたいなら、やってみればいい。ものすごいコストになるだろうね☆」

◆人道的な責任

なぜこんなことをやるのか、とザイツに単刀直入に聞いてみたところ、彼はこう言った。「だって将来のことが心配だから」。この本では、メガ・チャレンジを手なずけるための深いレベルでの実用性に九九パーセントフォーカスしている。それでも、我々は未来の世代や他の生き物に、それから自然そのものに対して責任を負っている。自己保全はビッグ・ピボットのためにたくさんの武器を提供するが、だからといって、利己主義がすべてというわけでは、もちろんないのだ。

▽実践編

自然資本の管理のように、非常に広範で定義しづらいことの実践方法というのは、説明が難しい。しかし、いくつかの優先事項とアクションを提案しておこう。

1　自社の主要なホット・スポットと、自然への依存度を理解する

企業は、自社だけではなくサプライヤーや顧客に対しても、リスクとチャンスの評価をしなくてはならない。彼らはどのように自然からの投入資源と関わっているか？　どのサプライヤーがエネル

☆訳注：この発言の背景には、昨今ミツバチの激減が世界的に問題になっていることがある。

ギーに大きく依存していて、たとえば、エネルギーコストが上がったときに厳しい状況に置かれるだろうか？

2 各機関が提供するツールを使ってリスクと潜在的な価値を測る

世界資源研究所（ＷＲＩ）が提供している「アキダクト（水路という意味）」というツールは、世界の水資源の利用可能状況を地図化しており、ユーザーはその地図に自社が事業を行っている場所を重ねて見ることができる（コカ・コーラはこの作業を数年前に済ませている）。世界環境管理発議（ＧＥＭＩ）や、持続可能な開発のための世界経済人会議（ＷＢＣＳＤ）といった組織も、地域ごとの情報を見ることができる水資源のマップツールを提供している。ＷＢＣＳＤは他にも、Ｅｃｏ４Ｂｉｚという自然資本を測定するためのさまざまなアプローチを擁したツールキット、情報ソースを提供している。また、ＷＲＩが出している「企業のための生態系サービス評価」もチェックしていただきたい。これは「事業の管理者が、生態系への依存とそこに与えている影響から発生するビジネスリスクやチャンスを管理するために、先を見越した戦略を立てることを支援する」系統立ったツールである。[16]

3 ＲＥＥＤ＋を理解して活用する

途上国における森林減少・劣化からの排出の削減（ＲＥＥＤ）またはＲＥＥＤ＋と呼ばれるプログラムは、最近の国際的な気候変動の枠組み交渉から生まれた、数少ない具体的なイニシアチブの一つだ。実行するとなるといろいろな課題があるものの、コンセプト自体は比較的シンプルである。人類は、田畑にしたり、放牧地にしたり、鉱山開発をしたり、インフラをつくったりなどの理由で森林から木を切り倒しているが、これが実は世界の炭素排出の二〇パーセント近くを占めている（車やトラックなどからの排出合計よりも多い）。それならば、森林が提供する炭素貯蔵サービスに価格をつけて、森林の木を切らないことに対してインセンティブを与えればよいのではないだろうか?[17] 現時点で、REDD+のプロジェクトは自主的な炭素市場での取引にとどまっているが、システムはより正式な枠組みへと進化しつつある。

4 鍵となる企業連立を見つけて、参加する

同業社からのプレッシャーは、ときにはいいものだ。自然資本に価格をつけようという動きは加速しつつある。プーマのCEOだったヨッヘン・ザイツは、ヴァージン・グループの創設者兼会長リチャード・ブランソンと協働するためにプーマでの自分の仕事量を減らした。この二人は「Bチーム」という、企業と官界のリーダーたちのグループを結成し、環境損益計算書のような取り組みをより多くの企業で大規模に行う、といった方法によって資本主義のあり方を変えようとしている。同じような取り組みとして、企業連立のための生態系と生物多様性の経済学（TEEB）、生態系価値評価パートナーシップ（WAVES）、自然資本評価イニシアチブ（VNC／コーポレート・エコフォーラムとTEEBが中心になって組織し、アルコア、コカ・コーラ、デル、ディズニー、ダウ、GM、キンバリー・クラーク、マリ

オット、ナイキ、パタゴニア、ゼロックスなど世界の大企業が参加している）などもチェックしてみていただきたい。

5　資源を共有している相手とパートナーシップを結ぶ

どのような施設であれ、その周りには自然資本をともに管理していかなければならないコミュニティ、ビジネス、地方自治体などが存在する。もし水資源の入手可能性を心配しているのなら、それは絶対にあなたの施設だけの話ではない。繰り返しになるが、サプライ・チェーンの主要な段階に注目してみることだ。

6　専門家と批評家の声を両方聞く

これはＴＮＣのターセックも勧めていることだが、自然資本について、そしてそれに関わる潜在的なトレードオフについて深い知識を持つ、国際的あるいは地元の環境ＮＧＯと協働していただきたい。自社の事業の自然資本への依存度についての知識を共有しよう。

7　グレーのインフラに取って代わる、あるいはそれを補完するグリーンのインフラという選択肢を分析する

自社の事業を守るために利用できる選択肢の幅を、大きく広げておこう。

8　他の企業リーダーたちが限りある資源をどう管理しているかを理解し、研究する

たとえば、コカ・コーラ、ダウ、プーマ、ＳＡＢミラーといった企業がどのように共有する資源の制約に備え、管理しているかを見てみよう。

9　グリーンなインフラについての議論や開発を活発化させるための支援やロビー活動をする

共有の資源についての議論を牽引しよう。さもなければ、一社で多額の出費をする羽目になるかもしれない。

10　これらの取り組みすべてに、十分なリソースを割く

この点については、あまりにしつこく繰り返しているので、まるで壊れたレコードのようだと思われるかもしれないが、大切なので何度でも言っておきたい。専門家を雇うか、きちんと担当者を付けて、これらの取り組みを管理するべきだ。簡単な仕事ではないのだから、集中してリソースを投入することが必要だ。

自然、生物多様性、自然資本、地球の恵み、どう呼んでもらってもかまわないのだが、これらはすべて、我々が自然公園を訪れたときに感じる「きれいだね」といったイメージ以上に大きく重要な価値を表す言葉として同義である。自然資本は、人類のあらゆる生業のプラットフォームであり、基礎なのだ。自然と人工のシステム（とりわけ市場は）は、地球上で最もパワフルな二つの力だが、どちらがより強いかについて、決して見誤るべきではない。それを踏まえ、自然資本を守るためにいろいろなツールを使ったり、プライスレスなものに価格をつけることで、これからも成長し、発展していくことが可能になる。

プーマのザイツが言うように、グリーンな選択のなかには、今の時点では追加の費用がかかるものもあるだろう。しかしそれは、我々がすべての外部性にきちんと価格をつけていないからだ。市場に外部性の価格が浸透するまで手をこまねいて待つことなく、グリーンな選択（従業員の安全が配慮されていて、省エネ、節水、省資源な環境でつくられた、より健康的な製品の生産など）に今すぐ対価を払いはじめられるかどうかは、真のリーダーたちにかかっているのだ。そして、こうした自社内での判断と並行して、これらのリーダーたちは、地球上すべての人にとって利益になるものに価格をつけるための政策や、競争のための公平な土俵を要求していかなければならない。ここで必要になるのが、ロビー活動をはじめとするパートナー・ピボットだ。

パートナー・ピボット

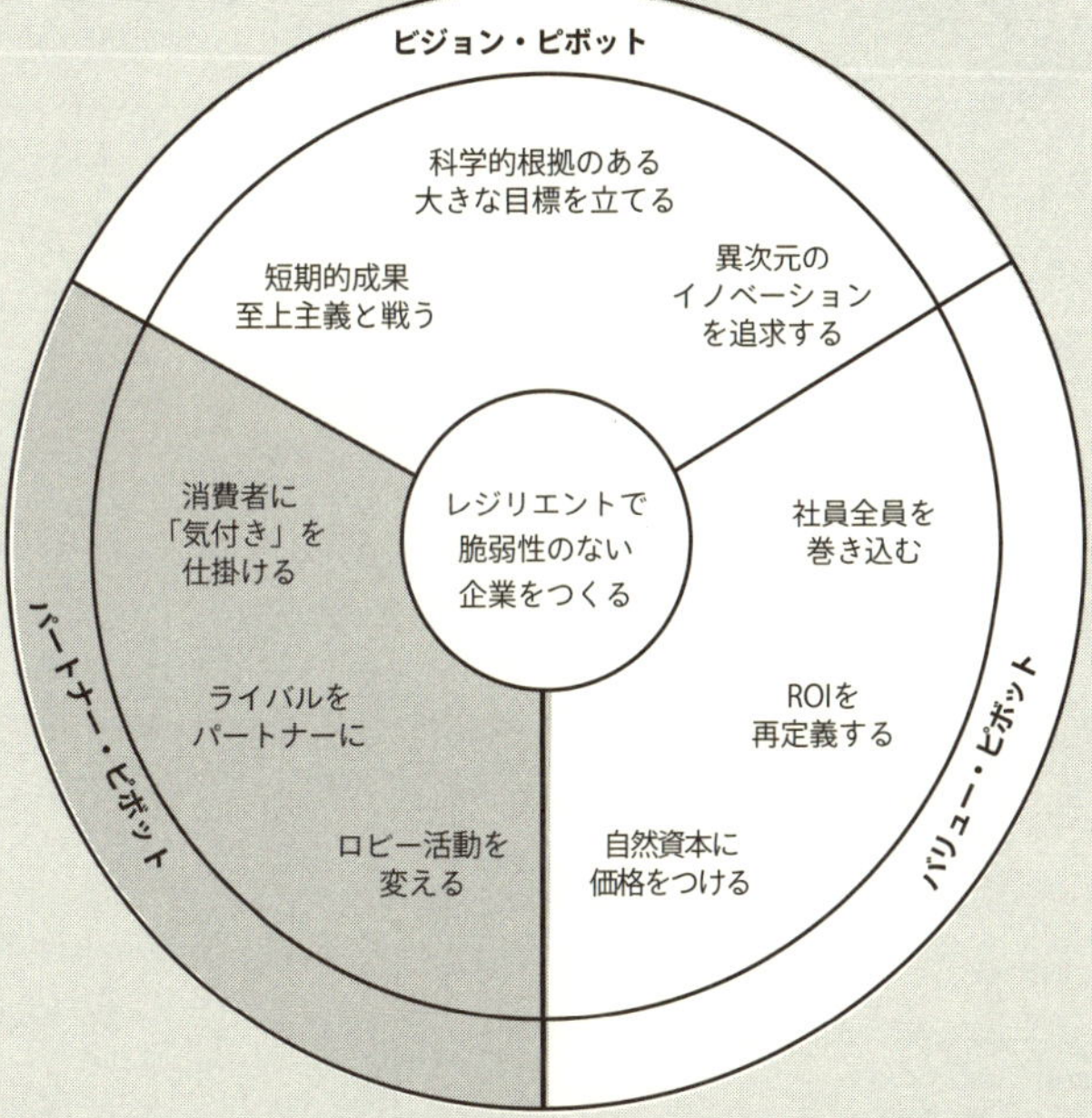
ビジョン・ピボット
科学的根拠のある
大きな目標を立てる
短期的成果
至上主義と戦う
異次元の
イノベーション
を追求する
レジリエントで
脆弱性のない
企業をつくる
消費者に
「気付き」を
仕掛ける
ライバルを
パートナーに
ロビー活動を
変える
社員全員を
巻き込む
ROIを
再定義する
自然資本に
価格をつける
パートナー・ピボット
バリュー・ピボット

Become a Lobbyist

第11章 ロビー活動を変える

ビル・ゲイツ、ジェフ・イメルトの主張

ＣＥＯは、もしかして自分のところのロビイストがどんな活動をしているかを知らないのだろうか？　これは、企業が気候変動などの問題について建て前では善処していると発言しつつその裏で、自らあるいは彼らが会費を払っている業界団体を通して、それにブレーキをかけるような行動を取っているのを目にするとき、つい問いたくなる質問だ。

ユニオン・オブ・コンサーンド・サイエンティスト（ＵＣＳ）が行った調査によると、二八の大企業が公的に発表している建て前（調査によると「すべての企業が気候変動に懸念を表明している」）と、その裏の密室で行っているロビー活動のあいだには、大きな乖離があることがわかった。[1]　この乖離について、最も

思いやりのある解釈をするとすれば、「左手のやっていることを右手は知らなかった」とでもなるだろうか。嫌味な解釈をすれば、これらの企業は、確信犯的に本音と建て前を使い分けている。

私は大人なので、両方とも少しずつ当てはまるだろう、とでも言っておこう。どちらにしても、そのような慣習はやめなければならない。

左手よ、右手にあいさつを

世の中がオープンになればなるほど、言っていることとやっていることがまったく違う、というふるまいはしにくくなる。あるフォーチュン１００企業の役員の一人は、こう言っていた。「これが我々の価値です、と言ったならば、都合のいいときだけそれをやればいい、というわけにはいかない。政府に対しても態度を変えてはいけない」

政治的なアクションとロビー活動は、ビッグ・ピボットを成功裏に進めるために絶対に必要なものである。これ以外の九つの戦略は、ほぼ自社の行動をどうするかという話だが、それだけでは十分ではないのだ。各社が大きな目標を立て、外部性の価格を永遠に見積もりつづけていくこともできるかもしれない。しかし、ゲームのルールの一部を変え、同じ土俵で競争することを可能にしたうえで炭素排出に上限を設定したり価格をつけたりするところまで行かない限り、大きな解決策のために十分な投資がされることはないだろう。

政府がビッグ・ピボットを可能にするようなあたらしい政策を導入するまで、じっと待つわけにはいかない。特にアメリカの連邦政府は、これらの問題に関しては実質的に何の機能も果たしていないのだから、民間セクターがリードしなければならない。前出のフォーチュン100企業の役員は、「議論は完全に両極に分かれて紛糾してしまっている。企業が高みの見物をやめて、話が前に進むように積極介入する時が来ている」と言う。

ユニリーバのCEOであるポール・ポルマンも、企業はロビー活動の「当たり前」を変えるべきだと言っている。「政治家の耳に、内緒でそっとささやく企業の声は（中略）気候変動対策に関する挑戦的なアクションに反対するものである。（中略）こういう戦略は、今の時代にはもう効力を発揮しない」。そして、民間と公共の、はるかにまともな関わり方を描いてみせる。「多くの企業が、自分たちも政府と一つ屋根の下でともに解決策を一緒に練り、自分たちのビジネスの未来を確かなものにすることができるのだ、と自覚しはじめている」(2)

ポルマンは正しい、と思いたい。しかし、今までのような、腰を低く落としたお決まりの防戦体制をとる代わりに、企業は政府に何を求めるべきなのだろう？　この章では、企業がロビー活動で注力するべき五つの主要な政策について、概ね重要性の順に紹介する。そのあとで、業界や地域によってその意味合いが違ってくるであろういくつかの考え方を取り上げる。この章で取り上げる政策は、政府がなしうることすべてを網羅しているわけではなく、民間セクターが政府に対して積極的に働きかけるべき事柄に絞ってまとめたものである。ここで議論されている政策が他の地域ではすでに実行されているケースもあるので、アメリカ中心の議論になってしまうことだけ、先に断っておきたい。全体としてこれらの政策は、エネルギーの経済と企業の投資を、クリーンな選択肢に有利になるように劇的に変える。つまり、企業は市場と競争の力を最も効果的に使って、クリーンな選択をできるようになるのだ。

炭素の価格

エコノミストのガーノット・ワグナーが炭素における外部性問題を上手に説明してくれている。「アメリカを横断したり、大西洋を渡ってヨーロッパに行ったりするとき、私は毎回一トンのCO_2を吐き出している。そして少なくとも二〇ドルの損害を与え、その損害は残りの七〇億人が支払うことになるのだ。これは社会主義である——利益を私物化して、コストは社会に押し付けているのだから！」[3]

私たちは、これらの負荷を何らかの形で価格化しなければならない。一つの方法は、**キャップ・アンド・トレード**という政策である。これは、炭素の排出量に上限を設けて、排出する企業、産業、州や国（制度によって異なる）のあいだで排出する権利を取引させるものだ。これはヨーロッパ、カリフォルニア、アメリカの北西部の州のグループ、そして中国の一部で実施されている。

キャップ・アンド・トレードのように市場メカニズムに基づく制度にも利点があるが、よりよい選択肢は炭素税である。これは最もすっきりしていて効率のいい方法だ。経済学者たちも概ね政治的派閥を超えて、そのような見解を示している。保守系のシンクタンクであるアメリカン・エンタープライズ・

インスティチュートのアパルナ・マスールは、「右であれ左であれ、ほとんどのエコノミストが炭素税は得策だと考えていると思う」と言っている。ジョージ・W・ブッシュ大統領とジョン・マケイン大統領候補のアドバイザーをつとめた、保守系のトップ・エコノミストの一人、グレゴリー・マンキューは、炭素税の導入を繰り返し説いていた。炭素税は、「経済の専門用語を使うなら（中略）外部性の内在化を促す」[4]。

そうは言っても、税というものに、多少なりと生理的な嫌悪感を覚えない人が、果たしているだろうか？　経済界における論争では、税は社会主義とイコールと捉えられ、反資本主義の先鋒として叩かれる。しかし、炭素税は、他の税とはまったく違う生き物で、反市場主義ではまったくない。むしろ、炭素に**価格がない**ことこそが、市場を歪めているのだ。

経済学者たちが総じて支持するのには、もう一つの大きな理由がある。炭素税は、歳入を増やし、財政赤字を減らす絶好の機会になるのだ。連邦議会予算局は、一トン当たり二〇ドルから始め、徐々に価格を上げていくという穏当な炭素税による歳入は、一〇年間で一兆二〇〇〇億ドルにのぼり、財政赤字を半減する、と試算している。[5]すでに導入を果たしている国も、成長を犠牲にすることなく排出の削減に成功している。スウェーデン、デンマーク、オランダは一九九〇年初頭から炭素税を導入しているが、スウェーデンとアメリカは同じくらいの生活水準なのにもかかわらず、スウェーデンの国民一人当たりの炭素排出量は、すでにアメリカの約三分の一だ。[6]

より最近の例では、二〇〇八年の金融危機によって大きな打撃を受けたアイルランドが炭素税を導入している。ニューヨーク・タイムズ紙は、この税が「アイルランドが気の遠くなるような財政赤字を減らすのに重要な役割を果たした」と報告している。二〇一一年には、アイルランドの排出量は七パーセント減り、同時にアイルランド経済は回復に向けて少し**成長**した。また、中国は地域限定のキャップ・アンド・トレードを実験的に行っており、炭素税の導入も検討している、と公表している。(7)

経済学の基礎中の基礎であるが、我々人類はプライス・シグナル（価格という目印）に頼っている。空気などの価格がゼロになっていれば、我々はそれが、後先のことを考えずに使っていい、という意味だと思い込む。これを正すには、炭素のようにその量を減らしたいものに税をかけて、収入のようにもっと増やしたいものの税金を下げることで、税収中立になるように税制を変える必要がある。

元国務長官のジョージ・シュルツは言っている。「どんなエネルギーにも、こういったコストを反映するようにしなければならない。税収中立になるようにすれば、経済の財政的な足かせにならない、という面からも、炭素などの大気汚染物質に税金をかけるのはいいやり方だ(8)」

化石燃料への補助金時代の終わり

国際通貨基金（IMF）は、エネルギーへの既存の補助金（ほとんど化石燃料に対してであるが）を廃止するように呼びかけている。これらの補助金は、世界全体で一兆九〇〇〇億ドルにものぼる市場の歪みを生み出しているという。この数字は、世界中の政府歳入の八パーセント、世界全体のGDPの二・五パーセントに相当する。化石燃料関連企業を支援するというロジックは、一〇〇年前には理にかなっていた。しかしこれらの企業は、もはや何の助けも必要としていない。二〇〇〇年代の最初の一〇年間に、石油業界のビッグ5は一兆ドル近い純益をあげたのだから。[9]

では、再生可能エネルギーに対する補助金はどうだろう？　理論的には、補助金は再生可能エネルギーが化石燃料と同じ競争の土俵に立つことを可能にする。しかし、化石燃料にも再生可能エネルギーにも補助金をかけるというのは非効率的なので、**すべての**エネルギーへの補助を終わらせるべきだ、と唱える人たちもいる。私の友人で革新的な太陽光パネル設置企業、サンエジソンの創始者であるジガー・シャーもその一人だ。彼は、すべてのエネルギーを公平な条件下に置けば、現在様子見で眠っている投資家たちの資金（彼の見積もりによると、政府からの補助金に頼りっぱなしのビジネスの将来性に懸念を持つ投資家たちが握っている資金は、一〇兆ドルにのぼる）が市場に出てくるだろう、という鋭い指摘をしている。[10]

太陽エネルギーは化石燃料との一本勝負に勝てる、という彼の強気の姿勢や自信は大したものだと思うし、投資資金の流れの問題もたしかに重要だ。しかしそれでも、当面のあいだ、よりクリーンなエネルギーを補助する、という考え方は経済的に理にかなっていると思う。エコノミストのワグナーが言うように、「『気候変動』と呼ばれるマイナスの外部性があって、それに対応するために炭素税が役に立つように、再生可能エネルギーへの補助には、『やりながら学ぶ』（あるいはスケールメリット）と呼ばれるプラスの外部性がある。だから、補助金は、最初は大きく始め、速やかに減額するべきだ[11]」。

再生可能エネルギーは、既存のエネルギーに対するえこひいきという市場の歪みにもかかわらず、目を見張る速さで化石燃料に比べて価格が安くなってきている。それでも、気候変動の数字や理論を思いだすと、十分には程遠い。我々が炭素を大気中から排除するために残された時間は少ないのだ。インフラの世界では数十年という単位でさえ長期間とはみなされないことを考えれば、化石燃料への補助を一切やめて、クリーンなエネルギーへの補助を増やすための移行を加速させるのが賢明だ。外部性を考慮に入れれば、それはますます説得力を持つ。あるエネルギーがマイナスの外部性の原因になる一方で、違うタイプのエネルギーが、マイナスの外部性を生まないどころか、むしろかプラスの外部性を生みうるとすれば、答えは明らかだろう。

繰り返しになるが、一にも二にもプライス・シグナルである。ユニリーバのCEO、ポルマンは言う。「炭素や水といった外部性にきちんと価格をつけられない限り、そしてそれらの資源を非効率的に使って生産をすることを奨励するような、誤った補助を終わりにしない限り、消費者に消費の仕方を変えてほしいと言ったところで、厳しい戦いを強いられるだけだ[12]」

もし今すぐ炭素に価格をつけて、化石燃料への支援を打ち切ったとしたら、短期的、中期的にエネルギーの価格は上がるだろうか？　価格の上昇は、効率の向上で相殺することが可能だと考えられる。今後ガソリンの価格が二倍になっても、キロ当たりの走行燃費が二倍になれば、払う価格は同じなのだから。それでも現実的には、もし我々が、地球にとって真に安全な（気候変動という危険をもたらさない）エネルギーシステムを求めるなら、多少のコスト増は避けられないだろう。安くあがるからといって、食中毒などの対応に明け暮れなければならないような食糧システムを、我々は容認するだろうか？

クリーン経済への官民投資

二〇一〇年のこと、大西洋海岸沖合での風力発電を促進するため、グーグルは五六〇キロの送電線建設に二億ドルを投資する、と発表した[13]。かっこいい話だし、これによってグーグルは利益を得るのだろうが、それでも社会的観点から見ると馬鹿げている。民間企業だけで、現代的なクリーン経済が必要とするようなインフラをつくることなどできないのだ。ほとんどのビジネスリーダーたちは、それを理解している。

アメリカン・エネルギー・イノベーション・カウンシルは、ビル・ゲイツ、GEのジェフ・イメルト、ゼロックスのウルスラ・バーンズ、元デュポンのCEOで現バンクオブアメリカの会長であるチャド・ホリディなど、そうそうたるメンバーが名前を連ねるグループで、エネルギーの世界でアメリカがリーダーシップを取るための活動をしている。彼らは、アメリカのエネルギー政策の現状について厳かにこう断言する。「アメリカのエネルギーシステムには欠陥があり、我々の経済、国家安全保障、そして環境に深刻な損害を与えている。我々は、よりクリーンで効率的なテクノロジーの導入に責任をもって真剣に取り組まなければならない。それらのテクノロジーが大規模に展開できるよう、活発な公共投資と積極的な政策改革の**両方**が必要だ[14]」

つまり、「どちらか一方だけ」しか活用しないという間違った選択ではなく、「両方を兼ね備えた」ソリューションが必要だ、と言っているのだ。

経済学者のジェフリー・サックスは、官民の理論を非常にうまく説明している。「『クリーン経済』を支援する明確な連邦の投資計画があって、そこに公的資金が投入されているのが確認できれば、何十億ドルもの民間資本が参入を決めるだろう[15]」

そしてこれは、特定のプロジェクトへの投資に限らない。エネルギー（特にエネルギーの貯蔵）、水技術、グリーン・ケミストリー、サステイナブルな原料などの分野における基礎研究も必要だ。企業が「不可欠ではない」研究費用を削減せよ、というプレッシャーにさらされるなか、こういった基礎研究を大規模に行えるのは誰だろうか？

基礎研究の分野において、アメリカは多くの実績を持つ。サックスが言うように、「アメリカ政府は長期的な官民の投資計画に幾度も成功してきた。連邦政府機関はコンピュータの黎明期、人ゲノムプロジェクト、州間高速道路網、GPSの進化、世界をあげたエイズとの闘い、そしてもちろん、宇宙開発プログラムなどを支援し、先導してきたのだ[16]」。この成功を踏まえれば、企業は、あたらしいクリーン経済のソリューションについても、官民一体となった投資を奨励してしかるべきである。

政府の投資について、政府が勝者を決めるべきではないのではという懸念を多くの人が持っている。しかし一方で、この考えはナンセンスでもある。我々は常に勝者を選んでいるのだし、それならばマイナスの外部性を持った勝者よりは、プラスの外部性を持った勝者を選んだほうがよいのではないだろうか？　とはいえ、より現実的にこの懸念に対処するとすれば、特定の技術に限定することなく、投資の対象を幅広くとり、結果や実績に対しての基準を高く設定することである。ということで、企業がロビー活動するべき政策の話に、うまくつながった。

「クリーン」な製品と生産過程により高い基準を

最近、あるテクノロジー大手の政府対応部署（アメリカの企業の多くは、ロビー活動をはじめとする政府対応を専門とする部署を置いている）のトップとミーティングをした。途中で彼は、思案の末、という様子でこう言った。「うちの会社は市場で一番省エネに優れた製品をつくっているわけだし……本当は、省エネの基準を上げるようなロビー活動をするべきなのかも……」。いやいや、その通りだ。

もし自社の製品が、エネルギー使用量を減らすとか、グリーン・ケミストリーを活用して製品の毒性を減らすなど、クリーン経済に向けて大きな前進をしているなら、あなたの企業はすでに先制していることになる。業界全体により厳しい基準を設定することを、奨励しない理由はないはずだ。もしクリーンなバージョンの製品をつくると高くつくと言うのなら、厳しい基準はすべての企業を同じ土俵にのせてくれるということを考えてみてほしい。あなたの企業がすでにクリーンな製品をつくっていようといなかろうと、厳しい基準の設定は競合他社を厳しい状況に追い込むことになるのだ（コラム「ピボットのサイン――ブロードエアー」を参照）。

逆に、労働条件のように、企業が競争すべきではない事柄もある。そういった場合にも、業界全体のためになるような厳しい基準を求めてロビー活動をするというのは理にかなっている。たとえば、サプライ・チェーンのある部分で労働環境についてのスキャンダルが起きると、ハイテク企業は軒並み影響を受ける。あるいは、有毒物質を含む使用済みの電化製品が、途上国のどこかに山積みになっているようなとき、それはどのコンピュータ会社にとっても負けを意味する。

厳しい効率基準には、大きな利点がある。イノベーションを起こす原動力となって、企業の世界的な競争性を維持するのだ。ブッシュ大統領が二〇〇八年に通したエネルギー法案のなかであたらしい電球の基準を上げたとき、業界はどう反応しただろうか。コンパクト蛍光灯の売り上げは上がり、LEDは赤丸急上昇、そして最も興味深いことには、フィリップスがあたらしい基準をクリアする白熱灯を開発した。――フィリップスは、過去一〇〇年間ほとんど変わっていなかったエネルギー効率を、約三〇パーセントもアップさせたのである。(17)

ピボットのサイン　ブロードエアー

セントラル式よりもはるかに高効率な吸収式冷凍によるエアコンの大手ブロードエアーは、中国政府に効率の基準を上げるように働きかけた。果たしてブロードエアーとそのCEOでビリオネアのチャン・ユエは、政府がより厳しい基準を設定することで、利益を得るのだろうか？　もちろんだ。しかしチャンは、もっと大きなものを見据えている。「私は、このビジネスの中心を、温室効果ガス排出を減らす方向に完全にシフトしました。気候変動という問題に立ち向かうことに決めたのです」。彼は、空調企業の社長でありながら事務所のエアコンの温度設定を二七℃にすることによって、そのビッグ・ピボット的言動を有言実行しているところだ[18]。

透明性

二〇一二年と二〇一三年の選挙において、二つの州で似たような住民投票案件が、僅差で否決された。カリフォルニア州のプロポジション三七と、ワシントン州のイニシアチブ五二二であり、両方とも製品が遺伝子組み換え作物を含有している場合、食品会社に対してその表示を義務付ける法案であった。この投票の表面上の争点は科学や健康の是非だったが、本当の戦いは、実は透明性をめぐるものだった。ほぼすべての大手食品企業とアグリビジネスがこの法案に反対したわけだが、彼らは間違った判断をした、と歴史が証明することになりそうだ。

もしこれらの企業が、プロポジション三七の敗北が透明性への要求の波を食い止めることになるだろうと期待しているなら、この先には失望しかない。ビッグなブランドにとって、透明性に反対するのは得策ではない。激しく反対すればするほど、消費者は、科学的な根拠がどうであれ、「もし遺伝子組み換え作物が安全なら、どうして隠そうとするのだろう?」という素朴な疑問を持つからだ。

こういった敗北は一瞬のことだが、ビッグ・データと透明性は、途切れることのない潮流である。現行の法律がなんら情報の開示を義務付けていなかったとしても、グッドガイドのような製品情報格付け企業が、製品に関しての情報をリアルタイムで、どんなモバイル環境からでもアクセスできる形で公開しているわけだから、開示圧力の役割を果たす機能は、すでに存在しているのだ。パッケージを情報開示の手段として使うことに対する懸念があるのももっともではあるが、情報はいずれ何らかの形で外に出てしまうだろう。そのことを踏まえれば、ハンス・ブリンカー〔オランダを舞台にした児童小説〕に出てくる、堤防の穴に指を入れて洪水を止めた有名な少年のように、企業は能動的に行動して、変化を促すようになるべきなのだ。繰り返しになるが、ここで他に先駆けて迅速な対応ができた企業が、これからのオープンな世界を勝ち進むのだ。

その他のトピックに関するロビー活動をするうえでのポイント

ここまでで挙げた五つののトピック以外に関するロビー活動の方法は、業界、ロビー先の政府機関の事務方の地位などによって大きく異なる。すべてを挙げるには数が多すぎるので、支援すべきポイントをいくつか挙げておこう。

◆政治におけるカネの排除

政治家にとって、クリーンテクノロジーのようにあたらしい業界に対する長期的な投資を支援するのは、既得権者が財布のヒモを握っている場合には、至難の業である。これを正すには、アメリカでは憲法改正を必要とするかもしれない。

◆グリーンなインフラに関する対話と開発の促進

対話と開発を促進する方法としては、米国農業法における予算の優先順位を見直すことが挙げられるだろう〔たとえば、現在の米国農業法では、バイオエタノールの原料となるトウモロコシ生産に、生産過多や予期しない弊害などが起こっても補助金が出てしまう〕。

◆再生可能エネルギー・ポートフォリオ基準

七六の国や州で採用されている（そして今も急速に増えつづけている）この規則は、電気事業者が発電する電力のうち、再生可能エネルギーが占めなければならない割合を義務付けるものである。[19] これらの法律は、送電される電力がクリーンになればなるほど、企業がバリュー・チェーンを通した炭素削減の目標を達成する助けになるし、市場の需要と規模の増加にともない、再生可能エネルギーのコストダウンにもつながる。

◆化学物質についてのより深い研究（それぞれの物質についてだけでなく、物質間の相互作用も含む）

もし企業が（特にアメリカの企業が）欧州式の化学物質規制のような予防的なアプローチを取ることをよしとしないのであれば、政府とともに化学物質に対する研究に力を入れ、グリーン・ケミストリーの動きを加速させるべきである。そういった動きがあれば、規制が始まるずっと前に代替策を開発することができるかもしれない。さらに、自社のサプライヤーに対して高い基準を設置しておくこともできる（コラム「デファクト規制」を参照）。

◆独占禁止法の例外措置

高邁な意図でつくられた法律でも、メガ・チャレンジを解決するために、業界を超え、競合の障壁を超えて、企業がともに協働することの障害になる可能性もある。（詳しくは、第12章で説明する）

◆マクロレベルのあたらしい計測手法開発

国家の幸せや達成を計測するためのツール――GDPなどという鈍感な手法ではなく、はるかにましなものが必要である。たとえば、ブータンは、国民総幸福量という手法を開発したし、経済学者ジョセフ・スティグリッツもこの問題を何年にも渡って研究している。GDPに代わる計測手法を開発しようとする試みには新規参入者も多く、たとえばアライアンス・フォー・サステイナビリティ・アンド・プロスパリティや、マイケル・ポーターが提案している社会進歩指標などがある。これらの選択肢を研究し、政府があたらしい手法を開発できるように支援することも重要だ。

◆ミクロレベルのあたらしい計測手法や会計基準の開発

気候変動などのあたらしい問題がその重みを増すにつれ、マテリアルなリスク開示の法制化へのプレッシャーが高まっている。連邦証券取引委員会や、財務会計基準審議会（FASB）などの会計基準を統括する組織において、これから変化が起こるであろう（のちほど第14章で、「マテリアリティ」の既成概念を変えようという、米国サステイナビリティ会計基準審議会（SASB）の取り組みに触れる）。大企業、特に会計事務所の大手は、これらの標準化団体が、自然資本や顕在化しつつあるリスクを計測するためのよりよいツールを開発するにあたって、能動的な役割を果たすことができる。

デファクト規制

ある会合に、元連邦議会議員で、現在米国化学工業協会（ACC）の会長であるカル・ドゥーリーと一緒に呼ばれ、取引先企業がどのように有害物質をサプライ・チェーンから減らしているかについてかなり率直な会話をしたことがある。そのときドゥーリーは、こう言っていた。「ウォルマートとターゲット〔大手小売店。ウォルマートに比べ価格設定が高め〕がいわゆるデファクト規制になっていますよ」

「デファクト規制」はまさに私がよく使うフレーズであり、現実にどんどん大きくなりつつある現象だ。ちなみにドゥーリーが言っていたのは、店頭販売するおもちゃに含まれる鉛の含有量に対する制限などに関するウォルマートの方針のことで、それは当時の連邦政府の基準と比べ、八五パーセントも厳しいものであった。その会合のあとにも、二〇一三年九月には、ウォルマートは一〇の化学物質を特定し、それらの使用に関するリスク開示を要求、より安全な他の選択肢に変えるようサプライヤーに通告した。またもドゥーリーの見解が正しかったということが証明された[20]。

もしウォルマートが国であったなら、収益をGDPとみなすと世界二七位で、オーストリアよりも大きい。つまり、彼らがつくる基準が市場をつくり、多くの課題への取り組みを先に進める原動力となりうるのである。この小売りの巨人が策定した、サプライヤーからの炭素排出量を二〇〇〇万トン削減するという目標は、世間の耳目を集めた。そしていまや、ウォルマートだけではない。二〇一三年一〇月には、テクノロジーの大手HPが、サプライヤーからの炭素排出量を二〇二〇年までに二〇一〇年比で二〇パーセント減らす、という挑戦的な目標を設定した。[21]

こういうことは、今後もっと起こってくるはずである。たとえば、売り上げ規模数兆ドルを誇るコンシューマー・グッズ・フォーラムなどの全会員が結集して、政府の規制と同じような、サプライヤーの再生可能エネルギー使用に対するルールをつくることがあってもいいわけだ。

企業レベルでのアクション事例

めったにないとはいえ、競争を有利に運ぶために、業界がより厳しい規制を求めてロビー活動することが、ときにはある。最も有名なのは、一九八〇年代後半に、デュポンがオゾン破壊物質へのより厳しい規制を求めて動いたケースであろう。デュポンは、より高利益と考えられる代替品を開発することに成功したため、ピボットを起こし、モントリオール議定書と呼ばれる、クロロフルオロカーボン（CFC）を段階的に撤廃するためのグローバルな合意形成に向けてロビー活動したのである。

もっと最近の例では、工業大手の３Ｍが、鎮火剤や消火剤となる化学物質をよりサステイナブルにするために、ノベックという製品ラインを拡充した。この製品ラインは、室内やデータセンターなど、水を使った消火を避けたい場所で威力を発揮する。3Mが開発したこの不燃性の新製品は、オゾン破壊物質を使用せず、温室効果もきわめて低い。専門的に言うと、この化学物質は、**地球温暖化係数**（GWP）が一なのである。通常消火剤として使われる物質のGWPは、最大で七〇〇〇にも達する。

3Mの顧客は、今でもよりグリーンな製品を求めているが、3Mが狙っているのは、自社製品がさらに有利になるような規制を含む、迅速な市場の変化である。3Mのゼネラル・マネージャーであるエルベ・ジャンドルは、自社のアプローチを、ソフトに「環境アドボカシー」と呼んでいる（つまり私が呼ぶところのロビー活動である）。彼はこう言う。「規制と市場が環境にとって正しい方向に向かうように、3Mは専任の人材を置いています[22]」

これらは、ニッチを狙った力強い成功例である。一方で、再生可能エネルギーに対する政府の継続的な支援など、もっと大きな目標に対してロビー活動をしている企業もある。スターバックス、ベン・アンド・ジェリーズ、ジョンソン・エンド・ジョンソン、NBA所属のバスケットボールチームのポートランド・トレイルブレイザーズなど数十社にものぼる企業は、風力発電の開発に対する既存の税制優遇が延長されるよう、議会にロビー活動した。地域レベルでは、イーベイがユタ州議会に対して、あたらしい大規模データセンターが、電力会社からではなく、風力発電事業者から直接電力を買い取ることができるようロビー活動した。しかも、完全にビジネス的な観点からの売り文句でだ。NGOセリーズの創立者であるミンディ・ラバーは、フォーブス誌で、こう語っている。「イーベイやその他の企業はユタ州に対し、この法改正が（中略）環境を守り、温室効果ガスを削減する、などとくどくど説明する必要はまったくなかった。彼らはただ単に、再生可能エネルギーに直接アクセスできる環境をつくることは、ユタ州にとってあたらしい経済成長の機会であり、あたらしい雇用の創出につながるのだ、と証明しさえすればよかったのだ[23]」

こういった行動を取っているリーダーたちの論理は明快である。クリーンテクノロジーに対する投資は、政府の支援があればより早く回収できる。そうすれば、企業は自社の短期的な投資の利益を伸ばそうとするよりももっと大きなことができるというわけだ。ただし、そのためには企業同士で協力しあわなければならない。

グループでのアクション

いくつか非常に興味深い事例があるので、急ぎ足で見てみよう。コーディネーター的な役割を果たす大手NGOとともに、企業が業界を超えたグループで政府のアクションを後押しするパターンである。こういったグループは、グリーン分野でのロビー活動の未来を象徴しているようだ。

米国クライメート・アクション・パートナーシップ

米国クライメート・アクション・パートナーシップ（USCAP）は二〇〇七年に設立された。エンバイロメンタル・ディフェンス・ファンド（EDF）、ピュー、ナチュラル・リソース・ディフェンス・

カウンシル（NRDC）、ザ・ネイチャー・コンサーバンシー（TNC）などの主だったNGOと、ダウ、デューク・エナジー、デュポン、ジョンソン・エンド・ジョンソン、GE、NRG、ペプシコ、シェル、シーメンスなどをはじめとするさまざまな業界を代表する大企業が、一堂に会したグループである。彼らは、「アメリカにおける炭素排出の増加スピードを減速させ、ゼロにし、そして減少に転じさせる」ための政策を公的に支持した。ところが、気候変動対策の法案が米国議会で二〇一〇年に可決成立を逃したことを受け、このグループは事実上瓦解してしまう。しかしその失敗を考慮しても、このパートナーシップは、ビジネスとNGOが協力して環境寄りの規制のためにロビー活動した好例である。この経験を踏まえて多くの協力関係が模索されるようになり、より効果的な協働の可能性への下地が形成された。

セリーズ

NGOセリーズは、ナイキをリーダー格企業として、ビジネス・フォー・イノベーティブ・クライメート・アンド・エナジー・ポリシー（BICEP）というイニシアチブを立ち上げた。BICEPは影響力を増しながら拡大中であり、先に挙げた五つの重要な政策を含む具体的でより厳しい規制の実施を呼びかけている。ナイキの役員であるハンナ・ジョーンズは、こう語る。「このグループは、連邦レベルでの温暖化対策法案が否決されたあとの厳しい時代に結束して、『どの企業も温暖化対策を毛嫌いしている、というマスコミを通した一般的な印象』に対抗するという、切望されていた役割を担っている」[24]。

二〇一三年に、ＢＩＣＥＰは次のような声明を発表した。「気候変動に対応することは、二一世紀における最も大きなビジネスチャンスの一つである」。いわゆるクライメート宣言と呼ばれる、誰もが署名できるこの声明に実際に署名するリーダーは増えつづけている（エイボン、ディアジオ、イーベイ、ＥＭＣ、ギャップ、ＧＭ、イケア、インテル、ジョーンズ・ラング・ラサール、マイクロソフト、ネスレ、ナイキ、オーウェンス・コーニング、パタゴニア、スターバックス、スイス・リー、ティンバーランド、ユニリーバなど）。

プリンス・オブ・ウェールズ（チャールズ皇太子）の気候変動に関する企業リーダーグループ

グローバルな規模でのアクションを求め、ロビー活動を行っているグループもある。チャールズ皇太子を後見人とする気候変動に関する企業リーダーグループは、世界中の政府に向けて、四〇カ国から世界の大企業四〇〇社が署名した「二℃への挑戦」という共同声明を作成した。この声明は、各国政府や各レベルの自治体に、炭素排出量を気温上昇二℃レベル内にとどめるための法律を成立させ、「よりレジリエントで高効率、世界規模の危機に対する脆弱性の少ない低炭素経済を確立する」ことを要求している。このグループはその後さらに、「炭素価格共同声明」という、より具体的な要請も追加している[25]。

リアルな変化をもたらすには、これらのグループやもっと小規模なロビー活動連合が、一つになって活動する必要があるかもしれない。ナイキのジョーンズが言うように、「連合を束ねる連合がもっと必要だし、同じことを訴えているさまざまな声が一つになるような、壮大なレベルでの結束が必要だ」[26]。

もしかしたら彼女の願いはもうすぐ叶うのかもしれない。メガ・チャレンジの規模の大きさを考えたら、政府のアクションが必要だということに、CEOたちは気がつきはじめている。アクセンチュアが、国連のグローバル・コンパクトの依頼で世界のCEO一〇〇〇人を対象に二〇一三年に行ったアンケートの結果は、目から鱗の内容だった。ほとんどのCEO（八三パーセント）が、民間企業がサステイナビリティを推し進めるためには政府が重要な役割を果たすと考えており、五五パーセントが、たとえばクルマの燃費などに対する規制や基準をつくることを求めている。四三パーセントが補助金やインセンティブが効果的であると考え、三一パーセントが「課税という形での介入」を望んでいる、というのだ[27]。

その通り。世界のCEOの三分の一が、基本的には「課税してくれ」と言っているのである。

▽実践編

この課題については、簡単な「やるべきこと」リストはない。しかし、いろいろな立場の人と、ロビー活動の文化を変えるための障害について話し合ったことをもとに、いくつかの大きなテーマを提案してみたい。まずは自社で、現時点で、どの課題やどの政策を支持するのかきちんと固める必要がある。そうして初めて、より先を見越したロビー活動の戦略をつくることができるのだから。

1　自社がロビー活動しようとしている課題についての情報を集める

まずは、ワシントン（連邦政府所在地）やブリュッセル（EU本部所在地）、あるいは州や地域の政府、自治体で、自分の会社が現在どれくらいの予算を使い、何に向けてロビー活動しているのかをきちんと知ろう。

2　所属している業界団体を、再度吟味してみる

あなたの会社が今組んでいる組織はどこで、そこにどれくらいの費用を拠出していて、何に対してロビー活動しているのだろうか？　その組織が取り組んでいる課題は、あなたの会社の取り組みを助けるものだろうか、それとも足を引っ張るものだろうか？　もしあなたの企業の規模がそんなに大きくなければ、業界団体は、あなたの唯一の代弁者かもしれない。

3　現行のロビー活動とあなたの企業の包括的な目標が「一致」しているかどうかを評価する

あなたの会社、もしくは会社が所属している業界団体は、あなたの事業部や製品を利することになるかもしれない規制に反対していないだろうか？　たとえばあなたの会社が競合よりもエネルギー効率の高い製品をつくっているのに、ビジネスへの「介入」であるとして、政府がエネルギー効率基準を厳しくすることに反対するためのロビー活動をしたりしてはいないだろうか？　より厳しい基準に

賛成するためのロビー活動は、本来は先を見越した戦略であるはずなのに、企業内の政府対応部署の職務内容にはふつうは入っていないのだ。そういう視点で、あらためてロビー活動の目的を考えてみよう。

4　ロビイストの役割を再編成する

ナイキのジョーンズが言ったように、「企業内の政府対応部署の機能は、防戦に集中し、規制の影響をできるだけ小さくする方向に偏ってきた。これは批判でも何でもない。そういったスキルをして、対政府交渉に**長けている**と評価されることが多いのだから」[28]。こういった政府に対する受け身の態度を、変えなければならない。企業の政府対応部署の射程圏を調整しなおすのは、簡単なことではない。それでも、協働したり、あなたの企業や業界に優位性をもたらすような変革のために、先を見越したロビー活動や協働をできるよう、政府対応部署にピボットを起こしてみよう。

5　自社の取り組む課題や主義主張と合わない場合は、業界団体の立場から公に距離を置く

率直に言って、米国商工会議所（USCC）や全米製造者協会（NAM）などの、いくつかの非常に力を持った団体は、気候変動関連の政策を一貫して激しく攻撃してきた。しかしこれらの団体が、すべての人を代弁しているわけでは、まったくない。商工会議所がかなり強い姿勢で温暖化対策に反対したとき、コカ・コーラは自らレターを出し、彼らがコカ・コーラの意見を代弁しているのではない

ことを明確にした。個人的には、アップルやナイキが二〇〇九年にやったように（ナイキは完全に脱退したわけではなく、役員会を辞任したのだが）、もっと多くの企業が商工会議所やその他の気候変動関連の政策に後ろ向きなグループから手を引いてくれればいいと思っている。(29)

6　パートナー候補や、加盟・支援するべき既存のグループを見つける

声明に署名したり、ＢＩＣＥＰに加盟したり（あるいは宣言に署名するだけでもいい）して、協働しよう。声は大きく、強く、統率がとれているべきである。

7　地域、地元レベルでも活動する

州や自治体レベルでもコネクションがあるのなら、先に挙げたすべてのステップを、小さな規模でやることだ。私が繰り返し耳にするのは、企業が、たとえば温暖化対策の政策に取り組みたいのなら、連邦レベルや大陸レベルの統治機関とかけあうよりも、地域レベルでの対話のほうがずっと奥深く切り込むことができる、ということだ。

大きなアクションを取るリーダーたちの数が十分になれば、グリーン政策をどこまで認めるか、に関する「当たり前」を変えることができるはずだ。ハーバード・ビジネス・スクール教授のレベッカ・ヘンダーソンが言うように、「このような変化に抵抗するためのロビー活動を、社会は許してはいけない。

（児童労働が大きな問題になってから）子供たちを機織り機に縛り付けて働かせるのは恥ずべきことになった。同じように、炭素規制に反対してロビー活動をするのは恥さらしである、とならなければ[30]」。

要するに、政府に対する企業の関係性のあり方が変わらなければならない、ということだ。ビジネスは、政府という国民の総意の表れを、敵ではなくパートナーとみなし、「同じ屋根の下で」協働する必要があるのだ。これは、より深い変化のために、オープンに協働するという、第12章のテーマにつながっていく。

Collaborate Radically

第12章
ライバルをパートナーに
なぜコカ・コーラとペプシコは協力したのか

私はあるとき、友人の一人に「私が個人的にエコな洗剤を使ったりハイブリッド車に乗ったりしたとして、実際何か変わるの？」と聞かれたことがある。私はいつもと同じように、こう答えた。「君は七〇億分の一に過ぎないんだから、**実質的には**何も変わらない……でも、もちろん大きな意味がある」

数の力

私たちがすることはすべて、数が集まれば大きなインパクトになる。だから、どんな行動でも意味があるのだ。インパクトを与えられるのか与えられないのか、というおかしな二分法でものごとを考えようとすると、全体像がつかめなくなる。たしかに世界を覆う大きな課題の前で、私たちは無力だ。しかし驚くなかれ、国になれるような大きな企業でさえも、同じ葛藤を感じているのだ。これを自分たちがやったからといって、何の意味があるのだろう？　一社でやって、何かの足しになるのだろうか？　アメリカ全体のＧＤＰの二パーセントに相当する売り上げを誇るウォルマートのような巨大企業であっても、太陽光発電の価格から地元産の食糧の供給にいたるまで、よりサステイナブルな世界をつくるために必要な変化を、独力でもたらすことはできないのだ。

メガ・チャレンジは、文字通り「メガ」である。どんな個人も、組織も、国も、この問題を独力で解決することはできない。これは、私たちすべてに関わる問題なのだ。少人数を集めてサークルでもつくろう、というのとはわけが違う。すべての人が協働しなければならないという、きわめて実用的な所見である。コンサルタントであるエリック・ローウィットは、その著書『The Collaboration Economy』（未邦訳／Jossey-Bass／二〇一三年）のなかでこう指摘している。「端的に言って、公共の問題は、共同で取り組まれ、共同で合意された解決法を必要とする」(1)

協働するというやり方は、熾烈な競争というビジネスの通常モードと相容れない。しかし、解決しようとしている問題の大きさに気がつきつつある先進的な企業は、政府、コミュニティ、サプライヤー、顧客などとパートナーシップを結ぶことを覚えはじめている。そのうえ長年のライバルとも。

この章では、「何についてならば、安全に協働できるだろうか？　そもそも何に対して競争しているのだろうか?」という、協働にとって最もクリティカルな問題を常に念頭に置きながら、あたらしい形の協働の例を見てみよう。

ザ・サステイナビリティ・コンソーシアム――バリュー・チェーンとの協働

ザ・サステイナビリティ・コンソーシアム(TSC)は、異色の組織である。主にウォルマートが資金を提供して創設されたこの組織は、コカ・コーラ、クロロックス、コルゲート・パルモリブ、P&G、ペプシコ、ユニリーバなど消費財メーカーの大手、化学大手のダウ、デュポン、BASFなどのサプライヤー、そして有力なNGOや教育・研究機関など、八〇の組織が集うグループだ。

TSCの大きな目的は、消費財のライフサイクルベースでの環境的・社会的負荷における精度の高いデータを集め、そして――ここが重要なのだが――その情報をバイヤーの手に渡すことで、世界の消費活動の負荷を低減することである。TSCのフットプリントのデータを使って、小売店はどの製品を入荷して販売するを決めることができる。TSCが創設された当初は、消費者がよりよい製品の選択ができるような情報を出していく、という話もあったのだが、今のところは純粋に企業同士の取り組みになっている。

TSCのCEO(当時)であるカーラ・ハーストによれば、TSCは牛乳やプラスチック製のおもちゃなど数百の製品カテゴリーに対し、四つのツールを開発中である。[2]

1 学術誌や、その他の科学的ソースに拠った、製品の負荷に関する「膨大な情報資料」。

2 バリュー・チェーン上で負荷が最大となるホット・スポットに焦点を当て、それを改善するためのチャンスを戦略的にまとめた資料。

3 それぞれの製品カテゴリーで、ライフサイクルベースでの負荷を計測するための主要なパフォーマンス指標（エネルギー、水、有害物質など）のリスト。

4 TSC会員であるソフトウェア大手SAPによって開発されたデータプラットフォーム。製造元はこのプラットフォームを通して一連の質問に回答し、小売り側はそれにアクセスすることで購買決定のための情報を取ることができる。

二つめのツールは、非常に重要である。ホット・スポットを見きわめることは、バリュー・チェーン上に存在する企業たちが、最も効率的な方法で負荷を減らすために協働するための手助けになる。覚えておいでだろうが、データ主導のアプローチを取るべきだからといって、それにとらわれすぎてはいけない。この協働全体が、大きな課題の解決に向けて足並みを揃え、変化をもたらすのに最もふさわしい企業を一堂に会させるような場所になれば理想的である。

もう一つのバリュー・チェーンを通した協働の好例は、実はTSCよりも古い。サステイナブル・アパレル・コアリション（SAC）には、メーカーから小売りまで、衣料関連のバリュー・チェーン全体を見事にカバーする企業群が集まった。このグループは、ナイキやアウトドア・インダストリー・アソシエーションなどから提供された広範囲にわたるデータと、独自に開発したデータを活用して、エネルギー、水、有害物質などのフットプリントに対するサプライヤーのパフォーマンスを計測している。大手アパレルメーカーは、この連合を通してデータやツールを共有し、クリーンで負荷の少ないデザインをしたり、最適なサプライヤーを選定したりしている。

これらの取り組みは波及効果を生み、果てしなくつづくバリュー・チェーンのそこかしこでデータやベスト・プラクティスの情報を集める動きが出てきている。このような取り組みを実現するには、本来は競合関係にある企業が、その意見の違いをいったん置いて、共通の解決にむけて協力しあわなければいけない。ビジネス界で最も激しくやりあっているライバル同士でも、こういった協働をしている例があるのだ。

自動販売機――競合や不倶戴天の敵とさえも協働する

常にデッドヒートを繰り広げている、ビジネス史上最大のライバルたちといえばどこだろうか？ボーイング対エアバス？　ビル・ゲイツ対スティーブ・ジョブズ？　ＩＢＭ対ＨＰ？　フォーチュン誌がトップ五〇のライバル関係を特集したとき、一位はコカ・コーラ対ペプシコだった。(3)それでは、この不倶戴天の二社が、大きな環境・社会問題のために実際に協働するというのは、どれくらい突拍子もなく聞こえるだろうか？　驚くなかれ、こと冷媒という分野においては、実はこの二社はもう何年も協働しているのである。

スーパーや自販機で使われるほとんどの冷蔵設備は、ハイドロフルオロカーボン（ＨＦＣ）という化学物質を使用している。ＨＦＣは、地球を守るオゾン層を破壊するガス、クロロフルオロカーボン（ＣＦＣ）に比べれば、はるかに負荷が少ないものの強力な温室効果ガスであり、CO_2の何千倍もの温室効果がある。最も広く使われているタイプのＨＦＣが一トン空気中に排出されると、二〇年にわたって四〇〇〇トンのCO_2が排出されつづけるのと同じ影響が出るのだ。[4]

これはささいな問題ではまったくない。コカ・コーラだけでも、世界中に一二〇〇万台の自販機や冷蔵設備を抱えているのだ。ここで、意外な流れではあるが、ＨＦＣの代替として、現在CO_2が最善のオプションとして浮上してきている。CO_2は高品質で安全な冷媒になるというのだ。冷蔵の世界では、いまやCO_2はどういうわけか「いい軍」になったようだ。

しかし、業界全体の冷媒、冷蔵システムを、あたらしいテクノロジーに切り替えるのは簡単なことではないし、お金もかかる。クリーンテクノロジー投資業界でしばしば「死の谷（Valley of Death）」〔立ち上げ時に企画力で資金を集めても、商業化のための必要資金を調達しつづけられず、その谷間でつまずくスタートアップが多いこと〕とも呼ばれるように、新規プロジェクトを大きくスケールアップさせるのは常に困難な作業なのだ。コカ・コーラの役員であるジェフ・シーブライトによれば、CO_2のコンプレッサーは、一〇年前にはＨＦＣの同様の製品に比べて二倍近い金額だった。[5]しかしあたらしいテクノロジーに投資が集まるにつれて、単価はどんどん下がっているという。

コカ・コーラは、ペプシコやその他の競合も含め、多くのパートナーと協働している。彼らは、「自然の冷媒！〔人工的な化学物質ではなく、自然界に元から存在するCO_2を利用しているという意味〕」というスローガンのもと、グリーンピースのコーディネートと、コンシューマー・グッズ・フォーラムという非常に影響力のある業界ネットワークの共催で、企業のトップたちの会談も開催した。このようなNGOや業界ネットワークは、プロジェクトの前進に大いに貢献したのだ。

いまやコカ・コーラは、上層部の後押しもあって、CO_2冷媒を使用したコンプレッサーを製造しているあたらしい工場から、すべての冷蔵システムを購入することを約束している。この気候にやさしい代替ソリューションは、従来のシステムと比べても、その価格差は一〇パーセントにもならない。ディアジオがゴミ埋立地からのメタンガス購入を決定したときがそうであったように、ときには少し金額が高くても進めるのがリーダーシップだ。つまり、このようなピボットを実現するには、上層部の支持が不可欠なのだ。

この努力は、コカ・コーラの殊勝な心がけだけの産物ではない。顧客もまた変化を求めている。イギリスを拠点とするスーパーマーケット・チェーンのテスコは、新規店舗すべてにHFCフリーのシステムを設置することを約束している。アメリカのスーパーマーケット・チェーンを含む他の小売店も、いずれ追随するだろう。

リーダーシップと協働の両方があったというのも、大切な点である。いくら顧客からのプレッシャーがあったとしても、もしペプシコや他の同業他社が同じ方向に向かっていると知らなければ、コカ・コーラだってここまで徹底してはやらなかったに違いない。あたらしいテクノロジーのためのこの最新の注意を払ったパートナーシップが、機器メーカーに、新製品には市場があるという確信を持たせる結果になった。ビッグ・ピボットは、大きな課題に対しては敵と休戦協定を結ぶことをも意味する（コラム「独占禁止法と競争前夜」を参照）。

独占禁止法と競争前夜

協働に話が及ぶと、多くのリーダーたちが同じ質問をする。「一緒に何かやったりしたら、独禁法にひっかかるのではないだろうか？　政府やサプライヤーや顧客から訴訟を起こされたりしないだろうか？」。これはおそらく、これらのパートナーシップで何を話しあうか、によるだろう。当たり前だが、コカ・コーラとペプシコは自販機やコンプレッサーへの需要が正確にどれくらいあるのかを話しあうことはできない。もちろんどのみち、どちらもそんなことは話しあいたくないだろうが。逆に、議論を安全な範囲にとどめ、技術の話に終止することになるだろう。メガ・チャレンジはすべての船の浮沈を握っているのだから、「競争前夜」の協働が必要だというのは、最近のホットな考え方なのだ。

もちろん、非常にデリケートな課題であることは間違いがない。でも、企業同士は業界フォーラム、業界団体の会合、その他のイベントで頻繁に顔を合わせているわけだし、会が始まる前などには、定石通りの「談合に当たらない」言葉を巧みに操って会話をしたりしているのだ。ときには協働できるように、企業グループが政府に対して独禁法の適用除外を申請することもある。メガ・チャレンジについても同じようなアプローチを取れない理由はないはずだ。

結局何をめぐって争っているのだろうか?――グリーンエクスチェンジのストーリー

五年ほど前、ナイキ、ベストバイ、ヤフーなどの企業は、先進的なあたらしい組織「グリーンエクスチェンジ」を立ち上げた。会員企業がエネルギー、水資源、有害物質などの使用量を減らせるようなあたらしい生産方法に関する特許をシェアする、という画期的なものである。たとえばナイキは、生産コストを下げ、有害ガスの排出量を九六パーセントも削減する「グリーン・ラバー」という素材を開発していた。ナイキはこの技術をオープンにし、その結果カナダの小売りマウンテン・イクイップメント・コープがライセンス契約することになった。

グリーンな技術の共有は、グリーンを推し進めると競争に有利になる、という考えと矛盾するのではないだろうか? 答えはイエスでもありノーでもある。特許を共有するというのはたしかにふつうしないことではあるが、だからといって、グリーン・ラバー技術を共有したことで、ナイキの競争力は下がっただろうか? なぜ技術を共有したのか、ナイキの役員に質問してみたところ、二つの非常に面白いポイントがわかった。(1)グリーン・ラバーのようなより良い技術を発見したときは、社員もステークホルダーも、企業トップはその技術を周りに広めてしかるべきだと考える。(2)企業が**絶対に共有しない**タイプのイノベーションというものが、それはそれで存在する。

「理想的なシューズとは、単一の素材のみを使用することで、ライフサイクルでの負荷が非常に少なく、リサイクルもしやすいものではないだろうか」。ある会議で、ナイキの役員がこう発言したことがある（実際そのわずか二、三年後、ナイキは先に述べたイノベーティブなフライニットを生産することになる）。靴だけにまさに「フットプリント（足あと）」を小さくするためのあたらしいデザインや立体構造の技術はすべてナイキが所有しているはずであり、それらこそが、真のナイキの競争力の源だ。つまり、ナイキはどうやってゴムを生産するのかで競争しているのではなく、デザインや運動するうえでの機能性で勝負しているのだ。

下記に、他業界で「競争前夜」の協働を安全にしているテーマをいくつか挙げる。(6)

◆コカ・コーラとペプシコは、味とブランド力で対抗しているが、自販機の中身の機能性については競争していない。

◆半導体メーカーは、チップのデザインやプロセッサーの速さでは火花を散らしているが、生産にまつわる水や有害物質の使用については競争していない。

◆アパレル業界はデザインやコストでは競争するが、サプライ・チェーンにおける綿花栽培の水消費量や、工場での労働環境などについては競争していない。

◆ダイムラー、フォード、ルノー・日産アライアンスは、燃料電池自動車を共同開発している。つまり、大規模な投資が必要な新技術の開発について、少なくとも当面は、真正面から競争するよりも、協力することを選んだのである。

◆ホテル・娯楽業界では、一二三社のグローバル企業が協働して、炭素フットプリントの計測方法の標準化を進めている。

◆UPSと米国郵政公社は、自社の炭素排出量を追跡するために、データを共有している。これらの配送会社は荷物の配達の速さやコストでは競争しているが、炭素排出量では競争していない。

こういった協働は微妙なバランスの上に成り立っているので、きちんと線引きするのが難しいときもある。分野によっては、今後競争になるかもしれない——透明な世界では、すべてが公正なゲーム上の駒になりうるわけだから、差別化の材料になる可能性だってあるだろう。しかし、これらの課題の多くは、単独の企業では解決できないのもまた事実だ。たとえば、大規模小売店同士がよりよい照明システムについてアイデアを共有した例で考えてみよう。なぜそんなことをするのかといえば、一社だけの力では、市場全体を省エネ照明システムに向かわせることができないからである。新技術の導入によってコストを削減すること自体はすばらしいが、市場が変わらなければ、企業の差別化につながるほどのコストメリットにはなりえない。競合他社と協力して需要を増やし、全体のコストとフットプリントを下げるほうがいいということだ。

最後にもう一つ抵抗を受けやすいポイントを挙げるとすれば、共有という考え方は、特に企業の知的財産（IP）の面から、企業の通常の業務にはなじみにくい。しかしナイキのハンナ・ジョーンズが言うように、「企業が、自社所有（一社だけ）のR&Dから、その対極にあるシステム全体をまきこむイノベーションに向かっていくとき、独占的なIPは少なくなるでしょう。（中略）しかし、その分コストも下がるわけです」[7]。つまり、アイデアを共有するということは、価値と同時にコストを共有することでもある。結局、重要なことは、「あなたの会社が、本当は何について競争しているのか？」につきるのだ。

ブラジルからのバンドエイド——コミュニティや政府との協働

世界で消費されるバンドエイドのほとんどは、ブラジルで生産されている。切り傷や擦り傷の手当ての代名詞でもあるこの製品を生産しているジョンソン・エンド・ジョンソンは、パッケージに使われる家庭ゴミからのリサイクル原料（PCR）の含有量を増やしたい、とずっと考えていた。

しかしブラジルでは、ゴミ埋立地から勝手にゴミを拾うことを生業としている人々の非公式なネットワークからリサイクル材が供給されることが多く、質の高いPCRを安定調達するのが難しかった。こういった状況は、残念ながら、世界的に見て珍しくはない。世界銀行によれば、開発途上国で都市部に住む人口の一パーセントが、ゴミ捨て場からゴミを拾うことで生計を立てている、という驚くべき統計もある(8)。

それでも、ブラジルやその他の国で、ゴミ拾いの人たちは、ゆるやかな協同組合に組織されつつあった。そこでジョンソン・エンド・ジョンソンは、ある大きな協同組合を支援することにした。その組合は今ではフーチュラ（ラテン語で未来の意）という名前の自立した企業になっている。ジョンソン・エンド・ジョンソンが「プロジェクト・フェニックス」と名づけたプロジェクトの一環として、彼らはフーチュラを最高のPCRサプライヤーにするために、二つの大きなステップを踏んだ。

最初にやったのは、ソーシャル・アカウンタビリティ・インターナショナルが発行する、SA8000認証取得の支援である。SA8000は、国際的に信用のある労働環境規格で、企業は認証取得をめざすことで、しっかりと系統だった管理体制をととのえることができる。こういった体制は、ゴミの埋立地から非公式に始まった協同組合には、最も欠けているものであった。この取り組みによってフーチュラは、より安全で、きちんと経営され、整備された職場を持つ企業になるための足掛かりをつくった。フーチュラはいまやSA8000認定企業であり、その事実は、バリュー・チェーン上にいるすべての人、そしてそれをとりまくコミュニティに、自分たちが行う業務への新たな自信を与えている。

次にジョンソン・エンド・ジョンソンがやったのは、ブラジルのサンノゼ・ドス・カンポス市とパートナーシップを組み、フーチュラの変身を現実のものとすることを助けることであった。市は、フーチュラがサービスを提供する能力があることを確認したうえで、フーチュラの運営に必要なインフラに投資することを決めた。また、市とジョンソン・エンド・ジョンソンは、投資資金を提供してくれそうな地元の銀行とフーチュラをつなぐ役目もした。多国籍の大企業と市がサポートしているという事実は、投資の健全性を高め、融資を確保するための大きな後押しとなった。

現在、フーチュラは安全な労働環境と、高品質でより信頼性の高いＰＣＲを提供する、気鋭の成長企業《エンタープライズ》である。そして今、ジョンソン・エンド・ジョンソンは、バンドエイド・ブランドの箱にフーチュラから供給されるＰＣＲを使用している。

ジョンソン・エンド・ジョンソンは、市、地元の協同組合、銀行、その他のステークホルダーという多様なグループを一つにまとめるのにリーダー的な役割を果たし、いまや地元のコミュニティとグローバル経済に同時に貢献する企業を築き上げる支援をしたことになる。ジョンソン・エンド・ジョンソンのポーレット・フランクは言う。「私たちにとっては、プロジェクト・フェニックスは、我々の持てるサステイナビリティの知識と経験を総動員するようなプロジェクトです[9]」

アプリシエイティブ・インクワイアリー――社員主導の協働

自分たちのビジネスを問い直すため、社員と外部のさまざまなステークホルダーを呼んでみたら、なにが起こるだろうか。彼らを同じ部屋に集め、数日間じっくりかけて、今までの垢《あか》を洗い落とし、「我々のビジネスの本分とは？　経営はどうあるべきだろうか？　何において競争しているのか？　これから何になれるだろうか？」といった、ふだんしないような問いかけをつづけたとしたら？

これらの問いは、本質的なビジネスの結果につながる可能性がある。ケース・ウエスタン・リザーブ大学ウェザーヘッド経営大学院のデビッド・クーパーライダー教授は、問いや探求をとおして、実に多様な個人や組織全体の真価を発見して認め、そこから最善の結果を凝縮して搾り出すためのツールを構築した。彼はこのプロセスをアプリシエイティブ・インクワイアリー（AIと略せるが、もちろん人工知能の対極にあるものだ）と呼んでいる。クーパーライダーが数日間にわたって開催するイノベーションと戦略のAIセッションには、多国籍大企業、国連、米軍などさまざまな組織が参加した。

AIが他のメソッドと違うのは、社員と他のインフルエンサーのアイデアを、すべて同等のものとして扱うところである。そして、もう一つの特徴として、AIでは、世界のなかでの企業の存在について、また企業が世界で果たしている役割について、システム全体から考える。つまりうまくいけば、真のシステム思考になるのだ。クーパーライダーはAIを、「前向きな伝染を起こすもの」と表現する。「何百人という人が集まったグループは、（中略）プロトタイプをあっという間にデザインし、行動を起こすことで、システム全体に影響を及ぼす戦略を実現することができる。（中略）より高みに上るには、弱みを直すだけではなく、強みを倍増させなければならないのだ。とはいえ、人類のシステムの最もいい部分は、人々が所属するシステムの全体像を集合的に体感し、強みが強みを喚起するときに、ほとんど自然に、ときにはいとも簡単に出てくるものだ。それには、組織の内外や、組織内での役割の上下にかかわらず、関わりが深くエンゲージメントの高いステークホルダーが参加している必要がある(10)」

私自身、大規模電力会社、地方自治体、そして先に出てきた中規模の殺虫剤・蚊駆除企業であるクラーク・エンバイロメンタルが主催したAIサミットに呼ばれて講演しているが、クラーク・エンバイロメンタルの会では、AIサミットの可能性の何たるかを身をもって感じることができた。CEOのライエル・クラークが、変革に本気であることを示すために、経営陣にプールへ飛び込むように言ったエピソードを思い出してほしい。彼は、その後、変革のための一連の全社ミーティングを催しており、そのクライマックスがAIサミットだった、というわけだ。「サミットでサステイナビリティという壁を突破した」とクラークは言う。

このミーティングの大きな成果として、クラーク・エンバイロメンタルは自社の福利厚生のプログラム、事務所などの物理的な環境、パートナーシップへのアプローチ、製品開発における全面的な見直しを始めた。たとえば、オーガニックの蚊よけ製品であるナチュラという製品ラインは、これまでの製品のなかで最も高い成長率を記録し、EPAのグリーン・ケミストリー・チャレンジ大統領賞を受賞した。次世代のよりグリーンな製品の売り上げは、二〇一四年までに売り上げ全体の二五パーセントを占める予定だ。運用方法の変更によって年間五〇万ドルのコスト削減に成功し、離職率も下がった(11)。

先に述べた、中規模の鉱業企業であるフェアマウント・ミネラルズもまた、AIのメソッドを使っている。この会社では、ボーナスの五〇パーセントが、環境・社会問題に関するパフォーマンスに紐づいている、というくだりを覚えているだろうか？　このレベルのコミットメントをするというアイデアは、彼らの二〇〇五年のAIサミットで生まれたものである。すべての人の給与体系を、社員や他のステークホルダーのフィードバックを聞き入れて実際に変えるということは、この会社のあたらしいアイデアへのオープンさがまやかしではないことの証左である。それと同時に、さまざまな頭脳を集めて一つにするというプロセスを信頼していなければなしえないことでもある。

ネスレのCSV

戦略の父、マイケル・ポーターは、「CSV（共通価値の創造）」を提唱している。CSVとは、世界にあるさまざまな大きな問題を、企業が、自社と社会に同時に価値を創造することによって解決する、という考え方である（その前にジェド・エマーソンが提唱していた「ブレンデッド・バリュー」の考え方に近い）。食品企業でありながら、自らを栄養企業と称しているネスレは、この哲学に深く踏み込んでいる。CEOのポール・ブルケは、「共通価値をつくるということは、企業として、個人としてかくありたい、という根本的なスタンスです。（中略）企業が長年に渡って意味のある存在として成功していくためには、社会と生産的で建設的な形で関わっていかなければならない、という確信があるのです」[12]。共通価値は、「これは我々全員に関わる問題である」という認識を、非常にうまく体現している。多くの人が指摘するように、社会が失敗しているのに、そのなかでビジネスだけが成功することは不可能なのだから。

ネスレは、栄養、水、過疎地の開発といった問題の解決を通して、株主に限らない社会のすべての人に対して価値を創造する道を模索している。その試みは、製品の塩分、糖分、脂肪分を減らすことから、全粒粉の消費量を増やしたり、農家と協働したり、過疎地の開発を支援したりすることまで、多岐にわたる。

▽実践編

協働にはさまざまな形があり、成功への道は決して一つではない。どのパートナーシップも多組織間の関係もそれぞれ違う。政府と協働するのはサプライヤーと協働するのとはぜんぜん違うし、サプライヤーとの協働は競合相手との協働ともまた違う。それでも、あなたの組織が真の協働のための体制を整えるのに最適な、分析や考え方の実践法がある。いくつか列挙しておこう。

1　業界にとって一番大きな環境・社会的課題を評価する

自社のバリュー・チェーンの負荷だけでなく、業界全体とあなたの企業が属しているシステムを広い視点で見てみよう。

2　他に誰が同じ課題に直面しているかをきちんと認識する

同じ状況にあるのは競合他社だけだろうか？　同時並行的に同じ問題に直面している組織はないだろうか？　たとえばあなたの企業が紙をベースにした製品をつくっているとして、バージン材もリサイクル材も調達が難しくなり、価格も上がってきているとしよう。製品自体に紙繊維を使っていなくても、大量の梱包資材を使っている企業は、当然同じ立場を共有していることになるだろう。

3 企業とステークホルダーの有機的なつながり《エコシステム》のモデルを描く

解決策を模索するためには、誰の力が必要だろうか？ 誰が交渉のテーブルについていなければならないだろうか？ 問題が大きくなれば、システムも大きくなるだろう。たとえば、水の問題を理解して解決策を講じるために、コカ・コーラ、ペプシコ、ＳＡＢミラーとネスレは、公的セクター（世界銀行、ＵＳＡＩＤ）、そしてインド、ヨルダン、メキシコ、南アフリカ政府の代表とともに、二〇三〇年水資源グループをつくった。

4 「何について競争しているのか？」を分析する

特に営業部やマーケティング部から戦略的な考え方のできる人たちを集めて職域を超えたグループをつくり、自分たちの組織が何を売っているのかをきちんと分析しよう。自社がやっていることと、他社がやっていることの、真の違いは何だろうか？ 今現在、はっきりとあなたの企業を差別化しているものは何だろうか？ その強みはこれからも安定してつづいていくだろうか？（そのままずっと持続することは、おそらくないだろう）

5　独占禁止法に抵触する可能性について法務部と意見を交わす

競合他社と問題なく議論できる議題は何だろうか？

6　地域のパートナーシップでは、地元の文脈を理解し、専門家を引き入れる

ジョンソン・エンド・ジョンソンがブラジルのプロジェクトでやったように、地域とその問題をよく知っているＮＧＯ（あるいは自治体）や、アカデミックなパートナーを見つけることは、大きな助けになる。

7　どの組織が最も適切なメンバーを集められるかを見きわめる

どのＮＧＯが、その問題に取り組んでいるか？（たとえばビジネス・フォー・ソーシャル・レスポンシビリティ（ＢＳＲ）のワーキング・グループや環境系のグループ）どんな企業連合がすでに立ち上がっているか？ビジネス同士をマッチングさせ、「共同での活動をファシリテートする」ためのツールである、国連のグローバル・コンパクト・ビジネス・パートナーシップ・ハブをチェックしてみよう。[13]

8　あなたの会社とそのパートナーが、変化の途上のどこにいるかを見きわめる

メガ・チャレンジに取り組むことは、すなわち「変化する」ことであるが、変化するというのは難しいものだ。それがパートナーをともなうなら、なおさらである。自分たちの業界や競合のグループが、主要な問題においてどのような段階にいるか、自問してみよう。そもそも問題が存在するのかどうかについて、いまだに議論している段階だろうか？　それとも、先んじていくつかの解決法を試している企業がすでにあるだろうか？

9　道筋、手法、計画を整備することで、変化への推進力を維持する

イギリスを拠点とするNGO、フォーラム・フォー・ザ・フューチャーのサリー・ウレンは、変化と協働についてこのように語っている。「システム全体のビジョンをつくることはすばらしいけれど、推進力を維持して、変化をつづけていけなければ意味がない[14]」。途中でグループが散り散りばらばらになってしまう原因になりそうなものは何だろう？　継続的なサポート（主に資金と時間）に対するコミットメントを、主要なメンバーからもらっておく必要があるだろうか？　それともコカ・コーラとペプシコの冷媒の例のように、あたらしい技術を開発したサプライヤーにある程度の数の保証をすることが大事だろうか？

10　大きな視点を持ち、最終地点を見据える

その協働にとっての成功とはどんなものだろうか？　最後にみんなでゴールテープを切るとき、そこにいるメンバーは誰だろうか？

今の時代の協働は、これまでにないようなユニークな形を取りうる。ナイキは、特許の共有（例：グリーン・エクスチェンジ）や、気候変動政策の要求（例：BICEP）といった協働のほかに、LAUNCHというプロジェクトも立ち上げている。これは、NASA、USAID、そして国務省との協働で、よりよい世界のためにイノベーションを育むのが主旨である。LAUNCHは、デザイナー、教育・研究機関、メーカー、起業家、NGOなどが一堂に会し、「原料のサステイナビリティとその生産プロセスに関するアクションのカタリスト（触媒）となる」ことを目指している。[15]

ナイキの社長兼CEOのマーク・パーカーは、LAUNCH二〇二〇イノベーション・チャレンジについて次のように語っている。「イノベーションは、ありえないような協働が、投資資金、マーケティングのノウハウ、そして協働するすべての組織の強い決意をともなって実現したとき、最も影響力を発揮する。今こそ大きく大胆なソリューションのときだ。既存のシステムを前提とした漸進的な変化では、メガ・チャレンジの解決に必要なスピードとスケールに、とうてい間に合わない」[16]

すべてにおいて競争していては、メガ・チャレンジに太刀打ちすることはできない。たしかに多くの場合、競争はよりよい性能や製品の開発につながる。しかし、イノベーションを速やかに大規模展開する必要が出てきた今、協働は不可欠だ。しかもその隣には、消費者も一緒に乗ってもらうべきなのだ。

Inspire Customers to Care and to Use Less

第13章 消費者に「気付き」を仕掛ける

印刷量を減らして利益を生むゼロックス

そのシーンは、北極を歩く美しいホッキョクグマの映像から始まる。クマは南に向かう長い旅を始めるが、途中でアメリカのどこか郊外にある住宅地のドライブウェイに入りこむ。そしてやおら後ろ足で立ち上がり、男を抱きしめる……どうやら彼が日産の電気自動車、リーフを買ったからということらしい[1]。

美しいＴＶコマーシャルではあるが、果たして効果はあっただろうか？　私はなかっただろうと思う。なぜなら、**人はホッキョクグマのことなんて気にしちゃいない**という、単純明快で厳しい真実があるからだ。

私は一九七〇年、第一回アース・デイの二週間前に生まれた。それ以来、地球の恵みに（ホッキョクグマの恵みにも）感謝して、環境に対する人々の意識を高めるためのこのイベントは、四〇年以上もつづいてきた。アース・デイそれ自体は、市民の大きなサポートを得て、議会が重要な法案を通す原動力の一つとなるなど影響力を持つようになった。

しかしながら、「地球を守ろう」という大雑把な決まり文句は、消費者としての我々の生活をほとんど変えてはいない。世界規模の市場調査企業イプソスが行った調査によれば、調査対象となったアメリカ人のうち、サステイナブル、グリーン、エコな製品**だけ**を買うと答えた人は、わずか三パーセントだった(2)。トヨタのプリウスやオーガニック食品など、よく知られた重要な例外を除いては、サステイナブルな製品に常に高い価格を払っている「ディープ・グリーン」層に入る消費者はたいして増えてはいないのである。

これは我々すべてにとって、問題である。我々が直面しているメガ・チャレンジは、政府や企業の力だけではどうにもならない。三脚椅子の三本目の足――消費者としての市民――がこれまでと違う選択を始めることが、すなわちマス・マーケットがサステイナブルな消費に参入することが、どうしても必要なのだ。家庭用洗剤のイノベーター、メソッドの共同創立者であるアダム・ロウリーは言う。「エコな消費者だけに向けてエコな製品をつくっても、ぜんぜん意味がない。消費者がみんな欲しいと思うような製品でないと(3)」

明るいニュースもある。余分な金は出さないかもしれないが、消費者は、**価格や品質が同じならば**グリーンなほうを選ぶようになってきている。基本的に、グリーンとかソーシャルであるというプラス要素は、マーケティング担当者が押せる「第三のボタン」なのだ。[4]他の条件では決めかねるときに、グリーンなセールスポイントをタイブレーカーとして使う消費者の割合は増えている。イプソスの調査によると、四〇パーセントの人が、エコ製品が手に入りやすかったり、従来品と同じ（あるいは安い）金額だったりしたら買う、と答えたという。このようなより典型的な消費者層にアクセスするため、日産はそのマーケティング方法をピボットさせて、リーフが一ドルでどのくらい走れるかを示した印刷物によるキャンペーンを展開した。ホッキョクグマよりよほど効果的である。

しかし、ここにはもっと大きな問題がある。資源が逼迫した世界では、有害性の少ない製品を選ぶとか、燃費のいいクルマを買う、という話ではすまないのだ。我々は、モノの使用量を減らしたり、あるいは、少なくともモノの使い方をまったく変えて繰り返し繰り返しリサイクルできるようにつくったり、というように、消費のあり方をもっと深いレベルで考え直さなければならない。循環を前提としてスマートにデザインされた製品にあふれるサーキュラー経済は、我々の資源問題の解決に一役買ってくれるだろうが、それにはまだまだ時間がかかりそうだ。今のところ、あるいは将来的にも、ある種の製品については、単純に**消費**を減らさなければならない、つまり**省費**しなければならないのではないだろうか。しかし、消費の根本的なあり方を変えるというのは、「もっと売る」ことによって利益を出している企業にとっては、これまでの常識を覆す異次元の変化である。

ビッグ・ピボットとは、自分たちの生業についての考え方を変えるだけでなく、その流れに消費者や取引先までをも巻き込めるよう、彼らを説得することでもある。矛盾しているように聞こえるかもしれないが、顧客の省費を支援することは、いくつかのリーディング企業にとっては、成長への道筋となっているのだ。成功の要因は、彼らの優秀なマーケティング担当者が、我慢や犠牲を一切強調していないことだ。彼らのメッセージの肝は、「使用量を減らす」ことではなく、「より多くの価値をゲットし、生活をよくする」である。多義的なブランド・メッセージを構築し、顧客との関係を深めることによって、彼らはより大きな市場シェアを得ているのだ。このように本気で消費を減らすことを提唱している企業のなかでも、パタゴニアほどそれを声高に叫んでいる企業はないであろう。

ピボットのサイン——キングフィッシャー

キングフィッシャーはヨーロッパ最大のホームセンターだ。一六〇億ドルの売り上げを誇り、一〇〇〇以上の店舗を擁する。コアとなるビジョンは、「よりよい、よりサステイナブルな家を持ちやすくするためのお手伝い」である。彼らは、消費電力よりも発電量のほうが多い、再生型のビジネスモデルである「ネット・ポジティブ」と呼ばれる住宅の建設支援を標榜している。その根底には、こんな力強いミッションがある。「消費者からの需要を掘り起こし、すべてのステークホルダーの利益になるような形でビジネスを成長させ、株主にとってより価値のある事業を行う。（中略）そしてより人々が安心できる、明るい未来をつくる」[6]

消費主義に宣戦布告するパタゴニア

「このジャケットを買わないで」という一面広告が、ニューヨーク・タイムズ紙を揺るがした。アパレルメーカー、パタゴニアからの、キャッチーな反消費主義宣言である。しかもこの広告がクリスマスシーズンの一大商戦シーズンの始まりを告げるブラック・フライデー☆に打たれたことが、人々の度肝を抜いた。

もちろんパタゴニアは、ふつうの会社とはまったく違う。そして、熱狂的な顧客基盤を持っている。パタゴニアは、一九七二年に、会社で働くくらいなら一年中でも自然のなかにいたかった筋金入りのロック・クライマーでありサーファーであるイヴォン・シュイナードによって創立された（彼は自分の著書のタイトルに『社員をサーフィンに行かせよう』（森摂訳、東洋経済新報社、二〇〇七年）とつけている）。パタゴニアは、おそらく、ここまであからさまに成長や利益に興味を持たない会社として、最も財政的に成功している企業だろう。パタゴニアの年間売り上げは、おそらくその意思に反して六億ドルに達している。製品のクオリティや顧客の熱狂ぶりを考えると、もしパタゴニアがそうしたいと願ったならば、今ごろはもっと大きな企業になっていたことだろう。

環境保護への熱意が、パタゴニアのビジネスの根幹にはある。彼らのミッション・ステートメントはシンプルだ。「最高の製品をつくり、環境に与える不必要な悪影響を最小限に抑える。そして、ビジ

☆訳注：感謝祭明けの金曜日のこと。クリスマスセールが解禁日で、人々の買い物欲が異様なテンションで盛り上がる。目玉商品をめぐって徹夜の行列ができるほか、押し寄せた買い物客が将棋倒しになって死者がでることもある。

ネスを手段として環境危機に警鐘を鳴らし、解決策を実行する」。シュイナードはまた、ワンパーセント・フォー・ザ・プラネットという財団も設立した。名前から察せられるように、会員企業は売り上げの一パーセントを草の根の環境保護活動に使うことを誓約する。パタゴニアは、カリフォルニア州が二〇一二年初頭にベネフィット・コーポレーション制度を法制化したとき、その登録第一号企業にもなった。さらに、最近では、衣料、食糧、水、エネルギー、廃棄物分野で破壊的なアイデアをもつグリーン企業に投資するために、二〇〇〇万ドルもの資金を確保している(5)。

とはいえ、パタゴニアはあまりにもふつうと違う会社なので、私は事例として使うことはめったにない。使命に燃えた一人の男が、実質的に株式非公開で所有している企業だからこそ、わが道を行くことができるし、短期的な利益よりも環境のための行動を優先することができるのだ(といってもパタゴニアはきわめて高収益であるが)。しかし、パタゴニアの持つこの自由さそのものが、ビッグ・ピボット企業の可能性を体現しているともいえる。パタゴニアはあたらしいモデルをあれこれ試すことで、よりきわめて実用的な戦略が利益を生む過程を我々に見せてくれているのだ。ミッションがなんであれ、継続的な利益を出さなければ、企業を繁栄させ、売り上げの一パーセントをその情熱につぎ込むことはできないのだから。

それから、ウォルマートのような従来型の利益中心主義的大企業が、パタゴニアとその「過激な」リーダー陣にアドバイスを求めはじめていることにも、注目しておくべきである。経済界に大きな影響を持つ有力企業でさえ、いまやパタゴニアのやっていることを無視する時代ではなくなったのだから、彼らが消費ありきの利益モデルに疑問を呈するときには、我々もみな居ずまいを正してその声に耳を傾けるべきだ。

そしてその疑問こそが、「このジャケットを買わないで」の広告や、中古のパタゴニア製品の売買ができるイーベイとのパートナーシップを含む、パタゴニアの「コモンスレッズ・イニシアチブ」の核心である。パタゴニアは、「**私たちは**とことん長持ちするギアをつくる。**あなたは**必要ないものは買わない」という文言を含む、五つの宣言（コミットメント）を掲げ、顧客とのあいだに、売買を超えるあたらしい関係性を構築しようとしているのだ。(7)

「このジャケットを買わないで」という広告は、逆に買いたくなるような気持ちをあおる、歪んだマーケティングなんじゃないか、という批判もあった。しかし、パタゴニアの環境問題担当副統括責任者であるリック・リッジウェイは、こう語る。「この広告の内容は、大まじめですよ。我々は、『成長』ということについて、あらためて議論するためのきっかけをつくりたかったのです。成長が逆に転じたときのビジネスがどのようになるか、我々はその青写真を（今はまだ）持たないけれど、それは逆に転じるべきだと確信しているし、企業はそのことをきちんと考えはじめないといけない」(8)

それからしばらくして、二〇一三年の秋に、パタゴニアは「レスポンシブル・エコノミー（責任ある経済）」というテーマのもと、あたらしいキャンペーンを立ち上げた。これは、消費者や企業に今の消費モデルのあり方を問い直すもので、「あれいいな……欲しいな……買っちゃおう……使う……捨てる……で、忘れる」という終わりのないサイクルが永遠につづくことはないことを指摘しようとしている。

そう、そんなことを永遠につづけることはできないのだ。(9)

これらのイニシアチブは、消費者ともっと大きな問題についてつながりを持ち、彼らに省費（あるいは、さっきも言った通り、今までよりずっとかしこく使い、使ったらリサイクルに回すこと）を呼びかけるような、私がおきて破りの少量化（use-less hersy）と呼んでいる考え方の核心をついている。アパレル業界は、この問題についてより広く消費者と対話し、彼らを巻き込もうとしているようだ。パタゴニアが「そんなに買わないで」と言うとき、他のブランドは「でももし買うなら、ついでに古着をうちに持ってきて」と付け加えている、といったかっこうだ。

マークス・アンド・スペンサーが提唱する、古着の「SHWOP」

消費者に「そんなに使わないで」と言うことも一つの方法だが、それと同時に企業は、使用済みの製品を回収して循環のループを閉じる、という使命も負わなければならない。こういった行動を牽引している企業の一つが、イギリスの小売り事業者マークス・アンド・スペンサー（M&S）だ。彼らは消費者が古着のリサイクルをすることを奨励しており、「SHWOP」というイニシアチブを通して、長年パートナーシップを組んでいる国際的人道支援団体オックスファムとともに、着なくなった古着をブランドにかかわらずM&Sの店頭に持ってくるように呼びかけている。

SHWOPプログラムは、M&Sのサステイナビリティ戦略「プランA」の一環である。サステイナビリティ戦略をプランAと名づけたのは、「サステイナビリティにプランBは存在しないからだ」（つまりM&Sは「ビッグ・ピボットする以外に選択肢はない」というロジックを完璧に理解している）。この古着交換のイニシアチブの認知度を高めるため、M&Sは数階建ての倉庫をすべて古着で覆った。このゲリラ的マーケティングの規模は、思いつきで決められたのではない。倉庫を覆うのに使用された約一万点の衣服は、イギリスで五分ごとにゴミ埋立地に捨てられる量を表していた。プランAの統括責任者アダム・エルマンは、「我々は消費者に実感を持ってほしかったのです[10]」と言っていたが、果たしてその願いは叶えられた。

古着で覆い尽くされた建物は、大きな注目を集めた。しかしこれはM&Sがこのプロジェクトをビジネス化し、マーケティング戦略に統合していくために講じた多方面に渡る取り組みの始まりにすぎなかった。M&Sは、期間限定SHWOPショップや、有名人からの古着の寄付や、寄付するとフェイスブックでポイントや「バッジ」をためられるゲーミフィケーションなどの旬なマーケティングツールをさまざまに活用しているし、スターの力も引き入れている。プランAのアンバサダーである女優のジョアンナ・ラムレー（イギリスのコメディドラマ『アブソリュートリー・ファビュラス』で有名）は、マーケティングの中心的な役割を果たしている。

M&Sは大量の古着を集めた。——最初の一年で四〇〇万点という量である。そして、三五〇万ドルもの資金をオックスファムにもたらした。M&Sはまた、これらの古着を使い、サーキュラー経済型の生産モデルも始めている。キャンペーンで集めた古着をリサイクルして、「SHWOPコート」を生産しているのだ。このアイテムの価格は、バージンウール使用のコートの半額となっている。

ただし、消費者に求める行動の範囲については、このプログラムは控えめだ。M&Sの上級役員であるマイク・バリーは、こう語る。「消費者は、服の機能性（ファッション性やサイズ）も、価格（ふつうの服より割高なものはない）も、何一つ犠牲にする必要はない。そのかわり、着なくなった服を寄付する、という今までと違うあたらしい行動を取ることを求められる。大事なのは、このプログラムはどんどんスケールアップできるというところ。これくらいの行動の変化なら、すべての人が受け入れているところが容易に想像できる[11]」

パタゴニアのように正面切ってそれを言う形ではないが、M&Sは「無駄にできるものなんてないんだよ」というメッセージを消費者に送っている。それと同時に、消費者とより深いつながりを築いている。

ユニリーバの水への取り組みはブランド単位

リーディング企業は、会社全体だけではなく、個々のブランドと環境・社会問題への取り組みをどう結びつけるかを考えている。毎年開催されるサステイナブル・ブランズ（SB）会議には、グローバル企業のマーケター、教育・研究機関、NGO、ソート・リーダー、起業家などが一堂に会し、サステイナビリティをどうやってブランドに埋め込み、顧客や消費者とより深くつながることができるのか、を議論している。SBの創立者であるコーアン・スカジニアは、SBの目標は未来のためによりよいブランドをつくっていくことだという。[12]

壮大だが、実現するのが楽しみになるミッションだ。今この道を先導している企業の一つが、ユニリーバである。前の章でも触れたとおり、環境負荷を半分にしながら、売り上げを二倍にする、といった挑戦的な目標を企業が目指すには、消費者にも大きな役割を担ってもらわなければならない。そこのところを避けて通ることはできないのだ。

主要製品のエネルギー、水、廃棄物などの面での負荷をライフサイクルで計測してみて、ユニリーバが気付いたのは、自社の製造過程で出る負荷は全体のわずかな割合しか占めていないということだった。大部分は消費者側から出ていたのである。髪をシャンプーするために必要な水や、お湯を沸かすためのエネルギーなどが、製品をつくるために必要な資源負荷を大きく上回っていたのだ。

このデータを念頭に置いて、ユニリーバは負荷削減のために消費者を巻き込む、あたらしいやり方を実験中だ。たとえば、シャワーの時間を短くすることを勧めるキャンペーンなどを試みている。こういった取り組みは、どんなブランドにとっても、とりわけ時間をかけてリラックスする、贅沢なシャワータイムをプロモーションしているような製品にとっては、危険な戦略である（それでなくてもシャンプー容器の裏の決まり文句は、「シャンプーのあとリンスし、必要ならばそれを繰り返してください」なのだから）。ユニリーバの役員であるジョナサン・アトウッドによれば、「私の唯一の楽しみ、せっかくの『私だけの時間』を短くしろなんて、よく言えますね」という反応をよこしてきた女性もいたそうだ。[13]

消費者に消費を語るときには、それぞれのブランドの特色ごとに、メッセージをカスタマイズすることが肝である。しかしそれをうまくやることは、非常に難しい。ユニリーバ北米社長であるキース・クルイソフは、まず「このブランドの目的は何なのか？　それが社会に届けている価値とは何なのか？」と自問自答するのだという。(14)

アメリカでは、スアーヴというシャンプーのブランドが、ユニリーバの節水メッセージの中心を担っており、ウォルマートと共同で人々に節水を呼びかけるキャンペーンを行っている。クルイソフが言うように、このキャンペーンは「『お手ごろ価格の美』というスアーヴのブランドメッセージにフィットする。——シャワーの栓を早く閉めれば、お金の節約にもなる」

それと対照的に、アックスという男性化粧品は、「アックスを使った男性に女性が惹きつけられる」というセクシーなブランドメッセージを持っているため、水を語るときにも必然的にまったく違ったアプローチを取ることになった。アックスは、「クルマの相乗りに似ているけれど、もっと楽しい相合シャワー」をしよう、と呼びかける。節水のために誰かとシャワーを浴びるというアイデアは、かしこくてセクシーであり、ブランドイメージにフィットする。(15)

クルイソフはしかし、メッセージのなかには先進的すぎるものもあり、そのインパクトを計測するのは難しいため、まだまだ試行錯誤中である、と認めている。消費者の行動を変えるのは、彼の言葉を借りれば、「信じられないくらい難しい。——一人一人に違うタイミングで変化が起こる」。そして、ある瞬間に全体の行動が変わるティッピング・ポイントが来る（かつてはもてはやされていた喫煙という行為が、敬遠される対象になったように)。この精神に基づいて、ユニリーバは二〇一三年後半に、特に子供を持つ親が、よりサステイナブルな生活スタイルを始めるきっかけになるように、プロジェクト・サンライトというあたらしいキャンペーンを立ち上げた。

消費者行動の変容についての考え方を明確にするため、ユニリーバは「変化への五つの変速ギア」(図13-1)という消費者が変わるための独自モデルを開発している。最初のステップは、自分たちの行動がいかに自分たちや世界に影響を与えているかを、人々に理解してもらうことだ。次のステップは、その変化が簡単で、望ましく、やる価値があるものであるとわかってもらうこと、そして最後のステップは、——これができれば言うことはないのだが——変化が、習慣になることだ。

ユニリーバは、水だけではなくさまざまなメガ・チャレンジをブランドと結び付けている。ライフブイという石鹸ブランドは、世界中で手洗いを奨励することで、健康状態を改善し、予防できる病気による幼児死亡率を劇的に減らそうとしている(現状の死亡率は恐ろしく高く、CEOのポルマンに言わせれば、「毎日、

図13-1　ユニリーバの「変化への五つの変速ギア」

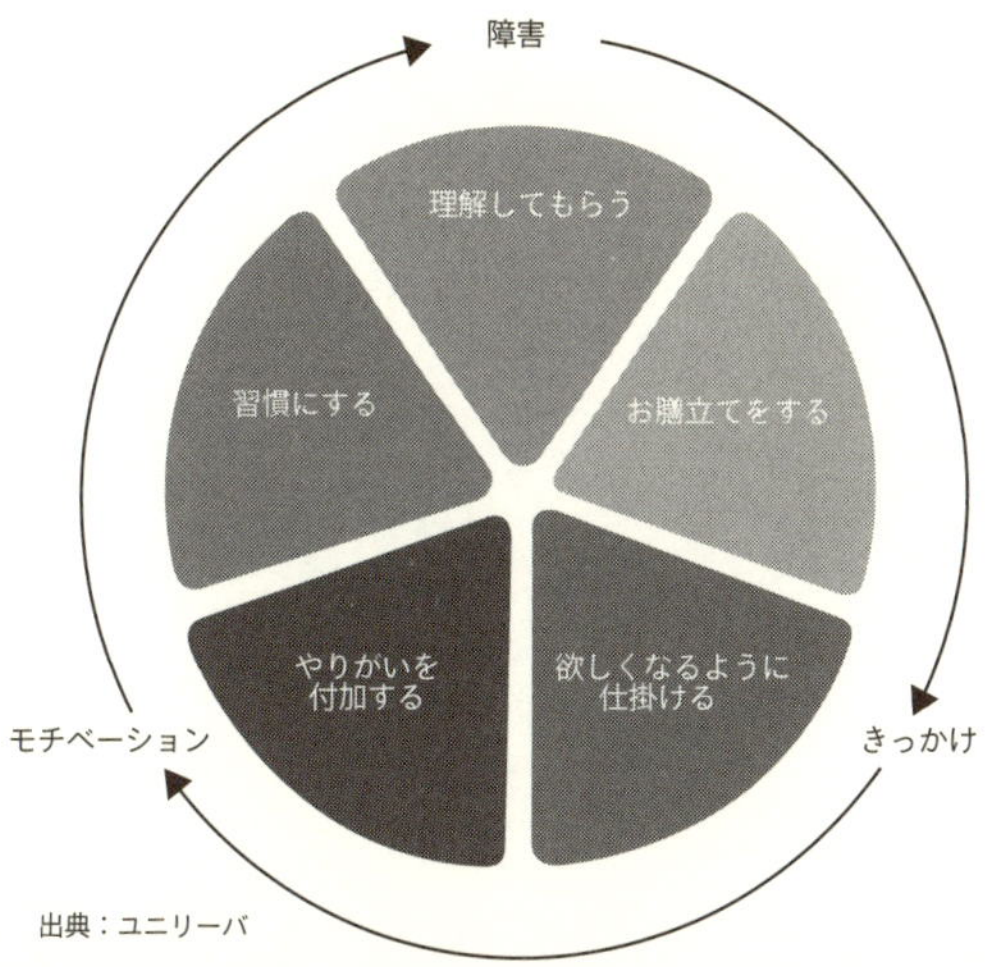

出典：ユニリーバ

子供で満席になったボーイング747が何十機も、病気のせいで墜落しているようなものだ[16]」)。

これらの試行錯誤はいずれも、大きな問題を解決しつつ、ビジネスを成長させようとするものである。クルイソフは言う。「まず業績を二倍にして、**それから**環境への負荷を半分にしよう、という話ではない。なぜなら、我々が解決しようとしているのは、成長がもたらす負荷の増大なのだから。それでも、製品をより大きな大義に結びつけることで、我々はより早く成長できる」

そして今までのところ、それはうまくいっている。クルイソフが言うには、自社の掲げるサステイナブル・リビング・プランとのつながりをうまくつくれていないブランドは、そもそも全体的に苦戦している。そして「目的がはっきりしていて、社会に何かをもたらせるようなブランドは、その他のブランドの二倍の速さで成長している[17]」。

消費者に「関心があるかどうか」は、問題になるのか?

ここで再び、消費者はホッキョクグマやその他の環境・社会問題に関心があるのか、という議論に立ち戻ってみよう。グリーン性能は、これまでもある程度は、タイブレーカーとして機能してきた。他の条件がすべて同じなら、消費者は責任あるやり方でつくられ、環境負荷の少ない製品を求める。

しかし、ここでもっと極端な問いかけをしてみよう。**我々は、消費者が、それらの問題を本気で気にしはじめるまで、待たなければならないのだろうか?** 企業とは常に需要をつくりだすものである。厳しい言い方をすれば、それこそがよい消費財メーカーのコア・コンピテンシーだ。もし歯の衛生だけが歯ブラシに求められた機能的なゴールであるとしたら、どれだけのモデルやブランドが必要だろうか？どう考えても何百もは要らない。ほとんどの消費財がそうであるように、ある製品が基本的にコモディティであるとき、製品の差別化というのは、うまいマーケティングとか、イノベーティブな需要の掘り起こしから生まれるのだ。

つまり、企業が、消費者からの需要がないからグリーンな製品は売れない、というとき、それは卑怯な言い訳である。消費者が多くのグリーンな製品に飛びつかなかったのは、そういう製品は価格が高く、質が悪いという刷り込みが、いまだにあるからだ（だからといってそういう消費者を責めるのは酷である。コピー機を詰まらせる再生紙など、初期のグリーン製品は、本当にひどいシロモノが多かった）。

このグリーン製品のジレンマを乗り越えるには、大きく二つの道がある。まず、他の製品特性に加えて何か特別な付加価値を付け、その製品から得られるトータルな経験にはそれだけの価値があるから、高いお金を**払ってもいい**、と消費者に思わせるやり方である。トヨタのプリウスがこのカテゴリーに入る。多くのオーナーが過剰なまでのプリウス愛を感じていることに、専門家は気がついていた（私の家族もそうだった）。あるいはそこまで大げさなものではなく、五〇インチのテレビや、最新のｉＰａｄや、ＢＭＷの愛好者と変わらない満足感なのかもしれない。しかしよく考えてみると、プリウスのドライバーにとっては、その満足感が、ガソリン代が最終的に安く上がるのかどうか（ガソリンの価格がもっともっと上がらなければ実感はできないであろう）、という実際的な問題を、はるかに上回ったのである。いずれにしても、純粋に「元を取る」ことだけを考えて何かを買うことが、実際にあるだろうか（コラム「ROIの二つめの都市伝説」を参照）。むしろ我々は、感情的な選択を常にしている。

二つめの道は、より現実味のあるもので、P&Gが力を入れている。元CEOのボブ・マクドナルドが言ったように、「消費者の八五パーセントは、環境のために何かを妥協するつもりはない。だから、トレードオフが存在しないような製品やサービスをつくらなければならない」[18]。言い方を変えれば、なぜ消費者に高い価格を払ってくれとお願いしなければならないのか、ということである。その代わりに、無害で、低炭素で、廃棄物も出ず、しかも高品質で楽しく、価格も他と比べて遜色ないか、あるいは安い製品を開発できるよう、イノベーションのハードルを上げるのだ。

ただし、価格は同じか安いほうが良いといっても、例外もあるので注意が必要だ。ふつうの電球の何倍も長持ちし、購入時に払う割増価格分よりもずっと大きな節約をもたらすLED電球のように、購買者が長期的に見て費用を削減できる製品であれば、購入時により高い価格をつけることは**可能である**。節約が継続的なものであることを消費者に認知してもらえるようなコミュニケーションが必要だが、高い金額をつけることに何ら問題はないはずだ。もっと小うるさい「教育的指導」の道を行くこともできる。——消費者が自分たちの望む方向に向かってくれるように、選択肢を減らして、口うるさく言いつづけるのだ（もちろん嫌がられる可能性は否めないが）。たとえばイケアは、二〇一〇年に白熱電球を一切販売しなくなったが、二〇一六年までにCFL電球もやめて、LED電球だけを販売する計画である[19]。

消費者に省費を求めるのは簡単なことではない。対企業の営業のほうがずっと話が早い。使用量を減らしてコストを削減する、というのは企業にとっては自然な行いだからである。うまくつながったので、B2Bに話を切り替えてみよう。

ROIの二つめの都市伝説

企業は、投資の決定をするときに正確な計算をする、というのがROIの都市伝説の一つめだった。この都市伝説には、より大きな問題を孕む二つめが存在する。消費者は、経済学的見地から見てもロジカルなやり方で厳しく実用性を考慮し、なにを買うかを決めるというものだ。しかしもし我々が純粋に機能性だけを求めているのであれば、クルマに一万五〇〇〇ドル以上使うことや、三〇〇平方メートルの家に住むことはしないはずだ。我々は、可処分所得のほとんどを、実用性にとどまらないさまざまな製品特性につぎこんでいるのである。

B2Bの「省費」のセールストーク——キンバリー・クラーク・プロフェッショナル

前の章で触れたとおり、いまやウェイスト・マネジメントとゼロックスは、彼らの中核となるサービス（廃棄物処理と印刷）の利用を、取引先が減らせるよう支援をしている。B2Bの世界では、このアプローチは対消費者の世界ほど異色のものではまったくない。顧客のコストを削減し、環境負荷を減らす支援をすることは、顧客との結びつきを深くするし、市場シェアのアップにもつながる。しかし、これを売り文句にしている企業でさえも、たとえ結果的にそうなったとしても、顧客に省費を要求しているつもりはないのかもしれない。

キンバリー・クラークはスコットやクリネックスといった多くの消費者向けブランドを擁しているが、その一方で数十億ドル規模の「プロフェッショナル」というビジネスラインを持っており、殺菌剤、石鹸、タオル、ティッシュ、トイレットペーパーなどのクリーニング製品や紙製品を、商業施設や政府などに卸している。たとえば、キンバリー・クラーク・プロフェッショナル（KCP）があたらしい、より吸水力のあるペーパータオルを開発するとき、このイノベーションは自然と、顧客が購買しなければならないケース数を減らすことになる。

KCPのグローバル・プレジデントであるエレイン・ストックに、KCPがどのように顧客とビジネスをしているのか聞いたところ、こんな答えが返ってきた。「省費を目的として顧客にアプローチをするわけではありませんが、営業担当者には、顧客とKCPの双方に価値をつくりだすように、と言っています。何箱のペーパータオルを売ったか、というのは価値創造の一つの指標でしかないし、しかもあまりいい指標ではありません。今我々が考えているのは、それぞれの顧客に対して、総合的な価値と利益をどのようにつくりだすか、ということです[20]」

顧客へのセールストークは、「単価」（製品単位当たりのコスト）から、「客の使用一回当たりのコスト」（手を拭くたび、とか表面をきれいにするたび、など）という、もっときめ細かなものに、さらには「従業員の健康維持」といったもっと大きなメッセージなどに変わりつつある。KCPは、業界で言われるところの「ゼロへの競争」、つまり取扱量を増やすための価格と利益率の切り下げ合戦という消耗戦を避けるべく、エクセプショナル・ワークプレイスというプログラムを立ち上げた。このプログラムのメッセージは、KCPの製品を使うことによって、従業員の健康を維持し、欠勤を減らし、生産性を上げよう、というものである。ストックはつづける。「『トイレットペーパー一ロールいくら?』というやりとりから、『KCPがあなたの会社に提供できる価値とは?』というやりとりに変えていくということです」

営業のセールストークをより大きなミッションにつながる内容に変えていくのは、先回りした戦略である一方で、顧客の要求の変化に対応するのに必要なことでもある。そういった要求の変化には、購買した製品のライフサイクルでの環境負荷についての情報要求なども含まれる。繰り返しになるが、とどのつまりこれは、進化をつづける顧客の要求というボールを全部打ち返すことができるような価値を提供することなのだ。現実世界での市場シェアがかかっている。矛盾しているようだが、顧客が使用量を減らすのを助けることで売り上げを上げることはできる。ストックは言う。「顧客と話をすると、彼らが従業員の利益を求めているのがわかります。うちがそれを提供できなければ、彼らはよそに流れるだけです」

▽実践編

消費者や顧客に対して省費を仕掛けることは、企業にとっては間違いなく高いハードルである。しかしビッグ・ピボット企業が示しているように、それは現実的な価値を創造することができる。あなたのブランドと製品のプロポジション〔購買を促進するための潜在的な価値〕が、真に何を提供しているのかをよく考えて、企画を練る必要がある。いくつかの提案を記しておこう。

1　自社製品やサービスのバリュー・チェーン全体での負荷を理解する

またその話か、と思われるかもしれない（全章の「やるべきこと」の一つめにするべきかもしれない）が、データは絶対にものを言う。データの裏付けがないために、実はあまり重要性のない問題を提起してしまったりして、あっという間に信頼を失うような事態は、誰しも避けたいはずだ。

2 自社製品・サービスの中核となるブランドメッセージを考える

必ずしも消費財メーカーでなくても、自社ブランドの目的はあるはずだ。ブランドをどうサステナビリティにつなげるかを考える前に、まずはブランドメッセージ自体が明らかになっているか確認しよう。

3 ブランドメッセージが明確になったところで、それをメガ・チャレンジに結びつける

あなたの会社の製品やサービスは、どのように気候や水、その他の資源問題に関するメガ・チャレンジを解決する力になることができるだろうか？

4 製品が使用済みになった段階をチャンスと捉える

ループを完全に閉じたサーキュラー型の対話やプロセスを、パートナーや顧客とのあいだに構築することができるだろうか？　使用済みの製品から、どんな価値を引き出せるだろうか？　これは消費者と再びつながり、彼らが抱える問題を解決し、そして次なる販売に結び付けるいいチャンスである（コンピュータメーカーが、オフィス用の機器を回収するのと同時に、次世代の製品を販売するように）。

5 自社が有言実行したうえで、顧客に話をする

顧客により積極的なアクションを要求する前に、自らが誠意を持って、数字で結果を示せるような取り組みを確実に実践するようにしよう。顧客に話をするのはそれからだ。いくらブランド価値が立派でも、自分のやっている仕事のなかで**実践できていない**のなら、意味がない。

6 あなたのビジネスにとって「省費」という戦略がどういう意味を持つのか、きちんと精査する

もし顧客があなたの会社の中核となる製品やサービスの使用量を減らしたがっているとすれば、その分の売り上げをどうやって補えばよいのだろうか？　キンバリー・クラーク・プロフェッショナルは、製品一箱当たりのコストから使用一回当たりのコスト、さらには従業員の健康維持というもっと大きなメッセージへとセールストークのポイントを変えている。あなたの会社の移行戦略はどのようなものだろうか？

7 新規事業を顧客と一緒に開発する

消費財メーカーをはじめとした多くの大企業が、顧客とともに事業計画を練る会議を開催している。メガ・チャレンジに取り組むための、共同の戦略を立てよう。

8 消費者に助けを求める

恐れを捨てて、常識の壁を乗り越えよう。消費者とより強いつながりを持って、省費を要求しよう。リスクはともなうが、見返りはある。しかも、競合他社が始める前にやることが、より大きな見返りにつながる。

消費者の行動を本当に変えるようなことをするには、持てる限りのマーケティングのツールの可能性

を全開にする必要がある。それから、消費そのものを考え直すにあたって、企業は意外な仲間からサポートを得ることができる。広告代理店だ。実は大手中の大手が、この厳しい問いに立ち向かおうとしているのだ[21]。

大手広告会社グループのオグルヴィは、オグルヴィ・アースと呼ばれる業務を立ち上げ、ブランドがあたらしい考え方をするための支援をしている。世界最大手の広告代理店の一つWPPのCEOであるマーティン・ソレルも、「今の人口増加と地球資源の限界や気候変動、水の枯渇などを考えると、責任ある消費は非常に重要になってくる」と言う。世界的な広告代理店であるハバスのCEOデビッド・ジョーンズも、責任ある消費についてこう言っている。「こういった責任をきちんと果たせない企業は、これから先、競争を勝ち抜くのがどんどん難しくなるだろう[22]」

ビッグ・ピボット

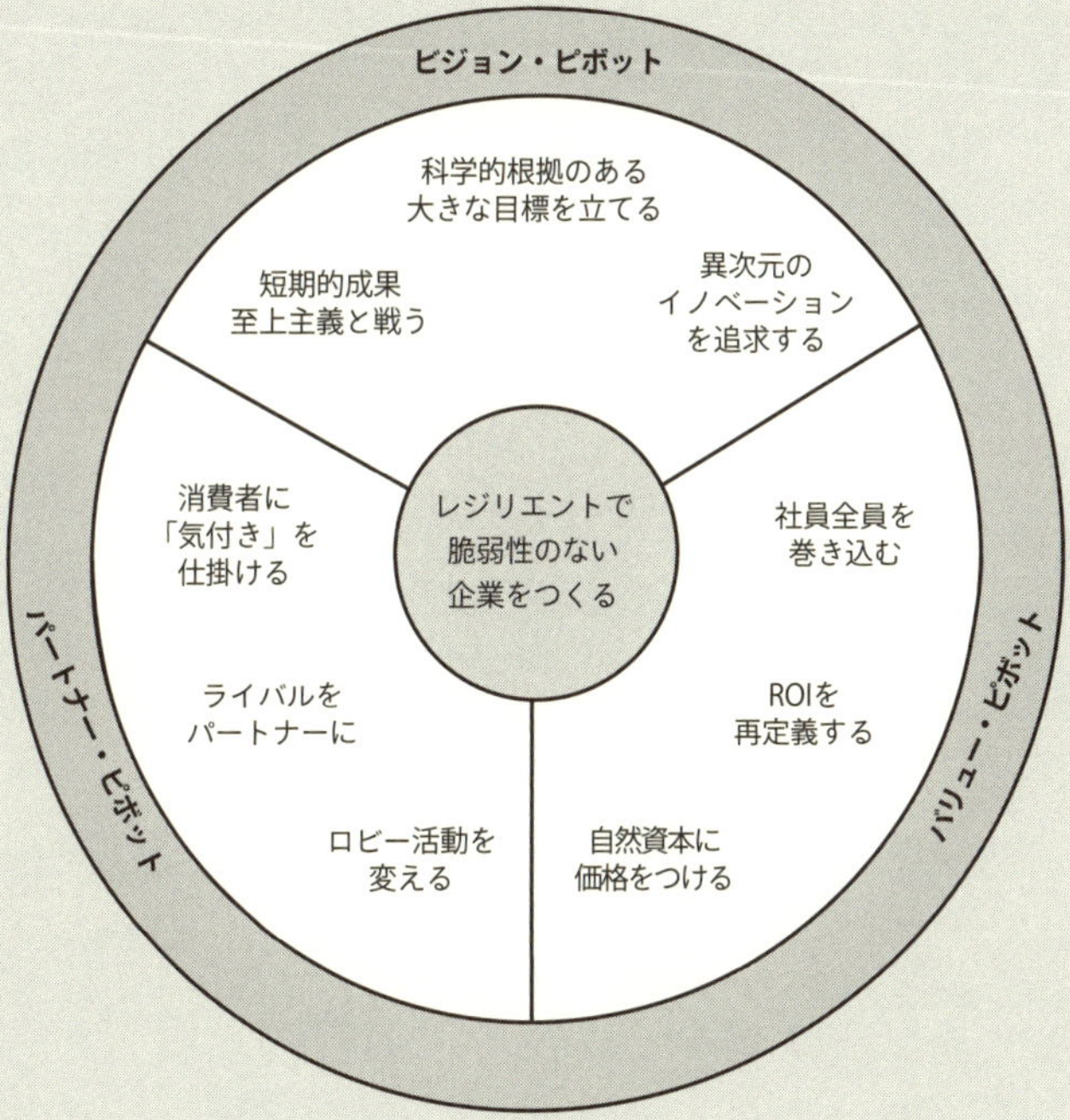
ビジョン・ピボット
科学的根拠のある
大きな目標を立てる
短期的成果
至上主義と戦う
異次元の
イノベーション
を追求する
レジリエントで
脆弱性のない
企業をつくる
消費者に
「気付き」を
仕掛ける
社員全員を
巻き込む
ライバルを
パートナーに
ROIを
再定義する
ロビー活動を
変える
自然資本に
価格をつける
パートナー・ピボット
バリュー・ピボット

Build a Resilient, Antifragile Company

第14章 レジリエントで脆弱性のない企業をつくる

映画『フォレスト・ガンプ』のなかで、のろまな主人公フォレストは人生の重要な場面にたびたび出くわすのだが、なぜかそのたびに、ことはうまく運ぶ。ところが、自分の意思でエビ漁船の船長になろうとすると、今度は見事に失敗してしまう。その彼を、さらにハリケーンが襲う。しかしどういうわけか、フォレストと彼の共同船主ダン中尉の船だけが、被害を逃れて無傷のまま生き残る。ハリケーンが去った後、漁場を独り占めすることになった彼らは、巨万の富を築く。

フォレストと彼の船は、不安定な世の中を渡っていく力――レジリエンスを持っていたことを証明した。そしてハリケーンが去って業界を独占することになり、さらに強くなって戻ってきたときに、彼はある種の抗脆弱性を示している。抗脆弱性とは、「不確実性」の権威であるナシム・タレブがつくった言葉だ。彼は、著書『Antifragile』（既出）のなかで、強靭《きょうじん》さ（Robustness）（あるシステムがどれくらいのストレスに耐え、生き残ることができるか、の計測指標の一つ）だけでは十分ではない、と主張する。苦難をくぐりぬけて生き残るだけではなく、さらに強くなって戻ってくるようなシステムを目指すべきだ、というのだ。

　レジリエントなシステムとして生き残るだけではなく、それを乗り越えることでパワーアップするような抗脆弱なシステムを形容するとき、タレブはよく自然界を引き合いに出す。なかでも彼は、人間の体の例えをよく使う。運動をして筋肉に負荷をかけるとき、それが正しいやり方だった場合、筋肉はより大きくなる。運動であれ、ワクチン注射に含まれる微量の病原体であれ、体がストレス源に対応して、より強靭になったり、抵抗力を持つようになったりしていくのだ。

　ビッグ・ピボットの基本的な原理、特に再生産《リジェネレーション》と循環《サーキュラリティ》のルーツは自然にあるが、これらも優れた抗脆弱性を示す。我々の惑星は、驚くほどに強いのである。そこに投げ入れられるものを何もかも受け入れて進化し、その結果基本的にはより多様に、より強靭になる。恐竜を絶滅させた隕石？　問題ない。哺乳類が恐竜の代わりに主役になればいい。変化やストレスの前でのレジリエンスこそ、我々が運営するあらゆる組織が、自然から盗むべきものである。[1]

　メガ・チャレンジが迫っていることを考えれば、レジリエントで強靭なシステムをつくりはじめることに何の異存もないが、その前に抗脆弱な経済、国、企業とはどんなものなのか、もう少し考えてみよう。それは、今ある経済、国、企業の形とは、かなり違うものであるはずだ。

我々のシステムはどれもこれも、抗脆弱でないばかりかレジリエントでさえないことははっきりしている。ある種の不良債権や住宅ローンに支えられた有価証券（たとえばサブプライムローン）などから火がつき、その悪影響が経済全体に感染して起こった世界的な経済危機は、我々の持つシステムがいかに脆弱であるかを示す見本である。または、ハリケーン・サンディによる暴風雨が大きくなり、ニューヨーク市の電源システムの半分を麻痺状態にさせたことを思い出しても、我々のシステムがレジリエントでないことがよくわかる。元ニューヨーク市長のブルームバーグが退任の前に、海面の上昇や激化する暴風雨などに市がきちんと備えられるよう、二〇〇億ドルを投じる気候変動に対するレジリエンス計画を提案したのは、そういう意図である。この計画には、防波堤や砂丘をつくったり、市全体の建築基準を変更するなど、多くの企画が盛り込まれている。[2]

もちろん我々がどんな事態にも完璧に対応できるようになるとか、未来が予測できるようになるなどと言おうとしているわけではない。対応力を高めるとは、精密なシナリオをつくって将来を正確に予測することではない。いつ、どんな悪いことが起こるか完璧にわかるのであれば、企業や経済のレジリエンスは必要ないだろう。この先何が起こるかは、誰にもわから**ない**。わからないからこそ、自分たちを守るためのレジリエンスが必要なのだ。

不安定さや不確かさに対応できるシステムが必要だ。この世の中で、死と税金以外に、絶対的に確実なものは、それしかないのだから。

本書に掲載されているきわめて実用的な戦略はどれも、あなたの会社が将来に備えるための助けになるはずである。ただし、これまでの九つの章で紹介してきた戦略をまとめさえすれば、そのままこの章の戦略ができあがるわけではない。レジリエントな企業を構築するために必要な基礎は、意図的につくりあげる必要がある。気候変動、資源の逼迫、透明性への要求が強まるなかで、自覚的にレジリエンスを追求する企業が、成功を勝ち取ることになるだろう。

レジリエンスの基礎

レジリエンスの基礎を形づくる要素のリストをつくるにあたって、私はタレブの『Antifragile』(既出)を大いに参考にした。また、アンドリュー・ゾッリとアン・マリー・ヒーリーの共著『レジリエンス 復活力——あらゆるシステムの破綻と回復を分けるものは何か』(既出)からもずいぶんヒントを得ている。彼らの著作と、本質的なチャレンジに対峙している企業との仕事を通して培った自分自身の経験を踏まえ、レジリエンスや抗脆弱性の基礎となる重要な要素を、五つに絞ってみた。

1 多様性

タレブの著書は、包括的なシステムとしての自然に対する健全な敬意に貫かれている。彼は自然には抗脆弱性の最高の事例が詰まっているという。地球という惑星は何十億年も存在しており、そのあいだに地球全体を揺るがすような不安定性を経験してきた。しかし、自然はほぼ常にその不安定性を経て、より強靭で優れたシステムとして戻ってくるのである。

タレブは警告する。「もちろん、自然は**これまでは**抗脆弱だった。（中略）しかしもし災禍が地球上のすべての生命を絶滅させるようなことになれば、最も環境に適応した種でさえ生き残れないだろう」[3]。微妙なバランスなのだ。抗脆弱なシステムにはストレスが必要で、ストレスがシステムを強くするための糧となるのだが、ストレスの度が過ぎれば、もちろんすべておじゃんになってしまう。

ビジネスの世界において、我々はリスクを減らすようには訓練されているが、いかにリスクを招き入れるかについての教育は受けていない。しかし、もしあなたの会社が、製品やプロセス、あるいは戦略において自然のシステムを真似れば（バイオミミクリが事業のプロセスを考えるうえでの重要な原理であることを思い出していただきたい）、あなたのシステムは競合よりも強く勝ち残っていくであろう。自然から発想を得て生まれたレジリエンスは、きたるべきストレスをうまく自分の味方につけることを可能にするはずだ。

自然のシステムをこれほど強靭にしている主な要素は多様性である。前出の『レジリエンス　復活力――あらゆるシステムの破綻と回復を分けるものは何か』では、**多様性**について多くのページを割いている。珊瑚礁《さんご》が多様な生物の営みを支え、活発に機能しているように、自然の世界は、さまざまな生物が織り成す、豊穣なタペストリーだ。これと同様に、考え方や視点の多様性は組織を強くするし、生産する作物の多様性は、一種類の害虫や疫病がすべての田畑をダメにしてしまうリスク（一種類の作物の生産に頼るモノカルチャーが抱える深刻な問題）を低減してくれる。また、投資をさまざまな資産に分散させることも、そうでない場合に比べてショックに強いポートフォリオをつくることに貢献する。

たった一つの製品ラインや技術、サービスに利益のほとんどを頼る企業は、非常に高いリスクを冒している。タレブが呼ぶところのブラック・スワン現象（重大な影響が、想定外の広範囲に及んでしまうような不測の事態）や、業界をあっという間に根本的に変えてしまうような出来事が、そういった企業にとって大きな脅威になる。たとえば飲料水や菓子業界の大手が、砂糖を主原料とした製品に利益を頼っているとする。健康や日々の体調を維持するために何が最善の方法であるかについて、今後科学や世間がどう結論を出していくのか誰にも予測はできないが、砂糖にまつわる議論は、五〇年前のタバコにまつわる論調の道筋を彷彿とさせる（タバコは、健康被害についての科学的研究が進むにつれて、広告が禁止され、社会の嫌われ者になっていった）。

砂糖を主原料とした製品ラインは、もし世界が砂糖に背を向けたなら、どうなっていくだろうか？もしその企業が別のラインでよりヘルシーなドリンクや食品を提供していたら、アンチ砂糖の嵐をよりうまく乗り切ることができるのではないだろうか？

社会がかなりの勢いで化石燃料から他のエネルギーに移行するにつれて、エネルギー会社には何が起こるだろうか？　もしくは、化石燃料業界への長期的なローンのポートフォリオを持っていたり、抜け出せないような投資をしたりしている金融機関や財源には、何が起こるだろうか？　大きな転換がいきなりやってくるとすれば、複数の、あるいは多様な選択肢や道筋を持っているものが、生き残りの確率を高めるはずだ。

2　バッファを持った冗長性

自然界のシステムの最も重要な側面は、冗長性〔システムの一部に何らかの障害が発生した場合にもシステム全体の機能を維持しつづけられるように、予備装置を平常時から配置し運用しておくこと〕かもしれない。「自然は、かけすぎるくらいに保険をかけるのが好きである」とタレブは言う。「幾層にも重なった冗長性が、自然システムのリスクマネジメントの中心たる特性なのである。人間だって腎臓を二つ持っているし、いろいろなもののスペアパーツや、余剰のキャパシティを持っている」(4)

ビジネスは同じものを二つ持つのを嫌う傾向にある。しかし、状況が悪化しているときに、無駄を省きすぎた操業をしていることは、問題になりかねない。二〇一一年の後半にタイを襲った歴史的な大洪水で一〇〇〇カ所以上の工場が浸水したとき、いくつかの巨大産業は大きな被害を被った。タイに大きな工場を持っていたハードドライブの大手である日立とウェスタン・デジタルは、その四半期の生産量の約半分を失い、両社ともおよそ二億ドルの財政的損失を被った。(5)

自動車業界では、ある種類の部品のサプライヤーがタイにしかないことが明らかになり、トヨタもホンダも困難に陥った。自動車業界情報サイトのエドモンドによれば、自動車の生産規模は五〇万台以上縮小し、「ほんの何種類かの重要な部品がタイで生産されていたがために、ホンダは厳しい状況に追いやられた(6)」。

この壊滅的な大洪水は、企業のサプライ・チェーンの深刻な弱みをさらすことになった。こういった部品の調達先は、いろいろな地域に分散させておいたほうがよかったのではないだろうか？　システムに多少の冗長性を持たせることは、結局高くつくことになる深刻な事業の中断を避けるために、必要な経費と考えられるのではないだろうか？

もう少し物議をかもした例を見てみよう。二〇一〇年、ＢＰがメキシコ湾のディープウォーター・ホライゾン油井からの原油の流出を止められなかったとき、同社は圧力を解放して流出を塞ぎやすくするための第二の油井建設に何カ月も費やした。もしＢＰがメインの油井を掘るときに、非常用の第二の油井を一緒に掘っていたら、流出は数十分や数時間で済み、何カ月にも及ぶことはなかっただろう。そうすれば、何十年も続き、何十億ドルもかかるであろう、訴訟や賠償問題も回避できたはずである。

このレベルの冗長性はばかばかしいほど高くつくように思えるかもしれないが、前例がないわけではない。あまりにも有名な一九八九年の**エクソン・バルデス**の原油流出事故のあと、石油業界は、タンカーが座礁したときに流出の確率を減らせるよう、船底を二重にすることを迫られた。二重にすればはるかに高くつくが、この冗長性のおかげで、多くの原油流出と、それにまつわる何十億ドルにも上ったかもしれない損賠賠償が避けられたのだ。

もし完全な二重化まではできない場合は、同じようなアプローチとして、失敗に備えたバッファや誤差の許容範囲の設定を検討するとよいだろう。ＰｗＣは、レジリエンスとリスクに関する白書で、バッファを「ショックを吸収するのに必要な、短期的な息つぎの余裕を与えてくれる余地」と定義している。このレポートのなかでは、カリフォルニアの電力会社ＰＧ＆Ｅが、電力消費のピーク時の電力消費が発電量を上回り、価格が高騰して停電を引き起こしたり、不足を補うために非効率な代替発電を稼動せざるをえない、といった問題を回避するため、「小規模法人や一般世帯向けに、電力の使用時間帯を非ピーク時に移行させれば電気料金を値下げするという任意のプログラムを導入した」例が挙げられている。このプログラムには二万五〇〇〇の顧客が参加し、暑い日や電力消費量が急に跳ね上がったときに、PG&Eへの電力需要を一六パーセント減らすことを可能にした[7]。

冗長性は、レジリエンスにとって重要なファクターである。命綱なしで山に登る人が最も男らしくみえるように、予備を必要とするのは弱々しさの表れであるような気がするかもしれない。しかし、断崖絶壁を登るなら、命綱をつけない人の失敗への許容範囲はゼロである（一つ間違えれば死ぬ）。ビジネスの場合は、タレブによれば、「余剰性は、必ずしも弱虫のしるしではない。むしろ、非常に挑戦的であることの表れかもしれない。（中略）もしあなたの会社が念のため倉庫に余剰の肥料の在庫を持っていて、中国に何らかの問題があって肥料不足が起こったら、あなたの会社は思いっきり高値をつけて余剰在庫を売ることができる[8]」。

冗長性は、我々数字の世界で生きるビジネスマンにとっては、受け入れがたいコンセプトかもしれない。無駄にしか見えないからだ。しかし、ビジネスであれプライベートであれ、リスクからわが身を守るために、我々はある程度の支出は受け入れている。ある研究によれば、保険は世界経済の三パーセントを占める。それならば、いまやしだいに頻繁に起こるようになってきている異常事態に対処できるよう、ある程度のバッファを設定しない法はない。タレブは、こう主張する。「冗長性は、異常事態が起こらなければ無駄に思えるので、無用なのか有用なのか一見してわかりにくい。しかし異常事態は起こるものなのだ。――通常の場合は[9]」

だから、自問してみたほうがいい。「我々のビジネスで、船底がまだ一重なのは、どの部分だろうか？」

3 リスクを嫌い……そして愛する

タレブは、彼が言うところの「どう考えても無視できない極端な市場」に賭けるという方法で、投資の世界で頭角を現した。彼は、ポートフォリオの九〇パーセントを低リスクのキャッシュに投資し、残りの一〇パーセントを、極端にリスクが高いが、成功すれば通常の一〇倍以上の利益を生む（たとえば、不安定性に賭けるオプションなど）ような賭けに投資するという、通常ありえない投資戦略を追求することの利点を説いている。このやり方だと、もし損失を出しても最大一〇パーセントにとどめられる一方で、大きなポテンシャルを手にすることになる。逆に「中くらいのリスク」物件に一〇〇パーセント投資する通常のポートフォリオは、市場が暴落した場合は全部ダメになる可能性があるので、実はより高いリスクを抱えているのかもしれない、とタレブは指摘する[10]。

企業は、低～中リスクの投資や戦略をビジネス全般にわたって実行する、後者型のモードで操業しがちである。企業の幹部というのはそもそもリスクを回避しようとするものだし、そうすることにインセンティブを与えられている。船をあまり揺らさないように！　そして短期的に予測できる利益を持ってこい。――これが、ビジネスのマントラとなってしまっているのだ。

一方、タレブ型の九〇対一〇モードで操業している企業とは、どのようなものだろうか。そういった企業は、ほとんどの事業においては、他社に素早く追随するというような安全策を取るだろう。しかしその一方で、組織にとってここぞという事業に対しては、より大きなリスクを取る。異次元のイノベーションは、ここで重要性を発揮することになるし、第7章で提案したイノベーション・ハブが大きな役割を果たすはずだ。つまり、極端なリスクはきちんと回避しつつ、取るべきところでは健全かつ大胆にリスクを取るという、二つの選択肢の絶妙なコンビネーションである。

世界的に、なんらかの大きな賭けをともなうビッグ・ピボットをすべきときがきているのだ。業界や企業によっては、ビジネスモデル全体を移行することになるだろう。ウェイスト・マネジメントが、廃棄物回収からリサイクル管理、廃棄物に関するサービスを提供する企業に変容していったことを思い出してほしい。もしくは、化石燃料企業について、考えてみるといい。現在は向かうところ敵なしで潤っているが、彼らが主な資産として勘定している埋蔵量をすべて燃やしてしまうことはできないことに、世界各地の政府、市民、投資家たちが気付いたとき、その将来はいきなり不確かなものになる。

多くの企業にとって、ビッグ・ピボットは重量級の変化としてやってくるだろう。見返りが大きい一方で、ビジネスのまさに中核を破壊してしまうような異次元のイノベーションが起こった（ただし、他企業がやる前に）ときに。このようなイノベーションをうまく起こすには、多くのことを試してみて、ダメそうなものを速やかに見きわめる必要がある。我々は、すばやく失敗しなければならないのだ。

マテリアリティの課題

ここに、短く、しかし非常に複雑な質問がある。企業にとって、マテリアルなリスクとは？　**マテリアリティ**とは会計用語で、ある問題がどれくらいの重要性を持っているかを意味する。上場企業は投資家に対してそのリスクを公開しなければならないが、どのリスクが言及するに足るくらい深刻なのだろうか？

この問題は、世界がメガ・チャレンジに直面するようになって、一段と複雑になってきた。気候変動や水問題、あるいは有害物質に対する規制の可能性などは、果たして企業や政府にとってマテリアルなリスクなのだろうか？

二〇一三年三月、ニューヨーク州は公債投資家に対し、気候変動が州の財政状況に悪影響を与える可能性がある、という警告を発した。奇妙なことに、スタンダード・アンド・プアーズやムーディーズといった格付け企業——超ハイリスクの不動産担保証券（ＭＢＳ）にトリプルＡの格付けを与えたのと同じ面々であるが——は、この発表を無視し、ニューヨーク州の格付けを下げないという選択をした。[11]　こういった分断や不整合はあってはならないし、これからはなくなるはずである。

気候変動は、不規則なマテリアリティの問題を突きつける。そのリスクは直線的ではなく、巨大な暴風雨といった形で時折り大規模にあらわれる。ハリケーン・サンディの被害を受けたジャージー海岸沿いの地域が、気候変動と異常気象は間違いなくマテリアルなリスクなのだ、と気がついたときには、いくつかの町はすでに流された後だった。だから、マテリアリティが我々の頬をぴしゃりと叩くまで、手をこまねいて待っていることはできない。

このようより質が高くマテリアルな情報を追うには、米国サステイナビリティ会計基準審議会（ＳＡＳＢ）の進展をフォローしておくといい。SASBは、どの環境・社会的な要因が企業にとって真にマテリアルとなるのかを、業界ごとに洗い出しているところだ。このあたらしい組織の目標は、財務会計基準機構（FASB）と同じような影響を会計に対して持つようになることだが、取り組みはまだ始まったばかりだ。

マテリアリティはビッグ・ピボットの中核に触れる、壮大な問題である。ビジネスにおける真のリスクや依存度を見きわめ、評価することができなければ、それらをきちんと管理することはできない。

4　スピード――フィードバックと失敗はすばやく

はじめて心臓発作を起こした人の四〇パーセントが死にいたる、と教えてくれた私の心臓専門医の友人は、ある患者の命を救ったときのすごい話もしてくれた。回診の際に、彼は心臓モニターにつながれたある患者と話をしていた。患者が話している間、彼は、患者の心臓が正常な動きを停止するのをモニターに見とがめた。そのとき患者本人には自覚症状がなかった（心臓に異常があってから本人がそれを感じるまで、一〇秒程度の遅れがある）のだが、私の友人は、看護師を呼び、電気ショックを手配し、すばやく蘇生のための準備に入った。そして患者は助かった。

たしかに、私の友人が病室に居合わせたという運もあった。しかし、友人が患者の身に何が起こっているかを瞬時に理解してとっさに対応した、というすばやいフィードバックが、基本的には患者を救ったのだ。リアルタイムのフィードバックというのは、それが生死を分けるような瞬間でなくとも、非常に有効である。たとえば住人にリアルタイムでエネルギーの使用量を知らせるメーターは、彼らの行動を変える。住人はメーターを見ることで、電気を消したり、エアコンを切ったりするようになり、エネルギーと料金が節約されるのだ。

瞬時に示されるデータの影響を受けるのは、消費者行動だけではない。大手石油精製のバレロは、SAPが開発したエネルギーメーターとリアルタイムのモニタリング用のソフトウェアを導入して、運用上の非効率をチェックしている。これにより、タンクの温度と圧力が適正化され、導入一年目だけでも一億二〇〇〇万ドルのコスト削減につながった。同様に、ダウ・ケミカルはテキサスにあるダウ最大の精製工場に水消費量のメーターを設置し、数十億リットル分の節水を達成した。テキサスは干ばつに苦しんでおり、今のところ、すぐに降雨量が増えるという予測はない。[12]

グローバルレベルであれ企業レベルであれ、よりよいフィードバックのメカニズムが必要だ。エネルギーや水のメーターを設置するのはたやすい。しかし、他のメガ・チャレンジはどうだろうか？　ストックホルム・レジリエンス・センターは、気候変動（大気中の炭素量によって計測される）、生物多様性、オゾン、海洋の酸性化、水資源の使用など、我々自身の安全を期するために侵害することのできない、九つの地球の限界を定めている。センターによれば、我々はすでに九つのうち三つの分野で安全なレベルを超えている。[13]第6章で述べた、コンテクスト・ベース・メトリックスに携わる専門家たちは、これらの問題を企業レベルで考えるための手法を開発中である。（詳しくは付録Bを参照）

繰り返しになるが、我々は速やかに失敗しなければならない。さらに言えば、結果がどうであれ、トライした人たちには何らかの見返りを与えるべきである。もし我々が、事業計画の一〇パーセントを使って何かしらの思い切った極端な賭けをするなら、何がうまくいって何がうまくいかないかをかなり迅速に知ることができるだろう。極端な賭けには、すばやいフィードバックだけでなく、実験が失敗したとわかったら、直ちにそれを切り上げて次に進むことのできる、決断力のあるリーダーシップも必要なのだ。

5　モジュラー式で分散されたデザイン

二〇〇三年の八月、アメリカの北東部一体を覆う大規模な停電が起こり、五〇〇〇万人の人々が灯りを失った。個人的にもその日のことをよく覚えている。というのも、第一子がわずか生後一一日のときに、我々は冷蔵庫もエアコンもないなかに取り残されることになったからだ。なりたてほやほやの親の心理状態は、レジリエンスにはほど遠いというのにだ。

この停電の理由はお粗末なものだった。オハイオ州で木の枝が一本折れて電線に当たり、それが前代未聞の雪だるま式の停電を引き起こしたというのだ。この大混乱は、アメリカという国全体の安全保障上のリスクを露呈した。中央情報局（CIA）の元トップであるジム・ウールシーは、こう指摘する。「意図的に電線を引っこ抜いて大停電を起こすのに、大した計画は要らないはずだ。テロリストは木の枝よりもはるかに賢い(14)」

レジリエントなシステムは、冗長性があるだけではなく、独立していて、モジュール式になっていて、しかも分散された要素から成り立っている。すべての住宅やオフィスビルに、分散型の電力システム、つまり太陽パネル、風力、地熱発電などいろいろな電源を組み合わせたシステムを構築することができれば、みなにとって大きな助けになるだろう。

私の自宅の屋根には、七キロワットの太陽光発電システムが設置してある。一年のうち数カ月は、消費量よりも発電量が多いので、電力会社に余剰電力を売っている。今のところまだすべての電力を自家発電で賄っているわけではないが、進化しつつある分散拠点での蓄電技術やマイクログリッド〔複数の分散型電源と複数の需要家から構成される小規模なエネルギー供給ネットワーク〕が利用可能になれば、天気のいい日に余剰の電力を蓄電しておいて、嵐の日でも自前の電力を使えるようになるだろう。

企業はさらに進んだ措置をとることができる。たとえば、分散されたエネルギーを利用することで、化石燃料と電力会社のしがらみから自社を切り離した企業は、非常事態にも操業をつづけることができる。ウォルマートはこのビジネスチャンスをよく理解している。彼らは、もともと現場で再生可能エネルギーと太陽光発電を最もよく利用している企業だったが、さらに再生可能エネルギー使用量の六〇〇パーセント増を含む挑戦的な目標に責任を持って取り組むことを宣言した。この目標の発表イベントの際、当時総務の副統括責任者だったレスリー・ダッチは、ウォルマートの省エネと再生可能エネルギーへの投資が、「どんなに悪天候でも、あるいはどの競合が店を閉めることを余儀なくされたとしても、ウォルマートが店を開けてビジネスをつづけることを可能にしてくれる」と語っている。[15]

フォレスト・ガンプのエビ漁船のように、悪条件に見舞われたときに操業をつづけられるビジネスは、言葉では言い表せないくらい有利な立場に立つはずである。

ピボットのサイン――米軍

米軍は、化石燃料を、任務遂行上の大きなリスクとして認識している。軍事作戦に利用する資源として考えると、自国のコントロール下に置きづらい化石燃料を使うことは、脆弱なサプライ・チェーン（兵站《へいたん》）の原因になり、基本的に敵の懐を潤すものである。つまり、化石燃料に依存することは、自軍を危機にさらすことになるのだ。実際に数字で換算すると、二四コンボイ分の燃料や水を運ぶごとに、一人の兵士ないし民間の請負企業の社員が怪我をするか命をおとしていることになる。しかも、コストが高い。軍は、前線の作戦基地に石油を運ぶために、一ガロン（約三・八リットル）につき四〇〇ドルもの支出を強いられているのだ。そのうえ気候変動を助長する。気候変動は、国防総省が資金を出しているシンクタンクも、「脅威を倍増させる要因」であると認めている。これに対応するため、特に米国海軍が行動を起こしている。海軍はアフガニスタンの前線の作戦基地で太陽光発電を使用したほか、マキン・アイランドという、バッテリーで運航でき、一〇ノットまでの速度が出せるハイブリッドの強襲揚陸艦（海上版プリウスと言えるかもしれない）を導入したり、飛行機用の燃料として多量のバイオ燃料を購入したりしている。[16]

レジリエンスやリスク回避の価値を評価することの難しさ

積極的にリスクを管理し、レジリエンスを構築しようとすると、どうしても障害にぶつかる。たとえそれが競争力を強めるためだとしても、である。どんな組織であれ、悪いことが起きるのを防ぐことで報酬をもらっている人はほとんどいない（せいぜいゴールキーパーくらいのものだろうか）。もちろん、リスクマネジメントの担当というのはいるとしても、ほとんどの経営陣と、すべての中間管理職は、ふつうは「やらなかったこと」ではなくて、「やったこと」に対してお褒めをもらうことになっているのだ。

この話をするといつも、二〇〇〇年一月一日に日付表示が「01/01/00」になったときに、コンピュータシステムに大混乱が起きると大騒ぎになった二〇〇〇年問題を、後からその道の権威たちが笑いものにしたことを思い出す。結局大したことは起きなかったじゃないか、と彼らは言った。しかしそれは、世界中でプログラマーがリスクを少しでも小さくするために必死に努力したからである。当時、企業も政府も多くの時間とリソースを、問題を回避するために投資したのだ。

世界中に拠点を持つある製造大手企業のトップとの会合で、ＣＦＯが工場の防火体制を強化するための改修費の話をし、このプロジェクトのＲＯＩに触れた。しかしこれがまさに問題なのである。このプロジェクトに、真のＲＯＩというものは存在しないはずなのだ。このプロジェクトの「見返り」は、何も起きないであろう、という安心感である。もちろん、火事が物理的な財産（人的被害は別として）に与える損害を、コストとして計算することはできる。しかしその数字は、起こってもいないことを仮定した根拠のない数字でしかない。

こういったタイプの投資に経営陣が「ＲＯＩ」を見出すこと自体はよい傾向ではあるが、ほとんどの場合、メガ・チャレンジに対するリスク管理を、企業は思いっきり過小評価している。つまり、ビッグ・ピボットを起こすまでは、その価値に気付かないのだ。

▽実践編

この本の全編を通してのテーマは、レジリエントで強靭な組織をつくることである、と言っても差し支えないだろう。科学的根拠に基づいた目標をもとに、劇的な効率化や異次元のイノベーションを目指すことは、あなたの企業をよりレジリエントにする。——もし枯渇しつつある資源への依存度が極端に低ければ、あなたの企業がさらされている脅威はそう大きくはないはずだ。自社が投入する資源の価値（コスト）と、ビッグ・ピボット戦略から得られる恩恵を適正に評価できれば、企業は長期的な価値を構築し、より強靭になることができる。協働は、あなたの背後に誰かがいてくれるということなのだから、転ぶ可能性が低くなる。取引先のメガ・チャレンジ対策を支援すれば、その取引先とのあいだに長期的で強い関係が築かれ、あなたの組織はさらにレジリエントになる。

それらを踏まえたうえで、レジリエントなビジネスを築きはじめることができるように、いくつかの重要な問いかけをしてみることを勧める。

1 あなたのビジネスのバリュー・チェーンをいま一度さらって、負荷とリスクを再評価してみよう。そして、船底がいまだに一重になっている部分はどこか、問い直してみよう。（莫大な損害やコストを引き起こしかねない、最も大きな脆弱性は何だろうか？）

2 冗長性が最も効果を発揮するのはどの部分だろうか？　冗長性を確保するのにどれくらいの費用がかかるだろうか？　それを**しなかった**場合、ダメージから立ち直るためのコストはどれくらいだろうか？

3 事業、サプライ・チェーン、あるいは組織のなかにバッファを構築するために、何ができるだろうか？（もしかしたら、コスト削減のたびに人材を解雇するよりも、自社内に重要な技術・技能を常備しておくという意味で留めておくほうが、長期的にはむしろコストがかからないのかもしれない。）

4 ビジネスの部分同士の相互依存状態をなるべく解消し、一つの部分がつまずいても、他に悪影響が出ないような仕組みをつくるにはどうしたらよいだろうか？

5 ビジネスの大部分ではリスクを低減しつつ、ある部分においてのみ今までよりもずっと大胆にリスクを取るようにするにはどうしたらよいだろうか？　異次元のイノベーション・ハブ（第7章を参照）が役に立つだろうか？

6 リスクを回避できたことに対して与える報酬として、どんなものが考えられるだろうか？　ある地域で競合他社や他企業に何か不都合が起こったが、自分の会社だけが影響を受けずにビジネスをつづけられた場合、ビジネスを中断させることなく回しつづけた社員たちに、どのように報いることができるだろうか？

7 最悪の状況の中から生まれてくる思いがけないビジネスチャンスに対して、あなたの会社は他社に比べてどのような立ち位置にいるだろうか？　あなたの会社にとっての「フォレスト・ガンプのエビ漁船」はなんだろう？　競合他社にとってのエビ漁船は？

リスク回避やレジリエンスは、企業のなかでどのような役割を果たしているのだろうか？　我々はその価値をしっかりと認識しているだろうか？　タレブは、ビジネス関係者はすぐ視野が狭くなる、と批判する。「彼らは利益を出すことが第一の使命であると信じ込み、生き残りやリスクコントロールなどは後で考えればいい、と思いがちである。――理論的には成功よりも生き残りの優先順位のほうがはるかに高いということを忘れているのだ。利益を出したいなら、まずは生き残りを考えたほうが、どう考えても得策のはずだ[17]」

Envisioning a Big-Pivot World

結論 ビッグ・ピボット世界の予想図

好むと好まざるとにかかわらず、変化はやってきている。暑い・足りない・隠せない世界の影響を受けないですむ企業や個人は、一つとしてない。

ますます暑くなる世界では、企業は暴風雨や洪水、干ばつなどによる操業不能のリスクに常にさらされる。企業はまた、気候変動への影響の少ない製品やサービスへの消費者の需要の急激な変化に対応しなければならないし、気候変動に対するアクションを求める社員やステークホルダーからの声の高まりにも対応しなければならない。

いよいよ足りなくなる世界では、経済におけるほとんどの投入資源が、基本的には値上がりに転じるなか、上がりつづけるコスト構造を管理することを迫られる。しかも、水のような重要な資源が、まったく手に入らないような事態に直面することもありうるのだ。

なにもかも見えてしまう世界では、バリュー・チェーンの川上から川下まで、あなたの企業がどのような操業をしているのかが、すべての人の知りうるところとなる。顧客や従業員、コミュニティは、気候変動、水資源、資源の逼迫、作業員の安全のような大きな問題について、あなたの企業が問題を生み出している側なのか、それとも解決策を提供する側なのかを見きわめて判断するだろう。

この本で私が提唱する一〇のきわめて実用的な戦略は、メガ・チャレンジに対応し、豊かな世界を築いていくために必要なものすべてを網羅しているわけではない。しかし、民間企業がメガ・チャレンジに対応するために必要なものという意味では、取り組むべき課題を網羅しているし、一つとして変えたり抜いたりしてはいけない完全なパッケージになっている。沈みゆくボートを救うためには船底の一部を補修するような計画では間に合わないのと同じように、それがいくらやりやすそうに見えようと、一部だけを抜粋して実行するのでは意味がない。抜粋や簡易バージョンは、ありえないのだ。これらの戦略すべてを実行することで、企業は世界をどう見るべきか（ビジョン・ピボット）、ビジネスにとって何が重要か（バリュー・ピボット）、そしてどう協働するか（パートナー・ピボット）を考え直すことができる。一〇の戦略全部が、メガ・チャレンジに対処するために必要なのだ。

これらすべての戦略にいっぺんに取り組むというのは、企業にとっては大きな負荷であろう。企業はこれらの問題を「ＣＳＲ」部署に丸投げし、ＣＳＲ部署のリソースは限られているのですべてに取り組むことは不可能である、という言い訳をしがちだ。だから、遺憾ながら優先順位をつけて重要なものからやっていくしかない、と。しかし、こういったアプローチは理にかなっているのだろうか?

事業を行ううえで、同時に処理できる「やるべき仕事」の量に、あなたの企業は上限を設けているだろうか? たとえばCEOが投資家や社員に、こう言ったとしたらどうだろう。「今年はマーケティングに力を入れます。来年は、製品開発のピーク・パフォーマンス。人事・人材の問題も、二、三年以内には手をつける所存です」

ビジネスの主要な分野にはさまざまな人が関わっており、それぞれの人材が結果を出し、最善を尽くすことを求められている。ビッグ・ピボットの戦略も同じだ。――ロビー活動は企業内の政府対応部署、ウォール街対策はIR、異次元のイノベーションは製品開発やR&D、社員のエンゲージメントは人事部、投資の決定や評価はCFOなどといった具合に、それぞれの分野を適材となる部署や人が担えばいい。

しかし、ここで間違ってはいけないのは、ビッグ・ピボットを始めるのは、企業のトップ、つまり経営幹部だということだ。船長と司令部が、変化を牽引しなければならないのだ。そしていったんトップレベルのコミットメントを得たら、一〇の戦略を実行するには、腕まくりをしてじっくりと取り組むような仕事が待っているだろうし、あたらしい形の協働も必要だ。ビッグ・ピボットはこれだけの努力を強いられるのだから、やったらどんないいことがあるのだろうか。こう聞きたくなるのも当然だ。

本質的な変化を起こそうとする企業には、とてつもなく大きなメリットが待っている。とはいえ、嘘はいけない。ビッグ・ピボット的世界で苦戦する企業も出てくるだろう。勝者がいれば、敗者もいる。

ほとんどの企業と産業セクターは様変わりするだろう。消滅してしまうものもあるかもしれない。たとえば、「クリーンな石炭」のような奇跡的な技術が出てこない限り、石炭業界はなくなると思われる。化石燃料企業はおおむね、再生可能エネルギーの大手に変貌するか、それでなければ規模をずっと縮小するだろう。つまり、ある分野では雇用が消える、ということだ。馬車やタイプライターなどの業界は、社会が支援を故意に打ち切ったから消えたのではない。同じように、今存在するビジネスのなかには、生き残らせてやることができないものもあるだろう。自由市場において、完全に保障された業界や職種というものは存在しないのだ。このような業界のパラダイム・シフトはいまや何ら珍しいものではないが、今度はすべての業界にやってくる、ということだ。

こういった重大な注意点があるにしても、私たちのほとんどはあたらしい世界で勝ち残っていくだろう。人類の生存を確かなものにすること自体、すでに相当大きな勝利である、という事実を抜きにしても。それでは、ビッグ・ピボットの実現に向けて、よりきわめて実用的な戦略を追求することによって得られるものを、想像してみよう。

ビッグ・ピボットの世界

よりオープンかつインクルーシブで、仕事熱心な社員が、生き生きと大きな目的を追求している職場を想像してみよう。彼らは、自分たちが住む世界を破壊することに手を貸すのをやめ、むしろその世界を再生し、次の世代やビジネスにより豊かな状態で残せるような製品やサービスをデザインし、つくり、提供していることだろう。

我々はあたらしいやり方でイノベーションを起こし、企業における価値を再定義し、短期的な利益達成という呪縛から逃れ、もっとエキサイティングで達成感のある目標を追求していることだろう。ハムスターの回し車のように、四半期ごとの利益というサイクルをぐるぐると走りつづけることをやめれば、経営陣はすばらしいカスタマー・エクスペリエンスを生み出す立派な企業をつくることができる。

ビッグ・ピボットの世界では利益という言葉の意味も違ってくるはずだが、リーダーたちはその世界でもあらゆる意味で利益を手にしていくだろう。既存の建造環境や交通インフラ、そしてエネルギーシステムを改造し、それと同時に、消費とは、質の高い生活とは、といったことを問い直すことは、最もグリーンなやり方を見つけた企業にとっては、そこかしこに金脈が眠る、数兆ドル規模の新たな試みとなるのだ。

よりレジリエントで抗脆弱で、豊かな世界を築くことに貢献することで、企業は社会のなかで、真の進化を推し進める力としてのあたらしい役割を担うことになる。つまり、無力状態に陥った政府が、市場メカニズムをうまく取り入れたより効果的な結果を出せるよう、企業が導くのだ。企業のリーダーたちは、政府を敵とみなすのをやめる（本来、政府は集合としての民意やリソースを、必要なスケールに集約して先導できる唯一の組織なのである）。政府の方も、ただの規制者であることをやめて、建設的な協働パートナーになるだろう。

我々は、社会を健全にし、(危険で、手に入れづらく、高額で、世界の安全保障を脅かすような)資源への依存からの脱却を可能にするテクノロジーやビジネスモデルへの投資や導入を進めるだろう。また、無害な原料を、安全に無限にリサイクルできる「栄養素」として扱うことで、原料を「使いっぱなし」にする社会から脱するだろう。つまり、サーキュラーな経済(**ゆりかごからゆりかごまで**、**アップサイクル**といった考え方を含む)を築くのだ。

そして特筆すべきは、大型で硬直的な大型発電・送電の仕組みに頼ることなく、あらゆる建物や住宅で発電され、分散して送電される再生可能エネルギーが、世界の電力源となっているだろうということである。我々は、我々をとりかこむ豊かな再生可能エネルギーを活用して、自然の限界を超えないようにしながら、より公平でインクルーシブな社会をつくりあげることに、人類とその未来を賭けることになる。

さらに、何が可能なのかについて、我々の期待値を変えることが必要だ。おそらく、ビッグ・ピボット実現の道程に立ちはだかる最も大きな障害は、短期的成果至上主義でも、価値評価の実態との乖離でもない。最も大きな障害は、**ビッグ・ピボットを成しとげることができる**という信念が我々に欠けていることなのだ。

我々は、自分たちが向かおうとしている方向性を変えることはできるのだ、と信じる必要がある。そして、早く始めれば始めるほど、その変化はたやすくなることにも気がつかなければならない。巨大タンカーで大洋を航海するとき、航海の早い時点での小さな方向転換が、最終的にどの大陸にたどりつくかを決める。方向転換を先延ばしにすればするほど、誤差は広まり、その違いを修正するためだけに多くの労力を費やさなければならなくなるだろう。しかも、目的地にたどり着く前に、食糧などの蓄えが底をついてしまうかもしれない。

多くのチャレンジに対応するために残された時間は少ない。特に炭素は。両手を上げて、大変すぎるからできない、と降参するのは簡単だ。しかし、政治的に、感情的に、金銭的に、社会的に、「実現可能なこと」は、ものすごいスピードで変わっていくはずだ。何年もまったく変わらなかった事柄でも、人々の認識を変えるために懸命な働きをした勇気ある人たちのおかげで、「当たり前」のあり方が変わるティッピング・ポイントが訪れることはある。奴隷制廃止と奴隷解放を訴えた人たち、人種、性別、セクシュアリティ間の公平のための市民権運動、喫煙に対する世間の見方の変化などを思い出してほしい。変化は、起こるとなったらすごい勢いで起こるのだ。

潮流に合わせて素早く変わるか、それでなければ絶滅するかというのが、ビジネスの世界だ。今の我々が依拠している資本主義にはいろいろ問題もあるが、時代遅れになったモデルを情け容赦なく振り落とすことにかけては、いい仕事をしてきた。あたらしいビジネスのやり方を決めるのは、我々なのだ。

ビッグ・ピボットへの道は常に楽なわけではない。しかしだからといって、常に大変で辛いことばかり、というわけではもちろんない。致死的な心臓発作を起こさないように自分の健康状態を改善することは、やるべきことが目の前に山積の日々の生活のなかでは、ときには難しいことかもしれない。しかしだからといって、よりよい、ときには今までと根本的に異なる習慣を、生活のなかに組み込むことなんて不可能だ、ということにはならないだろう。そしてその見返りは絶大だ。つまり、我々は個人レベルでは、健康に長生きする確率を大きく上げることができる。それならば、種全体でも同じことを達成することができるはずだ。

同業者が集った会合で、あるクライアントが私に聞いてきたことがある。「こういうグリーンなことは、ビジネスにメリットがあるからやるのでしょうか。それともいいことをしたら気持ちよく眠れるという話ですか?」。とりあえず、自分の健康、子供たち、家族、家、友達、コミュニティのためにベストを尽くしたと思えるなら、寝つきはよくなると思う。そして我々は、将来何がどうなるかを完璧に予測することはできないが、今日をよりよいものにするために必死の努力をすることはできる。それならば、利益が上がるからビッグ・ピボットをするべきなのか? それともぐっすり眠れるようにビッグ・ピボットをするべきなのか? それとも、みなにとってよりよい未来を約束してくれるからやるべきなのか?

答えはすべて、イエスだ。

おわりに

この場を借りて、この本を手に取っていただいたことに感謝すると同時に、この本のアプローチと、この本で触れられている企業と私の協働関係、そして想定されるいくつかの重要な質問について、簡単におさらいしてみたい。

長さとアプローチ

重石になるくらい分厚くて包括的な本の時代は、終焉に向かいつつあるのかもしれない。我々の暮らしに入り込んでくる情報の量は増える一方である。ということは、多少なりとも深みがあって熟考を要するようなトピックを網羅し、しかも読者の時間を慮ってなるべくスピーディに伝えるには、著者の工夫が必要だ。

私は、いくつかの非常に大きな考え方（たとえば気候変動の容赦ない数字）と戦略（たとえばビジネスの成功を脅かすような短期的成果至上主義とどう戦うか）について、それぞれなるべく少ないページ数で、要点をまとめることを心がけた。本書は、できるだけ簡潔でありながら、あたらしい事業の運営のしかたについての確固たるロードマップを提供できるように書かれている。二〇パーセントの要因が八〇パーセントの結果を左右するという八〇対二〇の法則は真実であろうが、この本ではピボットを起こすために企業が必要とすることについて、八〇パーセントをはるかに上回る結果を出せたものと信じている。

そもそもこの本は、そこから自分なりの分析・結論を引き出せるような学術的な事例集としてつくられたのではない。我々が直面するメガ・チャレンジについて考えるための枠組み、そしてそれらのチャレンジを乗りこなし、そこから利益を得ていくために企業が必要とする戦略を提供することを目指したものである。個々のストーリーは、アイデアや戦略の足場固めをする助けになるように入れてある。

こういうタイプの本で、すべてのセクターそれぞれに対して、個々の戦略がどのような意味を持つのかを詳細に書き記すのはほぼ不可能である。だから私の目標は、簡潔かつ的を射た形で、事態が緊急であることを理解してもらい、ビッグ・ピボットを始めている企業の好例を挙げながら、ロードマップを提供することだ。

透明性

本書では、ビジネスや社会の在り方を変えつつある三つのメガ・チャレンジに焦点を当てているが、その一つが我々の行動すべてにおける、絶え間ない透明性への激流である。企業のやることは、いまや経営陣がまったく想像もしなかったような形で世間の監視の目にさらされている。それならば、私も自分のやることに対して透明性を確保しなければ一貫性がないだろう。私は、この本で取り上げている企業の約二〇パーセントと、どこかの時点で仕事をしている。

コンサルティングやアドバイザーとしての仕事は、企業の行動についてのユニークな見識を得る方法の一つだ。実際この本で取り上げている戦略やテーマは、これらの関係性から得た知識によって、その内容が深められた。しかしだからといって、私のクライアントを利するために書かれたものでは、決してない。透明性を期するために、企業を列挙しておく。この本には約一四五社の企業が登場するが（ちらっとしか出てこない企業も含めて）、そのうちいくつかの企業に対してはコンサルティングを請け負った。現在は、キンバリー・クラーク、HP、ユニリーバ（米国事業部）のサステイナビリティに関するアドバイザリー・ボードのメンバーを、対価を得て務めている。また、プラクティカリー・グリーンのアドバイザリー・ボードには無償で参加している。私の会社は、ボーイング、シーザーズ・エンターテイメント、コカ・コーラ、イケア、ジョンソン・エンド・ジョンソン、オグルヴィ、オーウェンス・コーニング、ペプシコ、ティンバーランド、そしてゼロックスからコンサルティングのプロジェクト（ときには講演）を請け負っている（もしくは、いた）。また、私は、ダイバーシィ、フェデックス、GEが参加する、多企業のワーキング・グループのコンサルティングも行った。さらに、米国のPwCとは継続的に共同事業をしており、この事業を通してこれらの企業にコンサルティングをする機会もある。

また他の企業のグループに対しては、社員、経営陣、顧客などを対象とした有償の講演をした。3M、クラーク・エンバイロメンタル、クロックス、ディアジオ、イーベイ、フォード・モーター・カンパニー、日立、ジョーンズ・ラング・ラサール、マリオット、P&G、SAP、シーメンス、米軍、ウォルマート、ウォルト・ディズニー・カンパニー、ウェイスト・マネジメントなどである。

懸念に答える

この本を読み進めるにつれて、本のなかで触れられている企業の全体的な傾向が、想定される幅広い読者層に対応できていないのでは、という質問が出てくるかもしれない。私の最初の著書『グリーン・トゥ・ゴールド』（既出）についても、そのような懸念を耳にした。

このような性質の本で、すべての読者が属する業界や企業のタイプ（規模、企業カルチャー、地域）を完璧に網羅することはできない。それでも、戦略や原則がきちんと議論されていれば、あらゆるタイプのビジネスの幅広い範囲にわたって適用できる。非常によくできたビジネス書のなかにも、一つの業界や、一つの企業に主眼をおいているものがある。本書は、読者である管理職やインフルエンサーたちが、それぞれの環境や状況に応じて教訓やアイデアを引き出せるような形を目指している。

それでも、よく聞く懸念に前もって答えておく価値はあるだろう。まず、企業の環境・社会問題に対する努力を取り扱うときに、同じ企業の名前が何度も出てくる上、ビジネス向け（B2B）よりも消費者向け（B2C）に偏っているように感じられるかもしれない。おっしゃる通りである。

私の目標は、あくまで取り上げている原則や戦略に対して最高の事例を探すことであり、それらにおいてリーダー的なポジションにいる企業は、幅広い業界の分布に均等に属しているわけではない。ビジネスをグリーンにする、という第一段階の初期――一九七〇年、八〇年代にコンプライアンスというものが注目を集めることになった環境規制の黎明期《れいめいき》であるが――に行動をとった企業は、当然ながら重工業（石油、鉱業など）中心であった。しかし今では、消費財メーカーがあたらしい、より環境・社会的便益の多いビジネスのやり方を牽引するようになってきている。サステイナビリティは、顧客、消費者、社員、そしてコミュニティにとって、存在感を増しており、いまや中核となる議題だ。このあたらしい議題をどの業界で牽引しているリーダーであれ、リーダーはリーダーなのであって、私としては、無理やり各業界からの事例をバランスよく配置するより、説得力のあるストーリーを紹介することを優先した。

また、B2BとB2Cのあいだの線引きもあいまいなことが多い。消費財の巨大企業は、消費者にアピールするのと同時に、ウォルマート、ターゲット、テスコといった大企業の要望にも応えなければならない。環境問題については、ときには規制当局よりも厳しい質問をしてくるのは、これらの取引先企業だ。だからこれらの消費財メーカーは、組織中に張り巡らされた非常に深いB2B企業の感覚を持っている。

この本がアメリカに偏りすぎである、と感じる方もおられよう。しかしアメリカ企業の他にも、本書では、ブラジル、中国、フランス、ドイツ、オランダ、インド、日本、韓国、スウェーデン、スイス、タイ、イギリスなどの企業も取り上げている。また、本社がアメリカにある企業についても、そのほとんどが多国籍な視点を持っており、売り上げの半分以上がアメリカ以外の地域からきているものも多い。それでもなお、グローバルな読者には十分ではないと感じられるかもしれない。

なぜアメリカ企業寄りになっているかについては、いくつかの理由がある。当然私自身がアメリカ人なので、私の仕事もアメリカ、ヨーロッパ中心になる。しかしそれだけではなく、たとえば、ある地域にはリーダーの数が少ないこと――少なくとも透明性があって、我々が知ることのできる――も理由の一つである。中国やインドの一流の有識者たちとも話をしたが、この本で紹介しているような企業レベルでの大規模な取り組み例をいくつか紹介してくれただけだった。

さらに、透明性や文化の違いの問題もある。他の私の仕事、特に、世界最大規模の企業の環境・社会の目標を資料化するというプロジェクト（www.pivotgoals.com を参照）では、中国企業が公言している目標は、今一つ明確でない場合が多い。我々が簡単に認識できることよりももっとたくさんのことがこれらの地域で起こっていると思うので、読者がリーダーシップのストーリーを寄せてくれるのを待っている。

最後に、この本は世界の中小企業の努力をきちんと捉えていない、という懸念も聞かれる。事例としては大企業のものがほとんどであるが、ここに書かれている、特に価値創造の戦術は、中小企業にも当てはまる。イノベーティブな戦略、コスト削減、リスク低減、新製品、ブランド価値創造などはどれも、決して大企業の専売特許ではない。

それでも、小規模な企業と大企業が環境・社会においてあげることができる成果にはいくつかの重要な違いがある。たとえば、大企業がサプライ・チェーンに与えることができるプレッシャーは、他には真似できない（もちろん小さな会社が、高くなりつつある基準にならって、同じことをすることはできる）。また、大企業が政府の政策に及ぼすことのできる影響も特別である。さらに、この本で取り上げたいくつかの議題は、まさに上場企業に向けられたものであり、上場企業は概して大企業であることが多いということもある。（もちろんすべての企業に投資家はいるし、たとえそういった財政的なステークホルダーが家族の一員だったとしても、投資家はそれぞれの要求を持っている）

私がこの本を基本的に大企業に焦点を当てて書いたことは事実だ。それは、我々人類が、解決しなければならない地球レベルの巨大な問題を抱えていて、本当の意味で変化を起こすためには、規模が必要だからだ。現実問題として、世界中の小規模企業がどれくらいの雇用を創出しているとしても、経済、環境・社会的な影響というのは、はっきりと大企業に依っている。トップ二〇〇の大企業だけでその売り上げは二〇兆ドルを超え、それは世界全体のGDPの約二九パーセントを占める。「銀行強盗はそこにお金があるから銀行を襲うのだ」という有名な格言にある通り、大規模な変化を起こしたいのであれば、規模があるところに働きかけるのが得策なのだ。

我々が起こさなければならない、そして実際に起きつつあるビジネスの奥深い変化について、私の考えを共有できる機会をもてたことは、大変エキサイティングである。あなたがこの議論に参加し、世界中で目撃したビッグ・ピボットの兆しを共有してくれるのを心待ちにしている。www.andrewwinston.com に情報を寄せるか、@andrewwinston にツイートしてもらえれば幸いだ。

この機会にビジネスの本質に関わる大きな問いについて深く考えることで、みんなでビッグ・ピボットを起こし、我々のすべてにとってより豊かな未来を築くことができる、と信じている。

付録A
サステイナビリティ中級編
グリーン戦略のためのビジネスケース

第4章で述べたとおり、「ビジネス上のメリットもないのに大きな課題になんて対処したくないし、しなくてはならないのなら利益が出ないと困る」という従来型の考え方は、ますます非現実的になってきているのではないだろうか。しかしそうはいえど、もっと大きく、もっとすばやいアクションを起こすための大々的なセールストークをする際に、基本的な理論をきちんとおさえておくことは重要だ。何かの反ビジネス的な謀略を売り込まれているのではないか、と疑ってかかるビジネスマンはいまだに多いのだから。もちろんこれほど真実から遠い意見もないわけであるが。

これを念頭に置いて、「ビジネスに何のメリットがあるのか」問題を見直してみよう。結論は、ビジネスには大きなメリットがある、ということになる。ここで述べる基本的な考え方は、私のダニエル・エスティとの共著『グリーン・トゥ・ゴールド』（既出）と、『Green Recovery』（既出）に基づいている。それに加え、私は新たに、これから企業を襲うことになる巨大な力を要約する「統合的理論」（この本で私が主なテーマとしている気候、資源、そして透明性は、このモデルの一部である）も構築した。ともかくまずは、基本的なグリーン戦略の武器庫にどんな武器が収まっているか、急ぎ足で見てみよう。

価値創造の源泉

『グリーン・トゥ・ゴールド』（既出）の中心的な枠組みの一つでは、価値創造のための基本的な四つの方法が述べられている。プラス面を促進する（1）売り上げ向上と（2）ブランドの成長、マイナス面を低減する（3）コスト削減と（4）リスク低減、の四つである。表A-1に、環境・社会問題に対する成果をあげることで価値を創造するための具体的な方法をまとめてある。

1 売り上げを向上させる
――あたらしいニーズに応え、あたらしい市場をつくる

表A-1 環境・社会的成果による価値創造

	価値創造の主要な方法	経済的なメリット
売り上げ向上	● 新製品 ● 売り上げの増加（選ばれる業者になる） ● 高い価格設定	売り上げが増える
ブランドの成長	● 製品の差別化 ● 顧客ロイヤルティの向上 ● よい人材をひきつけ、離職率を下げること	将来の売り上げが確かなものになる
コスト削減	● 環境効率の向上（省エネ、節水、廃棄物削減） ● 資産効率の向上 ● 保険コストの削減	支出を抑える
リスク低減	● サプライ・チェーンの信頼性向上 ● 投入資源価格の安定化 ● ビジネス・コンティニュイティとレジリエンスの向上	財政的に安定する
複数のカテゴリーに及ぶ事項	● ビジネスモデルのイノベーション ● 社会的営業免許、市場へのアクセスの確保 ● 先行者としての優位性確立	より高いビジネス価値が生み出される

前向きな話から始めよう。顧客の環境・社会負荷を減らし、彼らがメガ・チャレンジのつきつけるリスクになるべくさらされないように支援することは、売り上げにつながる。この戦略は、ほぼどの業界でも使える。グリーン建築を含む建設業界、通信、小売り、消費財メーカー、エネルギー、運輸、金融、コンサルといったサービスなどなど。多くの企業が挑戦的な目標を設定し、エコ製品の売り上げを増やすことによってその目標を達成しつつある（コラム「グリーン製品の売り上げ」を参照されたい）。

リーディング企業は、いまやこの分野での売り上げ向上を戦略の中心と見ている。ユニリーバのCEO、ポール・ポルマンは言う。「社会に貢献するビジネス、そして社会に貢献すること自体がビジネスモデル全体の一部になっているようなビジネスが、これからは大きく成功するだろう。したがってユニリーバにとっては、社会に貢献することはビジネスを加速させるものだ」。ユニリーバの戦略の中心となっているサステイナブル・リビング・プランは、二〇二〇年までに売り上げを二倍にしつつ、環境・社会負荷（フットプリント）を半分に減らす、という挑戦的な目標を掲げている。ポルマンがよく言うのは、ユニリーバはこの挑戦的な売り上げ二倍という目標を、フットプリントを半分にするという取り組み**にもかかわらず**達成するのではなくて、この取り組み**があるからこそ**達成するのだ、ということだ。

グリーンを意識した製品やサービスは、あたらしい売り上げや質の高い成長を促す可能性があるし、同時にマーケットシェアを守り、すでに構築されている顧客基盤を維持することにも貢献する。多くの業界で、顧客に対して環境・社会問題にきちんと対処していることをアピールすることは、最低限のハードルになってきている。たとえば、ＩＴの巨人ＨＰが受け取る提案依頼書（ＲＦＰ）の七五パーセントが、いまやグリーン製品の特性についての質問を含んでいる。潜在的な顧客が、省エネ、化学物質や有害物質、リサイクル可能なデザインなどについての情報を求めているのだ。これらのＲＦＰは、何十億ドルという売り上げが、ＨＰの環境問題への誠意にかかっていることの証左である。(1)

グリーン製品の売り上げ

多くの企業が、グリーン製品に個別の売り上げアップの目標を立てている。私は、キンバリー・クラークとジョンソン・エンド・ジョンソンの両社が、よりサステイナブルな製品の開発を盛り上げるために策定した社内向け基準の開発に参画したことがある。どちらの企業も、製品が「よりサステイナブルである」と認められるための厳しい基準を設定しており、プロダクト・マネージャーはその基準を満たしうる製品を開発することが求められる。この二社はまた、グリーンな製品からの売り上げが売り上げ全体に占める割合の目標を立てている。

その他にも、決して小さくない目標を公にしている企業がいくつかある。フィリップスは、よりグリーンなポートフォリオからくる売り上げを全体の半分にする、という目標を立てた。——二〇一二年には、グリーン製品で一五〇億ドルの売り上げを達成し、目標まであと一息となった。東芝は、一八〇億ドル（一兆八〇〇〇億円）相当の「エクセレントＥＣＰ（優れた環境コンシャス製品）」売り上げをもくろんでいる。Ｐ＆Ｇは、二〇一二年に「サステイナブル・イノベーション製品の売り上げ累計五〇〇億ドルという目標を超える成果を出した。ＧＥは「エコマジネーション・チャレンジ」プロジェクトによる製品とサービスを、プロジェクト開始以来、一〇〇〇億ドル以上売り上げ、この製品ポートフォリオは、他の事業の二倍のスピードで売り上げを伸ばしている。(2)

2 ブランドを育てる——見えない価値やロイヤルティを構築し、社会的営業免許を得る

「ブランド価値」が意味することは、多岐にわたる。顧客ロイヤルティや購入意欲、最高の人材を魅了してとどめる力、彼らのエンゲージメントを高める力、コミュニティからの前向きな評価、そしてその他我々がうまく計測する術を持たないさまざまな事柄を含むのだ。これらの目に見えない財産（あるいは間接的な価値）を合わせたものが、企業価値の大部分を形づくっていることもしばしばである。

こういった「ソフトな」価値が計測しにくいからといって、価値が低いわけではまったくない。「自社の評判」を形づくっているものを理解するため、HPは、IT企業の役員、消費者、その他のステークホルダーに対するアンケート調査を行った。それによると、HPの評判の約四〇パーセントは、HPの環境戦略、リサイクルへの取り組み、サプライヤーに対する責任、人材の採用方法、あるいはコミュニティでの活動といった「ソフトな」価値からきていた。HPの調査はまた、これらの要素が、顧客の購入決定、人材採用や維持といった「ビジネス上の重要な成果」にも結び付いている、としている。(3)

この最後の価値創造要因——優秀な人材をひきつけ、引き留める力——が実は最も重要なものかもしれない。P&Gの元CEOであるボブ・マクドナルドは最近、ビジネス・スクールの学生あるいは大学

生向けの就職説明会の話をしてくれた。「私が大学のキャンパスに行くと、みな企業の目的について話をしたがる。学生たちは、世界をよりよい場所にしようと努力している企業で働きたいのだ。(中略)そしてその次に、サステイナビリティ戦略について聞きたがる」[(4)]。同じような話を、銀行やコンサルティングといったサービス型の企業からもよく聞く。たとえ人材市場が厳しかろうと、未来の社員たちは厳しい質問をぶつけてくる。

ブランドやエンゲージメントの価値を常に完璧に数値化することなどできない。しかし、社員、コミュニティ、あるいは顧客の、自発的かつ前向きな参加なくして、利益をだしつづけることなどできないのも、また事実だ。

3 コストを削減する——少ないところからより多くを生み出す

環境効率を上げることは、すなわちコストを削減することである。そしてコスト削減は、ビル管理、IT、生産、車両と配送など、事業のあらゆる側面におけるエネルギー、廃棄物、水の消費などの圧縮によって達成できる。これらの取り組みへの投資回収期間は短く、その成果は年単位ではなく月単位で表れる。コスト削減に成功した企業の例を挙げればきりがない。ユニリーバは、環境効率の向上により、四年間で三億九五〇〇万ドルを節約した。一九九四年から二〇〇五年までに、ダウ・ケミカルは一〇億ドル以下の投資で、四〇億ドル以上のエネルギーコストを削減した。——しかもその後の八年間で、さらに二〇パーセントのエネルギーを削減した。ウォルマートは、二〇〇五年に比べて配送用の車両の燃費を六九パーセントも向上させた。[5] これらの、いわゆる漸進的な変化は、全体で何億ドル分もの価値に相当する。

4 リスクを減らす――ビジネスとキャッシュフローをより予測可能にする

一昔前の環境の考え方では、リスクマネジメントとは、主に法を遵守することであったり、規制にひっかからないように運用を変更したり、製品の処方を変えたりすることであった。しかしリスクは、そこまで直接的ではないやり方で減らすこともできる。たとえば再生可能エネルギーに投資して、価格が恐ろしく不安定な従来型のエネルギー源への依存度を下げることができる。異常気象の増加にともなって深刻になりつつあるビジネス・コンティニュイティのリスク管理や、あるいは、コミュニティ、社員、あるいは社会全体から受け取る現実の価値である、「社会的営業免許」を守ることも、リスクを減らす方法と言えるだろう。

たとえば鉱業界では、「採掘に当たり土地や周囲のコミュニティに対する損害を最小限にし、採掘が終わったあとにはその土地を回復する」と意思表示をすることは、スムーズに採掘を開始できるのか、それとも採掘を開始するために地元との交渉に何年も何億ドルも費やす羽目になるのかの命運を分けることになるかもしれない。イギリスの鉱業ベンダンタは、インドで地元のコミュニティから激しい反発を受け、ボーキサイト鉱山開設のための許可を得るのに何度も失敗した。アルミの大手アルコアは、ブラジルで鉱山を開いて操業を開始するために、ベンダンタとは違うアプローチをとった。ある役員によれば、アルコアは「鉱山を開く何年も前から地元のコミュニティとの付き合いをはじめており、この先一〇〇年も操業をつづけられることを願っている」(6)

リスクを減らすことは、借入コストやコンプライアンスのコストを抑え、規制についての意見の応酬を減らし、利益の変動を低減する（投資家が大好きな安定性）など、短期的なメリットももたらす。しかし、いまや企業のリスクというものは、より深い文脈で語られるようになってきている。ホットなキーワードは**レジリエンス**であり、ホットな問いは「我々のビジネスにとって、マテリアルなリスクとは？」（これらについては、第14章を参照）である。

これら四つの価値創造の源泉は、うまい具合にオーバーラップし、相互に作用しあう。たとえば、PNC銀行は、LEED（米国グリーンビルディング協会による評価システム）でグリーンビルディング認証を受けた支店をものすごい勢いで増やしている。グリーンビルディング（立地、設計、建築、運営、メンテナンス、改装、解体まで、建物のライフサイクル全体を通して、環境に責任のある、資源効率の高い仕組みや方法を用いた建物）は、継続的に操業費を下げるのと同時に、価格変動の予測をできないエネルギーへの依存を減らすことでリスクも低減する（PNCは、消費するよりも発電の量が多い、ネット・ゼロ支店も持っている）。グリーンビルディングはさらに、顧客の価値観に訴えかけることによってブランド価値を高め、それが売り上げ増につながる。PNCがLEED認証を受けた支店と通常の支店を比較したところ、LEED認証を受けた支店のほうが、社員一人当たり年間四六万三〇〇〇ドルの売り上げ増につながっているという結

果が出た。これはうれしい見返りである。(7)

統合ボトムライン

表A‐1にまとめたような四つの価値創造要因（売り上げ、ブランド、コスト、リスク）は、どれもあたらしいものではない。しかし、メガ・チャレンジに取り組むことが、実は今までと同じようなやり方での価値創造につながると認識することは、ほとんどの役員にとってあたらしい考え方で、これがビッグ・ピボット型マインドセットの鍵となる。企業へのアドバイザーでありソート・リーダーであるハンター・ロビンスは、この本質的な真実に最初に注目しはじめた一人であり、サステイナビリティに対するビジネス上のメリットを証明しつづけて三〇年になる。彼女は最近、彼女が呼ぶところの**統合ボトムライン**という戦略へのアプローチをつくりあげた。統合ボトムラインとは、「経営者が中核となるビジネス価値をつくりあげるために、よりサステイナブルな方法を実践し、株主の価値を高めるためのあらゆる側面にサステイナビリティを統合することを可能にする」ことである。(8)

三つのプレッシャーをまとめて見る

「サステイナビリティ戦略をやったからといってビジネスに何のメリットがあるのか」という問いへの

答えの一つは、企業に与えられた選択肢は多くないということである。企業は環境・社会の問題をきちんと管理せよ、という激しいプレッシャーにさらされており、このプレッシャーは三つの主要なカテゴリーに分けられる。企業に特定のプレッシャーをかけてくる主要なステークホルダー、世界の成り立ちそのものを揺るがす大規模な地殻変動的変化、そして生物理学的・社会的なサステイナビリティに関するチャレンジ（気候変動や世界的な不平等）の三つである。

1　ステークホルダーからのプレッシャー

前著『グリーン・トゥ・ゴールド』（既出）では、約二〇のステークホルダーのカテゴリーを五つのグループに分ける考え方の枠組みを提案した[9]が、本書では、六つの主要なステークホルダーのグループに焦点を当てる。

◆取引先

企業は、自分たちのサプライヤーにより多くの質問を浴びせかけ、独自の基準を設定するようになってきている。そして、その基準は多くの場合、政府の規制よりも厳しい（第11章のコラム「デファクト規制」を参照）。

◆消費者

購入決定にはさまざまな葛藤があるとはいえ、買うものすべての裏にひそむストーリーに対して、消費者はより敏感になり、重要視するようになってきている（何が入っているのか？ 誰がつくっているのか？ など）。

◆政府とNGO

政府は規制をつくって維持する役割を、NGOはそれを監視する役割を担っている。

◆投資家

投資機関、特に長期的な視点を持って資金を提供している組織は、メガ・チャレンジが企業に与えるリスク（と収益）に対する懸念を募らせつつある。

◆社員

特にミレニアルと呼ばれるあたらしい世代に顕著であるが、今の人材は働きがいを求めて企業にやってくる。

これらの六つのグループが望むもの、そしてベストな協働の形を理解することは、ビッグ・ピボット達成に欠かせない。主要なステークホルダーたちから寄せられる期待値は、激しい勢いで上がってきている。彼らの要望に応えるか、失格の烙印を押されるリスクを冒すか、どちらかだ。

2　世界のあり方そのものを揺るがす大きな地殻変動的変化

世界のあり方を変えるような四つの深い変化が、ビジネスの世界と社会を席巻している。まず、グローバル化が進むことで消費者の要求が世界共通になり、資本と人材が流動的に移動するようになってきていること。二つめに、テクノロジーのおかげで誰もがより多くの情報をシェアすることができるようになり、すべてが隠せなくなりつつある（これは第3章でふれた「なにもかも見えてしまう」の部分である）こと。三つめに、何億人ものあたらしい消費者が市場に加わり、膨大な規模の新興中間層が形成されていること（増えつづける需要は、「いよいよ足りない」のストーリーのキーポイントである）。この需要増は、すべての資源と地球のサポート構造（大気、水、気候など）に非常に強いストレスをかけている。しかし、この事実は、一つのすばらしい発展も引き起こした。世界はいまや、本気でクリーン経済への投資をしている。これが四つめの地殻変動的変化である。

3 地球のサステイナビリティの問題

最後に、そもそもなぜ我々がこんな話をしなければならないのか、その理由となる一連のプレッシャー、つまり、多くのステークホルダーが胸を痛めている環境・社会問題についての話をしよう。先に述べた地殻変動的変化の成り行きによって、よくも悪くもなる可能性を孕むチャレンジだ。図A-1では、現代の企業が直面しているものをシンプルに示している。まず、環境問題の五大トピックとして、気候（この本の「ますます暑い」に当たる部分）、水、有害物質、廃棄物、生物多様性を挙げている。社会問題はもう少し多岐にわたるものだが、ここでは、公平性（収入、性別、民族、地理的）、労働問題、自由、そして健康と幸せ、というカテゴリーで大枠を網羅できるだろう。これらの問題は幅広く、対応が難しく、そしてローカルであると同時にグローバルである。

ポイントは、これらの大きな、社会全体のチャレンジは、いまやビジネスの議題であるということだ。政府は（特にアメリカにおいては）、ほとんど機能不全に陥っている。気候変動に対応するために世界のリーダーたちが毎年会合を開いているが、いつまでもほぼ何の合意にも至らない、という記録を更新しつづけている（これを書いている時点で一九年間）。だから、すべては民間企業の肩にかかっているのだ。ビジネス界は、マネジメントのスキルやリソース（様子見をしている何兆ドルものキャッシュ）、そしてこれらの問題に立ち向かうためのイノベーションを起こす力を持っている。民間が積極的に牽引するべきだというのは、いまや社会の要請である。顧客のためにこれらの問題を解決する企業は、大きな利益を上げるだろう。

図A－1は、企業が環境・社会問題を管理しようとするとき、さまざまなプレッシャーがどのように相互に作用しうるかを図にしたものである。[10] この図を回転ダーツに見立てて三つの輪を回し、それぞれの輪からトピックや問題がどのようにつながっていくか、そしてどのように相互作用するか、考えてみてほしい。たとえば、図の一〇時のところにきている問題を見てみよう。透明性を高めるツールを活用して、取引先はいかにサプライ・チェーンにおける化学物質や有害物質について、さらなる情報を求めてくるであろうか。この関係性は、小売店からのビスフェノールA（BPA）やプラスチックに含まれるフタル酸エステル類、電子機器に含まれるある種の有害物質などに対する排除要請という形で、すでに現れている。ダーツを回してみて、これからどのような問題がどう展開していくか、そして誰が勝ち、誰が負けることになるかを考えてみよう。

主要な原則

多くの企業が、『グリーン・トゥ・ゴールド』（既出）に書いてあるアジェンダの一部あるいはほとんどを実施し、クリーンあるいはグリーンなムーブメントに参加しようとしている（その鍵となる重要な原則は、表4-1にまとめてある）。『Green Recovery』（既出）に書いたように、あたらしいタイプのビジネスリーダーたちは、スリム化が得意で、スマートで、熱意にあふれ、クリエイティブだ。このような企業はいくつかの明確な特性を備えている。

図 A-1　三層のプレッシャーのダーツ

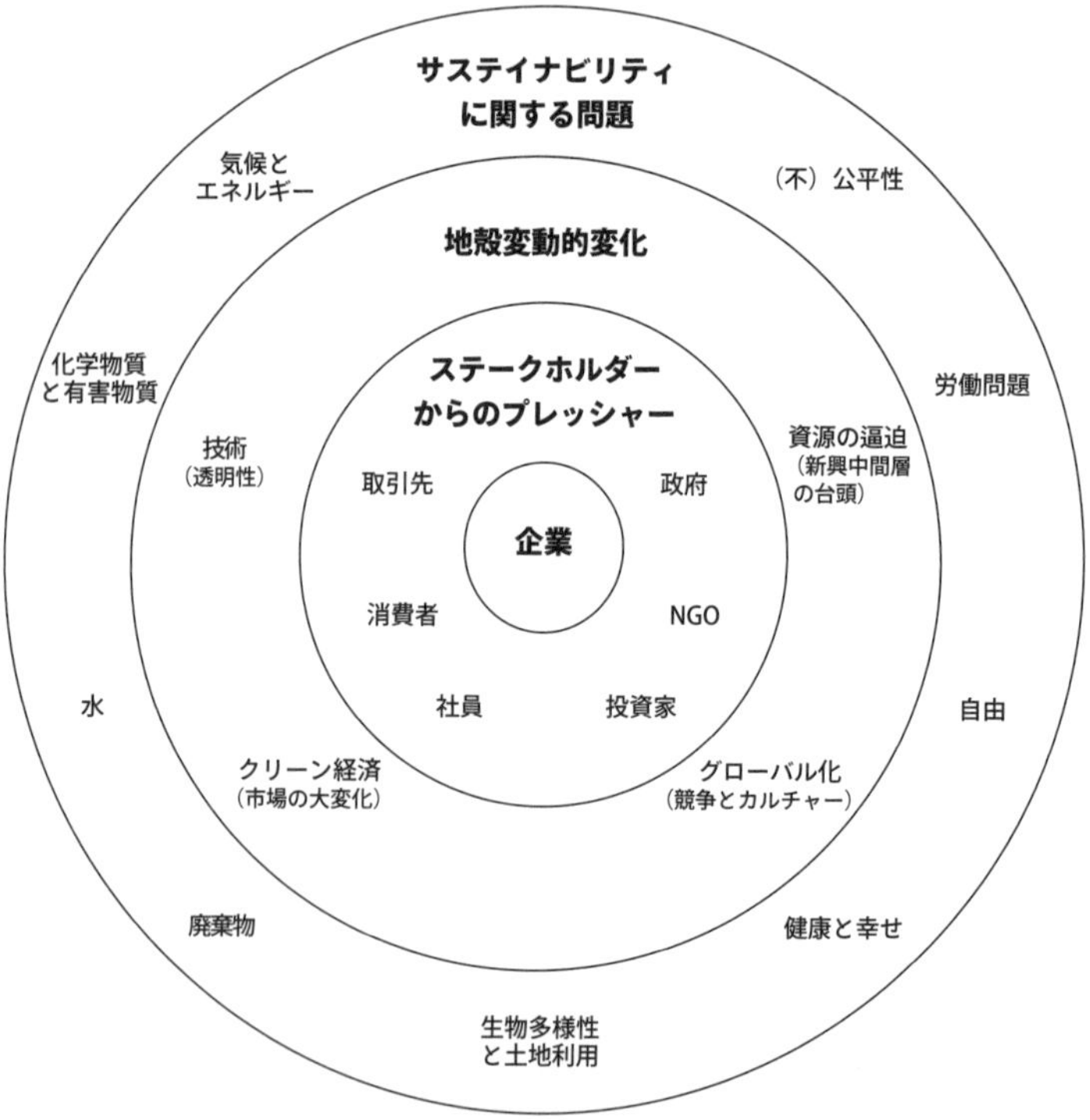

◆サステイナビリティという価値を認識している

コスト削減のイニシアチブやリスク低減の努力に加え、さまざまなタイプの企業が、サステイナビリティのストーリーを発信してブランドを構築し、製品レベルでのイノベーションを起こして売り上げを上げる、といった新たな価値の源泉を探し求めている。これらの企業は、環境・社会問題をうまく管理することで得られるプラスのビジネスチャンスをきちんと認識しはじめている。

◆環境効率を意識している

企業は、環境効率を上げる施策（しかも、多くの場合、通常のハードル・レートをクリアするプロジェクト）によって、何十億ドルもの節約をしている。

◆バリュー・チェーン全体に目を向けている

リーダーたちは、川上のサプライヤー、川下のユーザー両方における負荷、リスク、そしてビジネスチャンスを理解するため、自社のコントロール下にある「四面の壁」のさらに外側を見はじめている。彼らはループをクローズし、リサイクルされた原料を使い、顧客**自身**の負荷を減らす助けになるような製品やサービスのイノベーションを起こしはじめている。

◆データに基づいている

企業はよりスマートになってきている。もし正確な数字がわからない、あるいはデータを集めるには費用がかかりすぎるという場合は、細かい数字の代わりに「大枠の正しい方向性」を答えとして導き出すようになってきた。（たとえば、バリュー・チェーン上のホット・スポットがどこにあるか、など）

◆リスクを避ける（警戒的レベルで）

　リスクという文脈では、いまだに、特に法的、そして規制遵守におけるリスク低減が関心の中心ではある。しかし我々が直面するチャレンジの規模を考えたら、十分にリスクを回避するためには、さらにはるか遠くを目指さなければならない。もしリスク低減への道をレジリエンスと呼ばないのなら、何をレジリエンスと呼ぶのだろう？

◆社員を巻き込んでいる

　企業が社員に、よりグリーンに事業を運用し、より大きなミッションに貢献することを求めるとき職場は盛り上がり、活気づく。

◆協働的である（ただし、まだ劇的ではない）

　競合他社や外部の組織（ＮＧＯ）を敵とみなすというメンタリティから脱却し、より大きなチャレンジに取り組むために協働する、という休戦条約モードに入る企業が増えている。

◆透明性が高い

　私の調査では、世界の二〇〇社の大企業のうち、八九パーセントが何らかの形の環境・社会的成果に対するレポートを出している。いまやそのような形で当たり前に、企業は外の世界と毎年多くのデータを共有している。

　このようなすばらしい発展はあるものの現実的には、まだ環境・社会問題をあまり生産性のないものとして捉えている大企業も多い。私が関わりを持つ経営陣の多くも、サステイナビリティはある種任意で、漸進的で、短期的（環境効率による「宝探し」的な捉え方）なものと見ているし、あまつさえ理想主義、純真すぎると思っているかもしれない。メガ・チャレンジに集中して取り組む、もしくは、少なくとも会社の効率を上げたり、脅威からの脆弱性を減らすための担当者は配置したかもしれない。しかし、サステイナビリティ関連の役員は、だいたいの場合、事業部と切り離されて、満足な人材も資金も確保できないなかで、組織内の境界を越えて影響の基盤をつくろうと孤軍奮闘している。多くの企業において、これらの問題はいまだ、項目に「やりました」とチェックをつけるためにやっているだけで、価値創造やイノベーションの源になるようなものではないのだ。

もし企業が『グリーン・トゥ・ゴールド』（既出）に書いてあるアジェンダをすべて実行し、協働的でイノベーティブなバリュー・チェーンの視点を大事にし、四つの価値創造を追求していたとしても、今日のメガ・チャレンジに対処するには十分でない。今我々が（何とか）たどりついた場所と、次にどこに進むべきかのギャップを埋めることが、ビッグ・ピボットにとって非常に重要なことなのだ。

付録B 科学的根拠に基づいた目標設定

矛盾して聞こえるだろうが、科学的根拠に基づいた目標が、常にパーフェクトな科学というわけではない。地球を覆う気候のように、おそろしく複雑なシステムを相手にするときには、厳密な限界値を知るのは至難の業だし、企業レベルでは、適正な目標は問題によって異なってくる。

たとえば水問題では、世界中で人間が使える水の総量について、我々はかなり正確な値を持っている。しかしだからといって、運用上の目標を設置しようというときに、世界レベルの数字は役に立たない。個々の水脈が直面している現実に基づいて、適正な目標を決定するべきなのだ。ところが、炭素の場合はそのまったく逆で、世界レベルで大気中に放出される分子の総量のみが問題となる。

それでは、科学的根拠に基づいた目標が最も重要になる、炭素から始めてみよう。世界レベルの排出量の限界を予測する炭素予算の見積もりは、かなり明確になりつつある。第1章で述べたように、カーボン・トラッカー、マッキンゼー、PwCといった組織が、IPCCのデータを基にして、壊滅的な気候変動が現実となる確率を下げるために必要な、炭素削減のスピードを見積もっている。端的に言って、世界の炭素強度（GDP一ドルあたりの炭素排出量）を、当面のあいだ（一〇〇年程度）年間六パーセントずつ下げていかなければならない。これは、個々の企業にとってどういう意味を持つのだろう？ なかなかの難問である。ただし、炭素市場のような、個々の民間企業に排出予算を振り当てるようなメカニズムがない、という政治的、経済的な意味で難しいわけではない。単に数学的に難しい問題なのだ。これが、厳密に科学的ではない、と言う所以である。しかしもちろん、いいところまできている。

今のところ、企業レベルでの炭素排出予算（現状では自主的な取り組みとして行われている）を考えるうえで最もよい方法は、世界のGDPに対する企業の貢献度が何パーセントかを計算してみることだろう。非常に単純な例でいえば、世界のGDPが約七五兆ドルであるとき、売り上げが七五〇億ドルの企業（ヒュンダイやホーム・デポ程度の規模）の炭素排出予算は、全体の〇・一パーセントになるはずだ。

このモデルは、まず世界のGDPに対する企業の貢献度を計算し、それを元に世界規模での削減目標に照らして自社の炭素削減目標を決定する、という非常に単純なものだが、もっと精度の高い目標を立てるのに利用できる、素晴らしいツールがいくつかある。たとえば、オートデスクの「A Corporate Finance Approach to Climate-Stabilizing Targets」（略称C-FACT）（http://autode.sk/q38bXd を参照）をチェックしていただきたい。

また、マーク・マケロイのセンター・フォー・サステイナブル・オーガニゼーションズからも有効なツールが出ている。マケロイのアプローチは、炭素削減目標を決めるため、企業の「GDPに対する付加価値の貢献度」をベースにする。ツールには、算出に必要な会計や経済用語の定義や、世界の各地域での付加価値課税の基礎課税額などが含まれている。さらには、いち企業の世界のGDPに対する付加価値の貢献度合い、そして世界の炭素排出に占める排出の割合を比較できる便利な（そして無料の）表計算シートもダウンロードできる（http://bit.ly/SIIvRr を参照）。

経済のいちセクターとしてのビジネス、そして個々の企業の目標は、二〇五〇年までに世界の炭素排出の絶対量を八〇から八五パーセント削減し、炭素強度を年間六パーセントずつカットする、という世界的な目標に合致している必要がある。どの企業も、まず大きな目標を立て、しかるのちにそれを自社の成長予測に合わせて修正するべきである。

とはいえ、先に挙げたツールは、もしかしたら矛盾するような結果をはじき出すかもしれない。たとえば、企業がすごいスピードで成長しているとき、ツールがその企業からの炭素排出の**増加**を許容する、というケースが考えられる。世界の炭素排出量は速やかに減速に向かわなければならないのにいまだに増加をつづけている、という事実があるなかで、これは危険な兆候にも見えるが、ここにはきちんとしたロジックがある。ＩＴ業界の一部などのように、経済の他分野の排出削減の支援を担う限り、排出増に転じると予測されるセクターがあるのだ。

ということで、シンプルなアプローチは、年間六パーセントの炭素強度の削減から始め、ビジネスの成長予測にしたがってそれを上方・あるいは下方修正する、というやり方である（正直にやってほしい……あなたの会社が数年後には突然業界を支配している、というホッケー・スティック型の成長予想はなしである。炭素予算を増やすために非現実的な成長予想を立ててないで！）。そうすれば企業の拡大予測（あるいは拡大しない予測）を考慮に入れ、確固たる目標を立てることができる。

ここまで、科学的根拠に基づいた目標設定の利点についていろいろと議論してきたが、算出した炭素排出予算を超える目標を立てることのメリットはいくらでもある。より向上心のある目標のほうが、イノベーションを起こし、若者や顧客をインスパイアするにはふさわしいかもしれない。一〇〇パーセント再生可能エネルギーにする、という目標を、チャレンジとみなしてはどうだろう。コストやリスクを削減し、ブランドの価値とレジリエンスを高められるようなチャレンジだ。

他の分野についても、科学的根拠に基づいた目標がどんなものなのかをさっと見てみよう。正確を期すために、「現実に即した」目標と呼びかえてもいいかもしれない。というのも、科学がすべての分野においてはっきりしているわけではないからだ。

水問題における現実に即した目標は、「ウォーター・ニュートラル（water neutrality）（使用した量と回復した量を同等にし、全体量を減らさないようにすること）」からスタートするべきだろう。ただ、水の豊富な地域ではそこまでやる必要はないかもしれない。企業全体のニュートラル目標を立てる前に、事業を展開している地域の主要な水脈を見直す必要がある。第6章で述べたように、世界の水資源の利用可能状況をマッピングできるＷＲＩの水脈ツール「アキダクト」などがよい手助けとなるだろう。企業は、それらのツールが出す予測に基づいて各事業所の目標を立てることができる。だがここで大きな注意点がある。もし、同じ地域で操業している産業、農業、自治体など他の大規模利用者が同じような行動を取らなければ、自分の事業所だけで目標を立てても、実はあまり意味がない、ということだ。地域ぐるみの目標を立てて協力することが、どうしても必要になる。

次は有害物質や化学物質であるが、これらに対して現実に即した目標を立てるのは、非常に難しい。達成には問題が山積みであるが、水銀、鉛、あるいは今ではＨＦＣのような温暖化係数の高いガスなどは、目標値はゼロである必要がある。その他の化学物質については、人体や環境への影響度合いによるが、世間の印象や消費者の要求といった、科学と関係ない要因も大きい。第11章で述べたデファクト規制のアイデアに立ち戻って、ウォルマートのような企業が消費財から一〇の化学物質を排除するか大幅に減らしたいと言うとき、それがそれらの製品を製造している企業にとってどういう意味を持つかを考えてみていただきたい。そういった化学物質に対する目標を「ゼロ」に設定するのが、最善の策ではないだろうか？

有害物質には常に大きな議論がつきまとうが、私が見てきた限り、ある物質について、人体や生態系への影響がいったん世間で取り沙汰されると、懸念がいつのまにか消えることはほとんどない。初期の科学は、たとえば鉛や水銀など特定の物質だけについて、摂取に上限を設けたほうがいいのでは、とやんわり勧告していた。しかしいまやその制限は、ＢＰＡやフタル酸エステル類にまで広がってきた。そして科学が成熟してくると、現在アメリカ政府がトランス脂肪酸について検討しているように、ただちに使用を禁止せよ、という方向に動いていく。それならば、規制と顧客からの要求の先を行って、問題になっている化学物質に対して非常に挑戦的な目標を立てることは、競争における優位性の確保につながるのではないだろうか。

廃棄物の問題などは、完全に科学的根拠に基づいているというわけではない。しかし、資源が逼迫してサーキュラーな経済への関心が高まるなかで、ゴミ埋め立てゼロという目標は、理にかなっているし、現実にも即している、ということになるだろう。

森林資源を使用した製品や海産物など、自然資源の調達については、サステイナブルな収穫のための科学的な基準がつくられている。したがって、科学的根拠に基づいた目標設定は、認証を受けたソースから一〇〇パーセントの調達を行う、といった形になるかもしれない。

社会的側面に目を移してみると、科学的な基盤は環境問題ほど整っていない。しかしたとえば、「健康と幸せ」を測れる方法がまったくないわけではない。大手の食品会社の多くは、塩分、糖分や飽和脂肪酸などの削減目標を、政府や学術研究が推奨する一日に必要な栄養量や栄養指導に基づいて決めている。

その他の社会的側面については、たとえば労働者に支払われる生活賃金についても、異なった地域で人々が生活をするために必要な賃金の「科学」とデータに基づいていなければならない、と主張できるかもしれない。一方で、現場での事故をゼロにするという安全目標は、純粋に道徳的に正しいと言えるだろう。

最後に、実際に企業が公に設定している現実に即した目標の内、信頼できる例をいくつか挙げておこう。第6章に挙げた話や例とともに見ておいていただきたい（これらをはじめとする何千件もの目標の例は、www.pivotgoals.com を参照）。

◆温室効果ガスの炭素強度を、二〇一三年までに二〇〇八年比で五〇パーセント削減する（サムソン）。これは、年間六パーセントの目標よりも厳しい基準である。
◆炭素排出の絶対量を、二〇一五年までに二五パーセント削減する（GE）。二〇二〇年までに三五パーセント削減する（アメリカの金融機関ウエルス・ファーゴ）。
◆製品やサービスにまつわるCO_2排出を、二〇二五年までに一億トン減らす（日立）。そのCSRレポートのなかで、日立はIPCCが算出した数字と、目標の科学的根拠に言及している。
◆二〇五〇年までに炭素排出ゼロ企業になる（テスコ）。
◆新車種のウェル・トゥ・ウィール（油田からハンドルまで——燃料の採掘から運転までのトータルの排出量という意味）でのCO_2排出を、二〇五〇年までに九〇パーセント削減する（日産）。
◆再生可能エネルギーのみを使用する（アップル、ウォルマート、P&G、ユニリーバ、BMW——現在のところ、期限を設定しない目標である）。
◆二〇二〇年までに、使用した水を一〇〇パーセント再補給する（コカ・コーラ）。
◆BPAをすべてのクローガーブランドの缶詰製品の内側から排除する（アメリカのスーパーマーケットチェーン、クローガー）。
◆ゴミ埋立地行きになる廃棄物をゼロにする（多くの企業が実施）。またはすべての資源のループをクローズさせ、製品のライフサイクルベースでの廃棄物をゼロにする（ホンダが期限を設定せずに立てている目標）。
◆二〇一五年までに、上位二〇種の天然の魚介類を、海洋管理協議会（MSC）認定かWWFの持続的な漁業推進プロジェクトに関わっているサプライヤーから調達する（クローガー）。

◆子供向け製品の一〇〇パーセント（売上額ベース）が、「ネスレ栄養基盤」の塩分基準を満たすようにする（ネスレ）。

◆最低賃金を毎年更新し、そのレベルに達していない従業員の給与を調整する（国際的な製薬企業ノバルティス）。

ポイントは、環境・社会問題の目標は、うちはどれくらいなら達成できそうか、をベースにしたボトムアップ方式や、単純に他社の数字を真似するやり方ではもはや通用しなくなってきていることである。競合他社と比べて、炭素や水の問題にあなたの会社がどう取り組んでいるかは、こういった重大な問題においてはほとんど意味がない。そのような要素ではなく、できる限り、外部の科学的基準に基づいて目標を設定しなければならないのだ。

謝辞

この本は、愛と、そして好意でできている。多くの人々が、この本の出版を可能にするために時間を割いてくれた。大変幸運なことに、ビジネスの世界で最も難しい仕事の一つ、「変化を起こす」ために身を粉にしているたくさんの人たちの考えを乞い、借り、盗むことができた。まずは、この本で取り上げた組織に勤務される方々に感謝をささげたい。彼らは、ビッグ・ピボットを目指す過程で直面した課題や成功を共有してくれた。

ケビン・アントン、スハス・アプテ、ジョナサン・アトウッド、ウェイン・バルタ、ロベルタ・バビエリ、マイク・バリー、ティム・ベント、ロブ・ベルナール、エリック・ブルーナー、マーク・バスマン、ライエル・クラーク、ジェイ・コーエン・ギルバート、ベス・コムストック、ジム・クリリー、レスリー・ダッチ、T・J・ディカプリオ、カル・ドゥーリー、リチャード・ダン、アダム・エルマン、チャールズ・エワルド、トム・フォーク、チャック・ファウラー、ポーレット・フランク、ジョン・フラートン、キャシー・ガーウィグ、コール・ギル、ジョン・ギンダー、エルベ・ジャンドル、メアリー・ゴーラム、ピーター・グラフ、ジム・ハーツフェルド、レベッカ・ヘンダーソン、デル・ハドソン、カーラ・ハースト、ハンナ・ジョーンズ、デビッド・ジョーンズ、エリカ・カープ、ジェイソン・キベイ、リヴァ・クルト、キース・クルイソフ、ミッシェル・ラピンスキー、ケイト・ディロン・レヴィン、クリス・リブリー、エリック・ローウィット、ミンディ・ラバー、スズ・マック・コルマック、ディック・マークレイン、ダグ・マクミリオン、グウェン・ミギタ、キース・ミラー、ケビン・モス、ブレンダ・ネルソン、ダラ・オローク、グレン・ポーフラー、アシーン、ジェフ・ライス、リック・リッジウェイ、アンディ・ルービン、オーデン・シンドラー、ジェフ・シーブライト、グレッグ・セバスキー、アンドリュー・シャピロ、スーザン・ハント・スティーブンス、ベス・スティーブンス、エレイン・ストック、マーク・ターセック、サリー・ウレン、ジョン・ヴィエラ、ガーノット・ワグナー、ティム・ワリントン、ペギー・ワード、クリス・ウェリーズ、スコット・ウィッカー、サンディ・ウィンクラー、キャサリン・ウィンクラー、ヨッヘン・ザイツ、そしてエヴァ・ズロトニカ。

第二に、適切な人の紹介、ビッグ・ピボット事例のために必要な分析やグラフ、調査結果などの提供など、様々な形で私のリサーチを助けてくれた仲間たちだ。マット・バンクス、ボブ・ブランド、ジェイミー・バターワース、マイケル・チュイ、アリックス・ダン、リス・ガーホルト、ジョナサン・グラント、パスカル・グレバラス、マルコ・イズラジー、クリスコフ・クウィアトコウスキ、アニタ・ラーソン、デヴォン・ロング・リトル、リット・ピン・ロウ、ヒラリー・パーソンズ、タラ・ラドール、ジュリー・レイター、レイチェル・ローゼンバット、リー・セイロヴィッチ、エイミー・シャンラー、ジェシカ・ソーベル、ケリー・ストラパゾン、フレイザー・トンプソン、そしてマーニ・トムリヤノビッチに感謝を捧げる。

さらに、初稿の要約を読み、建設的な批判やサポートをくれた仲間たちもいる。ニール・ホーキンス、マーク・ウェイック、この本の位置づけを修正するために、ダウに即席の対応チームをつくってくれたことに感謝したい。そこから非常に有益なアドバイスを得ることができた。アンディ・サヴィッツは、私が方向性を定めるのに苦戦していたある章で、重要なポイントにおけるリトマス試験紙の役目を果たしてくれた。コーアン・スカジニアは、誰よりも先にこの本を読んで、改善の余地のある箇所を指摘してくれた。父ジャン・ウィンストンは、ビジネス界で様々なことを成しとげた経営者であり、常に私をインスパイアし続けている。彼はこの本の出版に当たっても、全章を読んで実務的なビジネスマンの視点からの意見をくれた。そして、ジェフ・ガウディとハンター・ロビンスには、いくら感謝してもし足りない。彼らはおそろしい時間をかけて原稿を全て読み、コメントしてくれた。そのおかげでこの本がどれだけ豊かになったことだろうか。

私が、ビジネス、環境・社会問題が重なり合う、難解なベン図のような分野に取り組み始めて一〇年以上になる。その間、この道を開いてくれた、あるいは我々に続いて出てきた多くのソート・リーダーたちの意見を参考にさせていただいた。私がこの分野に進んだのも、彼らの優れた頭脳の影響であり、この十数年で彼らの多くと知己となることができた。私の仕事は、彼らのあたらしいアイデアなしには成立しえなかったと思う。偉大なる故レイ・アンダーソン、ジャニン・ベニュス、リチャード・ブランソン卿、ヴァレリー・ケイシー、マリアン・チャートー、エイミー・クリステンセン、ジム・コリンズ、デビッド・クーパーライダー、ジョン・エルキントン、ダニエル・エスティ、ギル・フレンド、アル・ゴア、ジェレミー・グランサム、マーク・ガンサー、スチュアート・ハート、ウメル・ハーク、ポール・ホーケン、ジェフリー・ホランダー、クリス・ラズロ、アンソニー・レイセロウィッツ、エイモリ・ロビンス、ジョエル・マコーワー、マイケル・マン、故ドネラ・メドウズ、ウィリアム・マクダナー、ビル・マッキベン、マリーニ・

メーラ、ジャッキー・オットマン、ポール・ポルマン、ジョナサン・ポリット卿、マイケル・ポーター、ジェフリー・サックス、エドガー・シャイン、ドヴ・シードマン、ピーター・センゲ、ジガー・シャー、ピーター・シムズ、ジョセフ・スティグリッツ、パヴァン・スクデフ、ボブ・ウィラード、そしてジム・ウールシー。

もう一つのソート・リーダーのグループからは、彼らの仕事の一部を活用させて頂いた。マーク・キャンパナール、ルーク・サッサムズ、それから、カーボン・トラッカーのチームの方々に感謝を申し上げる。カーボン・トラッカーの画期的な分析こそが、ビル・マッキベンが有名にした「気候の数学」の基礎となったのだ。ビル・ボーエとマーク・マケルロイは、科学的根拠に基づいた目標設定の中核をなすコンテクスト・ベース・メトリックスの世界を理解する大きな助けとなってくれた。アルフレッド・ラパポートの『Saving Capitalism from Short-Termism』（既出）は、一番目の、そして全体に影響を与えるピボット戦略の、本質的な見方を提供してくれた。最後の章、レジリエントな企業をつくる、では、アンドリュー・ゾッリの『レジリエンス 復活力――あらゆるシステムの破綻と回復を分けるものは何か』（既出）、そして、「不確実性」のグルであるナシム・タレブの名著『Antifragile』（既出）にさらに多くを負っている。タレブの考え方からは、システム、そして現実をどう捉えるか、について大きな影響を受けた。つまり、どんなに将来が不確実であろうと、予期しないことが起こるということだけは必ず予期できる、ということだ。

それから、日々共に仕事をしている人たちにもお礼を言っておきたい。「裏方」がきちんと仕事をしてくれているからこそ、私のビジネスは順調に回っている。グレッチェン・プレンダー、私のアシスタントであるダイナ・サトリアル、そしてゲイル・ウィンストン（私の母であり、帳簿をつけさせたら右に出る者はいないのだが、ついにその仕事用メガネを置いて、待ちわびた退職をするところである）、私のリサーチ・アシスタントであるミケリーナ・ドッチモと、リサーチの重要なサポートをしてくれたライアン・マイネクにも感謝したい。

リサーチのためにも、私が伝えようとしている話の筋道を立てるためにも、重要なのは、企業経営陣のミーティングや業界のイベントなどにおける講演の仕事である。この「啓蒙」の旅の成功には、私のエージェントであるオード・マネジメントのチームの働きがある。リーアン・クリスティ、ジェイ・ケンプ、ターニャ・マルコビッチ、そしてジュリー・ウィンターボトム。私の考えを世界の聴衆に届けられるのも、彼らのおかげである。

ウィンストン・エコ・ストラテジーズのコンサルティング分野では、ＰｗＣとパートナーシップを組んでいる。企業がどうメガ・チャレンジに対処するべきかについて、ＰｗＣの仲間たちとは相当の時間を割いて意見を交換し、詳細を詰める作業をしている。全員の名前を挙げることはできないが、代表で、ジョージ・ファヴァロロ、エイミー・ロングスウォース、クリントン・マロニー、キャシー・ニーランド、マルコム・プレストン、ドン・リード、そしてジェイソン・セロースへ、思慮深いパートナーシップに感謝したい。

そして、ハーバード・ビジネス・レビューのチームには、説得力のあるビジネス書をつくるための幅広く深い知識と、この本が一人でも多くの読者の手に渡るためのさまざまな取り組みに対して感謝したい。編集者のジェフ・キオーはピボットに可能性を見出し、主題を研ぎ澄ます手助けとなってくれた。また、この本やHBRのブログ、その他のプロジェクトで一緒になった編集チームのメンバー、グレッチェン・ガヴェット、ガーディナー・モース、エリカ・トラクスラー、そしてアニヤ・ウィーコースキにもお礼を言っておきたい。彼らのおかげで私の仕事の質が上がった。営業、生産、マーケティングのチームのみなさんもとても協力的で、「ビッグ・ピボット」の考えに大いに賛同してくれた。出版局のサラ・マコンヴィル、編集長のティム・サリバン、そしてサリー・アッシュワース、エリン・ブラウン、メアリー・ドーラン、ギュリオ・ラヴィーニ、ニーナ・ノッチョリーノ、ジョン・シップリー、そしてジェニファー・ウェアリングにも感謝する。

そして最後に私の家族。私がどれだけのインスピレーションを家族からもらっているか、言葉にするのは難しい。妻のクリスティンは、私が「生涯の仕事」と呼んでいるところのこの異例づくしの旅を、出発から支えてくれた。修士を終えた後の何年にも渡る研究、執筆活動、そして起業。時には収入が限られることもあったが、彼女が経済的にも精神的にも支えになってくれた。経験豊富なビジネスパーソンでもある彼女は、私の仕事を厳しく校正し、時にはリトマス試験紙になってくれた。そうそう、私が仕事や講演、コンサルティングのために家を空けて遠くまで出張しなければならないとき、子育て隊長の責務も負ってくれた。二人の息子たち――ジョシュアとジェイコブは、世界がよりよい場所になるように、どんなに微力でもできることをやる、というモチベーションを常に与え続けてくれる。

全ての人がここまでくれた多くの協力と支援に、感謝する。

訳者あとがき

二〇一四年のサッカー・ワールドカップは、きわめて二一世紀的な大会でした。開催国でありサッカー王国のブラジル、前回王者のスペインをはじめ、過去の強豪国の多くが驚くほどあっけなく敗退。日本代表で最も海外で実績を残しているであろうプレイヤーの一人、内田篤人選手は、そんな激動の時代のW杯を戦ったあと、こんな言葉を残しました。「世界は、近いけど広い」

この「世界は近いけど広い」という言葉は、二一世紀というボーダーレスの時代に、日本を出てアメリカの環境行政で、一〇年近く仕事をしてきた私の感想そのものでもあります。環境行政という分野そのものも、「近くて広い」世界です。地域的な汚染があり、炭素のような世界的な問題がある。アメリカの地域的な大気汚染を削減するために日本の自動車メーカーの技術革新が必要とされ、炭素の排出を減らすためにブラジルの先住民の意見が重要になる。地域単位のプロセスであっても、想像を超える多様なステークホルダーの参加が、もはや必須です。幅広いバックグラウンドの組織、人々が集まっては議論を戦わせ、日々勝負する環境では、勝手知ったる「近い」範囲の話のはずが、想定外のグローバルな（「広い」）問題に直結する、ということが頻繁に起こります。

そんな時代には、もはや伝統や過去の実績という貯金は役に立たちません。行政という世界でさえ、刻々と変化する世界に対応するためにイノベーティブな考え方を迫られるのですから、民間はさらに劇的な変化にさらされているはずです。最もグローバル化が進んだ商業スポーツの一つであろうサッカー界には、すでに絶対王国も絶対王者も存在せず、勢力地図はたった四年で塗り替えられてしまう。同じように、どんな業界であっても、才能は世界中のあらゆる地域から発掘され、集積され、勝者には世界中から資本が流れ込む。その一方、地域性はおそろしい勢いで消失しつつあり、「勝ち組」のはずの場所にいてさえ、自分の足許は自分で守るしかない、という不安定で先の見えない世界。

世界は、今までになく「近くて広い」のです。「広さ」を、「多様性」という言葉で置き換えてもいいでしょう。世界が遠かった時代には、自分たちと違うものとの距離もまた遠かった。しかし、近くなった世界では、いろいろな考え方や才能、力が直接的に激しく交差します。内田選手がドイツリーグで世界中から集まった才能と切磋琢磨しているように、シリコンバレーやアメリカ各地のトップ大学には、インドや中国を始め、世界中から優秀な才能が恐ろしい勢いで集まり続け、理論も技術もビジネスモデルも加速度的な変化を遂げています。

『ビッグ・ピボット』は、「近くて広い」世界と対峙するための指南書です。近く、広くなった世界では、よりよいもの、よりあたらしいもの、より優れたものが、秒刻みで登場します。昨日の実績や常識に基づいて明日を読み、準備をしても、もはや明日の勝利は保証されない。これからの「明日」は今までの「昨日」とは違うのだ、という事実を自覚し、これまでと違う未来に対処するためのレジリエンスを持つ人材や企業だけが生き残るのです。

「ビッグ・ピボット」の根底をなしているのは、「暑い、足りない、隠せない」時代の要請です。「暑い」や「足りない」への対抗策、いわゆる「サステイナビリティ」は、従来ビジネスのニッチととらえられてきました。しかし、本書で著者が指摘するように、本来「サステイナビリティ」という言葉は、「昨日やっていたことを明日も続けられる能力」のことです（ぜひ辞書を引いてみてください。この言葉は、狭義の「持続可能性」や「CSR」よりもっと大きなコンセプトを内包しています）。であれば、昨日の実績が明日の計画の役に立たない時代にこそ、サステイナビリティが必要です。逆説的に聞こえるかもしれませんが、明日の計画を、昨日の実績に頼るのではなく、地球の現実に即して立てることの出来る能力、即ちサステイナビリティなくして、もはや我々の保身は立ち行かないのです。

その事実を受け入れ、それに対処しようとする経済界のリーダーたちや、あたらしいビジネスを起こす起業家たちが増えています。アメリカでは「環境保護は反ビジネス」という意見が一定勢力として存在しますが、だからといってこの国でサステイナビリティへの取り組みが停滞しているわけでは全くありません。この国のサステイナビリティを支えているのは、本書で著者が取り上げている、多様性によって実現されるレジリエンスだと思います。端的に「広さ」の底力と言ってもいい。様々な能力、様々な考え方が日々ぶつかりあって切磋琢磨する環境の中からは、ある意見や勢力があれば、それに対して必ず、「本当にそれでいいのか？」「本来はどうあるべきなのか？」という問いかけが生まれ、そこからあたらしい潮流が起こってきます。広さが日常の世界では、人は容易に同調しません。「よそがやっているからうちも」という態度はどちらかといえば敬遠され、独自のカラーを打ち出すことに人々はより大きな価値を見出します。それがイノベーションにつながるのです。イノベーションを起こすことは、すなわちピボットすること。サステイナビリティという我々の星の浮沈をかけた議論は、まさにその喧々諤々の議論のダイナミズム、イノベーション、そしてピボットの最前線でもあります。クリーンテクノロジーへの投資を通して、サステイナビリティがシリコンバレーと深く結びついているのも、そのためでしょう（もちろんシリコンバレーは、「本当にそれでいいのか?」「本当はどうあるべきなのか?」という問いからイノベーションを生み出してきた、ピボット企業のメッカです）。

本書で取り上げられているピボットについて、アメリカで生活する実感から、少しお話しましょう。まず、インターフェイスというカーペット企業を創業した故・レイ・アンダーソン。本文でも触れている通り、ビジネスの根底にサステイナビリティを埋め込むという大胆な実験をアメリカで初めて試みた、非常に影響力のある経営者でありビジネスリーダーの一人でした。彼はよく「ビジョナリー」と形容されます。ビジョナリーとは、「人々を将来へと導くことのできる、あたらしいビジョン、哲学を持ったリーダー」という意味です。ビジョナリーといえば、C2Cの提唱者であり、建築家のウィリアム・マクダナーもアメリカのビジネス&サステイナビリティ界を牽引するリーダーの一人。アインシュタインの特殊相対性理論の公式「$E=mc^2$」で始まる流麗なプレゼンテーションと、太陽エネルギーをインプットとした循環サイクルをシステムとして端的に提示することで、地球のあり方に全くあたらしい視点を付与して、世界中で多くのフォロワーを惹きつけています。

レイ・アンダーソンが、「ビジネスの中心からサステイナビリティを叫んだ」最初の一人だとすれば、山や海を愛し、自然にとどまったままビジネスを成功させた最初の一人が、パタゴニアを立ち上げたイヴォン・シュイナードでしょう。環境とともに歩くことを明確に宣言しながら、熱狂的なファンの支持によって企業を成長させた例を見ないリーダーです。

あたらしい世代に目を向けると、たとえば洗剤メーカーのメソッドは、シリコンバレー的な企業カルチャーの洗礼を受けた、あたらしい価値観を持ったサステイナビリティ追求企業です。二〇〇一年創業の新進企業でありながら、「全くイノベーションの起きていない洗剤業界を根底からひっくり返す」という壮大な目標を掲げて急成長。私も消費者の一人として、小売店の棚でひときわチャーミングなメソッドの商品がどんどんシェアを拡大するのを目の当たりにしています（ちなみに、メソッドは前述のC2C、さらにはこのあと出て来るBコープ認証を取得しています）。

また、シリコンバレーといえば、シェアリング経済、コラボ経済の中心。エアビーアンドビー、ウーバーを始め、「既存製品やサービスの使用率、回転率を劇的に上げる」というコンセプトを、テクノロジーの力で実現するスタートアップが引きもきらない状況です（ちなみに、本国で二〇一四年に出版された本書の本文中ではジップカーがカーシェアリングの筆頭として紹介されていますが、サッカー界と同じく、二〇一六年現在のクリーンテクノロジー、シェアリング経済業界の勢力図はこの二年ですでに大きく変わっています）。

ビジネスをとりまく環境もピボットを遂げています。企業が株主のために利益を最大限にすることが法律的にも社会的にも厳しく求められるアメリカで、ビジネスがより広義の社会的目的を達成することを可能にするための仕組みとして機能しているBコープは、すでに三一の州で法制化されているほか、五〇カ国・一七〇〇社以上が認証を得ています（小売店の棚でBマークをつけた製品に出くわすのも、そう珍しいことではありません）。企業とNGOが協業して気候変動の枠組み作りに参加する、というピボットな取り組みの先がけとなり、一大ムーブメントとなったUSCAP（二〇〇七年創立）は、連邦レベルでの法制化への紆余曲折の中で勢いを失ったものの、その教訓はNGO側、ビジネス側に双方に生かされ、あたらしい動きにつながりました。セリーズをはじめとした様々な組織やイニシアチブが、それぞれユニークな活動を続けています。

この本の著者、アンドリュー・ウィンストンも、あたらしい潮流を牽引するリーダーの一人でしょう。私は彼の「ビッグ・ピボット」に関する講演を、二〇一四年のサステイナブル・ブランズ会議（サステイナビリティをブランドに組み込むためのあらゆる戦略を議論する国際会議）で聞きました。ドライなユーモアを交えながら、我々が直面する「暑い、足りない、隠せない」現実を簡潔に、しかも的確に切り取り、具体的な対応策を提案するその切れ味鋭いトークは、ダイナミックで説得力あるものでした。（彼が「TED」でビッグ・ピボットの講演をしている映像を、ぜひご覧ください。https://www.youtube.com/watch?v=2MzINS8eDDI）それに加えて、グローバルブランドの最高峰ともいえるコカ・コーラが「ビッグ・ピボット」に賛同し、スポンサーとなって会場で何百冊という本書を無料配布していたことが、彼の影響力の大きさを物語っていました。

私も会場で本を受け取った一人でした。実際に読み始めると、著者のスピード感あふれる展開に乗せられてすいすいと読み進め、一気に読了してしまいました。「ビッグ・ピボット」の真価は序文で名和先生が端的にまとめて下さっているので繰り返しませんが、私がもう一つこの本の魅力だと感じたのは、そのスピード感です。

気候、エネルギー、資源といった問題は、それぞれの問題が簡単に全体像を把握できないほど大きな広がりを持っているうえ、複雑に絡み合っているので、きちんと理解するには時間がかかります。途中で挫折することもあるかもしれません。しかし、「ビッグ・ピボット」は、端的なまとめ、的を射た表現、あるいは直感的にイメージしやすい事例などを駆使して、複雑な問題を実に簡潔に言い得ているのです。こんがらがったサステイナビリティの世界が、鳥瞰図としてすっきりと再現されるような感覚です。私は、そういった「なるほど！」という表現に付箋を貼りながら読んだのですが、読み終わったときには、本が付箋でいっぱいになっていました。これはおそらく、著者にマーケティングのバックグラウンドがあることと無縁ではないと思います。学術的、科学的な内容が、よくできたコピーを読んでいるように、すっと理解できるのです。「要するにサステイナビリティって何なの？」という疑問を持っている、でもゆっくりと文献を当たっている時間はない、そういったビジネスマンにぴったりの書ではないかと感じました。

そこで著者や出版社にコンタクトを取ってみたところ、日本版はまだ出ていないとのこと。ぜひにということで英治出版さんに企画を持ち込み、今回発売の運びとなりました。この企画を採用してくださった英治出版さんには感謝しております。日本語版でも、原書のスピード感をお伝えできていることを、そして、手に取っていただいたみなさんが、そのスピード感そのままに、さまざまな形でピボットを起こされることを願って、あとがきとさせていただきます。

二〇一六年六月吉日

藤美保代

tinyurl.com/l5uphr7.
P&G については次の記事を参照．“60 Years of Sustainability Progress,” *P&G website,* http://tinyurl.com/krfclen.（2013 年 11 月 18 日アクセス時点）
GE については次の記事を参照．“'We Are Only Getting Started': GE's Ecomagination Tops $100 Billion in Revenues,” *GE website, June 28,* 2012, http://tinyurl.com/k3dg9rc; Renee Schoof, “Investors See Climate Opportunity to Make Money, Create Jobs,” *McClatchy DC website*, January 12, 2012, http://tinyurl.com/mln8foj.

3. “HP 2011 Global Citizenship Report,” p.10.
4. 2013 年 4 月 30 日にカリフォルニア州ラグナニゲルで開催されたフォーチュン・ブレインストーム・グリーンにおける P&G のボブ・マクドナルドの講演より．講演記録は次を参照．http://tinyurl.com/lp5ctqe.
5. ユニリーバについては次の記事を参照．“Unilever Factories and Logistics Reduce CO2 by 1 Million Tonnes,” *Unilever PLC press release,* April 15, 2013, http://tinyurl.com/kc7oeg7.
ダウについては，2013 年 4 月 9 日のダウのマーク・ウェイクと著者との E メールでのやり取りより．
ウォルマートについては次の記事を参照．Adrian Gonzalez, “How Walmart Improved Fleet Efficiency by 69 Percent,” *Logistics Viewpoints*, April 25, 2012, http://tinyurl.com/l2vqbre.
6. 2013 年 6 月 26 日のアロカのケビン・アントンと著者との E メールでのやり取りより．
7. Thibault Worth, “PNC Bank Pushing Efficiency Toward Zero,” *GreenBiz*, April 16, 2013, http://tinyurl.com/m7nth7r.
8. 2013 年 5 月 29 日のナショナル・キャピタル・ソリューションズのハンター・ロビンスと著者との E メールでのやり取りより．
9. ダニエル・エスティ，アンドリュー・S・ウィンストン著『グリーン・トゥ・ゴールド―企業に高収益をもたらす「環境マネジメント」戦略』（村井章子訳，アスペクト，2008 年），p. 97.
10. Andrew Winston, “A New Tool for Understanding Sustainability Drivers,” *HBR Blog Network,* July 13, 2010, http://blogs.hbr.org/2010/07/a-new-tool-for-understanding-s/.

Random House, 2012), p.69. Emphasis in original.
4. 上に同じ . p.44.
5. 1000 カ所の工場の数字については次の記事を参照 . Thomas Fuller, "Thailand Flooding Cripples Hard-Drive Suppliers," *New York Times,* November 6, 2011.
日立とウェスタン・デジタルについては次の記事を参照 . Rade Musulin et al., "2011 Thailand Floods Event Recap Report," *Aon Benfield Analytics report,* March 2012, http://tinyurl.com/krg7rdm.
6. Bill Visnic, "Tide Still Rising on Woes from Thailand Floods," *Edmunds.com*, November 14, 2011, http://tinyurl.com/muhjc8o; Musulin et al., "2011 Thailand Floods Event Recap Report."
7. "Risk Ready: New Approaches to Environmental and Social Change," *PricewaterhouseCoopers white paper,* November 2012, accessed November 18, 2013, http://tinyurl.com/kcte7nr.
8. Taleb, "Antifragile", p.45.
9. 上に同じ .
10. 上に同じ .p.141–142.
11. Thomas Kaplan, "State Tells Investors That Climate Change May Hurt Its Finances," *New York Times, March* 6, 2013.
12. バレロについては次の記事を参照 . "Operational Integrity for Oil and Gas," 26, *SAP website,* 2013, http://tinyurl.com/mptmr9u（2013 年 11 月 18 日アクセス時点）.
ダウの水への取り組みについては次の記事を参照 . "New Technology Saves Dow Plant One Billion Gallons of Water – and $4 Million," *Dow Chemical Company and Nalco Company press release,* January 28, 2010, http://tinyurl.com/mtoq68h.
13. Sturle Hauge Simonsen, "The Nine Planetary Boundaries," *Stockholm Resilience Centre website,* http://tinyurl.com/9s6d2m5（2013 年 11 月 18 日アクセス時点）.
14. Lindsay Bragg, "R. James Woolsey: Our Energy Future," *The Daily Universe (Brigham Young University),* November 6, 2011, http://tinyurl.com/owpajuo.
15. "threat multiplier" については次の記事を参照 . "The Climate and National Security," *New York Times editorial,* August 17, 2009.
その他のデータについては次の記事を参照 .Elisabeth Rosenthal, "U.S. Military Orders Less Dependence on Fossil Fuels," *New York Times,* October 4, 2010.
16. 2013 年 4 月 15 日にアーカンソー州ベントビルで開催されたグローバル・サステイナビリティ・マイルストーン・ミーティングにおけるウォルマートのレスリー・ダッチの講演より .
17. Taleb, "Antifragile", p.160.

付録 A

1. "HP 2011 Global Citizenship Report," *Hewlett Packard website,* p. 9, ahttp://tinyurl.com/lgtlgm7（2013 年 11 月 18 日アクセス時点）.
2. フィリップスについては次の記事を参照 . Bart King and Mike Hower, "Green Products Account for Roughly Half of Philips' 2012 Revenue," *Sustainable Brands,* March 1, 2013, http://tinyurl.com/lwwj6k2.
東芝については次の記事を参照 . "Toshiba Environmental Report: 2012," p.4, http://

Economy: You Are Part of It," *Patagonia website,* http://tinyurl.com/24d4vnh（2013 年 10 月 30 日アクセス時点）.
10. 2013 年 1 月 31 日に行った , 著者によるマークス・アンド・スペンサーのアダム・エルマンへのインタビューより .
11. 2013 年 5 月 22 日のマークス・アンド・スペンサーのマイク・バリーと著者との E メールでのやり取りより .
12. 2013 年 4 月 7 日のサステイナブル・ブランズのコーアン・スカジニアと著者との E メールでのやり取りより .
13. 2013 年 5 月 10 日にワシントン DC で開催されたワールドエンバイロメント・センター・コロクイウムにおけるユニリーバのジョナサン・アトウッドの講演より .
14. 2013 年 5 月 10 日にワシントン DC で開催されたワールドエンバイロメント・センター・コロクイウムにおけるユニリーバのキース・クルイソフの講演より .
15. "AXE Showerpooling—Save Water … Together," YouTube 1:00, "AXE" による投稿 . September 13, 2012, http://tinyurl.com/8hggevv.
16. 013 年 5 月 9 日にワシントン DC で開催されたワールドエンバイロメント・センター・ゴルドメダル・ディナーにおけるユニリーバのポール・ポルマンの講演より .
17. ワールドエンバイロメント・センター・コロクイウムにおけるユニリーバのキース・クルイソフの講演より .
18. 2013 年 4 月 30 日にカリフォルニア州ラグナニゲルで開催されたフォーチュン・ブレインストーム・グリーンにおける P&G のボブ・マクドナルドの講演より . 講演記録は次を参照 . http://tinyurl.com/lp5ctqe.
19. Bart King, "Ikea to Sell Only LEDs by 2016," *Sustainable Brands*, October 2, 2012, http://tinyurl.com/p7bzwcr.
20. 2013 年 4 月 26 日に行った , 著者によるキンバリー・クラークのエレン・ストックへのインタビューより .
21. World Economic Forum, "More With Less: Scaling Sustainable Consumption and Resource Efficiency," January 2, 2012, http://tinyurl.com/nvgqkc4.
22. Lysanne Currie, "If You Don't Do Good, It Will Be Harder to Do Well," *Director,* June 2012, http://tinyurl.com/nlff36h.

第 14 章

1. ビジネスにおけるレジリエンスという考え方は , 少なくとも 30 年前にはすでに存在していた .「Brittle Power(Lovins and Lovins)」という報告書が国防総省に提出され , 複雑につながりあった近代的なエネルギーシステムの深刻なリスクを指摘している . そういった考え方の姉妹版といえる「強靭さ」やレジリエンスが , 今ホットなトピックとして注目を集めている .
2. Andrew Freedman, "New York Launches $19.5 Billion Climate Resiliency Plan," *Climate Central*, June 11, 2013, http://tinyurl.com/mstabu2;
ニューヨーク市の "Special Initiative for Rebuilding and Resiliency" については , ニューヨーク市のウェブサイトの "A Stronger, More Resilient New York" のリンクより "Read the Report," を参照 . http://tinyurl.com/n2xre5p（2013 年 10 月 30 日アクセス時点）.
3. Nassim Nicholas Taleb, "Antifragile: Things That Gain from Disorder "(New York:

10. David Cooperrider and Michelle McQuaid, "The Positive Arc of Systemic Strengths," *Journal of Corporate Citizenship*, May 2013, p. 3–4.
11. 2013年4月2日に行った，著者によるクラーク・グループのライエル・クラークへのインタビューより．
12. Michael E. Porter and Mark R. Kramer, "Creating Shared Value," *Harvard Business Review,* January 2011.
ジェド・エマーソンが提唱するブレンデッド・バリューについては，次を参照．http://www.blendedvalue.org/framework/.
ポール・ブルケの引用については、ネスレのウェブサイトに掲載されている動画"CEO Interview"の2:18を参照．http://www.nestle.com/csv.
ネスレは株主と社会に対して栄養，水，過疎地の開発といった問題を通して価値を創造することを追求している。具体的には、食品から塩分，糖分，脂肪分などを減らすこと，全粒穀物の消費量を増やすこと，農家の協業や農地開発の支援などを指す．
13. "Business Partnership Hub," United Nations Global Compact website, www.businesspartnershiphub.org（2013年11月16日アクセス時点）．
14. 2013年4月8日に行った，著者によるフォーラム・フォー・フューチャーのサリー・ウレンへのインタビューより．
著15. "Nike, NASA, State Department and USAID Aim to Revolutionize Sustainable Materials," *Nike Inc. website*, April 25, 2013, http://tinyurl.com/mpugaaj.
16. 上に同じ．

第13章

1. "Nissan LEAF: Polar Bear," YouTube 1:02. "NissanMalaysia" による投稿．http://www.youtube.com/watch?v=VdYWSsUarOg.
2. Rebecca Sizelove, "Nearly Half of Adults Are More Inclined to Buy Eco-Friendly Products, and Four in Ten Would Pay More for Them," *Ipsos,* April 19, 2012, http://tinyurl.com/nejvuhu; "6 Ways to Make Brand Sustainability Resonate with Consumers," *Fast Company*, http://tinyurl.com/kzs9dwg（2013年10月30日アクセス時点）．
3. HBS Environment (@HBSBEI), "Making green products for green people is totally pointless; we need to make them for everyone else." April 30, 2013, 6:52 pm. にツイート．
4. ダニエル・エスティ，アンドリュー・S・ウィンストン著『グリーン・トゥ・ゴールド――企業に高収益をもたらす「環境マネジメント」戦略』（村井章子訳，アスペクト,2008年）
5. "Patagonia's New VC Fund to Invest in Trailblazing Green Firms," *GreenBiz,* May 9, 2013, http://tinyurl.com/kxrouvx.
6. Kingfisher PLC, "Our Strategy—Creating the Leader: Purpose," 2013, http://tinyurl.com/otr2yzv（2013年11月16日アクセス時点）．
7. Patagonia Inc., "Don't Buy This Jacket," Patagonia website, http://tinyurl.com/82vt8ke（2013年11月16日アクセス時点）．
8. 2013年6月7日のリック・リッジウェイと著者とのEメールでのやり取りより．
9. Jennifer Elks, "Patagonia Launches 'Responsible Economy' Campaign," Su*stainable Brands,* October 1, 2013, http://tinyurl.com/ov7jz3u; Patagonia: "Responsible

Over Its Climate Position," *Washington Post*, October 6, 2009, http://tinyurl.com/lhy8nty.
ナイキについては次の記事を参照 . Kate Galbraith, "Nike Quits Board of U.S. Chamber," *New York Times*, October 1, 2009.

30. 2013 年 6 月 20 日にニューヨークで開催されたキャピタル・インスティチュート・シンポジウムにおけるレベッカ・ハンダーソンの講演「サステイナビリティを超えて――再生産的な資本主義への道」より .

第 12 章

1. Eric Lowitt, "The Collaboration Economy: How to Meet Business, Social, and Environmental Needs and Gain Competitive Advantage" (San Francisco: Jossey-Bass, 2013), Kindle edition, location 362.
2. 2013 年 4 月 26 日に行った , 著者による TSC のカラ・ハーストのインタビューより .
3. Geoff Colvin et al., "The 50 Greatest Business Rivalries of All Time," *Fortune*, March 21, 2013, http://tinyurl.com/p4h2c53.
4. Paula Tejon Carbajal, "Natural Refrigerants: The Solutions," *Greenpeace International website*, http://tinyurl.com/p2weu9k.
5. 2013 年 3 月 29 日に行った , 著者によるコカ・コーラのジェフ・シーブライトへのインタビューより .
6. 自動車メーカーの燃料電池への取り組みは , 次の記事を参照 . Bart King, "Daimler, Ford, Renault-Nissan to Co-Develop Fuel Cell Vehicles," *Sustainable Brands*, January 30, 2013, http://tinyurl.com/leyb9ln.
   ホテル業界のカーボン・フットプリントへの取り組みは次の記事を参照 . "Hilton, Marriott, Hotel Giants Get in Bed to Count Carbon," *GreenBiz*, June 12, 2013, http://tinyurl.com/mbo8kkr.
   UPS と米国郵便公社の取り組みは次を参照 . Jennifer Inez Ward, "How UPS and USPS Teamed Up to Create a New Industry Standard," *GreenBiz*, January 9, 2013, http://tinyurl.com/bjpoz6c.
7. 2013 年 4 月 2 日に行った , 著者によるナイキのハンナ・ジョーンズへのインタビューより .
8. Martin Medina, "Waste Pickers in Developing Countries: Challenges and Opportunities," *WorldBank website*,http://tinyurl.com/nz5rnoc（2013 年 11 月 16 日アクセス時点）
   "Waste Pickers," *WIEGO website*,http://tinyurl.com/p9pd6mx（2013 年 11 月 16 日アクセス時点）.
   世界銀行の調査は 1988 年にまで遡るが（Bartone Chanturvedi, "The Value in Wastes," *Decade Watch* を参照）, より最近の調査では , インドだけでも 150 万人の人々がゴミ拾いで生計を立てているという .
   Chaturvedi, Bharati, "Mainstreaming Waste Pickers and the Informal Recycling Sector in the Municipal Solid Waste," *Handling and Management Rules 2000*, A Discussion Paper を参照 .
9. 2013 年 3 月 28 日に行った , 著者によるジョンソン・エンド・ジョンソンのポーレット・フランクへのインタビューより .

14. Norm Augustine et al., "A Business Plan for America's Energy Future," *American Energy Innovation Council,* 2010, 4, http://tinyurl.com/losv5cb.
15. Jeffrey Sachs, "On the Economy, Think Long-Term," *New York Times,*April 1, 2013.
16. 上に同じ .
17. 2013 年 3 月 29 日に行った , 著者によるフィリップスのグレッグ・セバスキーへのインタビューより .
18. 引用については次の記事を参照 . "Champions of the Earth—2011 Laureate," *United Nations Environment Programme,* www.unep.org/champions/laureates/2011/yue.asp（2013 年 11 月 12 日アクセス時点）.
冷房の温度については次の記事を参照 .Keith Bradsher, "Chinese Tycoon Focuses on Green Construction," *New York Times,* December 8, 2010.
19. "Policy Support for Renewable Energy Continues to Grow and Evolve," *Worldwatch Institute, Washington, D.C.*, August 22, 2013, http://tinyurl.com/n8wcbex.
20. 引用については , 2013 年 3 月 10 日にペンシルベニア州ベッドフォードスプリングで開催されたコッパーズ・アニュアル・SAG ミーティングにおける米国化学工業協会（ACC）のカル・ドゥーリーの講演より .
ウォルマートについては次の記事を参照 . Jonathan Bardelline, "Walmart Seeks to Clear Toxics from Its Shelves," *GreenBiz,* September 12, 2013, www.greenbiz.com/news/2013/09/12/walmart-seeks-clear-toxics-its-shelves.
21. Heather Clancy, "HP Steps Up to Ask Suppliers to Slash Emissions," *GreenBiz,* October 3, 2013, www.greenbiz.com/blog/2013/10/03/hp-asks-supplychain-cut-emissions-20-percent-2020.
22. 2012 年 4 月 18 日にミネソタ州セントポールで開催されたコ 3M の従業員向けサステイナビリティ・イベントにおける 3M のエルベ・ジャンドルの講演より .
23. 風力発電の税控除については次の記事を参照 . Zack Colman, "Starbucks, Ben & Jerry's Join Lobby Push for Wind Credit," *The Hill (blog),* September 18, 2012, http://tinyurl.com/kzugzr3.
イーベイについては次の記事を参照 . Mindy Lubber, "eBay and Republican Lawmaker Score Clean Energy Win in Utah," *Forbes,* March 22, 2012, http://tinyurl.com/7ya9dmc.
24. 2013 年 4 月 2 日に行った , 著者によるナイキのハンナ・ジョーンズへのインタビューより .
25. "The 2° C Challenge Communique," University of Cambridge Programme for Sustainability Leadership, 2011, 2, http://tinyurl.com/ll5lf2f.（2013 年 11 月 12 日アクセス時点）
26. 2013 年 4 月 2 日に行った , 著者によるナイキのハンナ・ジョーンズへのインタビューより .
27. Rob Hayward et al., "The UN Global Compact-Accenture CEO Study on Sustainability 2013," *Accenture,* September 2013, 45, http://tinyurl.com/owbjghy.
28. 2013 年 4 月 2 日に行った , 著者によるナイキのハンナ・ジョーンズへのインタビューより .
29. コカ・コーラについては , 2013 年 3 月 29 日に行った , 著者によるコカ・コーラのジェフ・シーブライトへのインタビューより .
アップルについては次の記事を参照 . David Fahrenthold, "Apple Leaves U.S. Chamber

より．
15. 2013年5月8日および7日に行った，著者によるプーマとBチームのヨッヘン・ザイツへのインタビューより．
16. Craig Hanson et al., "The Corporate Ecosystem Services Review," *World Resources Institute,* February 2012, http://tinyurl.com/7ybylyo.
17. 2013年8月16日に行った，著者によるコードREDDのケイト・ディロン・レビンへのインタビューより．"What Is REDD+?" REDD-net, 2013, http://tinyurl.com/mdk6fbd も参照．(2013年10月30日アクセス時点)

第11章

1. Suzanne Goldenberg, "Top US Companies Shelling Out to Block Action on Climate Change," *The Guardian*, May 30, 2012, http://tinyurl.com/lf6nune.
2. Paul Polman, "Business Leaders Must Take on Challenge at Doha," *The Guardian*, November 23, 2012, http://tinyurl.com/lcsha93.
3. 2012年11月29日に行った，著者によるEDFのガーノット・ワグナーへのインタビューより．
4. マスールの引用については次の記事を参照．Elisabeth Rosenthal, "Carbon Taxes Make Ireland Even Greener," *New York Times*, December 28, 2012.
   炭素税については次の記事を参照．N. Gregory Mankiw, "A Carbon Tax That America Could Live With," *New York Times,* August 31, 2013, http://tinyurl.com/kdp8scq.
5. Congress of the United States, Congressional Budget Office, *Effects of a Carbon Tax on the Economy and the Environment,* May 2013, 1, http://tinyurl.com/l8qbh98.
6. "Data: CO2 Emissions: Metric Tons per Capita," The World Bank, http://tinyurl.com/24wtm9u. (2013年11月13日アクセス時点)
7. アイルランドの数字については次を参照．Rosenthal, "Carbon Taxes Make Ireland Even Greener".
   中国については，次を参照．"China to Introduce Carbon Tax: Official," *Xinhua News Agency,* February 19, 2013, http://tinyurl.com/bavluxk.
8. "George P. Schultz: A Cold Warrior on a Warming Planet," *Bulletin of the Atomic Scientists (January/February 2013)*, http://bos.sagepub.com/content/69/1/1.full.
9. IMFの概算については次の記事を参照．Reuters, "Study Challenges Fuel Subsidies," *New York Times,* March 28, 2013.
   1兆ドルの利益については次の記事を参照．Daniel J. Weiss and Susan Lyon, "Powering an Oil Reform Agenda," *Center for American Progress,* June 2, 2010, http://tinyurl.com/mfjtebm.
   これに著者自身の計算が加味されている．石油の上位5社の利益は年間1000億ドルを軽く超すレベルで推移している。
10. 2013年5月29日に行った，著者によるジガー・シャーへのインタビューより．
11. 2013年5月23日に行った，著者によるEDFのガーノット・ワグナーへのインタビューより．
12. Polman, "Business Leaders Must Take on Challenge at Doha."
13. Ehren Goossens, "Google-Backed Offshore Wind Line to Start in New Jersey," *Bloomberg,* January 16, 2013, http://tinyurl.com/k2l6bsc.

19. Rob Hayward et al., "The UN Global Compact-Accenture CEO Study on Sustainability 2013," *Accenture*, September 2013, http://tinyurl.com/owbjghy.
20. 2013 年 5 月 20 日に行った , 著者によるキンバリー・クラークのトム・フォークへのインタビューより .
21. 2013 年 1 月 8 日に行った , 著者によるニュー・アイランド・キャピタルのチャールズ・エワルドへのインタビューより .

第 10 章

1. Garrett Hardin, "The Tragedy of the Commons," *Science 162 (3859):*1243–1248.
2. Joel Makower, "Who Are the Leaders in Natural Capital?" *GreenBiz,* September 9, 2013, http://tinyurl.com/pl9hhnk.
3. Sissel Waage and Corinna Kester, "Private Sector Uptake of Ecosystem Services Concepts and Frameworks: The Current State of Play," *BSR,* March 2013, http://tinyurl.com/lp9z3l3. この中の AEP, アクゾノーベル , コカ・コーラ , ダウ , ディズニー , 日立 , ホルシム , プーマ , リオ・ティント , シェル等の企業の取り組みに触れている。
4. Mark Tercek, "Nature's Fortune: How Business and Society Thrive by　Investing in Nature "(New York: Basic Books, 2013), xviii and 20–21.
5. Tercek, *Nature's Fortune*, 4.
6. 自然がもたらす年間 33 兆ドルの価値については , 次の記事を参照 . Robert Costanza et al., "The Value of the World's Ecosystem Services and Natural Capital," *Nature*, May 15, 1997, http://tinyurl.com/atlmao.
年間 7 兆ドルにのぼる自然資源への損害については , 次の記事を参照 . Joel Makower, "Assessing Businesses' $7.3 Trillion Annual Cost to Natural Capital," *GreenBiz,* April 15, 2013, http://tinyurl.com/k4xknq7.
7. Press release of Dow Chemical Company "Dow and The Nature Conservancy Announce Collaboration to Value Nature," January 24, 2011, http://tinyurl.com/pbto7oc.
8. 2013 年 6 月 23 日に行った , 著者によるザ・ネイチャー・コンサーバンシーのミッシェル・ラピンスキーのインタビューより .
9. 2012 年 9 月 27 日にペンシルベニア州フィラデルフィアで開催されたサステイナブル・ブランズ・メトリックス・コンフェレンスにおけるダウのマーク・ウェイクの講演より .
10. 2013 年 6 月 23 日に行った , 著者によるザ・ネイチャー・コンサーバンシーのミッシェル・ラピンスキーのインタビュー , および E メールでのやり取りより .
11. 2013 年 5 月 3 日および 7 日に行った , 著者によるプーマと B チームのヨッヘン・ザイツへのインタビューより . "PUMA's Environmental Profit and Loss Account for the　Year Ended 31 December 2010," *PUMA*, November 16, 2011, http://tinyurl.com/6v3dctw も参照 .
12. Alexander Perera et al., "Aligning Profit and Environmental Sustainability:　Stories from Industry," W*orld Resources Institute working paper,* February 2013,　http://tinyurl.com/o8xe63d.
13. 2013 年 4 月 8 日に行った , 著者によるダウのマーク・ウェイクへのインタビューより .
14. 2013 年 4 月 8 日に行った , 著者によるダウのニール・ホーキンスへのインタビュー

5. "Energy Use and Alternative Energy," Johnson & Johnson, http://tinyurl.com/ltvpooa.（2013年11月8日アクセス時点）.
6. 2011年9月23日にニューヨークで開催されたサステイナビリティ・イノベーターズ・ワーキンググループ・ミーティングにおけるダイバーシィのジョン・マシューズの講演より.
John Davies, "Diversey's Portfolio Approach Toward Sustainability ROI," *GreenBiz*, March 7, 2011 http://tinyurl.com/ky6gp9n も参照.
7. Auden Schendler, "Rotten Fruit: Why 'Picking Low-Hanging Fruit' Hurts Efficiency and How to Fix the Problem," *edc magazine*, November 5, 2012.
8. Alex Perera and Samantha Putt del Pino, "AkzoNobel and Alcoa Link Sustainability to Capital Projects," *GreenBiz*, March 21, 2013, http://tinyurl.com/n8aauc7.
9. 3Mについては, ダニエル・エスティ, アンドリュー・S・ウィンストン著『グリーン・トゥ・ゴールド──企業に高収益をもたらす「環境マネジメント」戦略』（村井章子訳、アスペクト、2008年）, p.212.
食品・飲料業界については,2013年3月28日に行った著者による匿名インタビューより.
10. ダニエル・エスティ, アンドリュー・S・ウィンストン著『グリーン・トゥ・ゴールド──企業に高収益をもたらす「環境マネジメント」戦略』（村井章子訳, アスペクト,2008年）, 212ページ, Kristen Korosec, "Ikea Pursues Energy Independence by 2020," *SmartPlanet*, October 23, 2012, http://tinyurl.com/ntsn47z.
11. 2012年1月24日にニューヨークで開催されたグリーンビズ・フォーラム2012におけるウォルマートのフレッド・ベドールの講演より.
Andrew Winston, "Walmart Broadens ROI for Green Power," *Harvard Business Review Blog Network*, February 7, 2012, blogs.hbr.org/2012/02/walmart-broadens-roi-for-green/ も参照.
12. 2012年4月17日にカリフォルニア州 ラグナニゲルで開催されたフォーチュン・ブレインストーミング・グリーンにおけるスプリント・ネクステルのダン・ヘッセの講演より.
13. Robert Bernard, "Microsoft Signing Long-Term Deal to Buy Wind Energy in Texas," Microsoft Green Blog, November 4, 2013, accessed November 19, 2013, http://tinyurl.com/lp85nc6.
14. 2013年3月7日に行った, 著者によるダイバーシィのベス・スティーブンズへのインタビューと2013年5月22日のEメールのやり取りより.
15. 2013年5月22日のダイバーシィのベス・スティーブンズと著者とのEメールでのやり取りより.
16. 2012年3月16日に行った, 著者によるマイクロソフトのロブ・バーナードへのインタビューより. Andrew Winston, "Microsoft Taxes Itself," *Harvard Business Review Blog Network*, May 8, 2012, blogs.hbr.org/winston/2012/05/microsoft-taxes-itself.html も参照.
17. 2013年3月25日に行った, 著者によるマイクロソフトのT・J・ディカプリオへのインタビューより.
18. 2012年11月28日に行った, 著者によるディアジオのロベルタ・バビエリへのインタビューより.

12. “GE and Exopack Conduct 'Ecomagination Treasure Hunt,'” *Environmental Leader,* September 23, 2011, http://tinyurl.com/lgaev26.
13. 2013 年 3 月 1 日に行った , 著者によるプラティカリー・グリーンのスーザン・ハント・スティーブンズへのインタビューより .
14. 2013 年 4 月 2 日に行った , 著者によるシーザーズのグウェン・ミギタへのインタビューより .
15. Gary Loveman, “How a Sustainability Scorecard Is Creating Value,” *GreenBiz,* November 11, 2013, http://tinyurl.com/m8zx7mn.（2013 年 11 月 18 日アクセス時点）.
16. ジム・コリンズ , モートン・ハンセン著『ビジョナリー・カンパニー 4 ――自分の意志で偉大になる』（牧野洋訳 , 日経 BP 社 ,2012 年）.
17. 2013 年 3 月 24 日のウォルマートのドグ・マクミロンと著者との E メールでのやり取りより .
18. 2013 年 4 月 2 日に行った , 著者によるナイキのハンナ・ジョーンズへのインタビューより .
19. 2013 年 4 月 2 日に行った , 著者によるクラーク・グループのライエル・クラークへのインタビューより .
20. Andrew Winston, “Five Ways to Use Green Data to Make Money," *Harvard Business Review,* November 19, 2009, http://tinyurl.com/l3s5533.
21. 2013 年 4 月 2 日に行った , 著者によるシーザーズのグウェン・ミギタへのインタビューより .
22. Grant Ricketts, “Big Data: The Ultimate Sustainability Job Aid at U.S. Postal Service,” *Sustainable Brands,* August 23, 2013, http://tinyurl.com/mod2z6f.
23. 2013 年 5 月 28 日のサステイナブル・ビジネス・ストラテジーのアンディ・サビッツと著者との E メールでのやり取りより .
24. “LinkedIn's Most InDemand Employers,” LinkedIn, http://talent.linkedin.com/indemand/.（2013 年 10 月 6 日アクセス時点）.2013 年秋の時点でのトップ 20 社は , グーグル , アップル , ユニリーバ ,P&G、マイクロソフト , フェイスブック , アマゾン , ペプシコ , シェル , マッキンゼー , ネスレ、ジョンソン・エンド・ジョンソン ,BP, GE, ナイキ , ファイザー , ディズニー , コカ・コーラ , シェブロン , ロレアルである .

第 9 章

1. 2013 年 3 月 26 日に行った , 著者によるキンバリー・クラークのスハス・アプテへのインタビュー , 2013 年 5 月 24 日のキンバリー・クラークのマーク・ブスマンと著者との E メールでのやり取りより .
2. ジョン・ワナメーカーの発言といわれている . en.wikipedia.org/wiki/John_Wanamaker を参照 .
3. Mark McElroy, “Move Over Eco-Efficiency, Here Comes Eco-Immunity—Part Two,” *Sustainable Brands,* September 17, 2013, http://tinyurl.com/mvb9wp2.
4. Tamar Wilner “Half of Multinationals to Choose Suppliers Based on CO2 Emissions," *Environmental Leader,* September 26, 2011, http://tinyurl.com/3hzz9qc; and Edgar Blanco and Ken Cottrill, “Engaging with Suppliers to Meet Supply Chain Sustainability Goals,” *MIT Global Scale Network white paper,* Summer 2012, http://tinyurl.com/mmvt5g7.

16. Annie Longsworth (@alongsworth), "S Wicker @ups We look at brown delivery fleet as a rolling laboratory—experimenting with every technology you can imagine. #fortunegreen," April 30, 2013, 1:22 pm にツイート .
17. 2012 年 2 月 7 日にウイリノイ州シカゴのクラーク・エンバイロメント・A イサミットにおけるインチュイットのマーク・シャーの講演より .
ヴァレリー・ケーシーの講演 .
18. ピーター・シムズ 著『小さく賭けろ！——世界を変えた人と組織の成功の秘密』（滑川海彦・高橋信夫訳、日経 BP 社、2012 年）, p.78–82
19. インチュイットについは、2016 年 5 月 25 日にウィスコンシン州マディソンのブランドワークス大学におけるインチュイットのマーク・シャーの講演より .
Ben McConnell による引用 .zmetro.com, www.zmetro.com/archives/005442.php;
「失敗に敬意を」については次の記事を参照 . Beth Kanter, "Go Ahead, Take a Failure Bow," *Harvard Business Review Blog Network*, April 17, 2013, blogs.hbr.org/2013/04/go-ahead-take-a-failure-bow/.
20. WOBI, "Ed Catmull: Innovation Lessons from Pixar," http://tinyurl.com/ld8bq4h（2013 年 7 月 14 日アクセス時点）.

第 8 章

1. James K. Harter et al., "Q[12]®Meta-Analysis: The Relationship Between Engagement at Work and Organizational Outcomes" *Gallup*, August 2009, http://tinyurl.com/lslhoto.
2. SAP, "Combined Management Report: Employees and Social Investment," http://tinyurl.com/cn7oav4（2013 年 11 月 18 日アクセス時点）.
3. Tony Schwartz, "New Research: How Employee Engagement Hits the Bottom Line," *Harvard Business Review*, November 8, 2012, blogs.hbr.org/2012/11/creating-sustainable-employee/.
4. Michael Porter, "Restoring Pride in Capitalism," WOBI, 2:48 October 2012, www.wobi.com/wbftv/michael-porter-restoring-pride-capitalism.
5. 2013 年 5 月 21 日のメアリー・ゴーハムと著者との E メールでのやり取りより .
6. Andrew Savit" Talent, Transformation, and the Triple Bottom Line :How Companies Can Leverage Human Resources to Achieve Sustainable Growth" (San Francisco: Jossey-Bass, 2013), Kindle edition, location 4791.
7. 上に同じ . サビッツは , エドガー・シャインの有名な三層の企業カルチャーモデル——人工物（サビッツが言うところの「行動」）, 信奉されている価値（サビッツが言うところの「言動」）, そして仮定（サビッツが言うところの「信念」）で構成される——に依拠している . シャインの著作については、en.wikipedia.org/wiki/Edgar_Schein を参照 .
8. Alfred Rappaport"Saving Capitalism From Short-Termism: How to Build Long-Term Value and Take Back Our Financial Future" (New York: McGraw-Hill, 2011).
9. 2013 年 3 月 12 日に行った , 著者によるフェアマウント・ミネラルズのチャック・ファウラーへのインタビューより .
10. 2013 年 4 月 2 日に行った , 著者によるウォルマートのジェフ・ライスへのインタビューより .
11. Eddie Makuch, "Angry Birds Hits 1 Billion Downloads," *GameSpot*,May 9, 2012, http://tinyurl.com/k9uuakd.

http://tinyurl.com/d49a55v.
18. "Carbon Action," Carbon Disclosure Project.
19. Rob Hayward et al., "The UN Global Compact-Accenture CEO Study on Sustainability 2013," *Accenture*, September 2013, 31, http://tinyurl.com/owbjghy.

第7章

1.「問題を解決するのに 1 時間しか時間を与えられなかったとしたら」というアインシュタインの話は , 次の記事より引用 . "Why Innovators Should Never Listen to Albert Einstein," posted by "mhargrave," February 12, 2012, blog.hbs.edu/hbsinov8/?p=1238.
2. Press release of UPS "UPS Sustainability Report Hits 'A+' Mark for Transparency," July 31, 2012, http://tinyurl.com/mtks4tw. 私が唯一自著 3 冊全てで紹介した話である . 講演をすると ,「最も印象深い話の一つだった」という読者からの反応があるので , 今回も取り上げる価値があると考えた .
3. Martin Wright, "Indian Businesses are Reveling in 'Unreasonable Goals,'" *Green Futures Magazine*, February 20, 2013.
4. Leon Kaye, "Adidas Rolls Out Waterless 'DryDye' T-Shirt," Triple Pundit, August 9, 2012, http://tinyurl.com/mt2nwss.
5. 2013 年 4 月 2 日に行った , 著者によるナイキのハンナ・ジョーンズへのインタビューより .
6. Press release of Kimberly-Clark Corp. "Scott Naturals Pioneers 'Green Done Right,'" April 22, 2013, http://tinyurl.com/lzhn5ks.
7. "PUMA Clever Little Bag," IDSA, June 8, 2011, www.idsa.org/puma-clever-little-bag.
8. 2013 年 5 月 1 日のキンバリー・クラークのマルコ・イスラジ , ペギー・ワードと著者とのEメールでのやり取りより .
9. 2013 年 5 月 13 日に行った , 著者による HP のグラン・パーフラーへのインタビューより .
10. ジム・コリンズ , モートン・ハンセン著『ビジョナリー・カンパニー 4 ——自分の意志で偉大になる』(牧野洋訳 , 日経 BP 社 ,2012 年) ,p.61
11. Mike Hower, "P&G's New Plastic Mold Process Could Save $1 Billion Annually," Sustainable Brands, http://tinyurl.com/mbdwder (2013 年 11 月 18 日アクセス時点) .
12. Eric Bellman, "Indian Firms Shift Focus to the Poor," *Wall Street Journal*, October 21, 2009; ビジャイ・ゴビンダラジャン , クリス・トリンブル著『リバース・イノベーション 新興国の名もない企業が世界市場を支配するとき 』(渡部 典子訳 , ダイヤモンド社 ,2012 年)
13. 2011 年 7 月 8 日の著者と GE のベス・コムストックとの会話より .
14. Hannah Jones (@hjones_nike), "As I said at #FortuneGreen: system change or go home: example of how we seek 2 make it happen: #LAUNCH2020 http://is.gd/XByQki," April 30, 2013, 10:39 am にツイート .
15. 2011 年 11 月 29 日の著者とマックスハンバーガーのリチャード・バグフォースの会話より . 次の記事も参照 . Andrew Winston, "A Swedish Burger Chain Says 'Minimize Me,'" *Harvard Business Review,* June 30, 2011, blogs.hbr.org/2011/06/a-swedish-burger-chain-says-mi/.

5. "Blueprint for Sustainability: The Future at Work," Ford Motor Company, http://tinyurl.com/n5puc6v（2013 年 11 月 6 日アクセス時点）.
6. 2013 年 2 月 28 日に行った，著者による BT のケビン・モスへのインタビューより .BT のホームページも参照．"Better Future Report 2013," BT, http://tinyurl.com/qhk2p73（2013 年 11 月 6 日アクセス時点）.
7. 2013 年 2 月 28 日に行った，著者による BT のケビン・モスへのインタビューより．
8. デルについてはデルのホームページを参照．"Dell 2020 Legacy of Good Plan," http://tinyurl.com/mmhsahg（2013 年 11 月 16 日アクセス時点）.
ディズニーとリオティントについては、次の記事を参照 .Sissel Waage, "Why Sustainability　Aspiration Leads to Innovation," *GreenBiz*, February 25, 2013, http://tinyurl.com/mergtuq.
LG については、次の記事を参照 . Bart King, "LG Electronics to Cut US　Emissions in Half by 2020," *Sustainablebrands.com,* November 29, 2011,　http://tinyurl.com/mogfupw.
マーズについてはマーズのホームページを参照。"Sustainable in a Generation," Mars, Incorporated,　http://tinyurl.com/qytrvxe（2013 年 11 月 6 日アクセス時点）.
100 パーセント再生可能エネルギーの目標については、次の記事を参照 . www.pivotgoals.com and "Ikea Plans for　100% Clean Energy by 2020," *CleanTechnica,* October 23, 2012, http://tinyurl.com/kwmsxr3.
ユニリーバについては、ユニリーバのホームページを参照．"Unilever Sustainable Living Plan," November　2010, p. 3, http://tinyurl.com/k9aprho.
東芝については、東芝のホームページを参照．"Corporate Social Responsibility Report, 2012," Toshiba Group, August 2012, p. 22, 35–40, http://tinyurl.com/lj32owv.
9. "Thinking Forward: 2012 EMC Sustainability Report," EMC　Corporation,　p. 23, 2013, http://tinyurl.com/lho6vs5（2013 年 11 月 7 日アクセス時点）.
10. "About CSO," Center for Sustainable Organizations, http://tinyurl.com/lkhgedv（2013 年 11 月 7 日アクセス時点）.
11. Bill Baue, "Embracing Science to Bridge the Sustainability Gap," *TheGuardian.com,* April 23, 2012, http://tinyurl.com/kq997p4.
12. 2012 年 11 月 28 日に行った，著者によるディアジオのリチャード・ダンへのインタビューより．
13. Joseph Romm, "The United States Needs a Tougher Greenhouse Gas Emissions Reduction Target for 2020," *Center for American Progress website,*　January 13, 2009, http://tinyurl.com/l5r9u62.
この数字は通常は先進国の目標値として用いられ，開発途上国の目標値はこれより低い．本書執筆の時点で 2013/2014 年度版の IPCC の報告書はまだ公表されていないが，目標値は厳しくなることはあっても緩くなることはないだろう．
14. "Thinking Forward: 2012 EMC Sustainability Report," p. 46.
15. "Carbon Action," Carbon Disclosure Project website, http://tinyurl.com/n3we7f6（2013 年 11 月 7 日アクセス時点）.
16. "Setting a Target for Corporate Greenhouse Gas Reduction," Autodesk Inc., 2013, http://tinyurl.com/kvoryp4（2013 年 11 月 7 日アクセス時点）.
17. "World Energy Outlook 2012," *International Energy Agency,* November 2012, p. 2,

lmc3hj6.

18. 2013年7月23日のジョンソン・エンド・ジョンソンのポーレット・フランクと著者とのEメールでのやり取りより．
19. 2013年4月9日にニューヨークで開催されたNIRI/FEIサステイナビリティ・サミットにおけるエリカ・カープの講演より．
20. 2013年4月4日に行った，著者によるUBSのエヴァ・ズロトニカへのインタビューより．
21. 2013年6月26日のアロカのケビン・アントンと著者とのEメールでのやり取りより．
22. 2013年5月29日に行った，著者によるフィリップスのグレッグ・セバスキーへのインタビューより．
23. 2013年5月14日のSAPのピーター・グラフと著者とのEメールでのやり取りより．
24. 2013年3月27日にジョージア州ロズウェルで開催されたキンバリー・クラーク・サステイナビリティ・アドバイザリー・ボード・ミーティングにおけるセレスのミンディ・ラバーの講演より．
25. 2012年12月12日に行った，著者によるB Labのコーエン・ギルバートへのインタビューより．
26. 2013年1月8日に行った，著者によるモリソン・フォースターのスーザン・マック・コルマックへのインタビューより．
27. 2013年4月13日に行った，著者によるクラーク・グループのライエル・クラークへのインタビューより．
28. 2013年5月20日に行った，著者によるキンバリー・クラークのトム・フォークへのインタビューより．著者によるへのインタビューより．
29. A.G. Lafley (Proctor & Gamble), "The Customer is the Boss," *Big Think video, 1:59pm,* March 20, 2013, http://tinyurl.com/kafe6u5.
30. Johnson & Johnson, "Our Credo," http://tinyurl.com/lh3bzfr.（2013年11月5日アクセス時点）
31. Francesco Guerrera, "Welch Condemns Share Price Focus," *Financial Times*, March 12, 2009. Steve Denning, "The Dumbest Idea in the World: Maximizing Shareholder Value," *Forbes,* November 28, 2011, http://tinyurl.com/7f9tput.

第6章

1. 2012年5月23日に行った，著者によるフォードのティム・ワリントンへのインタビューより．フォードのホームページも参照．"Ford's Science Based CO2 Targets," Ford Motor Company,http://tinyurl.com/ka5vtar（2013年11月6日アクセス時点）．
2. 2012年5月23日に行った，著者によるフォードのティム・ワリントンへのインタビューより．
3. 2012年4月16日にカリフォルニア州ラグナニゲルで開催されたフォーチュン・ブレインストーミング・グリーン・コンフェレンスにおけるフォードのアラン・ムラリーの講演より．講演記録はこちらを参照．http://tinyurl.com/7asrluv.
4. 2010年7月6日に行った，著者によるフォードのジョン・ヴィエラへのインタビューより．

mdtayyo.
「高速のトレードが市場全体の半分を占める」については次を参照 . Bogle, Clash of the Cultures, 3.
ポール・ポルマンの発言の引用については次を参照 . Kamal Ahmed, "Davos 2011: Unilever's Paul Polman Believes We Need to Think Long Term," *The Telegraph*, January 15, 2011, http://tinyurl.com/5wt4nt6.
7 年という在任期間については次を参照 .Alfred Rappaport, "Saving Capitalism from Short-Termism: How to Build Long-Term Value and Take Back Our Financial Future "(New York: McGraw　Hill, July 2011), 75.

6. Ken Favaro et al., "CEO Succession 2000–2009: A Decade of Convergence and Compression," *Strategy+Business magazine*, Summer 2010.
7. Rappaport, Saving Capitalism from Short-Termism, xvii and p.48.
8. アソシエーテッド・プレス（AP）のツイッターアカウントのハッキングについては次の記事を参照 . "AP Twitter Account Hacked, 'Explosions at White House' Tweet Crashes DOW," RT.com, April 23, 2013, http://tinyurl.com/kque8dl.
「フラッシュ・クラッシュ」については次を参照。Wikipedia contributors, "2010 Flash Crash", *Wikipedia, The Free Encyclopedia*, http://tinyurl.com/3wtk9o7.（2013 年 11 月 4 日アクセス時点）.
9. Rappaport, Saving Capitalism from Short-Termism, ix.
10. Marc Gunther, "Waste Management's New Direction," *Fortune*, December 6, 2010, http://tinyurl.com/ldsyh6e.
11. エクソンモービルについては、次の記事を参照 . Clifford Krauss, "Oil Industry Hums as Higher Prices Bolster Quarterly Profits at Exxon and Shell," *New York Times*, October 28, 2011.
アップルについては、次の記事を参照 . John Paczkowski, "Apple Shares Down 11 Percent on Fourth-Most-Profitable Quarter Posted by Any Company Ever," *All Things D*, January 24, 2013, http://tinyurl.com/kl5z7wt.
12. Jie He and Xuan Tian, "The Dark Side of Analyst Coverage: The Case of Innovation," *Journal of Financial Economics,* February 5, 2013, http://ssrn.com/abstract=1959125.
13. Claire Cain Miller and Nick Bilton, "Google's Lab of Wildest Dreams," *New York Times,* November 14, 2011.
14. Adam Lashinsky, "Inside Apple," *Fortune magazine,* May 23, 2011.
15. Josie Ensor, "Unilever's Polman hits out at City's short term culture," *The Telegraph*, July 5, 2011, http://tinyurl.com/3emwn4f.
16.「熾烈な出し抜き競争」については , 次の記事を参照 . Deborah Zabarenko, "Unilever swaps earnings rat race for sustainability," *Reuters*, November 2, 2012, http://tinyurl.com/mnbnh5v;
「実の祖母だって売るでしょう」の話については , 次の記事を参照 . Ahmed, "Davos 2011: Unilever's Paul Polman Believes We Need to Think Long Term."
17. キャッシュフローについては次の記事を参照。"Davos 2011."
「やるべきことをやる」については , アディ・イグネイシャスによるポール・ポルマンへのインタビューより引用 . "Unilever's CEO on Making Responsible Business Work," *Harvard Business Review Blog Network*, May 17, 2012, http://tinyurl.com/

24. ドネラ・H・メドウズの影響力のある著作を参照。ドネラ・H・メドウズ 著『世界はシステムで動く』(枝廣淳子訳 , 英治出版 ,2015 年)
25. ブリティッシュ・コロンビア州にあるビクトリア大学で社会科学を研究するロバート・ギフォードは , 気候変動に立ち向かうために我々が克服しなければならない 30 の心理的な障壁（彼が呼ぶところの "dragons of inaction"）を挙げている .Paramaguru, Kharunya, "The Battle Over Global Warming Is All in Your Head," *Time,* August 19, 2013 を参照。
26. Cass R. Sunstein, "People Don't Fear Climate Change Enough," *Bloomberg View,* August 27, 2013, http://tinyurl.com/mq8x592.
もしくは、いわゆる「ブラック・スワン」現象のような異常事態（世界は正常な偏差曲線だけで成り立っているのではない）を , 我々はなかなか理解することができないという事実を考えてみるといい . エコノミストのガーノット・ワグナーはこう指摘している .3 メートルもある大女に出会うことのない世界でその姿を現実的に想像できないように , 異常が想像の範囲を超えたレベル（たとえば暴風雨や干ばつ）だと , それをうまくイメージすることができない . 正常な偏差分散に頼りきりだと , 現実の捉え方も歪んでしまうし , 異常事態への対処もしにくくなるのだ .
27. Andrew C. Revkin, "Stuck on Coal, and Stuck for Words in a High-Tech World," *New York Times,* December 4, 2007. レブキンはこう指摘する . 気候変動のような問題に人々が心配の目を向けることができないのは ,「生命を脅かすような長期的なリスクがあるとしても , 人々は日々の問題でいっぱいいっぱいだからだ」.
28. 物理学者のトム・マーフィーが行った非常に面白い実験は , 指数関数的な成長がいかにばかげた結果にたどりつくかという好例である . マーフィーは , 世界のエネルギー消費が年 3 パーセントづつ上昇したら数百年後にはどうなるか , という計算をした . 彼によれば ,400 年後には我々は地球に降り注ぐ全ての太陽エネルギーを必要とすることになる . どこかの時点で（しかも , あと 1 世紀後などではなく , もっと速やかに）成長率は減速する必要があるし , 我々はあらたな地球の運営の方法を探らなければならない .
29. Hayward et al., "The UN Global Compact-Accenture CEO Study on Sustainability 2013," p.34.

第 1 部
第 5 章

1. Jennifer Reingold, "Can Procter & Gamble CEO Bob McDonald Hang On?," *Fortune magazine*, February 25, 2013.
2. John R. Graham, Campbell R. Harvey, and Shiva Rajgopal, "The Economic Implications of Corporate Financial Reporting," *Journal of Accounting and Economics 40* (December 2005), 3–73.
3. 2013 年 5 月 5 日に行った , 著者によるキンバリー・クラークのトム・フォークへのインタビューより .
4. John Bogle"The Clash of the Cultures: Investment vs. Speculation" (New York: Wiley, August 2012).
5. 11 秒の都市伝説については次を参照 . Barry Ritholtz, "No, the Average Stock Holding Period Is Not 11 Seconds," *Business Insider*, October 28, 2010, http://tinyurl.com/

Trash," *TriplePundit*, August 28, 2013, http://tinyurl.com/qgy5wy7.
16. Rob Hayward et al., "The UN Global Compact-Accenture CEO Study on Sustainability 2013," *Accenture*, September 2013, http://tinyurl.com/owbjghy.
17. Nassim Taleb"Antifragile: Things That Gain from Disorder "(New York: Random House, 2012), 351.
18. 私が個人的にインスパイアされたのは，アフリカのマラウィの小さな村出身の若者ウィリアム・カムクワンバの話である．彼はわずか 14 歳で（14 歳といえば、私がゲームセンターに夢中になっていたころである），電化製品や木，自転車の部品，金属のスクラップなどを使って実際に稼動する風車を作った．これほどの天才を世の中が放っておくはずはなく，彼の話は世界中に広まった．その後の 10 年間、彼は本の執筆や TED での講演，あるいはデイリー・ショウへ出演するかたわら，ケンブリッジ，ヨハネスブルク，そしてダートマスで学業を続けている．もし新時代のスティーブ・ジョブズを探しているのなら、私はウィリアムに一票を入れる．
19. 資本主義の理論に亀裂が走っているのを発見したのは，もちろん私が最初ではない．企業がより健全で公平でサステイナブルな商業のあり方を牽引する必要性を説いたすばらしい文献は多い．この議論に興味を持たれたら，次の文献を参照されることを勧める．
ポール・ホーケン，エイモリ・B・ロビンス,L・ハンター・ロビンス著『自然資本の経済：「成長の限界」を突破する新産業革命』（佐和隆光 監訳・小幡すぎ子訳，日本経済新聞社、,2001 年）
David C. Korten"When Corporations Rule the World" (West Hartford, CT: Kumarian Press, 1995)
Stuart Hart, "Capitalism at the Crossroads: The Unlimited Business Opportunities in Solving the World's Most Difficult Problems" (Upper Saddle River, NJ: Wharton School Publishing, 2005)
Jonathan Porritt" Capitalism As If the World Matters" (Sterling, VA: Earthscan, 2005); Naomi Klein"The Shock Doctrine: The Rise of Disaster Capitalism" (New York: Metropolitan Books/Henry Holt, 2007)
James Gustave Speth"The Bridge at the End of the World: Capitalism,the Environment, and Crossing from Crisis to Sustainability "(New Haven: Yale University Press, 2008); Umair Haque" The New Capitalist Manifesto: Building a Disruptively Better Business "(Boston: Harvard Business Press, 2011)
さらに、ジョエル・バーカン，マージャリ・ケリー，マイケル・ムーア，ロバート・ライ，ジョセフ・スティグリッツ，アレン・ホワイトを始めとして、精力的な活動を続ける経済学者，ソート・リーダー，ドキュメンタリー作家などの作品をフォローされたい．
20. Hawken, Lovins, and Lovins, Natural Capitalism, 263.
21. Umair Haque" The New Capitalist Manifesto: Building a Disruptively Better Business "(Boston: Harvard Business Review Press, 2012), xv.
22. 2013 年 10 月 2 日のレベッカ・ハンダーソンと著者との E メールによるやり取りより．
23. Alfred Rappaport,"Saving Capitalism From Short-Termism: How to Build Long-Term Value and Take Back Our Financial Future" (New York: McGraw-Hill, 2011), ix.

4.「……問題を解決することはできない」は，デビッド・ミーラッチによるアルバート・アインシュタインの引用．"5 Business Tips from Albert Einstein," *BusinessNewsDaily*, April 18, 2012, http://tinyurl.com/maovcej.
5. ネスレのデータは、ネスレのヒラリー・パーソンズとパスカル・グレヴェラスから著者より，2013年10月31日にEメールで提供されたもの．同様の数字は、ネスレからも公表されている．"Nestlé in Society: Creating Shared Value and Meeting our Commitments," *Nestlé*, March 2013, 38, http://tinyurl.com/kf62usv（2013年11月11日アクセス時点）．
6. Unilever, "Unilever Sustainable Living Plan," November 2010, p. 3, http://tinyurl.com/k9aprho.
7. 2013年4月15日にアーカンソー州ベントンビルで開催されたウォルマート・クオータリー・マイルストーン・ミーティングにおけるマイク・デリュークの講演より．
8. ティム・ジャクソン著『成長なき繁栄 地球生態系内での持続的繁栄のために』（田沢恭子訳，一灯舎，，2012年）を参照いただきたい．ジャクソンは成長を目標とするという考え方そのものに疑問をなげかけている．成長から負荷を切り離すことに成功し，資源の使用に歯止めをかけることができたとしてもである．
9. P&Gについては次の記事を参照．Shelley DuBois, "P&G's Bob McDonald is Going Green for the Long Haul," *CNNMoney*, April 30, 2013, http://tinyurl.com/m2p7wzq. ゼネラル・モーターズ（GM）については，次の記事を参照．"Waste Reduction," 2013, http://tinyurl.com/l5syzcf（2013年11月11日アクセス時点）．
デュポンについては次の記事を参照．Wendy Koch, "Companies Try to Recycle All Waste, Send Nothing to Landfill," *USA Today,* January 29, 2012, http://tinyurl.com/cndww5e.
ウェイスト・マネジメントについては次の記事を参照．Waste Management, "Renewable Energy," 2013, http://tinyurl.com/lnptmwc（2013年11月11日アクセス時点）．
10. Hewlett Packard, "HP 2011 Global Citizenship Report," 35, http://tinyurl.com/mx8tpd3.
11. John Elkington"The Zeronauts: Breaking the Sustainability Barrier"(New York: Routledge, 2012).
12. Jonathon Porritt"Capitalism As If the World Matters" (Sterling, VA: Earthscan, 2005), 10.
13. "Towards the Circular Economy: Economic and Business Rationale for an Accelerated Transition: Executive Summary," *Ellen MacArthur Foundation*, 2012, http://tinyurl.com/me4xt6p.　サーキュラー経済についてのマッキンゼーの数字は，エレン・マッカーサー基金との協業による．また，シスコ，B&Q, BT, ナショナル・グリッド，ルノーも協力している。
14. パタゴニアについては次の記事を参照．Mike Hower, "Patagonia Launches New Program to Upcycle Flip-Flops," *Sustainable Brands,* August 2, 2013, http://tinyurl.com/l2y2wph.
プーマについては次の記事を参照．Marlene Ringel and Baljinder Miles, "PUMA Introduces C2C-Certified, Recyclable Track Jacket, Backpack as Part of InCycle Collection," *Sustainable Brands*, February 12, 2013, http://tinyurl.com/koxwchr.
15. Gina-Marie Cheeseman, "Nike's New Shanghai Store is Made From 100 Percent

は経済の実態をとらえるにはふさわしくない．ノーベル賞を受賞した経済学者のジョセフ・E・スティグリッツやアジアの小国ブータンなど，様々なソート・リーダーたちがこの問題に取り組んでおり，我々の幸福度を測るよりよい手法を模索している．ブータンは独自の「国民総幸福量」を開発した．突飛なアイデアに聞こえるかもしれないが，よく内容を理解すると，非常に理にかなった手法である．

14. Robin Wauters, "A Clone Scales: 9Flats, 'Europe's Airbnb', Grows from 100K to 250K Beds in Four Months," The Next Web, November 29, 2012, http://tinyurl.com/cbrucq7; Airbnb, "About Us," *Airbnb website*,www.airbnb.com/about/about-us（2013 年 10 月 30 日アクセス時点）．
15. チャンタル・フライシュフレザーによるロビン・チェースの引用．"Can the Sharing Economy Help Slow Down Climate Change?" *Smart Planet blog,* May 6 2013, http://tinyurl.com/oygs7rt.
16. 2013 年 3 月 15 日に行った，著者によるヤードルのアンディ・ルーベンへのインタビューより．
17. Kurt Wagner, "Who's Getting Crowded Out of Crowdfunding?" Fortune, March 14, 2013, http://tinyurl.com/dyso43u; Lanford Beard, "Veronica Mars':Kickstarter Campaign Closes with $5.7 Million," *Entertainment Weekly*, April 14, 2013, http://tinyurl.com/m337tco.
18. デーヴァ・ソベルの名著『経度への挑戦』（藤井留美訳，角川書店，2010 年）を参照いただきたい．
19. Mike Addison, "P&G Connect and Develop: An Innovation Strategy That Is Here to Stay," *Inside P&G website*,http://tinyurl.com/mb2c4c5（2013 年 10 月 30 日アクセス時点）．
20. Osvald M. Bjelland and Robert Chapman Wood, "An Inside View of IBM's 'Innovation Jam,'" *Harvard Business Review,* October 1, 2008, http://tinyurl.com/pm6zxys.

第 4 章

1. 2013 年 9 月 12 日の Walmart's Sustainability Global Sustainability Milestone Meeting におけるダン・バートレットの講演より．http://tinyurl.com/m9mbvhk.
2. この話は，レイ・アンダーソン自身何度もしているし，それ以上に幾度となく引用されている．彼の叡智に触れるには，彼の TED での素晴らしい講演を見ていただきたい．"Ray Anderson: The Business Logic of Sustainability," *TED,* February 2009, www.ted.com/talks/ray_anderson_on_the_business_logic_of_sustainability.html. 彼はインターフェイスの創業者として，強固な意志を持って「（サステイナビリティの）ビジネスにおける価値を証明した先駆者」（グリーン界のグルであるハンター・ロビンスの 2013 年 5 月 24 日の E メールより）である．インターフェイスの「ミッション・ゼロ」ビジョン（廃棄物ゼロ、負荷ゼロ）は，これだけの規模の企業として初のピボットの一つであった．ロビンスは，数字を見れば結果は明らかだという．「廃棄物や再生できない原料を使用するなどのマイナス面が減り（CO2 排出では 41 パーセント減），売り上げや利益といったプラス面は上がったのだ．
3. "Alcoa Releases 2011 Sustainability, Report" Alcoa press release, May 9, 2012, http://tinyurl.com/mor6ofe; and "Integrating Sustainability into Business Strategies," Alcoa, http://tinyurl.com/m4gpcun（2013 年 11 月 11 日アクセス時点）．

Chain," May 14, 2013, http://tinyurl.com/bdpz76f.

5. Todd Woody, "I.B.M. Suppliers Must Track Environmental Data," *New York Times Green Blog,* April 14, 2010. Andrew Winston, "IBM's Green Supply Chain," *HBR Blog Network*, July 19, 2010.
6. Jonathan Klein, "Why People Really Buy Hybrids," *Topline Strategy Group*, 2007, http://tinyurl.com/6szjnpf.
7. 2010 年 6 月 7 日にカリフォルニア州モントレーで開催されたサステイナブル・ブランズ 2010 におけるグッドガイドのダラ・オルークの講演より .
8. ウェブ上で 1 分間に発生する事柄の統計については次を参照 . "May 2013 Web Server Survey" , *Netcraft.com*, http://tinyurl.com/kgp2c9c.
   アプリのダウンロードについては次を参照 . "Visibility for Your Apps," *Android website,* http://tinyurl.com/l4wy4t9（2013 年 11 月 11 日アクセス時点）.
   フェイスブックのいいね！とコメントについては次を参照 . "The Power of Facebook Advertising," *Facebook website*, http://tinyurl.com/mdwh8hn（2013 年 11 月 11 日アクセス時点）.
   18 歳から 34 歳のユーザーのフェイスブックの習慣については , 次を参照 . Cara Pring, "100 Social Media Statistics for 2012," *The Social Skinny,* January 11, 2012, http://tinyurl.com/6maw6jd.
   ユーチューブのアップロードについては次の記事を参照 . YouTube, "Statistics," http://tinyurl.com/capjhx8;（2013 年 11 月 11 日アクセス時点）
   ツイートについては次を参照 . Hayley Tsukayama, "Twitter Turns 7: Users　Send Over 400 Million Tweets Per Day," *Washington Post*, March 21, 2013,　http://tinyurl.com/kx6ch6b.
   テキストメッセージについては ,2013 年 5 月 9 日にワシントン D.C. で開催されたワールド・エンバイロメント・センター・ゴルドメダル・ギャラにおける IBM のウェイン・バルタの講演より .
9. Rebecca Smith, "Utilities Try to Learn from Smart Meters," *Wall Street Journal,* September 22, 2013.
10. ワールド・エンバイロメント・センター・ゴルドメダル・ギャラにおける IBM のウェイン・バルタの講演より .
11. Bart King and Mike Hower, "AT&T, Carbon War Room Say 'Internet of Things' Can Cut Emissions by 19%," *Sustainable Brands*, February 27, 2013,　http://tinyurl.com/mjm3jfw.
12. 2013 年 4 月 9 日の HP のワシントン・ポストへの広告 ,2013 年 8 月 22 日のサリーム・ヴェン・グロナウトおよびクリス・リブリと著者との E メールによるやり取りより .
13. 真のピボットを支援するには、適切なメトリックやデータも必要となる . ミクロ経済のレベルでは , 企業の四半期ごとの利益が本当に価値を測るのに適切なのかどうかを検討する必要がある . マクロレベルでは , 国の経済的健全性を測るのに使用されている GDP を検討する必要がある .GDP は実は非常に不安定な数字なのだ .2013 年の夏にアメリカ経済分析局はアメリカの GDP に 5600 億ドルを追加したが , これは「知的財産製品」などを加えるなど , いくつかの事柄を再定義した結果である . 実際、癌患者の増加や石油の流出など全ての動向が数字を押し上げてしまうのだから ,GDP

「アメリカでは食糧の 40% がバイオ燃料に使用される」については ,2013 年 3 月 21 日にペンシルベニア州フィラデルフィアで開催された「ネクサス」に関する Wharton IGEL Conference で ,FMC Corp. のマリオラ・コプシンスキが行ったプレゼンテーションより .
「アメリカではエネルギーの 16%が食糧システムに使用されている」については , 次の記事を参照 . Shelly K. Schwartz, "Food for thought: How energy is squandered in food industry," *USA Today,* May 1, 2011, http://tinyurl.com/mgxa9cv.
「世界の電力の 13% が、水を移動させ、処理し、温めるのに使用されている」については , 次の記事を参照 . "The Water Energy Connection," *National Environmental Energy Week*, http://www.eeweek.org/water_and_energy_wise/connection.
「世界の水の 70% は農業に使用されている」については , 次の記事を参照 . "Water uses," *Aquastat, Food and Agriculture Organization of the United Nations*, http://tinyurl.com/krlf8x9（2013 年 11 月 16 日アクセス時点）.
「60 ワット電球を 12 時間使用するには、61 リットルの水が必要である」については , 次の記事を参照 . "How Big is Your Water Footprint?," *Technicians for Sustainability, LLC,* http://tinyurl.com/lggddyk.（2013 年 11 月 16 日アクセス時点）
13. アンドリュー・ゾッリ , アン・マリー・ヒーリー 著『レジリエンス復活力 ——あらゆるシステムの破綻と回復を分けるものは何か』（須川綾子 訳 , ダイヤモンド社 ,2013 年）
14. Ariel Schwartz, "Whoops, Humans Officially Blew the Planet's Budget This Week," *Fast Company,* August 22, 2013, http://tinyurl.com/kv34o5d
"Earth Overshoot Day," *FootPrint Network*, last updated August 20, 2013, http://tinyurl.com/kwwkezx.
15. "Global Agenda Survey 2012," *World Economic Forum*, 2012, http://tinyurl.com/axz9r67
World Economic Forum Global Risks 2013," *World Economic Forum*, 2013, http://tinyurl.com/mr3fvt5.

第 3 章

1. Bill Pennington and Karen Crouse, "Attention, Second-Guessers: Golf Takes Calls (and Texts)," *New York Times*, April 13, 2013. Michael Bamberger, "The Story Behind Tiger's Ruling at the Masters: How One Man Called in a Penalty and Saved Woods from Disqualification," *Golf.com*, May 1, 2013.
2. たとえば , 次の 3 つの Change.org でのキャンペーンを参照 . Paul Kalinka, "Dunkin Donuts: Stop Using Styrofoam Cups and Switch to a More Eco-Friendly Solution," http://tinyurl.com/cl85v84（2013 年 10 月 30 日アクセス時点）; Park School Paper Club, "Universal Pictures: Let the Lorax Speak for the Trees!" January 2012, http://tinyurl.com/l67umkq: Mr. Land's "Kids Who Care" from Sun Valley School, "Crayola, Make Your Mark! Set Up a Marker Recycling Program," June 2013, http://tinyurl.com/8fjhsa8.
3. Julie Bosman, "Chevy Tries a Write-Your-Own-Ad Approach, and the Potshots Fly," *New York Times*, April 4, 2006.
4. Press Release of Walmart, "Walmart Announces Plan to Raise Inspection Standards and Provide Full Transparency on Safety Conditions at All Factories in Its Bangladesh Supply

第2章

1. Jeremy Grantham, "Time to Wake Up: Days of Abundant Resources and Falling Prices Are Over Forever," *The Oil Drum*, April 29, 2011, www.theoildrum.com/node/7853, exhibit 3.
2. 国際貿易に関する情報は次の記事を参照 . Tayyab Safdar, "China's Growing Influence in Africa," *Express Tribune*, August 29, 2012, http://tinyurl.com/lnajwde.
   スミスフィールドの買収については、次の記事を参照。Michael J. DeLaMerced and David Barboza, "Needing Pork, China is to Buy a U.S. Supplier," *New York Times*, May 30, 2013.
   こちらの記事も参照 . "Smithfield Foods Closes Sale to China's Shuanghui," *Associated Press*, September 27, 2013.
3. 新興中間層の規模については次の記事を参照 . Helen H. Wang, "Half a Billion Opportunities for U.S. Businesses," *Forbes*, November 30, 2012, http://tinyurl.com/bu2h5n5.
   中国のオンライン売り上げの記録については , 次の記事を参照 . ShanShan Wang and Eric Pfanner, "China's One-Day Shopping Spree Sets Record in Online Sales," *New York Times*, November 12, 2013.
4. 2013 年 8 月 8 日のマッキンゼー・グローバル・インスティトゥートのフレーザー・トンプソンと著者とのＥメールによるやり取りより .
5. Grantham, "Time to Wake Up," exhibit 4.
6. "CEO Concerns About Energy and Resource Costs at Highest Level for Three Years," *PricewaterhouseCoopers UK press release*, December 10, 2012.
7. Joe Romm, "Jeremy Grantham Must-Read, "Time to Wake Up: Days of Abundant Resources and Falling Prices Are Over Forever," *Climate Progress*, May 2, 2011, http://tinyurl.com/m4q29va.
8. U.S. Department of the Interior, U.S. Geological Survey, "The World's Water," http://tinyurl.com/ycszcob（2013 年 11 月 13 日アクセス時点）.
9. "Water in 2050," *Growing Blue*,http://growingblue.com/water-in-2050/（2013 年 11 月 16 日アクセス時点）.
   "Sustaining Growth via Water Productivity: 2030/2050 Scenarios," *Veolia Water and International Food Policy Research Institute*, http://tinyurl.com/lh5wbzs（2013 年 11 月 16 日アクセス時点）.
10. Andrew Winston and Will Sarni, "Is Water the Next Carbon?," *Harvard Business Review Blog Network*, January 3, 2011.
11. Royal Dutch Shell PLC, "Addressing the Energy-Water-Food Challenge," http://tinyurl.com/mdcb5y4.（2013 年 11 月 13 日アクセス時点）
12. エネルギーの無駄遣いは , 合衆国エネルギー情報局のデータを基に算出されている . John Tozzi and David Yanofsky, "U.S. Energy: Where It's From, Where It Goes, and What's Wasted," *Bloomberg*, July 7, 2011, http://tinyurl.com/6hvljzp
    食糧の廃棄については , 次の記事を参照 . "UN: $750B in Global Food Waste per Year," *Aljazeera America*, September 11, 2013, http://tinyurl.com/on5m78v.
    図 2-2 中のそれ以外の統計は , それぞれ以下を参照 .

部には CO_2 を使用している）. 一方 , カーボン・トラッカーや PwC は CO_2 を使用している .（化学者の方々にお知らせしておくと ,CO_2 は炭素（C）単体の 3.67 の比重である）（2）IPCC は通常 2100 年までに排出できる炭素予算を計算するが , マッキベンの記事は ,2050 年までにどれぐらい排出できるかを議論している .（3）私の見解では , マッキベンはカーボン・トラッカーの気温上昇所を摂氏二度以内に収めるための確率 80 パーセント（66 パーセントではなく）のシナリオに依拠している . これらを全て勘案し , 私は本書では PwC の「低炭素経済」報告書などを含む , 私の仲間たちの詳細な分析を基にした数字を使用している . 炭素強度を年間 6 パーセント削減しなければならない , というものである .

12. International Energy Agency, World Energy Outlook 2012, executive summary *International Energy Agency*, 2012, 3, http://tinyurl.com/d49a55v.
13. John Fullerton, "The Big Choice," *Capital Institute: The Future of Finance,* July 19, 2011, http://tinyurl.com/kv4u6zn.
14. "The 3% Solution," *World Wildlife Fund*, 2013, http://worldwildlife.org/projects/the-3-solution.
15. "Extreme Weather Events Drive Climate Change up Boardroom Agenda in 2012," *Carbon Disclosure Project*, November, 2012, http://tinyurl.com/klk4pcu.
16. "Global 500 Climate Change Report 2013," *CDP*, September 12, 2013. グローバルな大企業の大半が , いまや CDP のアンケートに回答を寄せている .
17. 世界投資の 2500 億ドルという数字は , 次の記事を参照 .Ron Pernick, Clint Wilder, and Trevor Winnie, "Clean Energy Trends 2013," *The Clean Edge*, Inc., March, 2013, http://tinyurl.com/kb7lucv.
    サウジアラビアのデータは次の記事を参照 . Wael Mahdi and Marc Roca, "Saudi Arabia Plans $109 Billion Boost for Solar Power," *Bloomberg*, May 11, 2012.
    韓国のデータは次の記事を参照 . Jonathan Hopfner, "In South Korea, Going for the Green," *New York Times*, November 10, 2010.
    中国のデータは次の記事を参照 .Sustainable Business, "China Invests $372B to Cut Pollution, Energy Use," *GreenBiz,* August 27, 2012, http://tinyurl.com/n8elyhg.
    日本のデータは次の記事を参照 . "$628 Bln Green Energy Market Central to Japan Growth Strategy," *CleanBiz. Asia,* July 12, 2012.
18. "German Solar Power Plants Produce 50% of the Nation's Electric Energy on Saturday," *Wall Street Journal Market Watch*, May 26, 2012.
    Anders Lorenzen, "Breaking: Denmark Records Highest Ever Wind Power Output," *A Greener Life, A Greener World*, March 18, 2013, http://tinyurl.com/bulyx26.
    Chris Meehan, "Almost 50% of all New US Energy in 2012 Was Renewable," *SolarReviews,* August 23, 2013, http://tinyurl.com/mbemeb6.
    "Renewables 2013: Global Status Report," *Renewable Energy Policy Network for the 21st Century*, 2013; Chen Yang, "Wind Power Now No. 3 Energy Resource," *People's Daily*, January 28, 2013, http://tinyurl.com/agxa98m.
19. "Growth of Global Solar and Wind Energy Continues to Outpace Other Technologies," *Worldwatch Institute,* July 30, 2013, http://tinyurl.com/les34n7.
20. Robert Strohmeyer, "The 7 Worst Tech Predictions of All Time," *PCWorld,* December 31, 2008, http://tinyurl.com/kpt2ybc.

第1部

1. Richard S. Tedlow, "The Education of Andy Grove," *Fortune*, December 12, 2005.

第1章

1. Michael Grunwald, "Sandy Ends the Silence," *Time magazine*, November 7, 2012.
2. Ken Caldeira, "How Far Can Climate Change Go? How Far Can We Push the Planet?" *Scientific American*, September 1, 2012, http://tinyurl.com/m5cev79.
3. "Confronting Climate Change in the U.S. Midwest," *Union of Concerned Scientists* (September 2009): 5.
4. Caldeira, "How Far Can Climate Change Go?"
5. Beth Gardiner, "We're All Climate-Change Idiots," *New York Times*, July 21, 2012.
6. Rodolfo Dirzo et al., "Scientific Consensus on Maintaining Humanity's Life Support Systems in the 21st Century: Information for Policy Makers, introduction" (Stanford, CA: Stanford University, May 21, 2013), iii.
7. Bill McKibben, "Global Warming's Terrifying New Math: Three Simple Numbers That Add Up to Global Catastrophe—and That Make Clear Who the Real Enemy Is," *Rolling Stone*, July 19, 2012.
8. Eric Beinhocker et al., "The Carbon Productivity Challenge: Curbing Climate Change and Sustaining Economic Growth" *McKinsey Global Institute,* June 2008. これらの統計は要約レポートとしてオンラインで公開されている . http://tinyurl.com/meokzhh.
9. PwC, "Too Late for Two Degrees? Low Carbon Economy Index 2012," *PricewaterhouseCoopers*, November 2012, http://tinyurl.com/c3ua5d4.
10. Justin Gillis, "Climate Panel Cites Near Certainty on Warming," *New York Times*, August 19, 2013.
11. IPCC の報告を非科学者的な見地から理解するには , 次の記事を参照 . T. F. Stocker, D. Qin, et al., "Summary for Policymakers," in Climate Change 2013: The Physical Science Basis. Contribution of Working Group I to the Fifth Assessment Report of the Intergovernmental Panel on Climate Change (Cambridge University Press, Cambridge, United Kingdom and New York, NY,　USA), *IPCC*, 2013. マッキベンの 565 ギガトンの CO_2 などの具体的な数字は , 気温の上昇が 2℃を超えるかどうかの特定の確率を引用している . 彼の数字は , 以前の IPCC のレポートの数字に基づいたカーボン・トラッカーの分析をもとにしている . 最新の数字は , 彼の記事の約 1 年後に公表された . 本書で引用した炭素予算に関する IPCC の報告は , 次のとおり .「人為的な温暖化の影響を ,1861 年～ 1880 年のレベルに比べて 2℃以下に抑えることのできる確率を 33%,50%,66% とするには , 人為的な CO_2 排出の総量の累積を , それぞれ 0 から 1570 GtC（C は炭素で , 次のカッコ内の CO_2 ＝二酸化炭素とは異なる）(5760 $GtCO_2$) 程度 , 0 から 1210GtC (4440GtCO2) 程度 , そして 0 から 1000 GtC (3670 $GtCO_2$) 程度に抑えなければならない .515 [445 から 585] GtC (1890 [1630 から 2150] $GtCO_2$) がすでに 2011 年の時点で排出されている . もし我々が , 気温の上昇を 2 ℃以内に収められる確率を 3 分の 2 にしたいのであれば ,1000GtC から 515GtC を引いた 485GtC が 2100 年までに排出できる量となる . しかし , これらの数字をマッキベンの記事と比較しようとすると , 次のような理由でややこしいことになる .（1）IPCC の数字はほとんどの場合炭素（C）を単位として計算されている（といっても ,IPCC は報告書の一

com/b9ulchf.

10. 暴風雨の規模については，次の記事を参照 . Alan Boyle, "Typhoon Haiyan Pushed the Limit, but Bigger Storms Are Coming," *NBC News*, November 11, 2013, http://tinyurl.com/kzqduk5.
暴風雨の規模にカテゴリー 6 を追加するという提案については，次の記事を参照 . Stéphane Foucart, "Scientists Call for Adding a Level in Classifying" *Le Monde*, November 11, 2013 http://tinyurl.com/m78vcg4.
11. Matt Sledge, "Hurricane Sandy Shows We Need to Prepare for Climate Change, Cuomo and Bloomberg Say," *Huffington Post*, October 31, 2012, http://tinyurl.com/8q8u7n7.
12. ジェフ・コルヴィンによるダン・アカーソンへのインタビューより . "Transcript: GM CEO Daniel　Akerson at Brainstorm Green," *Fortune CNNMoney*, April 30, 2013, http://tinyurl.com/k4oh6wt.
13. Nick Mangione, "Mother Nature and Her Pal Sandy Beat Us Up, Took All Our Lunch Money," *msnNOW.com*, June 14, 2013, http://tinyurl.com/mpgh4gx.
14. Tim Hume, "Report: Climate Change May Pose Threat to Economic Growth," *CNN.com*, October 30, 2013, http://tinyurl.com/jw9fqkb.
15. "Cotton Prices at All-Time High; Luxury Bedding Retailer, Elegant Linens, Encourages Consumers to Educate Themselves, Discern Quality Egyptian Cotton from Imitators," *PRWeb.com*, June 4, 2011, http://tinyurl.com/m9khdtm.
16. コカ・コーラの数字については次の記事を参照 . Reuters, "Commodity Costs May Affect　Fourth Quarter for Coke," *New York Times*, October 18, 2011.
タイソン・フーズの数字については，次の記事を参照 . Ken Perkins, "Sizing Up the Drought's Impact on Tyson Foods," *Morningstar*, November 14, 2012, http://tinyurl.com/l26gs4n.
17. クリーン経済への投資の数字については，次の記事を参照 . Ron Pernick, Clint Wilder, and Trevor Winnie, "Clean Energy Trends 2013," *The Clean Edge, Inc.*, March 2013, http://tinyurl.com/kb7lucv（3 ページの図に ,2012 年に 2480 億ドルという数字が出ている）.
18. John Kotter, "Accelerate!" *Harvard Business Review*, November 2012.
19. Nassim Taleb,"Antifragile: Things That Gain from Disorder"(New York:Random House, 2012).
20. You Tube 7:39, "candidskeptic" による投稿 . George Carlin, "George Carlin on the Environment (HQ)," April 22, 2009, www.youtube.com/watch?v=EjmtSkl53h4.
21. Erin Brodwin, "Sans Protective Measures, Flooding Damage Could Cost the World $1 Trillion by 2050," *Scientific American*, August 21, 2013, http://tinyurl.com/k23378p.
マイアミ（のような海抜の低い地域にある都市）が沈下していく（気の毒なことだが……）という背筋も凍るような予測については，次の記事を参照 . Jeff Goodell, "Goodbye, Miami," *Rolling Stone*,　June 20, 2013.
22. Richard Branson の発言の引用は Carbon War Room のホームページ "The Situation," を参照 . http://tinyurl.com/khpbetg（2013 年 10 月 3 日アクセス時点）.

原注

はじめに

1. コンエドがサンディ上陸の週とその後に被った被害（5.5億ドルの支出を含む）については，以下の記事を参照．時価総額は20億ドルも下落したが，その後数カ月のうちに回復した．しかし2013年末までには，その価値はサンディ来襲前の水準に落ち込んだ．Gandel, Stephen, "How Con Ed Turned New York City's Lights Back on," *Fortune CNNMoney,* November 12, 2012.
2. "Hurricane Sandy's Rising Costs," editorial, *New York Times,* November 27, 2012.
3. この問題を科学的に証明するのはややこしいが，ほとんどのデータは，気候変動は，異常気象が起こる確率を上昇させていると強く示唆している．航空宇宙局（NASA）のジム・ハンセンは，中に鉛を入れて細工したサイコロを例にあげる．大気中に湿気がより多く含まれると，嵐（サイコロ）の一回転はより大きく，危険になる可能性が高まる．常習的にスピードを出し過ぎたり，運転しながらスマートフォンをいじるドライバーに例える人もいる．我々は、事故の確率を上げているというのだ．また，気候変動が異常気象を引き起こしているかどうかのモデリングによる分析は，より具体的になってきている．海洋大気庁（NOAA）は2012年の気象状況の研究結果を2013年に公表したが，その中で「2012年にアメリカを襲ったような高気温は，人為的な気候変動により，今までの4倍の頻度で起こる可能性が高い」と述べている．NOAAは、気候変動をハリケーン・サンディの直接的原因に結びつけることには消極的だが，サンディのような暴風雨が起こる確率は，60年前に比べて2倍になっており，「自然な，あるいは人為的な海面上昇が続くことで，サンディ規模の浸水はこれから頻度を増すと考えられる」としている．Kenneth Chang, "Research Cites Role of Warming in Extremes," *New York Times,* September 5, 2013.
4. Manny Fernandez, "Drought Takes Its Toll on a Texas Business and a Town," *New York Times*, February 27, 2013.
5. Kate Galbraith, "Getting Serious About a Texas-Size Drought," *New York Times,* April 6, 2013; Aman Batheja and Kate Galbraith, "Urging Government Action on Water, Roads and Power in Texas," *New York Times,* May 16, 2013.
6. Vikas Bajaj, "Fatal Fire in Bangladesh Highlights the Dangers Facing Garment Workers," *New York Times*, November 25, 2012; Associated Press, "Bangladesh Ends Search for Collapse Victims; Final Toll 1,127," *USA Today*, May 13, 2013.
7. Steven Greenhouse and Jim Yardley, "Global Retailers Join Safety Plan for Bangladesh," *New York Times*, May 13, 2013.
バングラデシュ縫製工場の大火災に対して，アメリカの企業の対応はヨーロッパに遅れをとった．アメリカの厳しい法的責任への懸念のせいであるという見方もある．しかし2013年8月には，アメリカ企業も対応のための連合を組織した．Mike Hower, "Walmart, Gap Detail Bangladesh Worker Safety Coalition Plan," *Sustainable Brands*, August 23, 2013, http://tinyurl.com/o5k8xrg.
8. Mehmet Oz, "The Dangerous Sopranos Diet: Why Wise Guys Need to Watch Their Weight," *Time magazine*, July 8, 2013.
9. Damian Carrington, "Australia Adds New Colour to Temperature Maps As Heat Soars," "Damian Carrington's Environment Blog," *Guardian*, January 8, 2013, http://tinyurl.

●訳者

藤美保代
Mihoyo Fuji

InterAction Green 代表。
慶応義塾大学卒、カリフォルニア大学サンタバーバラ校にて環境マネジメント修士号取得。2007年よりカリフォルニア州サクラメント市で環境関連プロジェクトに従事。2009年にInterAction Greenを立ち上げ、日米間におけるサステイナビリティのベスト・プラクティスの相互発信を推進している。
InterAction Green ウェブサイト：http://www.interactiongreen.com/

●日本語版序文

名和高司
Takashi Nawa

一橋大学大学院国際企業戦略研究科特任教授。

東京大学法学部卒業後、ハーバード・ビジネススクールにてMBA取得（ベーカー・スカラー授与）。三菱商事に約10年間務めたのち、マッキンゼーのディレクターとして約20年間、コンサルティングに従事。2010年6月より現職。2014年より、30社近くの日本企業の次世代リーダーを交えたCSVフォーラムを主催。ファーストリテイリング、デンソー、味の素、NECキャピタルソリューションズの社外取締役、ダイキン、日立、リコー、リクルート、BCG、コーチA、インターブランドなどのシニアアドバイザーを兼任。

主な著作に、『成長企業の法則』（ディスカヴァー・トゥエンティワン）、『CSV経営戦略』（東洋経済新報社）、『学習優位の経営』（ダイヤモンド社）などがある。

●著者

アンドリュー・S・ウィンストン
Andrew S. Winston

ウィンストン・エコ・ストラテジーズ創設者。

「世界が直面する最大級の環境・社会的な脅威に、企業はいかに対処し、そこから利益を生み出していくべきか」というテーマにおける世界的権威として知られており、キンバリー・クラーク、HP、ユニリーバのサステイナビリティ・アドバイサリー・ボードのメンバーを務めるほか、PwC のサステイナビリティ・アドバイザーとしても活躍している。

プリンストン大学卒業後、コロンビア大学で MBA、イェール大学で環境マネジメント修士を取得。ボストン・コンサルティング・グループで企業戦略コンサルティングに従事したのち、タイム・ワーナー社と MTV での戦略・マーケティング部門の管理職を経て、ウィンストン・エコ・ストラテジーズを創設。同社で、バンク・オブ・アメリカ、バイエル薬品、ボーイング、ブリジストン、ジョンソン・エンド・ジョンソン、ペプシコなど、世界のトップ企業にコンサルティングを行ってきた。

スピーカーとしての人気も高く、ヨーロッパ、アジア、南米を含む世界各地のフォーチュン 500 企業の経営陣向けの講演や、ワールド・イノベーション・フォーラムなどの大規模なビジネス・カンファレンスに、多く登壇している。「世界が直面している脅威は非常に大きいが、ビジネスはそれを乗り越えてサステイナブルな世界をつくれるだけのツールやリソース、創造性を持っているのだ」という前向きなメッセージと実用性の高い戦略で、熱い支持を集めている。

ハーバード・ビジネス・レビュー・オンライン、ガーディアン、ハフィントン・ポストに定期的に寄稿しているほか、自身のブログにも多くの記事を書いている。

主な著作に、7 カ国語に翻訳され累計 10 万部以上売り上げた『グリーン・トゥ・ゴールド』（共著、アスペクト）、『Green Recovery』（未邦訳）がある。

著者ウェブサイト：http://andrewwinston.com

◉英治出版からのお知らせ
本書に関するご意見・ご感想を E-mail（editor@eijipress.co.jp）で受け付けています。
また、英治出版ではメールマガジン、ブログ、ツイッターなどで新刊情報やイベント情報を配信しております。ぜひ一度、アクセスしてみてください。

メールマガジン	：会員登録はホームページにて
ブログ	：www.eijipress.co.jp/blog
ツイッター ID	：@eijipress
フェイスブック	：www.facebook.com/eijipress

ビッグ・ピボット

なぜ巨大グローバル企業が〈大転換〉するのか

発行日	2016年 7月25日 第1版 第1刷
著者	アンドリュー・S・ウィンストン
訳者	藤美保代（ふじ・みほよ）
発行人	原田英治
発行	英治出版株式会社 〒150-0022 東京都渋谷区恵比寿南 1-9-12 ピトレスクビル 4F 電話 03-5773-0193 FAX 03-5773-0194 http://www.eijipress.co.jp/
プロデューサー	安村侑希子
スタッフ	原田涼子 高野達成 岩田大志 藤竹賢一郎 山下智也 鈴木美穂 下田理 田中三枝 山見玲加 平野貴裕 山本有子 上村悠也 田中大輔 渡邉吏佐子
印刷・製本	大日本印刷株式会社
校正	株式会社ヴェリタ
装丁	トサカデザイン（戸倉巌、小酒保子）

ISBN978-4-86276-232-0 C0034 Printed in Japan